普通高等院校“十四五”规划教材

国际市场营销学

刘永芝　季克华　主　编
关　阳　副主编

中国铁道出版社有限公司
CHINA RAILWAY PUBLISHING HOUSE CO., LTD.

内 容 简 介

本书系统介绍了国际市场营销的基本理论、基础知识和操作方法，以及国际市场营销的基本框架。全书共分13章，每章设置学习目标、案例导读、知识自测题、职业技能训练等，旨在引导读者既掌握国际市场营销的相关知识，又树立国际意识，同时能在实际应用中加以运用。本书注重对分析问题和解决问题能力的培养，注重利用课程的理论解决实际问题。通过对本书的学习，读者可牢固地掌握国际市场营销的基本理论和基本技能，为后续专业课的学习打下良好的基础。

本书适合作为普通高等院校国际经济与贸易、商务贸易、市场营销、企业管理及其他相关专业的教材，也可作为从事国际市场营销实践工作的人员，以及希望了解国际市场营销及相关创业知识的社会在职人员的参考用书。

图书在版编目(CIP)数据

国际市场营销学/刘永芝，季克华主编．—北京：中国铁道出版社有限公司，2021.5

普通高等院校“十四五”规划教材

ISBN 978-7-13-27893-9

Ⅰ.①国… Ⅱ.①刘… ②季… Ⅲ.①国际营销-高等学校-教材 Ⅳ.①F740.2

中国版本图书馆CIP数据核字(2021)第066620号

书　　名：**国际市场营销学**

作　　者：刘永芝　季克华

策　　划：潘星泉　　**编辑部电话**：(010)51873090

责任编辑：潘星泉　彭立辉

封面设计：刘　莎

责任校对：孙　玫

责任印制：樊启鹏

出版发行：中国铁道出版社有限公司(100054，北京市西城区右安门西街8号)

网　　址：http://www.tdpress.com/51eds/

印　　刷：三河市兴博印务有限公司

版　　次：2021年5月第1版　2021年5月第1次印刷

开　　本：787 mm×1 092 mm　1/16　**印张**：17.25　**字数**：398千

书　　号：ISBN 978-7-113-27893-9

定　　价：45.00元

前　言

现代化的企业处于经济全球化的浪潮之中，只有掌握国际市场营销理论与技能，才能抓住经济全球化带来的机遇，在国际市场竞争中掌握主动权。目前，国际市场营销已经成为维持企业生存和发展的第一大支柱，跨国企业在世界范围内组织生产和销售，而越来越多的企业走出国门，参与国际市场竞争，面临着国际市场开发问题。

本书系统介绍了国际市场营销的基本理论、基础知识和操作方法，重点阐述了国际市场营销的基本框架。本书旨在帮助读者树立国际市场营销的基本分析框架及思维路径，理解国际市场营销的含义；全面了解国际市场营销的理论体系，把握国际市场营销所面临的环境并运用适当的方法加以分析；了解国际市场的格局，掌握分析国际市场的基本方法；掌握国际市场营销战略，懂得如何开展国际市场预测和评估，进行国际市场细分和定位，采取正确的方式进入国际市场，实施国际市场的业务战略和竞争战略；掌握国际市场营销的策略，正确使用国际市场产品策略、国际市场定价策略、国际市场营销渠道策略，以及国际市场营销促销策略等方法和技术，实现国际市场营销目标。另外，本书对国际市场营销调研报告方面的研究，可使读者将所学的营销理论转化为实际的应用技能，极具价值。

本书的特色：

①每章均设置学习目标，使读者更加明确学习方向。

②书中采用大量的案例，不仅引导学生运用所学知识探讨现实问题，还提供了分析方法与思路。

③每章都有与本章内容紧密结合的知识点自测题和职业技能训练，使读者把所学理论与实际结合起来，学以致用。

本书的设计匠心独具，使读者既能树立牢固的国际意识，同时又具有开展国际市场营销的相应知识和能力。

本书适合作为高等院校国际经济与贸易、商务贸易、市场营销、企业管理及其他相关专业的教材，也可作为从事国际市场营销实践工作的人员，以及希望了解国际市场营销及相关创业知识的社会在职人员的参考用书。

本书由刘永芝（哈尔滨华德学院）、季克华（哈尔滨石油学院）任主编，关阳（哈尔滨华德学院）任副主编。具体编写分工如下：刘永芝编写第2、3、4、7、9、10章，季克华编写第8、11、12、13章，关阳编写第1、5、6章。

本书参阅了大量的国内外教材、著作、报刊及各类媒体报道，在此对参考文献的作者表示感谢。

由于时间仓促，编者水平有限，书中难免存在疏漏与不妥之处，恳请专家和读者批评指正。

编　者
2021年1月

目　录

第1章 导　论

学习目标

通过本章的学习与技能训练,要求学生:

- 了解企业进入国际市场的动因。
- 理解市场营销与国际市场营销的内涵与关系。
- 掌握市场营销和国际市场营销的基本概念和理论。
- 掌握企业跨国营销观念的演进。

案例导读

"一带一路"提升全球贸易往来,促进各国繁荣

习近平主席提出的"一带一路"倡议,总体投资规模4万亿美元,不仅用于包括道路、桥梁、管道、机场、港口等新的基础设施建设,还将增加跨境贸易,促进各国繁荣。

这一倡议首先对中国企业参与国际竞争提供了前所未有的机遇,伊利就是典型的例子。伊利在"创新和国际化"的双轮驱动战略下,实施了"全球织网"战略,编织了一个包括全球资源体系、创新体系,以及市场体系的大网,伊利已相继在欧洲、大洋洲、美洲等地全面铺开国际化战略布局。在欧洲,结盟意大利乳业巨头斯嘉达;在荷兰,成立伊利欧洲研发中心,打造中国乳业"智力引擎";携手瓦赫宁根大学,研究建立贯通全产业链的食品安全早期预警系统。在大洋洲,投入巨资在新西兰建设全球最大的一体化乳业基地。在美洲主导中美食品智慧谷,为中美创新合作注入新动能、树立新典范,惠及各国百姓。

"一带一路"经济区开放后,承包工程项目突破3 000个。2015年,中国企业共对"一带一路"相关的49个国家进行了直接投资,投资额同比增长18.2%。2015年,中国承接"一带一路"相关国家服务外包合同金额178.3亿美元,执行金额121.5亿美元,同比分别增长42.6%和23.45%。2016年6月底,中欧班列累计开行1 881列,其中回程502列,实现进出口贸易总额170亿美元。截至2020年11月,中国已经与138个国家、31个国际组织签署201份共建"一带一路"合作文件。

(资料来源:根据网络资料整理)

思考:

"一带一路"为中国企业国际化提供了怎样的机遇?

分析与提示：

“一带一路”倡议的目标是要建立一个政治互信、经济融合、文化包容的利益共同体、命运共同体和责任共同体，是包括欧亚大陆在内的世界各国，构建一个互惠互利的利益、命运和责任共同体。通过一带一路国家互相间合作，给中国企业创造了一个政治友好、经济合作、文化融合的营销环境，降低了进入新市场的风险，增加了开拓国际市场的机遇。

1.1 市场营销的内涵

1.1.1 市场营销的定义

20 世纪初，市场营销理论形成于美国，随后流传到欧洲及东亚等地区，并随着实践的发展不断得到完善。在市场营销理论发展过程中，其定义不断被更新，最具有代表性的是被誉为“市场营销学之父”的美国经济学家菲利普·科特勒在 1984 年所下的定义：市场营销是“认识目前未满足的需要和欲望，估量和确定需求量的大小，选择和决定企业能最好地为其服务的目标市场，并决定适当的产品、劳务和方案，以便为目标市场服务”。科特勒认为，所谓市场营销就是识别并满足人类和社会的需要，并不断满足需要的过程。市场营销活动涵盖于企业经营的全过程，包括市场营销调研、产品开发、定价、营销渠道和促销在内的多项活动。

近年来，科特勒对上述概念进行了提炼和整合，形成了更为简洁、全面的定义，即市场营销是指选择目标市场，并通过创造、交付和传播优质的顾客价值来获得顾客、挽留顾客和提升顾客的科学和艺术。

1.1.2 市场营销的相关概念

要做好市场营销，就要从市场营销中的相关概念入手，只有理解和掌握了这些概念才能更好地进行营销。

1. 需要、欲望和需求

①需要是人类尚未得到满足的最基本的要求，如衣服、食品、住所、交通工具等。

②人们还对休闲、教育和娱乐有着强烈的渴望。当需要指向具体的、可以满足的特定物品时，需要就变成了欲望。一个欧美人需要食物，其欲望可能是汉堡包、法式烤肉和可口可乐；一个中国人需要食物，其欲望可能是火锅、包子、面条等。欲望是需要的具体表现形式，受人们所处社会的影响。

③需求是指人们对有能力购买并且愿意购买某种具体产品的欲望。很多人对宝马、奥迪有欲望，但并不是想买的人都能买得起，只有有支付能力的欲望才是有效的需求。因此，企业营销人员必须努力了解目标市场的需要、欲望和需求，更重要的是估计有多少人真正愿意并有能力购买自己公司的产品。

2. 交换和交易

①交换是指以自己的某种物品作为代价，从他人那里换取想要的物品的行为。交换的发生，至少需要两方参加，并且各方都有能力沟通和运送彼此所需的东西，都可以自由接受或拒绝对方所提供的东西，都认为交换的发生是合适的或者自己希望的。通过交换，各方

的状况都能变得更好,都能从中获益,因而交换是一个创造价值的过程。

②交易是买卖双方对有价物品及服务进行互通有无的行为,是以货币为媒介的交换。它可以是以货币为交易媒介的一种过程,也可以是以物易物。交易至少涉及两种有价值的东西,以及彼此同意的条件、时间和地点。

3. 价值和满意

①价值是指顾客对所获得的整体利益与支出成本的认知和衡量。这里的利益主要包括功能利益和情感利益。功能利益是指购买产品或服务所获得的实质性作用,如手表可以计时、可乐可以饮用、台灯可以照明都是产品的功能性价值;而情感利益指的是从这次消费中所获得的精神满足感。成本支出包括货币、时间、精力和体力等。

②满意反映的是顾客对产品或服务的实际表现与自己的期望进行对比后得出的判断。如果实际表现低于预期,顾客就会不满意;如果等于或高于预期,顾客就会感到满意。

4. 供应品和品牌

①企业需要通过创造并传递某种价值来满足顾客的需要,这种无形的价值最终要通过实际的供应品来体现。这些供应品可以是产品、服务、信息和体验的某种组合。

②当提供产品和服务的来源变得众所周知时,就形成了品牌。品牌是具有明确提供来源的供应物的一种标志,如 LV、GUCCI、CHANEL 等著名奢侈品品牌,消费者购买其产品不止是为了获得功能利益,更是由于其品牌知名度能够带来情感利益。

1.1.3 市场营销的基本理论

1. STP 理论

1956 年,美国营销学家温德尔·史密斯最早提出了市场细分的概念,此后,美国营销学家菲利普·科特勒在其基础上进一步发展和完善并最终形成了成熟的 STP 理论。

STP 理论包括市场细分(Segmentation)、目标市场选择(Targeting)和市场定位(Positioning)三部分。STP 理论认为,市场是一个多层次、多元化的消费需求综合体,任何企业都无法满足所有的需求,因此企业应该根据特定的标准把整体市场划分为由相似需求构成的不同的子市场,根据自身情况从中选取有一定规模和发展前景的细分市场作为公司的目标市场,并将产品和服务定位于目标消费者的需求偏好上,然后通过一系列营销活动向目标消费者传达相关信息,如图 1 - 1所示。

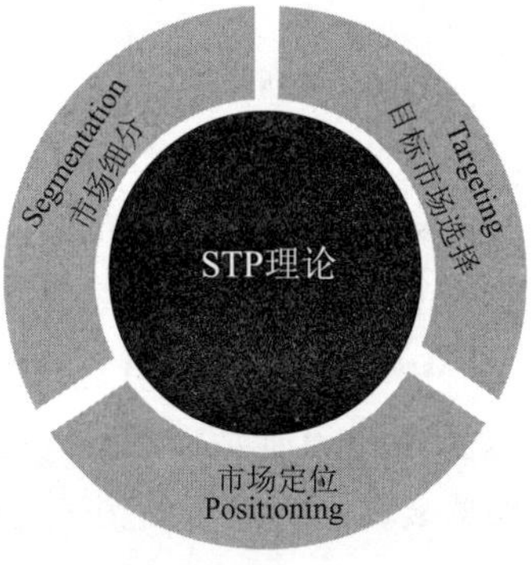

图 1 - 1 STP 理论

(1)市场细分

市场细分是指根据顾客需求的差异把某个产品或服务的市场划分为一系列细分市场的过程。市场细分的客观基础是消费者需求的差异化。

(2)目标市场选择

著名的市场营销学者杰罗姆·麦卡锡提出应当把消费者看作一个特定的群体,称为目标市场。企业需要对每个细分市场的吸引力程度进行评估,并结合自身的特点来做出最合理的选择。通过市场细分,有利于明确目标市场之间的差异,通过市场营销策略的应用,有利于满足目标市场的需要。

(3)市场定位

市场定位是20世纪70年代由美国学者阿尔·赖斯提出的一个重要营销学概念,是指企业针对潜在顾客的心理进行营销设计,创立产品、品牌或企业在目标顾客心目中的某种形象或某种个性特征,保留深刻的印象和独特的位置,从而取得竞争优势。市场定位的实质是使本企业与其他企业严格区分开,使顾客明显感觉和认识到这种差别,从而在顾客心目中占有特殊的位置。

2. 营销组合理论(4Ps、4Cs 和 4Rs 理论)

1960 年,美国市场营销专家杰罗姆·麦卡锡教授在其《基础营销》(*Basic Marketing*)一书中提出著名的 4Ps 营销组合理论,将复杂的营销活动概括为四大类营销组合工具,为企业实现营销目标提供了简洁、有效的操作模式。其后,随着市场营销观念的不断发展,4Ps 理论也逐渐演进出了 4Cs 理论和 4Rs 理论。

营销组合理论认为,企业营销活动效果受到两种因素的影响:可控因素和不可控因素。不可控因素是企业不能够控制的,只能去适应,如社会、技术、经济、政治、法律等外部环境因素,以及竞争对手的经营策略和竞争活动等;可控因素是企业可以控制的,如产品、价格、渠道、促销等内部因素。企业营销管理的实质是利用内部可控因素适应不可控的外部环境,即通过对产品、价格、分销、促销的综合管理,对外部不可控因素做出积极、动态的反应,从而实现组织的经营目标。企业营销活动的影响因素如图 1－2 所示。

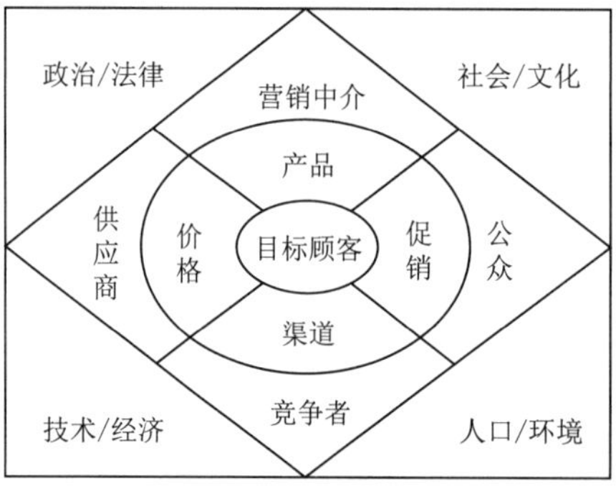

图 1－2　企业营销活动的影响因素

(1)4Ps 理论

4P 营销理论被归结为四个基本策略的组合,即产品(Product)、价格(Price)、渠道(Place)、促销(Promotion),这四个词英文单词的首字母都是 P,再加上策略(Strategy),所以简称为 4Ps 理论。

4Ps 营销理论从管理决策的视角研究市场营销问题,将营销定义为企业的一种职能活动,从企业其他活动中分离出来,并提供了易于操作的理论模型,对营销实践具有重要的指导意义。但是,4Ps 营销理论是从企业的角度出发,追求企业利益的最大化,容易忽略消费者的利益。

(2)4Cs 理论

随着市场竞争的日趋激烈,以企业为导向的市场营销受到越来越多的挑战,逐渐演变为以消费者需求为导向的 4Cs 理论。1990 年,美国学者罗伯特·劳朗特教授提出了新的

4Cs 营销理论。4Cs 营销理论以消费者需求为导向,重新设定了市场营销组合的四个基本要素,将传统的 4Ps 转变为 4Cs:顾客(Customer)、成本(Cost)、便利(Convenience)和沟通(Communication)。

①"产品"变成"顾客",强调企业要在开发好的产品的基础上更注重消费者的需求,在满足消费需求的同时获取利润,实现企业和顾客之间的双赢。市场从生产过程的终点转变为起点。

②"价格"变成"成本",强调企业应该从考虑盈利目标转变到考虑满足顾客需求的成本。对于企业来说,成本策略就是强调"不以价格为出发点,着重考虑消费者为满足需求而愿意支付多少"。

③"渠道"变成"便利",强调企业构建分销渠道时要由依据自身需要转变为方便顾客购买。随着生产力的提高和竞争的加剧,企业越来越注重减少中间环节,降低成本让利给消费者。

④"促销"变成"沟通",强调企业要从单向营销信息灌输转变到与顾客进行双向的、互动的信息交流。在市场日益成熟的今天,企业的信息传播模式从"消费者请注意"转变为"请注意消费者",才能更有利于企业的长期发展。

4Cs 是在传统的 4Ps 基础上发展起来的,其以消费者需求为导向的理念具有重大的进步意义。但并不是从此 4Cs 理论就代替了 4Ps 理论,两者作为市场营销的基本理论,在日常的营销实践中都被广泛地应用。

3. 4Rs 理论

随着时代的发展,顾客的需求更加难以满足,当顾客需求与社会原则相冲突时,消费者需求导向也变得不适应了。比如,随着生活水平的提高,消费者对更好的产品和服务的要求也更加强烈,产生了的奢侈需求,但目前倡导节约型社会,是否应该为了满足消费者的需求而浪费?因此,美国营销学者唐·E. 舒尔茨又对营销组合理论进行了修订,提出了新的 4Rs 理论:Relevance(关联)、Respond(反应)、Relation(关系)和 Return(回报)。

①关联:即认为企业与顾客是一个命运共同体,建立并发展与顾客之间的长期关系是企业经营的核心理念和最重要的内容。

②反应:在相互影响的市场中,对经营者来说最难实现的问题不在于如何控制、制订和实施计划,而在于如何站在顾客的角度及时地倾听和从推测性商业模式转移成为高度回应需求的商业模式。

③关系:随着市场经济的发展和经济全球化趋势的加强,市场环境已经由卖方市场转变为买方市场,企业与消费者的关系发生了本质性的变化,抢占市场的关键已转变为与消费者建立长期而稳固的关系。与此相适应,企业在经营管理中要做好五个转向:从一次性交易转向建立长期友好合作关系;从着眼于短期利益转向重视长期利益;从消费者被动适应企业销售转向主动参与到开发、生产过程中来;从相互的利益冲突转向共同的和谐发展;从管理营销组合转向管理企业与消费者的互动关系。

④回报:任何交易与合作关系的巩固和发展,都是经济利益问题。因此,合理回报既是正确处理营销活动中各种矛盾的出发点,也是营销的落脚点。

4Rs 理论认为,随着市场的发展,企业需要从更高层次上以更有效的方式在企业与消费者之间建立起新型的主动性关系。4Rs 理论的最大特点是以竞争为导向,根据市场不断成熟和竞争日趋激烈的形势，着眼于企业与消费者的互动与双赢，不仅积极地适应消费者需求，而且主动地创造需求，运用优化和系统的思想去整合营销，形成竞争优势。

4. 产品生命周期理论（PLC 理论）

（1）产品生命周期的概念

所谓产品生命周期（Product Life Cycle），是指产品的市场寿命，即一种新产品从开始进入市场到被市场淘汰的整个过程。

新产品进入市场，经过推广普及，销售量逐步增加。但是，由于科学技术的不断进步、消费者需求的不断变化，以及市场竞争的日益激化，一种产品被另一种产品所代替并退出市场是必然的趋势，这便是产品生命周期的演变规律。

（2）产品生命周期的阶段

典型的产品生命周期可以分为四个阶段：导入期（Introduction）、成长期（Growth）、成熟期（Maturity）和衰退期（Decline），如图 1－3 所示。

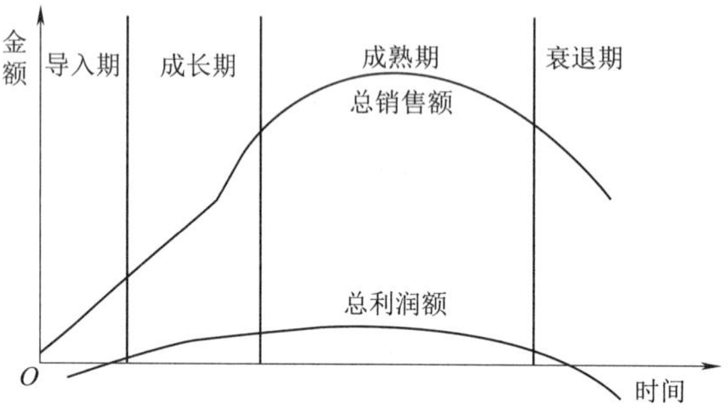

图 1－3　产品生命周期

①导入期：指产品从设计投产直到投入市场进入测试阶段。新产品投入市场，便进入了导入期。此时产品品种少，顾客对产品还不了解，除少数追求新奇的顾客外，几乎无人实际购买该产品。生产者为了扩大销路，不得不投入大量的促销费用，对产品进行宣传推广。该阶段由于生产技术方面的限制，产品生产批量小，制造成本高，广告费用大，产品销售价格偏高，销售量极为有限，企业通常不能获利，反而可能亏损。

②成长期：当产品经过导入期，销售取得成功之后，便进入了成长期。成长期是指产品通过试销效果良好，购买者逐渐接受该产品，产品在市场上站住脚并且打开了销路。这是需求增长阶段，需求量和销售额迅速上升。生产成本大幅度下降，利润迅速增长。与此同时，竞争者看到有利可图，将纷纷进入市场参与竞争，使同类产品供给量增加，价格随之下降，企业利润增长速度逐步减慢。

③成熟期：指产品进行大批量生产并稳定地进入市场销售，经过成长期之后，随着购买产品的人数增多，市场需求趋于饱和。此时，产品普及并日趋标准化，成本低而产量高。销售增长速度放缓直至下降，由于竞争的加剧，导致同类产品生产企业之间不得不在产品质量、花色、规格、包装、服务等方面加大投入，在一定程度上增加了成本。

④衰退期：指产品进入了淘汰阶段。随着科技的发展及消费习惯的改变等原因，产品的销售量和利润持续下降，产品在市场上已经老化，不能适应市场需求，市场上已经有其他性能更好、价格更低的新产品，足以满足消费者的需求。此时，成本较高的企业就会由于无

利可图而陆续停止生产，该类产品的生命周期也就陆续结束，以致最后完全撤出市场。

产品生命周期的不同阶段，在销售额、市场需求和竞争等方面具有不同特征，企业应相应地采取不同的营销策略。

5. 国际产品生命周期

（1）国际产品生命周期的概念

国际产品生命周期，即企业产品在国际市场上生命周期的演变规律。国际产品生命周期的概念是1966年美国哈佛大学教授雷蒙德·维农（Raymond Vernon）以产品生命周期理论为基础，对世界贸易和投资方式提出的一个新概念。根据这一理论，从国际市场上看，产品同样要经历导入、成长、成熟和衰退四个发展阶段。但由于各国经济发展不平衡，某一产品在不同的国家可能处于产品生命周期的不同阶段。如图1-4所示，有的产品在本国市场已经处于或接近衰退期，而在某些外国市场却还处于导入期或成长期。企业如果能够及时将产品打入国际市场，便可延长产品生命周期。例如，20世纪90年代中期，黑白电视在我国市场已接近衰退期，但在非洲南部一些国家正处于成长期，这促使我国某些电视机出口企业向非洲市场进军。

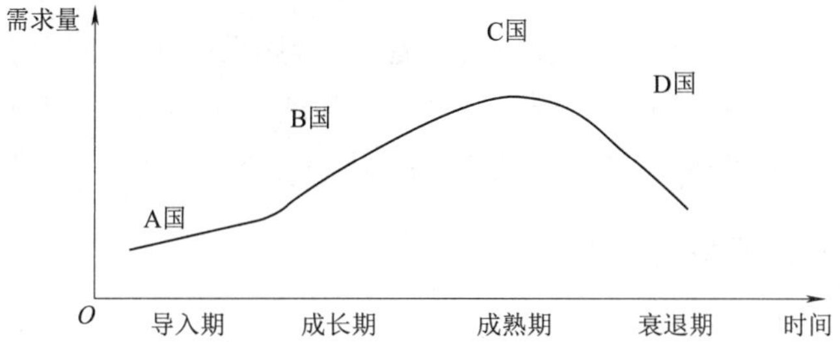

图1-4　产品国际市场生命周期

（2）国际产品生命周期的阶段

按照维农的国际产品生命周期理论，许多产品都会经历这样一个周期，高收入、高消费的国家开始是某一产品的出口者，接着逐步丧失出口市场，最后成为该产品的进口者；其他发达国家则由进口者逐步演变为出口者，最后也逐步演变为进口者；而不发达国家则在最后阶段，逐步由进口者演变为该产品的主要出口者。在国际贸易中，如果不存在严重的壁垒（至少前半期不存在），则许多产品在国际市场上的生命周期会经历以下三个阶段，如图1-5所示。

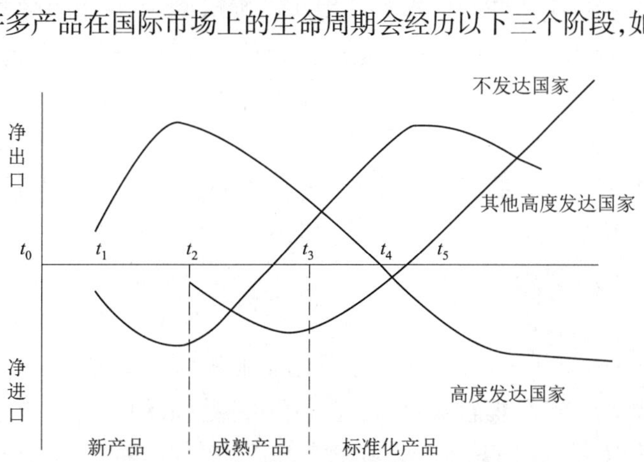

图1-5　产品国际市场生命周期曲线

①新产品——原创国出口垄断阶段:新产品阶段如图 1 – 5 所示的 $t_0 \sim t_2$阶段。在国际市场营销中,一种新产品在一个高收入、高消费的高度发达国家发明、生产,并在国内市场销售,随后便向国际市场出口。在这一阶段,几乎没有竞争对手,率先生产国在产品技术以及营销方面均处于领先地位,并可能凭借这种优势进入和垄断国际市场。

②成熟产品——多国生产、多国出口阶段:成熟产品阶段如图 1 – 5 所示的 $t_2 \sim t_3$阶段。随着生产技术的扩散,该产品在其他发达国家销路良好,这些发达国家也纷纷仿制或研制该产品以替代进口,成为产品原创者的竞争对手。由于这些竞争者具有低成本、低价格优势,产品原创者——高度发达国家逐步退出这些发达国家市场,转而到发展中国家寻找市场,而其他发达国家的企业也开始向发展中国家出口该产品。

③标准化产品——原创国反向进口阶段:标准化产品阶段如图 1 – 5 所示的 $t_3 \sim t_5$阶段。随着技术的进一步扩散,越来越多的国家,特别是不发达国家最终掌握了该产品的生产技术,利用改进的技术和设备,或者低廉的劳动力优势,将产品打入最初的生产出口国——高度发达国家。产品原创国逐步退出趋于饱和的该产品市场,将资金和精力转移到研发生产更新的产品上。

国际贸易产品生命周期理论的启示:技术先进的高度发达国家在产品的开发过程中发挥产品发明革新作用;然后其他发达国家逐渐取代高度发达国家的地位;最后,不发达的国家掌握产品的生产技术,并成为产品的主要生产国,向最早生产该产品的国家大量出口。

1.1.4 企业营销观念的演变

企业经营哲学也称市场营销观念,是企业在开展市场营销活动的过程中,在处理企业、顾客和社会三者利益方面所持的态度、思想和观念。了解企业经营哲学的演变,对于企业更新观念、自觉适应快速变化的市场新形势、加强市场营销管理具有十分重要的意义。

1. 以企业为中心的传统市场营销观念

(1)生产观念

生产观念(Production Concept)盛行于 19 世纪末 20 世纪初,当时社会生产力低下,物资短缺,市场上商品供不应求,企业间缺乏有效竞争。该观念认为,消费者喜欢那些可以随处买到和价格低廉的商品,企业应当组织和利用所有资源,集中一切力量提高生产效率和扩大分销范围,增加产量,降低成本。显然,生产观念是一种重生产、轻营销的指导思想,其典型表现就是“我们生产什么,就卖什么”。以生产观念指导营销活动的企业,称为生产导向企业。20 世纪初,美国福特汽车公司制造的汽车供不应求,亨利 · 福特曾傲慢地宣称:“不管顾客需要什么颜色的汽车,我只有一种黑色的。”福特公司 1914 年开始生产的 T 型车,到 1921 年在美国汽车市场的占有率达到 56%,就是在“生产导向”经营哲学的指导下创造出的奇迹。

(2)产品观念

产品观念(Product Concept)也是一种较早的企业经营观念,几乎与生产观念同时期盛行,都是重生产轻市场。产品观念认为,消费者喜欢那些高质量、功能出众或富有创新特色的产品,其典型理念就是“我们只生产最好的产品”。奉行这种观念的企业,总是致力于生产优质产品,并不断精益求精,日臻完善。但是,其公司经理人有时会迷恋上自己的产品,导致“营销近视症”,以至于忽视了消费者的真实需求,致使企业经营陷入困境乃至失败。杜邦公司在1972年发明了一种具有钢的硬度,而重量只是钢的1/5的新型纤维。杜邦公司的经理们设想了大量的用途和一个10亿美元的大市场,然而最终结果是其产品被市场冷落,企业经营陷入困境。因此,只致力于大量生产或精工制造而忽视市场需求的最终结果是其产品被市场冷落,使经营者陷入困境。

(3)推销观念

推销观念(Selling Concept)盛行于20世纪30~40年代,当时西方资本主义国家市场正处于由“卖方市场”向“买方市场”的过渡阶段。这一阶段,由于科技大进步和社会生产力的迅猛发展,特别是1929—1933年特大经济危机的发生,出现了大量的商品积压,驱使企业从只重视生产转变为更多地重视采用广告和人员推销来促进产品的销售。推销观念认为,消费者通常有一种购买惰性或抗衡心理,若听其自然,消费者就不会自觉地购买大量本企业的产品,因此企业管理的中心任务是积极推销和大力促销,以诱导消费者购买产品。其具体表现是“我卖什么,就设法让人们买什么”。在推销观念的指导下,企业相信产品是“卖出去的”,而不是“被买去的”。他们致力于产品的推广和广告活动,以求说服甚至强制消费者购买。他们收罗了大批推销专家,做大量广告,对消费者进行无孔不入的促销信息“轰炸”。但是,推销观念与前两种观念一样,也是建立在以企业为中心的“以产定销”,而不是满足消费者真正需要的基础上。

2. 以消费者为中心的市场营销观念

(1)市场营销观念

市场营销观念(Marketing Concept)产生与20世纪60年代,当时社会生产力迅速发展,市场趋势表现为供过于求的买方市场,同时居民个人收入迅速提高,有可能对产品进行选择,企业之间为销售产品的竞争加剧。许多企业认识到,必须转变经营理念,才能在市场上站稳脚跟。市场营销观念认为,达到企业目标的关键在于及时发现目标市场的需求和欲望,设计、生产符合消费者需求的产品和服务,并且比竞争对手更快捷、更高效地传递到目标市场。可见,市场营销观念是以满足顾客需求为出发点的,是以消费者为中心的。

市场营销观念的产生,是市场营销哲学的一次质的飞跃,它不仅改变了传统的旧观念的逻辑思维方式,而且在经营策略和方法上也有很大突破。它要求企业营销管理贯彻“顾客至上”的原则,将管理重心放在积极发现目标顾客的需求上,并千方百计地去满足它,从而实现企业目标。因此,企业在决定其生产经营时,必须首先去调研消费者的需求,根据市场需求及企业自身条件选择目标市场,组织生产经营,并最大限度地提高顾客满意程度。事实证明,奉行市场营销观念的企业都取得了更好的业绩。

(2)社会市场营销观念

从20世纪70年代起,随着全球环境破坏、资源短缺、人口爆炸、通货膨胀和忽视社会服务等问题日益严重,企业生产经营不仅要考虑消费者需要,而且要考虑消费者和整个社会的长远利益。社会市场营销观念(Societal Marketing Concept)认为,企业的任务是确定目标市场的需求、欲望和利益,并且在保持和增进消费者和社会福利的情况下,比竞争者更有效率地使目标顾客满意。社会营销观念要求营销管理者在制定营销决策时,要统筹兼顾三方面的利益,即企业利润、消费者需要的满足和社会利益。

(3)大市场营销观念

大市场营销观念(Mega Marketing Concept)是20世纪80年代以来市场营销观念的新发展。它是指导企业在封闭市场上开展市场营销的一种虚拟的营销战略思想,其核心内容是强调企业的市场营销既要有效地适应外部环境,又要能够在某些方面发挥主观能动作用,使外部环境朝着有利于企业的方向发展。它从产品或顾客为中心转移到关注更广阔的外部环境及其中的顾客。为了获取成功,市场营销人员必须全面考虑经济、社会、政治等对市场演变的宏观影响。

3. 现代市场营销观念的新发展

(1)关系营销观念

关系营销观念(Relationship Marketing Concept)是较之交易市场营销观念而形成的,是市场竞争激化的结果,是指企业通过识别、获得、建立、维护和增进与客户及其利益相关人员的关系,通过诚实的交换和服务,与包括客户、供应商、分销商、竞争对手、银行、政府及内部员工的各种部门和组织建立一种长期稳定、相互信任、互惠互利的关系,以使各方的目标在关系营销过程中得以实现。从20世纪80年代起,美国理论界开始重视关系市场营销,即为了建立、发展、保持长期的、成功的交易关系进行的所有市场营销活动。它的着眼点是与和企业发生关系的供货方、购买方、组织等建立良好稳定的伙伴关系,最终建立起一个由这些牢固、可靠的业务关系所组成的"市场营销网",以追求各方面关系利益最大化。

(2)绿色营销观念

绿色营销观念(Green Marketing Concept)是在当今社会环境破坏、污染加剧、生态失衡、自然灾害威胁人类生存和发展的背景下提出来的新观念,是指社会和企业在充分意识到消费者日益提高的环保意识和由此产生的对清洁型无公害产品需要的基础上,发现、创造并选择市场机会,通过一系列理性化的营销手段来满足消费者及社会生态环境发展的需要,实现可持续发展的过程。绿色营销的核心是按照环保与生态原则来选择和确定营销组合的策略,是建立在绿色技术、绿色市场和绿色经济基础上的、对人类的生态关注给予回应的一种经营方式。绿色营销不是一种诱导顾客消费的手段,也不是企业塑造公众形象的"美容法",它是一个导向持续发展、永续经营的过程,其最终目的是在化解环境危机的过程中获得商业机会,在实现企业利润和消费者满意的同时,达成人与自然的和谐相处,共存共荣。绿色营销观念主要强调把消费者需求与企业利益和环保利益三者有机地统一起来,其最突出的特点就是充分顾及资源利用与环境保护问题,要求企业从产品设计、生产、销售到使用的整个营销过程都要考虑到资源的节约利用和环保利益,做到安全、卫生、无公害等,其目标是实现人类的共同愿望和需要——资源的永续利用与保护和改善生态环境。

(3)文化营销观念

文化营销观念(Cultural Marketing Concept)是一个组合概念,简单地说,就是利用文化力进行营销,是指企业营销人员及相关人员在企业核心价值观念的影响下,所形成的营销理念,以及所塑造出的营销形象,两者在具体的市场运作过程中所形成的一种营销模式。文化营销是指把商品作为文化的载体,通过市场交换进入消费者的意识,在一定程度上反映了消费者对物质和精神追求的各种文化要素。文化营销既包含浅层次的构思、设计、造型、装潢、包装、商标、广告、款式，又包含对营销活动的价值评判、审美评价和道德评价。

文化营销包括三层含义：首先，企业需要借助于或适应于不同特色的环境文化开展营销活动；其次，文化因素需要渗透到市场营销组合中，综合运用文化因素，制定出有文化特色的市场营销组合；最后，企业借助商品，将自身的企业文化推销给广大的消费者，使企业能够更好地被广大的消费者所接受。

日本企业经营的成功得益于其企业内部全体职工共同信奉和遵从的价值观、思维方式和行为准则，即所谓的企业文化。营销活动中尊重人的价值、重视文化建设、重视管理哲学及求新、求变精神，已成为当今企业经营发展的趋势。

(4)全球营销观念

全球营销观念(Global Marketing Concept)是20世纪90年代以后市场营销观念的最新发展，它将一组国家市场视为一个单位，把具有相似需求的潜在购买者群体归入一个全球细分市场，只要成本、文化上差距不大，就制定标准化的营销计划。

1.2　国际市场营销概述

1.2.1　企业走向国际市场的动因

尽管国际市场营销比国内市场营销面对的市场更加复杂，有更大的经营风险，但随着国内市场的饱和及经济全球化的发展，各国在经济、技术及文化等方面的融合逐渐加强，各国大部分企业的经营活动都不可避免地面对国际市场。同时，由于科学技术、通信技术、交通运输等越来越发达，世界范围内的合作和贸易逐渐加强。

1. 市场动因

随着企业规模的扩大和国内市场的竞争趋势越来越激烈，企业为了扩大市场，获得更大的生存与发展空间，开始通过国际市场营销活动开拓更广阔的国外市场。各国政府为了保护本国市场，扶持本国企业的生产和经营，往往采取一系列贸易保护措施，如关税和非关税壁垒，限制外国产品进入本国市场。因此，企业一方面将产品生产转移到市场国或不受贸易壁垒限制的第三国，以避开关税和非关税壁垒；另一方面通过国际市场营销方式，使产品顺利进入贸易壁垒高的市场。此外，对于国际企业而言，通过分散在世界各国市场的子公司之间的国际市场营销活动，可以将原来外部化的市场交易尽可能地内部消化，纳入企业的管理范围内，以便更好地对市场进行支配与控制，从而达到全球利益最大化的目的。

2. 竞争动因

(1)避开激烈的竞争

随着市场经济的日益发展，国内市场日趋饱和，竞争日趋激烈。企业通过开展国际市场营销活动，一方面可以有效避开竞争锋芒，在国外开发出更适合本企业发展的市场；另一方面，可以将在国内市场接近饱和或进入衰退期的产品销售到该产品正处于导入期或成长期的国家，企业既可以发挥竞争优势，又可以延长产品的生命周期，在该产品上获取更多的利润。

(2)追随竞争对手

如果企业的竞争对手已经进入国际市场,而自己不及时追随竞争对手也进入国际市场,就会失去控制国际市场、争取国际市场的机会,从而培养壮大了竞争对手。因此,追随带头企业进入国际市场,虽然有利润诱人的原因,但更重要的是为了保持竞争关系的平衡。

(3)锻炼竞争能力

由于国际市场的竞争水平一般超过国内市场,企业进入国际市场,就有机会参与较高水平的市场竞争,从而可以借助竞争的动力和压力来推动企业技术创新和提高管理效率。

3. 资源动因

各国都有自身的资源优势,跨国企业可以通过国际市场营销活动获得自身发展所需的自然资源、劳动力资源、技术资源、信息资源及先进的管理经验等,有利于及时把握世界市场动态,通过降低成本、提高经营效率,赢得全球利益最大化。

4. 利润动因

国际企业能够通过开展国际市场营销活动扩大产品销售,实现规模经济效益;通过海外投资等方式,利用国外丰富的自然资源和廉价的劳动力资源,降低生产的成本;如果在某些领域,国际市场上有较高的利润率,企业可以实行高价撇脂策略,获取更高的利润;如果国际市场上利润率不高,但市场规模较大,企业可以通过"薄利多销"实现规模经济效益。以上方法都可以使企业在国际市场经营中获取更多利润。

5. 政策动因

各国政府为了鼓励本国企业走向海外,往往实施鼓励与支持政策以驱动企业走向国际市场。一般来说,政府主要通过税收政策(如减税、退税)、金融货币政策(如低息贷款、担保贷款)为企业提供诸多服务,如提供海外营销咨询、国际市场信息等,所有这些支持均有利于加强企业的国际市场竞争力。

1.2.2 国际市场营销的内涵

1. 国际市场营销的定义

国际市场营销(International Marketing)是指商品和劳务流入一个以上国家的消费者或用户手中的过程。换言之,国际市场营销是一种跨国界的社会和管理过程,是企业通过计划、定价促销和引导,创造产品和价值并在国际市场上进行交换,以满足多国消费者的需要和获取利润的活动。

国际市场营销是国内市场营销在国际上的延伸,两者的基本原理和方法差别不大。许多指导国内企业营销的原理和方法,如市场营销调研、消费者行为分析、选择目标市场、营销组合策略、营销战略计划、营销管理等,均可用来指导国际市场营销活动。

2. 国际市场营销的类型

国际市场营销是世界经济发展的必然产物,它作为进军国际市场的企业行为,是跨越国界的市场营销活动。一个企业进入国际市场,由于营销目标、实力以及营销经验不同,国际市场营销开展的程度也不同,为此可以把国际市场营销分为四种类型。

(1)被动的国际市场营销

从事这类国际市场营销的企业,其目标市场主要在国内,内部未设专业的出口机构,也不主动面向国际市场，只是在国外企业或本国外贸企业求购订货时，才考虑将产品进入国际市场。尽管产品会进入国际市场，但显然是被动接受订单而非主动出击寻找市场，因此属于最低层次的国际市场营销。

(2)偶然的国际市场营销

从事这类国际市场营销的企业，其目标市场仍然在国内，一般也不设立专门对外出口的部门，只有在一些特殊情况下才会主动向国际市场出售商品。比如，由于某一时期国内市场供过于求、竞争激烈或其他原因，多为一次性外销产品，将国外市场视为短期销售地。当国内供求及竞争趋于缓和时，该企业会趋于转向国内，继续生产本国市场所需要的产品。

(3)固定的国际市场营销

从事这类国际市场营销的企业，其目标市场既有国内市场也有国际市场，一般会成立专门的出口机构，甚至在国外成立分销机构。在不放弃国内市场的前提下，制定国际市场营销战略，专门开发国外消费者所需的产品，针对国际市场营销环境，制定国际市场营销组合策略，参与国际竞争，力争在国际市场上取得一席之地。

(4)完全的国际市场营销

从事这类国际市场营销的企业，完全把国际市场作为目标市场，甚至把本国市场视为国际市场的一个组成部分。它们一般在本国设立公司总部，在世界各国发展参股比例不等的子公司，并在这些国家从事生产经营活动，其产品、资源在国际市场流通，依靠国际市场获得利润。

以上四种类型，反映了国际市场营销的历史进程，其中，前两种类型属于国际市场营销的初级形式，后两种类型则属于国际市场营销的高级形式。由于各个企业处于国际市场营销发展的不同阶段，因而必须据此来确定自己的营销策略，以便达到预期的目标。

1.2.3 国际市场营销的理论基础

1. 比较成本理论

比较成本是指设定不同厂商、不同生产地域、不同季节、不同流通地域、不同的时期、不同的国家等参数后的成本比较。比较成本理论是在绝对成本理论的基础上发展起来的。英国古典经济学家李嘉图认为每个国家不一定要生产全部自己所需的商品，而应该集中力量生产那些利益较大或不利较小的商品，然后通过国际贸易，在资本和劳动力不变的情况下，生产总量将会增加，如此形成的国际分工对贸易各国有利。

2. 相互需求理论

相互需求理论是对比较成本论的重要补充，因为比较成本论虽然揭示了分工和交换能为分工国带来利益，但是却有两个问题没有解决：一是贸易给各国带来的利益有多大；二是这个范围内双方各占的比例是多少。而相互需求理论正好对这两个问题做出了补充，从而使比较成本论更完善。

相互需求理论，又称“国际需求方程式”，从需求和交换比率方面论述国际分工和国际贸易的理论，由英国经济学家约翰·穆勒在1848年提出。他使用了比较利益的概念，解释贸易双方在利益分配中各占多少的问题。英国经济学家马歇尔在穆勒理论的基础上，提出了供应条件(或提供条件)曲线，用几何方法来证明供给和需求如何决定国际交易比率。穆勒和马歇尔的理论共同构成了相互需求论,论述了贸易条件,即国际贸易中两国产品交换形成的国际交换比率是如何决定和达到均衡的。

穆勒认为,两国进行交换,其交换比率取决于双方对各项商品需求的大小,并稳定在输出货物恰好能抵偿输入货物的水平上。例如,以同一劳动量,英国可生产呢绒 10 码或亚麻布 15 码,德国可生产呢绒 10 码或亚麻布 20 码。在此情况下,英国可专门生产呢绒,德国可专门生产亚麻布,然后相互进行贸易,英国以 10 码呢绒换取德国的 17 码亚麻布,这样对两国都有利。但若英国对亚麻布的需求减少或德国对呢绒的需求增加,交换比率成为 10 码呢绒对 18 码亚麻布时,贸易条件对英国较有利;若交换比率成为 10 码呢绒对 16 码亚麻布时,贸易条件对德国较有利。这两种情况下,贸易都不易展开。只有在两国相互需求的商品价值相等时,贸易才能实现稳定、均衡。

相互需求原理的理论要点:

①国际贸易条件,即用本国出口商品数量表示的进口商品的相对价格,其水平高低取决于两方面因素:一是外国对本国商品需求的数量及其增长同本国对外国商品需求的数量及其增长之间的相对关系;二是本国可以从服务于本国消费需求的国内商品生产中节省下来的资本数量。因而,“在国际贸易中享有最为有利的贸易条件的国家正是那些外国对它们的商品有着最大需求,而它们自己对外国商品的需求最小的国家”。

②一个国家向其他国家出口商品的意愿取决于它因此能从外国获得的进口商品的数量,即一国的出口规模随其国际贸易条件而变化。基于国际贸易条件由两国间的相互需求决定,在某一特定贸易条件下,一国愿意提供的出口商品的数量正好等于其贸易伙伴国在相同贸易条件下所愿意购买的进口商品的数量,或一国的出口总额恰为它愿意支付的进口总额。也就是说,某一特定的贸易条件为贸易双方共同遵守。在这样的贸易条件下,两国的进口需求与出口供给两两对等,国际贸易处于均衡状态。

③在双边贸易中,对对方出口商品的需求,以及贸易双方共同遵守的国际贸易条件,随着由各国消费者的消费偏好等因素决定的对对方出口商品的需求强度的相对变动而发生变化。倘若外国对本国出口商品的需求甚于本国对外国出口商品的需求,外国的相对需求强度较大,本国的相对需求强度较小,则外国在同本国的竞争中就不得不做出某些让步,本国就可以享有比较有利的国际贸易条件。

具体来说,对对方出口商品的相对需求强度较小的国家,在贸易双方的相互竞争中占有较为有利的位置,最终决定的国际贸易条件比较靠近外国的国内交换比率,因而本国可以获得相对较大的贸易利益。简言之,贸易双方之间的相对需求强度决定着国际贸易条件的最终水平,进而决定了国际贸易总的利益在交易双方间的分割。

3. 国际化进程理论

企业的国际化进程理论主要基于国际化阶段模型。国际化阶段模型主要包括产品生命周期模型和乌普萨拉国际化模型。雷蒙德·弗农在 1966 年提出了产品生命周期模型,他把国家之间的国际贸易理论和个别公司的国际投资理论结合起来,主要观点是认为重新安排生产活动的地理位置和产品的成熟化程度的提高可以促进海外扩张。乌普萨拉国际化模型是瑞典乌普萨拉大学学者约翰逊和瓦伦提出的,他们对多家公司的海外经营过程进行了对比研究,其在海外经营战略步骤上极其相似:都经历过上述国际市场营销类型中的各个阶段,企业国际化具有连续性和渐进性。企业国际化的渐进性主要体现在两方面:一是企业市场范围扩大的地理顺序,通常是本地市场扩大到地区市场,再扩大到全国市场、海外相邻区域市场,最终到全球市场;二是企业跨国经营方式的演变,最常见的类型是从纯国内经营到通过中间商间接出口,再到直接出口、在海外设立分销部门,最后到直接在海外进行生产。

1.3 现代国际市场营销的特点

1. 国际市场营销网络化

现代国际市场营销因素的组合是建立在信息与互联网技术的发展上的。以互联网技术为基础的高新技术与国际市场营销资源相结合,在信息化社会的影响下形成了新的国际市场营销模式——国际市场营销网络化,其主要特点是消费者身份和消费者行为网络化。企业商品或服务的推广不再是面对面地与客户直接接触,而是借助终端设备和互联网实现交易;顾客不再是被动地接受现有的商品或服务,而是通过互联网与企业实现沟通与互动。因此,为了适应消费者的变化,满足消费者的需求,企业的广告、市场调研、产品分销和购物结算等也都转变为了数字化行为。

2. 国际市场营销管理以客户为中心

工业化时代市场竞争的焦点是产品与价格,一是产品要在质量、外观、包装等方面具有特色,二是要通过降低生产成本、提高劳动效率来降低价格。随着互联网的广泛应用和电子商务的迅速崛起,改变了消费者的购买行为,消费者从被动的接受者变成了主动的信息搜寻者,消费者的地位空前提高。同时,消费者行为的个性化和多元化,以及顾客身份的国际化,也促使企业必须将顾客关系作为营销管理的重点。

3. 国际销售渠道网络化

在目前的数字化信息时代,商业过程的高度自动化和网络化使企业应用网络来完成分销。电子商务改变了工业时代传统的分销模式,企业必须要适应B2B、B2C的网络分销方式,虽然全球电子商务的推广与发展还未能完全取代传统的分销模式,但数字化、网络化的电子商务推动着全球性的商业革命,全球电子商务正以百倍的发展速度推动着网上交易的扩张。

案例与思考

科特勒vs舒尔茨:谁更能指导营销实战

美国西北大学培养出两位现代营销大师:科特勒和舒尔茨。科特勒被称为“现代营销学之父”,舒尔茨被称为“整合营销之父”。两人的营销理论究竟有多少实用性?谁更能指导中国的营销实战?

科特勒:提供多种营销模式

科特勒曾经对儿子说,你来负责科特勒咨询集团美国的业务,来照顾这些跨国公司,我要到中国去,我要帮助中国企业和这些跨国公司进行“斗争”。

科特勒的复杂性正在于此,他永远处于“斗争”核心,探寻个中规律。这种复杂性使得很多人对他欲语还休。

国际市场营销专家、著名翻译家俞利军认为,科特勒营销体系的内核包括:以顾客需求为出发点,以交换为手段,围绕需求变化进行管理;贯彻整合营销传播理念,侧重长期关系的建立,以期建立强势品牌;不断关注环境变化、平衡专业化与多元化,努力扩大市场份额,争取并力保高端市场,实现最佳利润回报。从贡献上看,科特勒确立了现代营销学的理论与操作体系,他第一个使得营销科学化,并将营销扩展到人类生活的各个领域,使之成为人们日常生活的定式。他系统而全面地提出了不同营销情景的应对方式,使得营销者随时可以从他的工具箱里找出有用的工具。

科特勒的营销理论提供了多种模式,为处于不同发展阶段的经济体提出了不同的应对策略。只要搞市场经济,他的理论都可以适用。

很多中国企业希望能够运用现代营销理论提升自己,俞利军对他们提出四点建议。第一,要有远景,有使命感。中国的企业家要有逐鹿全球市场的雄心壮志,否则只能成为世界大型跨国公司的加工厂。营销人应当怀有创造民族品牌的大气,因为营销人最难也是最主要的工作就是创立、培育、发展和维护品牌。第二,处理好专业化与多元化的关系。中国企业应当首先加强专业化,在做强上下足工夫,然后再实行相关多元化,切忌盲目收购和兼并。第三,注意长期关系管理。这里的“关系”主要指企业内部管理层与员工的关系、企业与顾客(包括客户)的关系、企业与渠道的关系。第四,树立长期信誉。发达国家现在广泛利用公益营销来提升品牌的形象、品牌精神,我们的企业也要努力成为社会的好公民。企业产品和服务的销路往往跟它们的信誉和形象成正比。

舒尔茨:力主数据库营销

“中国企业的当务之急应该是培训人才,把他们留在企业充分发展。”舒尔茨敲响了警钟。他认为,中国企业最缺少的是受过培训、有高技能的人才。关于整合营销,舒尔茨下的定义是:整合营销是一个业务战略过程,它指制订、优化、执行并评价协调的、可测度的、有说服力的品牌传播计划。这些活动的受众包括消费者、顾客、潜在顾客、内部和外部受众及其他目标。

从营销理论发展来看,舒尔茨和他的合作者颠覆了传统的4P(产品、价格、渠道、促销)营销。他们认为,大众营销已经随着消费者需求的多样化而土崩瓦解,4C(顾客、成本、便利、沟通)将普照大地。

舒尔茨的整合营销理论倡导“由外向内”,极大地冲击了传统营销“由内而外”的模式。这一理论强调,首先要了解消费者,通过数据库营销达到小众市场中的真正沟通留住客户,提高效益。数据库营销其实是服务整合营销,从过去的拉动关系中走出来注重客户关系管理。数据库建立起来容易,但关键是要能够不断整理、不断研究客户偏好和兴趣的变化,然后用产品去迎合。整合营销中的“整合”也不仅仅是媒体的整合、促销手段的整合,关键是从根本上改变企业贡献价值的心理过程,满足客户需求,这样企业才不会被淘汰。

关于舒尔茨理论的局限性,对外经济贸易大学国际商学院营销学系教授傅慧芬认为,整合营销的理念很好,但缺乏可操作性,即便在诞生整合营销理论的欧美市场也很少有人贯彻。前些年IBM营进行尝试,把营销分成三个部门——市场调研部、行业和产品销售管理部、市场营销沟通部，按照程序来做。但是，在国外企业中更流行的是，各个部门的人为了一个项目临时成立一个团队。

傅慧芬认为，一些企业的主要问题是需要提高创新能力。整合营销最大的困难就是缺乏足够的创新能力来满足消费者。创新能力不够有两方面原因：第一，一些企业主观愿望差，根本不想创新，而有些想创新的小企业却缺乏足够资金。第二，创新产品做出来，别人一窝蜂地搭便车、假冒，受到的惩罚过轻。这两个问题是互动的，一内一外，形成恶性循环。当然，也有比较好的企业能够做强。其实，通过合作，把别人的技术学到，企业的创新能力就会逐渐增强。

（资料来源：根据公开资料整理）

思考：

①你认为科特勒和舒尔茨的观点哪个更适合中国企业？请举例说明。

②选定一家企业，结合所学习的内容分析该企业的市场营销活动。

职业技能训练

新兴市场国家、地区经济的快速增长，已经过长短不等的一段路程，时至今日，它们在经济水平、国际分工体系和国际经济关系等各方面，大体上是处于发达国家和其他广大发展中国家之间的位置。在这一位置上，它们与发达国家或与其他发展中国家的经济互补性日益增强，从而与这些不同类别国家的相互经济关系也在迅速加强。具体地说，新兴国家在当今全球经济中所起的巨大作用，可归纳如下：

1. 新兴市场是全球经济增长的重要动力

20世纪80年代，人们认为世界经济的火车头是美国和日本，90年代主要是美国。进入21世纪以来，美国对全球经济的推动力也已明显减弱，而新兴市场的国家，特别是中国等最大和增长最快的新兴国家，所起的支撑和推动作用显著加强。

2. 新兴市场是巨大的商品供应国和销售市场

新兴市场国家在世界贸易中所占的份额正迅速提高，在过去十年中，已从约27%增长到33%以上，新兴国家向发达国家提供它们所需的原材料、能源和价廉物美的各种制成品，又从这些国家大量进口所需的生产资料和消费品，从这种商品贸易中，双方都获益匪浅。

特别是对最大的消费国美国来说，廉价商品的进口不仅满足了其消费需求，且对其通货膨胀起到一定抑制作用。至于经济长期低迷的日本，经济的复苏也是与同中国和东亚其他新兴经济体发展进出口贸易分不开的。

新兴国家产能的快速增长，对能源及各种金属和非金属原材料的需求日益增加，这必然给世界能源和原材料市场的供求关系带来新的变化，特别是中印等新兴大国，正在一方面采取措施，开发国内资源；另一方面，与石油和原材料生产国，主要是其他新兴国家和其他发展中国家中的石油和原材料生产国加强合作，这种合作，对促进经济的发展是十分必要的。

3. 新兴市场国家、地区是全球资本的重要流入对象

据耶鲁大学加腾教授分析，自1997年以来至今的二十多年间，流入这些市场的资本性质在发生变化。与20世纪90年代不同,这一次不是股票债券投机,而是国外直接投资。据国际货币基金组织消息,这些国家净外来投资增加了92%,股票债券的净投资额略有下降。以世界500强为代表的大跨国公司纷纷计划今后大幅增加在中国、印度、巴西、俄罗斯等新兴国家的直接投资。西方大企业将业务外包给新兴国家已成为一种常规现象。

结合以上资料谈一谈目前国际上有哪些新兴市场,中国作为新兴市场之一,对世界经济的发展起到了哪些作用?

本章知识自测

一、关键概念

市场营销　国际市场营销　市场营销观念　社会市场营销观念

二、填空题

1. (　　　　)是指人们对有能力购买并且愿意购买某种具体产品的欲望。

2. (　　　　)是指顾客对所获得的整体利益与支出的成本的认知和衡量。这里的利益主要包括功能利益和情感利益。

3. (　　　　)是指企业通过识别、获得、建立、维护和增进与客户及其利益相关人员的关系,通过诚实的交换和服务,与包括客户、供应商、分销商、竞争对手、银行、政府及内部员工的各种部门和组织建立一种长期稳定的、相互信任的、互惠互利的关系,以使各方的目标在关系营销过程中得以实现。

三、不定项选择题

1. 4Ps理论中的“4P”主要是指(　　)。

A. 产品　B. 价格　C. 渠道　D. 促销

2. “我们只生产最好的产品”代表(　　)。

A. 生产观念　B. 产品观念

C. 推销观念　D. 市场营销观念

3. 国际市场营销的类型有(　　)。

A. 被动的国际市场营销　B. 偶然的国际市场营销

C. 固定的国际市场营销　D. 完全的国际市场营销

四、简答题

1. 简述STP理论的主要内容。
2. 分析产品生命周期理论在国际市场上的应用。
3. 简述企业进行国际市场营销的动因。

第2章 国际市场营销的文化环境

学习目标

通过本章的学习与技能训练，要求学生：

- 理解文化的概念、内容与特征。
- 掌握文化差异及其产生的原因，分析文化环境对国际市场营销的重要性。
- 了解语言与教育和观念等因素对国际市场营销的影响。

案例导读

Airbnb在中国市场遭遇水土不服

Airbnb是一个创建于2008年的房屋租赁网站，是AirBed and Break-fast(气床和早餐)的缩写，这一名称简单直接地告知用户，在这里能够找到和提供什么内容，被时代周刊称为e-Bay for Space(空间版的e-Bay)。它的目标用户并不是专业的房产中介，而是那些有着空用房间的家庭用户，通过注册登记后，家庭用户可以选择那些有着临时居住需求的旅行者，让后者付出一定的费用(通常比酒店要便宜)，换来一个房间甚至只是一张沙发的居住权利。

Airbnb利用房间提供方的轻资产化，并减少接触到房间需求方的中间环节，将传统酒店模式中的冗余成本削减，在降低平均房价的同时还能够赚取中介费，进而通过规模效益将中介费累积成巨额利润。

经过三轮融资，2011年Airbnb已经达到了30亿美元的估值，其业务拓展到了包括中国在内的192个国家和地区，有50万房源和850万访客通过Airbnb达成了目的。2012年底，《连线》杂志认为一旦Airbnb完成第三轮融资，就会计划上市，这家公司也接连吸引到了Facebook的技术总监、Google的主管等跳槽加盟，这种"硅谷风向标"式的意义也使Airbnb声名大振。因为商业模式的清晰和可测量，Airbnb的收入结构始终保持着稳定的增长，网站平台对每笔交易收取6%～12%的中介佣金。2012年，Airbnb的收入即达到2亿美元左右。到2015年底，Airbnb有1 600多名员工，共同管理着全球190多个国家和地区的100多万个房间，并成为2016年里约奥运会的合作方，官方订票页面有Airbnb的预订链接。

《经济学人》的一篇文章中，曾描绘过未来分享经济风潮盛行的情景：一位女士提着100美元/次租来的奢侈品包走回家。她的儿子正在吹奏着租金55美元/月的萨克斯，女儿推着租金18美元/天的自行车。同样,这场“经济与资源配置变革”也正在悄然改变着中国。2016年5月,在“分享经济供需调查:多少中国人愿意共享房和车?”中对于不愿意出租闲置车/房的人而言,“不喜欢陌生人使用自己的东西”则是首要顾虑(42%);人们对于出租闲置公寓/房间的积极性远高于租车,分别为82.4%和17.6%。而调研中发现了一个有意思的现象:从分享经济经历维度来看,人们对于出租闲置房间和闲置车的倾向有明显的差别。一方面有意愿出租空闲公寓/房间的人远高于出租闲置车的人;另一方面,有分享经济使用经验的人比没有经验的人更愿意出租车,而不愿意出租房;同时,超过一半的人在意租借者的国籍,更愿意接待本国人的比例(37%)远高于愿意接待外国人的比例(9.5%)。这显然与Airbnb“让陌生人住在家里”的主张相背。尽管Airbnb由宽带资本及红杉中国护航进入中国市场,却依然不可避免地遭遇水土不服。

(资料来源:根据公开资料整理)

思考:

推行Airbnb这种商业模式的前提是什么?

分析与提示:

共享经济是否被当地市场所接受?

2.1 文化概述

2.1.1 文化的概念

1. 文化的定义

文化一词的英文为Culture,德文为Kutur,它们都来自拉丁文Culture,意为耕作、培养、教育、发展和尊重等。目前,对文化尚无一个明确统一的界定。

文化包括精神文化与物质文化两部分内容。这里讲的主要是精神文化,是人们对客观物质世界的一种主观认识,或者说是人们对客观的无差别的物质世界赋予的有差别的、主观的、意识形态的内涵。文化是指社会成员共有的、共同的对客观物质世界的看法、态度及观念等,它反映社会成员精神财富的总和。社会成员中某一群体共有的、与其他群体相区别的、对客观物质世界的主观认识又叫亚文化,如种族亚文化、民族亚文化、地理亚文化等。每个消费者都生活在一定的文化之中,其消费需求与消费行为也必然带有其生活在其中的文化的烙印。

文化环境是指一个社会的民族特征、知识、信仰、艺术、道德、语言、风俗习惯和教育水平等的总和。

2. 文化的内容

精神文化包括的因素有很多,主要包括认识体系、风俗习惯、文化禁忌等内容。

(1)认识体系

认识体系是由感知、思维方式、世界观、价值观、信仰、艺术、伦理道德、审美观念以及其他具体科学构成。其中,价值观和世界观最为重要,是认识体系的核心。例如,喜鹊在中国是吉祥喜庆的象征，而西班牙认为其是贼鸟；猫头鹰在中国意味着不吉利，而在欧美却是智慧的象征，等等。

(2)风俗习惯

风俗习惯一般是指世代相袭固化而成的一种风尚。不同国家之间、同一国家不同地区、不同民族之间，往往存在着不同的风俗习惯，从而人们在生活方式、消费偏好、饮食习惯、穿着打扮等方面也常常是大相径庭。企业开展市场营销活动，必须了解各地的风俗习惯，根据不同地区、不同民族的风俗习惯开展有针对性的营销活动。

(3)文化禁忌

禁忌是犯忌讳的话和行为。营销活动过程中，切不可违反某一国家或某一群体，特别是目标市场顾客群的文化禁忌。例如，日本人忌讳绿色，认为绿色不吉利；忌荷花图案；还忌四、九等数字，因为“九”在日语中发音与“苦”相同，“四”的发音和“死”相同；日本人喜欢仙鹤和乌龟，因为这是长寿的象征。又如，美国人忌“十三”和“星期五”；忌蝙蝠做图案的商品和包装。再如，英国人忌用人像做商品装潢；忌用大象图案，认为大象是蠢笨的象征；英国人讨厌孔雀，认为它是祸鸟；英国人忌送百合花，认为百合花意味着死亡。法国人忌黄色的花，认为黄色的花象征不忠诚；忌黑桃图案，视之为不吉利；忌仙鹤图案，认为仙鹤是蠢汉和淫妇的象征；等等。

3. 文化的特征

文化的特征主要有以下四方面：

(1)后天习得性

文化不是遗传而得的，并非与生俱来的，而是通过后天学习得以传承的。一个民族典型的肤色、头发颜色等是由遗传决定的，但这些因素并不属于文化的范畴。人们因饥饿而需要食物也不属于文化的范畴，但吃什么、何时吃、怎样吃却是靠后天习得的饮食文化。例如，中国人吃饭大多用筷子，西方人一般用刀叉，还有人习惯用手抓饭吃；韩国人喜欢吃狗肉，而欧美国家的人绝对不吃狗肉；等等。当然，文化的传承并不是机械简单的传递，而是一个不断交流互相学习的过程。

(2)强制规范性

文化有一种无形的力量，规范和制约着人们的行为。文化的功能是建立行为模式、执行标准，以及人与人、人与环境之间关系的处理方式，从而定义和规定了哪些是可以接受的行为，哪些是不可以接受的行为。

人类学家和社会学家认为，文化强制具有两种类型：直接文化强制和间接文化强制。例如，一个人的行为举止不属于他所处文化的类型，他就可能会受到嘲笑、干预或者孤立等规范性压力，这就是直接文化强制；一个德国人来到中国，如果他固执地使用德语与中国人交流、直接用德国货币在中国购物显然是无法生存的，他必须学说汉语、兑换人民币，这就是文化的间接强制性。

(3)动态适应性

一般来说，任何民族的文化必须适应该民族生存的自然和社会环境。一种有损于民族和社会生存的习俗不太可能长时间持续存在，若人们固守这种习俗，则最后有可能与这种习俗同归于尽。一个民族要想世世代代生存下来，其非适应性的文化习俗可能会逐渐放弃,而适应性的文化习俗则可能会长期持续下去。同时,对一种特定环境适应的文化习俗在另一种环境下可能并不适应。

(4)发展变迁性

文化既是人类适应客观环境的一种手段,同时又具有后天习得的性质。因此,当客观环境改变时,文化自然也会随之而改变。实际上,世界上没有一成不变的文化模式,文化的变迁是一个永恒的社会现象。文化变迁的动力可能产生于社会内部,也可能来自于社会外部,有时候可能被另一个社会所强加。一般来说,文化变迁的主要原因有发现和发明、社会革命和制度变革、文化借用(Cultural Borrowing)或传播(Diffusion),以及文化移入(Acculturation)等。文化只能在不断变迁中才能获得发展和进步,这是一个不以人的意志为转移的客观规律。

2.1.2 文化差异

1. 文化差异的定义

不同的国家、地区、种族、民族等有着不同的语言文字、价值观念、行为方式等,这就是文化差异。通俗地说,文化差异就是人们对相同的客观物质世界所赋予的有差别的内涵。不同文化环境下,人们对相同的客观事物有着不同的表达方式、不同的喜恶感情、不同的褒贬含义等,这就是文化差异。例如,同样一本书,中国人发音表达为 Shu,用文字符号“书”来表示;而英美国家,则用 Book 符号表达,发音表达为[buk]。再如,同样是摇头动作,中国人赋予的含义是“不同意”;而印度人则理解为“同意”,这就是文化差异。

2. 文化差异产生的原因

文化的进化和发展过程,同时也是文化差异产生和强化的过程;影响和制约文化进化和发展的因素,往往也是造成文化差异的重要因素。

(1)自然地理因素

自然地理环境是造成文化差异最根本和最直接的因素。山川、海洋、沙漠等天然屏障阻碍了不同民族间的文化传播和交流,客观上为不同民族个性文化的独立发展提供了机会。

(2)文化自身因素

在文化自身的因素中,文化价值观念和文化传统,是各个不同的民族文化经过长期的分化和发展而形成的,它们作为一种结果和区分不同民族文化的一种主要标志,同时也是进一步再生产或再创造这种文化差异的重要成因。地理环境的不同及其隔离机制使不同的民族形成了自己特有的价值观念和文化传统,两者的不同往往又形成了一种无形的隔离机制,反过来又进一步强化了这种差异。

(3)民族中心主义

造成文化差异的第三个重要因素是各民族普遍存在的“民族优越感”或“民族中心主义”(Ethnocentrism)。消费者民族中心主义认为消费者潜意识里具有对本国产品认同、偏好和对外国产品负面抗拒的心理倾向。这种倾向在自身受到外来威胁或非常强大两种情形下,表现最为突出。经济全球化并没有减弱民族中心主义倾向,反而使之表现得更突出。

例如：主张自由贸易的美国等在不同时期，倡导利用民族中心主义心理推动“购买国产货”，以维护受外国货威胁的汽车、纺织等产业；美日贸易中，日本顺差问题的根源是日本消费者强烈偏爱本国产品，而并非政府关税和非关税壁垒所致。

(4)语言沟通障碍

对于不同民族而言，语言上的障碍严重影响了不同民族之间文化的传播、交流和融合，从而成为造成民族间文化差异的另一个重要因素。

2.1.3　文化与国际市场营销

1. 国际市场营销中文化分析的必要性

(1)分析文化的差异性，跨越国际市场营销障碍

成功的跨国营销是以成功的跨越各国文化差异为前提的，文化的差异是国际市场营销的最大障碍。各国文化环境的不同，直接或间接地影响产品的设计、包装、产品被接受的程度、信息传递的方法、分销与推广的措施等。企业要想在国际市场营销中满足异国顾客的需求，就必须首先进行文化的分析，即分析文化诸因素的国际差异性及其对企业国际市场营销决策的影响。这样才能跨越各国文化的差异，成功地开展跨国营销活动。

(2)分析文化影响的广泛性，周密规划国际市场营销战略

国际市场营销活动中，可以说文化的影响无处不在，文化差异也有多种形式、多个方面的表现形式，它会影响人们的价值观念、生活方式和消费习惯，从而对企业的国际市场营销活动提出相应的要求，因此必须全面细致地考虑文化差异问题。

(3)分析文化影响的深刻性，促进国际市场营销的文化适应性

文化环境虽然具有发展变迁性，但其发展变化速度是缓慢的、渐进的。各国家、各民族所形成的文化环境，一般来说是根深蒂固的，一般不会快速地、轻易地改变。因此，国际市场营销只有充分了解、高度适应东道国的文化差异，才能在国际市场营销中降低失败的可能性。

(4)分析文化的可变性，实现国际市场营销的文化渗透性

当企业试图把一种创新产品介绍到另一文化环境时，面对文化差异所形成的抵触或威胁，企业的应对策略有三种：文化适应、文化渗透和等待文化变迁。国际市场营销活动中，在大多数情况下，企业必须根据东道国文化的特点开展文化适应策略。但是，一国的文化并不是一成不变的，随着社会的发展变化，文化可能会发生变化，“变则通，通则顺”，国际市场营销可以实施等待文化变迁的策略或实施文化渗透的策略，以寻求更多的国际市场营销机会。

例如，自1853年莱维·施特劳斯发明了牛仔裤后，牛仔裤就一直是美国生活的一部分。在绝大多数国外市场上，莱维·施特劳斯公司大胆地宣传深厚的美国文化和精神，利用美国的人物形象、英语音乐及价格策略来体现美国文化和精神，最终取得了巨大成功。

2. 国际市场营销中的文化适应策略

(1)文化适应

所谓文化适应(Acculturation)，是指在一定社会里，从外部引进不同的制度和文化，同这种异文化整体的、持续的和直接的接触，将会给社会的文化形态带来某些变化。T. 亚历

山大认为，文化适应是一个过程，在这个过程中个体学习和掌握异文化的一些特性，包括异文化中群体的行为特征、谋生的方式方法、生活风格、社会关系网络、习惯与礼仪，以及对过去、现实和未来的态度，甚至包括对超自然现象的看法，等等。所有这些文化因素影响着个体的行为，决定着个体的思维方式、选择标准和生活目标等。

国际市场营销中的文化适应是指，企业的国际市场营销决策要适应目标市场国文化的特点，使企业的营销决策及其实施过程不会触犯当地的文化传统、生活习俗，而且能比竞争对手更好地满足当地消费者的需求，取得竞争优势。

一般来说，两种文化之间的适应性越强，两种文化的社会价值和规范越无矛盾，则两种文化之间的抵制就越少；反之，两种文化之间的适应性越弱，两种文化的社会价值和规范越相矛盾，则两种文化之间的摩擦就越多，抑制性就越强。例如，在国际市场营销中，准确地使用东道国公共语言、谚语等，可以有利于避免误解，使经营顺利进行。日本的"车到山前必有路，有路必有丰田车"、美国的"可口可乐"、德国的"奔驰"等就是在国际市场营销中妙用东道国语言的杰作。

决定文化适应的因素有两个。一是一定社会占统治地位的价值导向。由于各社会和各民族在精神的或物质的方面有着各自的文化重点，文化适应基本上集中于人们日常最为关心的文化之中，因此价值导向若能使异文化适当地与人们关心的文化相对应，且两者又不发生矛盾，那么文化适应便能实现。二是个体的内化可能性。价值导向只是文化适应的外部因素，文化适应还有赖于个体把异文化的一些特性加以内化，从而使自己的文化形态发生某些变化，这样的内化具有深远意义，甚至影响到人体的生理功能，影响到父辈向下一代传递的品质。

文化适应的结果一般有下列三种情形：第一，两种文化共同存在的混合状态，其中不可避免地产生矛盾；第二，异文化代替本文化，常伴随着强烈性的改革，异文化要做出符合本文化传统的新的解释；第三，两种文化的融合，意味着形成新的、统一的文化，其前提是双方有相互接受的倾向。

文化适应可以采用本土化策略和文化相容策略。一是本土化策略。企业在开展国际市场营销时应尽量雇佣一些当地人员，也可以选用一些曾在东道国留学或工作过的本国人，这样更有利于在当地开展市场、站稳脚跟。虽然这种策略容易接近当地市场，但是会在一定程度上冲击原有的文化。二是文化相容策略。尽管母国文化与东道国文化之间存在很大的差异，如果这两种文化并不相互排斥，可以让两类不同的文化相互补充，以母文化补充东道国文化的单一性。通常比较常用的做法是尽量模糊文化冲突，保存文化中比较平淡的部分。但如果两种文化存在巨大的差异，就要尽量注意规避"敏感问题"，尽量适应当地的文化，避免冲突。

(2)国际市场营销中的自我参照准则

自我参照准则(Self-Reference Criterion，SRC)由美国学者詹姆斯·A.李1966年在《海外经营中的文化价值观》中首先提出的。具体来说，SRC是国际市场营销的一种障碍，即国际市场营销人员一遇到国际市场营销中的具体问题，就不由自主地用自己的价值体系作为理解和处理这种状况的尺度和标准，无意识地参照本国文化的价值观、经验和知识，作为决策的依据，妨碍了真实的评价国外市场的能力。其消极影响在于，意识不到文化差异的存在,或意识不到这些差异的重要性,影响国际市场营销组合方案合理性的评估。

例如,国内商务谈判中,向对方递上一支香烟,可以拉近距离、促成交易。但在国际商务谈判中,如果也向外商递上一支香烟,后果可能适得其反。这就是在使用 SRC。这是因为,在中国向客人敬烟表示对对方的礼貌、友好和在意,然而在国外,特别是欧美国家,一般是不向客人敬烟的,因为大多数人是反对吸烟的,向他们敬烟反倒是不礼貌的表现。

(3)国际市场营销中克服 SRC 的对策

企业在国际市场营销活动中如何消除 SRC 倾向,詹姆斯 · A. 李提出的方法有四个步骤:

第一步,按照本国的文化特点、习俗和规范来确定业务问题和目标。

第二步,按照东道国的文化特点、习俗和规范来确定业务问题和目标。

第三步,把 SRC 在该问题中的影响孤立出来,研究 SRC 如何使问题变得复杂化。

第四步,在没有 SRC 的影响下,重新确定业务问题与最适当的业务目标。

例如,我国长白山人参在过去出口时,一直用木箱装运,每箱重达 20 千克,包装也十分简陋,很显然这是与我国传统的价值观念相符合的。但这种贵重的山珍的出口价却因此一直被外商压得很低。后来经过多方研究,才恍然大悟,原来在西方人的观念中,越是贵重的东西,其包装就越要讲究,只有廉价品才因陋就简。后来,长白山人参改为一支装,并配以精美的工艺包装盒,其价格也成倍地上升了。从这一例子可以看出,克服 SRC 现象,必须学会站在对方的立场上思考与分析问题。

3. 国际市场营销中的文化渗透策略

"文化渗透"是指某一种文化因素或者文化结构从一个社会向另一个社会或多个社会的转移和互动现象。"文化渗透"分为"有意"与"无意"两种,不管有意无意,文化渗透普遍存在于文化交往之中。

在国际市场营销中,企业不仅要适应目标市场东道国的文化习俗,还可以采取积极主动的策略,在适应东道国文化的同时也向东道国市场介绍推广母国文化。这种积极主动的策略适应于那些思想较为开放、容易接受新事物,同时市场还没有形成固定经营模式的国家。这种策略一旦实施成功,将给企业带来巨大的优势。具体可以规划实施文化创新策略和文化渗透策略。文化创新就是要促进不同文化的相互了解,在此基础上进行有效的整合,创造一种新的文化,这种文化既与当地的文化相适应,又保留着母国的文化,但又不完全等同于母国文化和东道国文化。将母国文化逐步渗透到东道国需要较长的时间,而且容易引起当地居民的抵触情绪。

国际市场营销中,当企业把一种产品或服务推广到一个文化差异比较明显的东道国市场时,经过慎重分析与科学决策,决定放弃文化适应策略,而是采取各种措施与手段,改变东道国市场消费者的价值观念、行为方式、风俗习惯等文化特点,克服文化阻力,使得东道国市场发生变化,最终接受企业的产品或服务,这就是文化渗透策略。

4. 文化变迁对国际市场营销的影响

文化变迁是指由于环境、观念的改变及与其他文化群体的接触等引起的文化内容和文化结构的变化。文化不是静止的,而是不断运动变化的,母国文化如此,东道国文化也是如此,其实任何一种现有的文化都是对以往文化的一种变革。文化变迁的原因在于:一方面文化是服务于人类需要的,随着时间的推移,人类需要的变化导致了文化的调整与改进。比如,在20世纪80年代,日本人称为“3C”时代,即追求汽车(Car)、彩电(Coclor TV)和冷气机(Cooler);90年代,日本人称作“3V”时代,即假期(Vocation)、别墅(Villa)和出国访问(Visit);进入21世纪的日本则流行这样一句话:“健、高、游、情”,“健”是指有关健康的产品,“高”代表高消费,“游”指出国旅游,“情”是自我选择的生活情趣;另一方面,各国之间存在着的各种沟通形式加快了文化借鉴和变迁的过程。例如,庆祝圣诞已经不知不觉进入了中国等东方国家普通人的家庭。

国际市场营销人员不仅要注意文化差异的存在,也要注意文化的发展变化,哪怕发现细小的变化也可能给企业带来无限的商机。

(1)迫使企业改变营销决策

文化的变迁迫使企业改变营销决策,以使决策适应新的文化特点。因为文化变迁首先是市场消费需求、消费观念、购买方式、审美观念等的变化,适应这种变化,企业必须及时调整营销策略。

(2)为企业带来新的营销机会

文化变迁标志着人们的需求发生了变化,新的市场需求对企业来说,就是新的营销机会。企业必须审时度势,提高自己的应变能力,紧跟流行趋势,抓住营销机会。

2.2 语言与教育水平

2.2.1 语言

1. 语言的概念

语言是人类最重要的交际工具,是人类特有的用来表达意思、交流思想的工具,是一种特殊的社会现象,由语音、词汇和语法构成一定的系统。“语言”一般包括它的书面形式,但在与“文字”并举时只指口语。

语言是民族的重要特征之一。一般来说,各个民族都有自己的语言。汉语、英语、法语、俄语、西班牙语和阿拉伯语是世界上应用广泛的语言,也是联合国的工作语言。汉语是世界上使用人口最多的语言,英语是世界上使用最广泛的语言。据有关资料统计,全世界共使用5 651种语言,其中使用人数超过5 000万的语言有13种:汉语、英语、印度语、俄语、西班牙语、德语、日语、法语、印度尼西亚语、葡萄牙语、孟加拉语、意大利语和阿拉伯语。按被规定为官方语言或通用语言的国家数目来说,英语占第一位(约44国),法语第二(约31国),西班牙语第三(约22国)。被定为联合国的正式语言的有六种:汉语、英语、西班牙语、法语、阿拉伯语、俄语。

一名成功的国际市场营销人员必须具有娴熟的交际和表达能力,这就要求必须理解或通晓当地语言,这不仅有利于表达思想和相互交往,而且会做到“说话有尺度,交往讲分寸,办事讲策略,行为有节制”,使人喜欢你、接纳你,使国际市场营销成功进行。

2. 口头语言

口头语言是指以音和义结合而成,以说和听为传播方式的有声语言。在国际市场营销中，正确运用口头语言是十分重要的。国际市场营销人员在运用口头语言时要注意以下几方面的问题。

(1)使用合适的语体

语言有正式语体和非正式语体之分。使用哪类语体主要取决于三种因素：环境（或情景）、话题（或谈话内容）和谈话者。一般而言，正式场合与严肃话题一般使用正式语体，而非正式场合与轻松话题一般使用非正式语体。

(2)使用恰当的外交语言

在长期的国际交往实践中，形成了约定俗成的外交用语，即通常所说的“外交辞令”。外交语言是一种非常严密的语言，它具有很强的规范性。国际市场营销人员应该注重学习外交语言的严密性和审慎性，提高自己在国际市场营销事务中准确传达信息的能力。

(3)使用适宜的谦虚辞令

谦虚与含蓄是中华民族的美德，但在国际交往中，如果在一些场合和事情上不必要地谦虚或过分谦虚，反而会导致不良后果。

例如，某地区一位领导与外商洽谈在本地投资事宜，一见面就对外商说：“我们这儿条件比较差，人才不多，交通不便，通信不发达……”话还没有讲完，外商就立刻提出不谈了。问其原因，回答是：“此地条件这么差，还投什么资？”请外商吃饭时，领导说：“家常便饭，略备薄酒，不成敬意，请尊敬的各位贵宾多多包涵！”翻译直译过去后，外商百思不得其解：既然我们是贵宾，为什么用家常便饭和味淡的酒来招待我们呢？难道中国人家常都吃这样的饭菜吗？

(4)注意同一种语言的国别或地区差异

国际市场营销人员之所以能比较顺利地与同一个文化群体内的顾客、中间商和各类公众沟通，是因为他们既共享其母语的语言系统又共享该社会的价值观念和行为规范。跨文化营销沟通的困难在于沟通双方属于不同的文化群体，他们可能使用同一种语言媒介，但自觉或不自觉地表达不同的含义和价值观，遵循不同的行为规范。沟通一方传达信息，没想到另一方收到的信息与原意大相径庭。例如，美英两国代表就某项业务进行谈判，同一句话，Tabling a Proposal，美国代表的意思是他们“要推迟决定”，而英国代表的理解是他们“将马上采取行动”。世界上经常有一种语言是好几个国家的官方语言或母语的现象。但同一语言在不同的国家或地区（甚至在一个国家内的不同地区），会有或多或少的差异，国际市场营销中需要注意到这种差异。

3. 书面语言

在国际市场营销活动中，书面的文字语言涉及函电、合同、品牌名称、产品说明、广告等许多方面。就国际商业信函而言，其文字趋向于口语化、简单化；商业合同一般有较为固定的格式，重要的合同要在律师的指导下制定。

(1)品牌名称

国际市场营销活动中，给商品起一个被东道国市场消费者喜闻乐见的品牌名称是十分重要的。但品牌名称的设计也要注意文化差异的影响，也就是说，在某种文化背景下含义优良、备受欢迎的品牌名称，很可能在另一种文化背景下却含义不佳、遭遇抵制。

我国出口产品金鸡牌饼干和山羊牌羊毛衫，英文译名为 Cock 和 Goat，而这两个英文单词还有另一个含义，就是“色鬼”。由于译名不当，使英语国家的顾客产生文化误读，望而生畏，出口注定失败。我国生产的“马戏牌”扑克牌包装上印有汉语拼音 Maxi Puke，但 Maxi Puke 在英语中的含义却是“最大限度地呕吐”，令顾客生厌；美国通用汽车公司生产的 NOVA（新星、神枪手、像流星一样的速度）牌汽车，在美国很畅销，但在销售到拉美一些国家时却无人问津。原因是，NOVA 在西班牙语中是“走不动”的意思。White Elephant Auto Parts，本意表示白象牌汽车配件，但 White Elephant 是“无用而累赘”之意；“百事可乐”的广告词“百事可乐，使你精神振奋”译成德语时却成了“让你从坟墓里活跃起来”。美国汽车公司的 Matador（马塔多）牌汽车，通常是刚强、有力的象征，但在波多黎各，这个名称意为“杀手”，在交通事故死亡率较高的地区，这种含义的汽车肯定不受欢迎。因此，在通晓当地语言之前，应寻求专业人员的帮助，切不可马虎从事。

（2）产品说明

产品的文字说明（如产品介绍、使用说明、产品标签等）是对产品特点、功能和用法等的解释和说明，是顾客购买和使用产品的向导。出口产品的文字说明一般用外文。在撰写外文说明书或翻译时要注意用语的科学准确，而且要注意东道国对进口商品所用文字的有关规定。

4. 体态语言

体态语言（Body Language）主要有手势、动作、目光、表情、步态、身体姿势、身体接触、身体距离等。体态语言能够有效地传达人的情感状态，能够对口头传达的信息做出补充和解释。国际市场营销人员在跨文化交际时，不仅要重视口头、文字语言，还要了解不同文化背景下体态语言的特殊内涵及其差异。美国营销经理在谈判成功时，做了一个表示 OK 的手势，而法国南部的谈判对手则理解为“此交易微不足道”。

我们比较熟悉的 V 形手势，在相当多的国家里，这个手势表示胜利、和平；在我国除了胜利、和平之外，还可以理解为 2 或第二；但在英国，做这一手势时，如果掌心朝外表示胜利，而掌心朝内则表示侮辱。

国际上较为流行的 OK 手势，在我国表示 0 或 3；在日本、韩国、缅甸表示金钱；在印度尼西亚表示什么也没有、什么也干不了；在法国表示微不足道、无价值；在突尼斯，表示傻瓜、无用；在斯里兰卡，表示完整且要对方不要生气。

5. 语境文化

沟通是意见或思想的交流，它是人们通过共同的符号系统（口头的和非口头的）互通意思的过程。沟通的过程通常由五部分组成，即信息发出者将自己要表达的意思通过一定的符号进行编码变为信息，经过一定的途径（人员的和非人员的）或媒介传递给信息接收者，后者经过解码使信息变为可理解的意思，接收者收到信息后将做出反应，最后，接收者的部分反应将反馈给信息发出者。因为意思要转换为某种符号，经编码后才成为信息，因此信息要经过一定的描述才能被解码，接收者才会理解。这个描述过程随着语境（人、文化和环境）的不同而不同。而一切信息的编码只有合乎（语言）符号系统的文化规范才能被正确理解。因此，国际市场营销人员除懂得自己本民族语言系统外，还要懂得自己所处的社会价值观以及社会对其言行的制约。

美国文化人类学教授霍尔认为：在低语境文化（Low-Context Culture）中，信息是明确的，词语传递大部分信息。在高语境文化(High-Context Culture)中,词语包含较少的信息,而大部分信息隐含在语境(Context)之中。一般认为,中国、日本文化属于高语境文化,而欧美多数文化为低语境文化,如图 2－1 所示。例如,美国公司总经理的特点就是一间大办公室,门若开着,表示能接见别人,关上门则意味着不便会客;而德国经理则通常关上门,因为他们认为开着门意味着粗心大意,办事无条理;日本的经理则喜欢与职员们在一起办公。

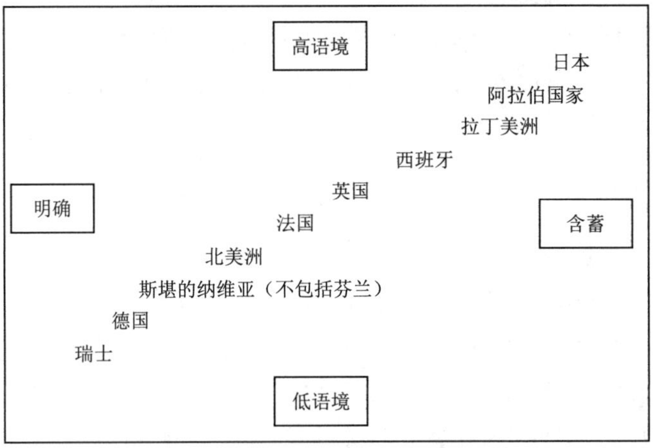

图 2－1　世界部分国家和地区文化的语境

6. 语言翻译

语言是文化的镜子。国际市场营销经理只掌握语言,而不懂制约语言的运用、赋予语言特定意义的文化,实际上并没有具备跨文化沟通的能力。要减少误解,增进交流,有效地进行沟通,需要有意识地学习和比较,增强对文化差异的敏感性和对他文化的适应力,既要了解他文化,又要让他文化的顾客、中间商和形形色色的公众了解自己的文化,不仅要承认差异的存在,而且要理解和尊重这些差异。在跨文化营销沟通中有意识地选择对方容易理解的编码方式,选择适合对方的传播媒介,"用顾客的语言表达和理解"(盛田昭夫),培养恰当的表达和理解话语的能力和技能。

在企业的国际市场营销活动中,如广告宣传与产品介绍、产品目录和产品说明、企业名称与品牌名称、商务合同与商务谈判、商务函电与商务单证等都会遇到翻译的问题。翻译实际上是两种文化的交流,稍有不慎就可能犯错误。

我国一家公司把"芳芳"牌唇膏销售到美国,品牌名称翻译为 Fang Fang Lipstick,但是,Fang Fang 在英文里是"毒蛇的牙、有毒的东西的意思"。显然,有毒的东西很难唤起顾客的需要;美国 Coca Cola 在 20 世纪 20 年代初进入中国市场时,根据 Coca Cola 的英文发音,翻译成中文"口渴口蜡"。产品投放市场,销量很低,因为很多人将"口渴口蜡"理解为"口渴时喝一口蜡",效果可想而知。

在翻译时,要特别注意各国文字在表达上的特点、忌讳和隐喻等。具体可以参考以下做法:

①由不仅精通东道国语言,而且熟知东道国文化的人做翻译。

②必要时,先由我方翻译将中文翻译成外文,再由外方翻译把外文译回中文,如果这一

中文还能体现原来中文的精神,那么这个译文是可取的。

③由我方翻译,请东道国专业人士审核。审核人员应该熟悉产品与市场。显然,代理商和经销商一般是最佳人选。

④翻译中避免使用生僻的成语和俚语。

⑤在翻译企业名称和品牌名称时,可以考虑选择一个在各国都能发音,但在各国语言中都无具体含义的词汇。例如,柯达(Kodak)和索尼(Sony)便是成功的例子。这两家公司在确定名称之前都进行了长期的调研,发现这些名称在世界很多语言中都能发音且无具体的含义,非常符合公司的全球推广战略,也便于全球各地消费者记忆,该品牌在世界各地都能被消费者轻易地辨认出来。

2.2.2 教育水平

1. 教育水平的概念

教育主要指文化及传统的传播过程,也包括技能、思想和态度的传播过程。在考察和比较各国教育发展水平时,常用识字率(或文盲率)这一指标。在进行东道国教育水平分析时还应该了解普通高等教育、职业教育、继续教育等方面的人力资源发展规划的情况。一个国家的社会教育水平是与其经济密切相关的,社会的教育水平决定人们的文化程度。在一些发达国家,国民教育条件较好,大部分国民受过良好的教育,而在一些发展中国家,有许多人没有受过教育,文化水平很低。一般而言,发达国家教育水平较高,顾客对产品的档次要求较高,对新产品的鉴别能力也较高。而经济发展水平较低的落后国家,情况则正好相反。

2. 教育水平对国际市场营销决策的影响

关于教育水平对国际市场营销决策的影响,主要体现在以下几方面:

(1)教育水平高低影响着国际市场消费行为

由于国际经济发展的不平衡,各个国家的社会教育水平也就存在着差异。社会教育水平的高低对消费结构和购买行为有着重要的影响作用。一般来说,受教育程度高的消费者对新产品的鉴别能力强,购买时的理性程度也高,容易接受文字宣传的影响,所以,在教育水平高的国家里,新产品、新技术的销路就好;而在社会教育水平低的国家,复杂程度高、技术性能强的产品往往没有市场。一般来说,教育水平高的东道国市场,对那些技术先进精密、性能好、品质高的产品有较大需求;而教育发展水平低的落后的东道国市场,容易接受那些操作、使用、保养、维修都很简单的机器设备。国际市场营销人员要充分考虑教育对人们消费行为的这种影响。

(2)教育水平高低制约着国际市场营销调研活动

在教育水平低的东道国进行营销调研,一方面,企业调研人员与顾客交换意见较为困难。这是因为,与教育水平较低的顾客进行信息沟通要比与教育水平高的顾客进行信息沟通要困难得多,具体则表现为问卷回收率低、有效信息少等问题。另一方面,企业的营销调研在受教育程度高的国家和地区可在当地雇佣调研人员或委托当地的调研公司或机构完成具体项目,而在受教育程度低的国家和地区,企业在当地也很难找到合格的调研人员或调研机构以顺利开展调研活动,企业开展调研要有充分的人员准备和适当的方法。同时,在教育发展水平较低的东道国，一般不具备完善的信息档案系统与信息查询途径，调研者收集二手资料也有一定难度。

(3)教育水平高低影响着国际市场营销组合决策

国际市场营销组合决策主要是指国际市场营销活动中实施的4P或6P策略。首先，在实施产品策略时要考虑到目标市场国的教育水平。比如，企业在设计产品时，要使产品的复杂程度、技术性能适应目标市场国消费者的教育水平。产品包装上的文字、产品目录和产品说明书也要考虑目标市场国的教育水平。其次，在选择促销方式时也要考虑到目标市场国的教育水平。如果商品的目标市场在文盲率很高的地区，就不仅需要文字说明，更重要的是要配以简明图形，并要派人进行使用、保养的现场演示，以避免消费者和企业不必要的损失。

2.3 观　念

观念是一种文化环境里，人们对人或事物的看待方法、思维导向、评价标准和崇尚的风气。与观念意思接近的一个概念是态度。态度是人们对人或事物的具体看法或在其言行中的具体表现。本节所指观念是涵盖态度在内的广义的范畴。可以见得，文化影响着观念，观念影响着态度，态度影响着行为。人们的观念和态度，体现在一人、一事或一物上，难以计数。总体来说，对国际市场营销影响较大的观念有：价值观念、美学观念、时间观念、消费观念、礼俗与禁忌等方面。

1. 价值观念

跨文化的价值观念差异产生人们认识上的差异，价值观念又通过激发动机间接影响认识系统。相同的文化价值观念产生类似的行为态度，不同的文化价值观念有不同的行为态度。例如，日本人认为衣服的美学属性最重要，而新加坡和韩国人则认为其功能属性最重要。不同的价值观念对颜色、式样、表情、行为等会有不同的评价和理解。价值取向的异同决定了评价标准异同，价值取向相同的文化对产品品牌有相同的评价标准，这就为国际市场细分和营销沟通组合策略的制定提供了依据。不同国家、不同民族的人，在价值观上往往有很明显的差异。例如，在文明程度较高的国家或地区，人们把宰杀或食用野生动物、使用高耗能、高污染产品等行为视作缺乏公德的行为。

2. 审美观念

审美观念是指对某个美学问题或审美现象的基本看法。它是人们在实践中形成的一种关于美的理性认识，一经形成就具有相对独立性。此处特指一种特定文化背景下的审美观，即表现该文化所崇尚的美是什么。人们在市场上挑选、购买商品的过程，实际上也就是一次审美活动。对美的追求与欣赏是人类的天性，所以审美观念也是影响消费者购买行为的重要因素。审美观念往往决定了一国消费者对图案、颜色、花卉、动物、食品等的喜恶，从而制约着人们对产品的选择。一种色彩、图案在一种文化中被视为吉祥喜庆，但在另一种文化中却可能视为不祥之兆。不同的国家、民族、阶层和个人，往往因文化背景不同，其审美标准也不尽一致。有的以“胖”为美，有的以“瘦”为美，有的以“高”为美，有的则以“矮”

为美，不一而足。因审美观的不同而形成的消费差异更是多种多样。例如，在欧美，妇女结婚时喜欢穿白色的婚礼服，因为她们认为白色象征着纯洁，美丽；在我国，妇女结婚时喜欢穿红色的婚礼服，因为红色象征吉祥如意、幸福美满等。对国际市场营销人员来说，如果不能正确把握某一文化的美学观念，就很难设计出适销对路的产品款式，忽略美学观念不仅会使广告和包装起不到应有的作用，甚至会引起顾客的反感。表2－1所示为部分国家的审美喜好和禁忌。

表2－1　部分国家的审美喜好和禁忌

国　家	色　彩		图　案			
			植　物		动　物	
	喜	忌	喜	忌	喜	忌
美国	浅绿、粉红	黑色、红色、紫色	山楂花	四叶车轴草	白猫、白头鹰	蝙蝠
日本	柔和鲜艳的颜色	绿色 黑白相间	松、竹、梅、樱花	荷花	龟	狐狸
英国	大绿色、紫色	黑色		百合花、菊花		白象、猫头鹰、山羊、孔雀
法国	鲜艳色 蓝色 白色 红色	墨绿色 黄色 灰绿色	百合花 玫瑰花	核桃、菊花、杜鹃、牡丹、康乃馨	马 公鸡 野鸭	孔雀 仙鹤 无鳞鱼
澳大利亚					袋鼠	兔子
印度	红色、黄色	黑色、白色		玫瑰花	牛	
埃及	绿、红、白色	黄色、蓝色 黑色、紫色	莲花、金字塔形			猪、狗、猫、熊
加拿大	深红		枫叶	百合花		
泰国	红、黄、蓝色		荷花		大象、孔雀	狗
马来西亚	绿色 红色	白色、黄色、黑色			猫	猪、狗

3. 时间观念

作为非语言交际的重要方面，时间信息的传递也具有深刻的文化内涵。不同的文化塑造了人们不同的时间观念。由于各国文化在哲学观、历史背景、社会模式等诸多方面千差万别，其对时间的观念和态度也存在着很大差异，从而产生了不同的时间取向模式。如何对待时间以及如何使用时间，在很大程度上影响了跨文化交际的效果。时间观念会影响消费者对产品的需求，在时间观念强的国家里，省时、省力的产品较受欢迎，像快餐食品、速溶饮料等产品往往畅销。而时间观念不强的国家，这些产品则不受重视；时间观念还会影响人们的商业习惯。

美国有两条关于时间的谚语："时间就是金钱""今天能做的事不要拖到明天。"这两条谚语反映了美国人做事讲求效率、遵守时间约定的社会风气；德国人、日本人、美国人、英国人等信守准时，如果约定8:00开会，就一定会准时到达，但中东和拉美人则经常不守时；在西班牙，午睡时间（下午2:00到4:00）人们不进行任何商业活动。

4. 消费观念

一个民族的消费观念决定着该民族的消费行为和方式。在一些发达国家中，许多人推崇“能挣会花”，追求便利舒适的消费行为。在这种观念指导下，人们会有比较高的消费水平，因而高档耐用消费品和奢侈品的市场规模和潜力就会很大，一次性商品的消费量也会很大。但在不发达的小生产观念占支配地位的国家，人们会难于接受这种消费方式。

5. 礼俗与禁忌

消费习俗是人类各种习俗中的重要习俗之一，是人们历代传递下来的一种消费方式，也可以说是人们在长期经济与社会活动中所形成的一种消费风俗习惯。不同的消费习俗，具有不同的商品需要，研究消费习俗，不但有利于组织好消费用品的生产与销售，而且有利于正确、主动地引导健康的消费。由于礼仪及习俗受国别、地域、信仰、文化背景、民族特征、社会风俗和政治制度的影响而千差万别，因此，国际市场营销活动中，了解目标市场消费者的禁忌、习俗、避讳、信仰、伦理等是企业进行市场营销的重要前提，要遵从国际商务礼仪，而且要了解与尊重有关各国的礼俗与禁忌，做到“入国守禁，入乡随俗，入境知礼，入门避讳”。

西方人普遍认为“13”这个数字是凶险和不吉利的，编码顺序常以“14(A)”或 12(B)代替 13，最忌讳 13 人同桌共餐；“星期五”和“3”这个数字，也为很多人禁忌。点烟时，忌用同一根火柴或打火机连续点燃三支烟。俄罗斯人对颜色喜红忌黑，对数字忌讳“13”，但对“7”却情有独钟；在波兰，洗手间的表示方式也极其独特，“△”表示男用，而“○”表示女用；保加利亚和阿尔巴尼亚人习惯“点头不算摇头算”；日本人喜欢奇数忌讳用 4、9 等数字，忌讳 3 人合影。

案例与思考

肯德基在中国的跨文化经营

中美之间在物质文化、政治制度、文化传统、信仰习惯等方面差距很大，然而肯德基却在中国获得了巨大成功。

早在 1985 年，肯德基决策者就对人口最多、市场潜力无限的中国市场产生了浓厚的兴趣，为此，首先选择新加坡作为进军中国市场的试点，因为新加坡人的饮食文化和生活习惯与中国很接近。在新加坡经营了一年并积累了跨文化管理经验后，1987 年 11 月，肯德基才正式启动进入中国的步伐，在北京前门设立了第一家餐厅。根据中国的文化，肯德基在以下几方面进行了探索。

首先，从文化上寻找与中国消费者的结合点。肯德基把青少年作为主要消费群体，一方面，青少年更喜欢尝鲜，饮食习惯不固定，更容易接受“洋快餐”；另一方面，锁定青少年这一消费群体后，使之从小就能接受认可“洋快餐”，多年之后，“洋快餐”的消费群体将延伸到中年以至老年，肯德基也会自然融入中国消费人群中，可保其根基深固。

其次，在保持业态、管理规范等不变的前提下，加快原料、品种的本土化进程。据透露，肯德基在中国本地原料采购比例已达 95%以上，其中面包、鸡肉和蔬菜全部来自中国，青岛正大集团等就是山东肯德基的重要原料供应商。原料的本土化一方面降低了经营成本，提高了利润空间，另一方面也支持了本地企业的发展，增加了就业岗位，能够得到政府部门的大力支持。

再次，在菜品上的本土化。对原先具有异国风味的品种进行中式改良，如对墨西哥鸡肉卷、新奥尔良烤翅和葡式蛋挞等，在口味上进行了中式改造；推出符合中国消费者饮食习惯的中式快餐，如寒稻香菇饭、芙蓉蔬菜汤、榨菜肉丝汤、皮蛋瘦肉粥，带有川味色彩的川香辣子鸡，以及粤味浓厚的粤味咕唠肉等。

最后，推出了迎合中国消费者饮食习惯和饮食观念的理念。肯德基提出“推动均衡饮食、倡导健康生活”的理念，更好地化解了长期以来人们对于“垃圾食品”的指责，适应了中国饮食文化理念。

（资料来源：根据网络资料整理）

思考：

通过以上案例分析，你认为国际市场营销活动中还应该考虑哪些文化环境因素？

职业技能训练

美国迪士尼乐园总部在建日本东京迪士尼乐园的营销沟通过程中，注意到美国和日本的文化背景，既考虑到日本游客的传统文化价值观，又看到文化价值观的变化，特别是注意到东京迪士尼乐园的目标顾客大多是战后出生的中青年人，受美国文化影响大，甚至对美国文化有一种狂热。因此，在营销沟通中就着意宣传东京迪士尼是地道的美国文化，一切标识是英文书写；食品是原汁原味的美国风味；设备全从美国进口；所有旅游景点与美国迪士尼乐园毫无二致。结果，因促销符合日本游客的价值观，沟通效果十分显著。

请从营销学角度分析，该案例成功的原因是什么？你从中得到什么启示？

本章知识自测

一、关键概念

文化　文化适应　文化差异　自我参照准则（SRC）　民族中心主义　文化渗透策略

二、填空题

1. 文化的特征主要有（　　　）、（　　　）、（　　　）、（　　　）四方面。

2.（　　　）是指一个社会的民族特征、知识、信仰、艺术、道德、语言、风俗习惯和教育水平等的总和。

3. 语言的形式主要包括（　　　）、（　　　）、（　　　）。

三、简答题

1. 文化环境分析的内容有哪些？

2. 国际企业开展国际市场营销活动、进行文化环境分析的重要性体现在哪些方面？

3. 形成文化差异的原因有哪些？国际市场营销活动中应该如何避免文化差异产生的冲突？

第3章 国际市场营销经济环境

学习目标

通过本章的学习与技能训练，要求学生：

- 了解经济全球化的发展。
- 掌握区域经济一体化的形式。
- 理解国别经济环境分析的内容。
- 掌握外汇风险的类型及规避方法。

案例导读

卡萨帝打造IFA时尚之旅

从目前全球产业发展趋势及市场消费需求看，家电产品时尚化越来越成为消费者对电子产品的新需求。海尔展出的卡萨帝系列产品凭借独特的设计与精美的外观成为众多观众争相欣赏的“艺术品”。

据了解，作为海尔集团旗下的高端子品牌，卡萨帝独占了IFA展台上引人注目的一隅，展示了“生命之树”、“蝶舞”、“晨曲”及“水波纹”等系列艺术家电，吸引了众多参展者驻足观看。

卡萨帝是海尔专门为全球高端人群量身定制富含人文关怀的艺术家电，它不仅让消费者使用产品，更让消费者能得到感官和心灵上的审美体验。卡萨帝在技术革新和工业设计的支撑下，实现了品质与品味、性能与功能的完美融合，使家电成为家居环境中的艺术品，令消费者享受独特工业设计所带来的随心自由与便捷。

卡萨帝旗下已经拥有了冰箱、酒柜、空调、洗衣机、热水器、厨房电器、生活小家电，以及整体橱柜等八大品类、39个系列、380余个型号的产品，并凭借出色的设计创意频频摘得国际大奖，包括美国《商业周刊》的“年度设计奖”、德国的“Pus X大奖”、德国的“IF设计大奖”，以及德国的“红点至尊奖”等设计大奖。

（资料来源：根据公开资料整理）

思考：

高端产品的销售应主要考虑目标市场的哪些影响因素？

分析与提示：

应主要考虑目标市场的经济环境、消费者的购买能力，对高端产品的销售有极为重要的影响。

3.1 全球经济环境

当今全球经济的根本特征就是经济全球化。经济全球化的形式已从贸易转化为对生产的直接投资，又转换为对有价证券的间接投资，最终进入对地产、信息和金融的直接投资。经济全球化在优化全球资源配置的同时，也存在一些负面的影响。

3.1.1 经济全球化

1. 经济全球化的概念

经济全球化是指生产、贸易、投资、金融等经济行为在全球范围的大规模活动，是生产要素的全球配置和重组，是世界各国经济高度相互依赖和融合的表现。经济全球化的内容大致包括生产全球化、贸易全球化和资本全球化三方面。

2. 推动经济全球化的因素

国际贸易和国际投资是推动经济全球化的双引擎。国际投资是投资者为获取预期的效益而将资本或其他资产在国际间进行投入或流动，按照资本运动特征和投资者在该运动中的地位来划分，国际投资有三类：一是投资者投于国外的企业并对该企业的管理和经营进行控制的直接投资；二是通过金融中介或投资工具进行的间接投资；三是以上两类投资与其他国际经济活动混合而成的灵活形式投资。

（1）国际金融的快速发展。国际金融是在国际贸易的基础上发展起来的，反过来，国际金融又推动着国际贸易，进而促进经济全球化的演进。金融要素的国际流动是比商品的国际流动更高的形式，它是资源在全球范围配置的先导。20 世纪 80 年代以来，由于西方国家相继放宽对金融的管制，加之全球多边金融服务贸易谈判达成协议并于 1999 年年初生效，大大消除了金融业国际拓展的国民障碍，使金融业与保险业的市场准入进一步拓宽，从而更充分地发挥金融在世界范围内优化资源配置的先导作用。

（2）跨国公司是推动经济全球化的主角。据有关报告披露，主宰全球经济局面的仍然是世界上最大的跨国公司。随着国际化大生产的发展，跨国公司在世界经济全球化中所起的作用越来越大。

3. 经济全球化的影响

（1）正面影响

经济全球化为资源在全球范围内的优化配置提供了新的有利条件。作为全球经济组成部分的各个国家，可以发挥自己特有的优势在国际经济交往中实现优势互补，从而在总体上促进世界范围内的经济增长。在统一的大市场中，各国面对着激烈的国际竞争，必须努力改善生产经营活动，降低成本，提高劳动生产率，实现规模生产。这一切都会有效地扩大世界的总产出水平。同时，激烈的国际竞争还会刺激新技术的研究与开发，使科技成果在世界范围内更快地转化为生产力，从而刺激全球经济的增长。经济全球化为解决经济、社会发展面临的一些共同问题提供了有利的条件。在当今世界经济发展过程中，生态、环境、资源和人口等问题是各国发展所面临的共同问题。在经济全球化过程中，倘若世界各国，尤其是发达国家能充分认识到并采取积极的举措来解决这些问题，将有利于在全球范围内推动可持续发展。

(2)负面影响

经济全球化在促进经济发展、资源配置优化的同时，也可能产生一系列负面影响，如使世界的发展更不平衡、可能使世界经济波动成为常态，以及可能使资本主义固有的矛盾全球化。在经济全球化过程中，世界范围内的发展不平衡差距进一步扩大。由于发达的资本主义国家在经济发展中占有明显的优势，因此，在经济全球化进程中他们的获益也大大超过发展中国家。这就使得各国家的发展不平衡差距在全球范围内进一步扩大。在经济全球化过程中，加大了世界性经济波动的可能性，这给世界经济发展带来了消极影响。伴随经济全球化，世界金融市场迅速扩大，金融创新工具不断出现，世界金融体系使各国经济紧密地联系在一起。这一方面对资本主义经济发展，尤其是发达资本主义国家的经济发展起到了润滑剂的作用；另一方面在经济全球化和金融市场一体化的条件下，金融市场固有的投机性往往会酿成破坏性极大的金融危机，进而波及整个世界经济，使各国的经济发展都不同程度地受到冲击。在经济全球化过程中，资本主义固有的矛盾也全球化了。当代资本主义的矛盾错综复杂，使全球经济充满了不平衡、不协调、不稳定和危机。

3.1.2　世界贸易组织

作为目前世界上最大的全球性经济组织，世界贸易组织在促进自由贸易、解决贸易纠纷等方面发挥了重要的作用。

1. 世界贸易组织的形成

世界贸易组织(World Trade Organization，WTO)简称世贸组织。它是根据原关贸总协定(GATT)乌拉圭回合多边贸易谈判达成的《建立世界贸易组织协定》(*Agreement Establishing of the World Trade Organization*)，于 1995 年 1 月 1 日成立，取代原关贸总协定，并按照乌拉圭回合多边谈判达成的最后文件所形成的一整套协定和协议的条款作为国际法律规则，对各成员之间经济贸易关系的权利和义务进行监督、管理和履行的正式的具有国际法人地位的国际经济组织。2001 年 12 月 11 日，中国正式成为世界贸易组织成员。

2. 世界贸易组织的机构设置

世贸组织的最高决策权力机构是部长会议，至少每两年召开一次会议。下设总理事会和秘书处，负责世贸组织日常会议和工作。总理事会设有货物贸易、非货物贸易(服务贸易)、知识产权三个理事会和贸易与发展、预算财政等委员会。总理事会还下设贸易政策核查机构，它监督各个委员会并负责起草政策评估报告。

3. 世界贸易组织的宗旨与目标

世贸组织的宗旨和目标是“在处理它们的贸易和经济领域的关系时，应以提高生活水平、确保充分就业、大幅度和稳定地增加实际收入和有效需求，拓展货物和服务的生产和贸易，持久地开发和合理地利用世界资源，努力保护和维持环境，并通过与各国在不同经济发展水平的需要和相符合的方式来加强环保”。

4. 世界贸易组织的职能

根据世界贸易组织协议,世界贸易组织的职能为:促进世界贸易组织目标的实现,监督和管理其统辖范围内各项协议的贯彻实施;组织实施各项多边贸易协议,为各成员方提供多边贸易谈判的场所,按一体化的争端解决规则与程序,主持解决各成员方之间的贸易纠纷;按照有关贸易政策审议机制,负责定期审议各成员方的贸易制度和与贸易相关的国内经济政策;协调与国际货币基金组织和世界银行的关系,以保障全球经济决策的一致性;编写年度世界贸易报告和举办世界经济贸易研讨会;向发展中国家和转型经济国家提供必要的技术援助。

5. 世界贸易组织的基本原则

为保障和促进成员之间进行平等、公正、互惠的贸易,避免贸易歧视和贸易摩擦,实现世界贸易自由化,世界贸易组织制定了一系列的贸易原则和规则。其中最基本的原则是:最惠国待遇原则、国民待遇原则、市场准入原则、促进公平竞争与贸易原则、关税减让原则、取消数量限制原则、透明度原则。

3.2 区域经济环境

区域经济环境是由若干个国家或地区,出于一定的目的,通过协议的形式,结成一定紧密程度的、以一定形式存在的国际区域经济一体化环境。

3.2.1 区域经济一体化的形式

国际区域经济一体化的形式主要分为以下五种类型:

1. 地区性合作集团

地区性合作集团也称为区域合作开发组织,是由几个国家或地区的政府协商同意联合参加某些对经济发展有益的基础工业项目,开展某些经济合作,以促进经济的发展。地区性合作集团是一种联合程度较低的多国合作组织,并没有消除或降低关税,仅属于由参加国的政府共同提供资金,购买一定量的商品,推动新的联合企业的发展。

2. 自由贸易区

自由贸易区是由签订有自由贸易协定的国家或地区组成的区域贸易组织或多国集团。集团各成员国之间消除贸易限制,商品和劳务可以自由流动,但成员国国内的经济政策和同第三国的关税独立。显然,自由贸易区比地区性联合集团在市场开放和联合程度上均有较大提高。例如,由美国、墨西哥和加拿大组成的北美自由贸易区。

3. 关税同盟

关税同盟是多边贸易组织或多国集团的一种形式,除了取消内部关税外,成员国设置共同的对外关税。关税同盟在自由贸易区的基础上有了更进一步的协作,即共同协调对第三国的关税。

4. 共同市场

共同市场的成员国完全废除内部关税和数量限制,建立对非成员国的共同关税。同时,成员国中的商品、劳务和各种资源自由流动。

5. 经济同盟

经济同盟的成员国之间不但商品和生产要素完全可以自由流动,建立共同的关税,而且各成员国制定和执行某些共同的经济政策和社会政策,逐步取消政策的差异。目前的欧盟就属于此类型。

表 3-1　区域经济一体化各种形式的特点

—	经济合作	取消内部关税	统一对外关税	劳动力与资本自由流动	国内政策协调
地区性合作集团	√				
自由贸易区	√	√			
关税同盟	√	√	√		
共同市场	√	√	√	√	
经济同盟	√	√	√	√	√

3.2.2　重要的区域一体化组织

1. 亚太经济合作组织

亚太经济合作组织(Asia-Pacific Economic Cooperation,APEC)成立之初是一个区域性经济论坛和磋商机构,经过十几年的发展,已逐渐演变为亚太地区重要的经济合作论坛,也是亚太地区最高级别的政府间经济合作组织。它在推动区域贸易投资自由化,加强成员间经济技术合作等方面发挥了不可替代的作用。亚太经合组织诞生于全球冷战结束的年代。20 世纪 80 年代末,随着冷战的结束,国际形势日趋缓和,经济全球化、贸易投资自由化和区域集团化的趋势渐渐成为潮流。同时,亚洲地区在世界经济中的比重也明显上升。在此背景下,1989 年 1 月,澳大利亚总理霍克提议召开亚太地区部长级会议,讨论加强相互间经济合作。1989 年 11 月 5 ~7 日,澳大利亚、美国、加拿大、日本、韩国、新西兰和东南亚国家联盟六国在澳大利亚首都堪培拉举行亚太经济合作会议首届部长级会议,标志着亚太经济合作会议的成立。1993 年 6 月,亚太经济合作会议改名为亚太经济合作组织。

1991 年 11 月,中国正式加入亚太经济合作组织。到目前为止,亚太经济合作组织共有 21 个成员:澳大利亚、文莱、加拿大、智利、中国、印度尼西亚、日本、韩国、马来西亚、墨西哥、新西兰、巴布亚新几内亚、秘鲁、菲律宾、俄罗斯、新加坡、泰国、美国、越南等国和中国台北、香港两个地区。经过多年的发展亚太经济合作组织形成了领导人非正式会议、部长级会议、高官会及其下属委员会和专题工作组、秘书处等多个层次的工作机制,涉及贸易投资自由化、经济技术合作、宏观经济政策对话等广泛的合作领域。

该组织的宗旨与目标:相互依存、共同利益、坚持开放的多边贸易体制和减少区域贸易壁垒。APEC 采取自主自愿、协商一致的合作方式,所作决定须经各成员方一致同意。会议最后文件不具有法律约束力,但各成员方在政治上和道义上有责任尽力予以实施。1995 年 11 月,在日本大阪举行的第三次首脑会议,通过了《大阪宣言》和大阪《行动议程》,提出了发达国家在 2010 年前、发展中国家在 2020 年前实现贸易和投资自由化,并要求各成员根据此宣言提出行动计划。

2. 东盟

东南亚国家联盟(Association of Southeast Asian Nations,ASEAN)简称东盟。前身是由马来西亚、菲律宾和泰国三国于1961年7月31日在曼谷成立的东南亚联盟。1967年8月7～8日,印度尼西亚、泰国、新加坡、菲律宾四国外长和马来西亚副总理在曼谷举行会议,发表了《东南亚国家联盟成立宣言》,即《曼谷宣言》,正式宣告东南亚国家联盟成立。20世纪80年代后,文莱(1984年)、越南(1995年)、老挝(1997年)、缅甸(1997年)和柬埔寨(1999年)五国先后加入该组织,使东盟由最初成立时的5个成员国发展到目前的10个成员国。总面积约446万平方千米,人口约5.6亿。

东盟的宗旨是以平等和协作精神,共同努力促进本地区的经济增长、社会进步和文化发展;遵循正义、国家关系准则和《联合国宪章》,促进本地区的和平与稳定;同国际和地区组织进行紧密和互利的合作。其目标是构建稳定、繁荣和统一的东盟市场和生产基地,实现商品、服务和投资自由流动,促进商界人士、技术人才和劳动力的自由往来;增强合作互助,在本地区消除贫困,缩小贫富差距。继续坚持不干涉内政的基本原则。尊重各成员国的独立、主权、平等、领土完整和民族特性;坚持以和平手段解决纷争;不干涉成员国内政;就涉及关系东盟共同利益事宜加强磋商机制,依照东盟条约和国际惯例解决纷争,棘手问题将交由东盟首脑会议协商决定。

东盟主要机构有首脑会议、外长会议、常务委员会、经济部长会议、其他部长会议、秘书处、专门委员会以及民间和半官方机构。首脑会议是东盟最高决策机构,每年举行一次,主席由成员国轮流担任。外长会议是制定东盟基本政策的机构,每年轮流在成员国举行。常务委员会主要讨论东盟外交政策,并落实具体合作项目。

3. 欧盟

欧盟是当今世界一体化程度最高的区域政治、经济集团组织,总部设在比利时首都布鲁塞尔(Brussels),是由欧洲共同体发展而来的,创始成员国有6个,分别为德国、法国、意大利、荷兰、比利时和卢森堡。现拥有27个会员国,正式官方语言24种。欧盟的条约经过多次修订,运作方式依照《里斯本条约》。

欧洲一体化是在第二次世界大战后起步的。1950年5月9日,法国外长舒曼向联邦德国总理阿登纳提议将两国的煤钢生产置于一个超国家的高级机构管理之下,并将该机构向其他国家开放,这项建议得到了意大利、荷兰、比利时和卢森堡的响应。1951年4月18日,法国、联邦德国、意大利、荷兰、比利时和卢森堡(以下简称六国)在巴黎签订了《欧洲煤钢联营条约》,正式成立"欧洲煤钢共同体"。1957年3月25日,六国在罗马签订《欧洲经济共同体条约》和《欧洲原子能共同体条约》,统称《罗马条约》,决定建立"欧洲经济共同体"和"欧洲原子能共同体",这两个条约于1958年1月1日正式生效。1967年7月1日,六国正式将"欧洲经济共同体"、"欧洲原子能共同体"和"欧洲煤钢共同体"的部长理事会及委员会等主要机构合并,统称"欧洲共同体"。1991年12月9日,欧共体在荷兰马斯特里赫特召开特别首脑会议,签订了《欧洲经济和货币联盟条约》及《欧洲政治联盟条约》,通称为《马约》,1993年11月1日,该条约在得到所有成员国的批准后正式生效,欧共体正式更名为欧盟。

欧盟共有五个主要机构,即欧洲理事会、欧盟理事会、欧盟委员会、欧洲议会和欧洲法院。其他重要机构还有欧盟审计院、欧洲中央银行、欧洲投资银行、经济和社会委员会、地区委员会、欧洲警察局和欧洲军备局等。欧洲理事会会议(通常称为欧盟首脑会议或欧盟峰会)是欧盟的最高决策机构,由各成员国政府首脑和国家元首组成。

欧盟经济一体化进程以关税同盟为起点,通过实施共同市场、统一大市场而最终向全面的经济货币联盟迈进。1968年7月1日,欧盟实现关税同盟。1985年6月,欧委会正式提出了关于完成内部统一大市场的白皮书,提出在欧共体内建立“无国界”的统一大市场,真正实行人员、商品、资本、服务的自由流通。1985年12月,欧委会的“白皮书”得到理事会批准。1993年1月1日,欧洲统一大市场正式启动,商品、资金、服务和人员开始在欧盟成员国内部自由流通。为巩固工业品关税同盟及共同农业政策,避免汇率的过度波动,欧共体于1979年3月13日正式建立欧洲货币体系,为单一货币的出现奠定了基础。1989年6月,欧共体马德里首脑会议通过《关于实现欧洲经济和货币联盟的报告》,明确提出自1990年7月1日分三个阶段实施经济货币联盟的目标。1991年12月,欧共体马斯特里赫特首脑会议通过的《马约》对经济货币联盟的最终目标、实施途径及最后期限做了明确规定。2002年1月1日,欧元纸币和硬币正式流通,3月1日,欧元区各国原货币停止流通,欧元正式成为欧元区国家的唯一法定货币。欧元区现有19个国家,包括德国、法国、意大利、荷兰、比利时、卢森堡、爱尔兰、西班牙、葡萄牙、奥地利、芬兰、立陶宛、拉脱维亚、爱沙尼亚、斯洛伐克、斯洛文尼亚、希腊、马耳他、塞浦路斯,人口超过3.3亿。

4. 北美自由贸易区

北美自由贸易区由美国、加拿大和墨西哥3个国家组成。这3个国家于1992年8月12日就《北美自由贸易协定》(以下简称协定)达成一致意见,并于同年12月17日由这3个国家的领导人分别在各自国家正式签署。1994年1月1日,协定正式生效,北美自由贸易区宣布成立。成立之初,它就拥有3.6亿消费者,其国民生产总值总计超过6万亿美元。可以说,北美自由贸易区是一个雄心勃勃的计划,它力图以自由贸易为理论基础,以自由贸易区的形式来实现贸易、投资等方面的全面自由化,进而带动整个北美地区的经济贸易发展。当时,许多国际经贸界人士视之为有史以来规模最大、措施最大胆的自由贸易区。尤其是对于墨西哥这样的发展中国家来说,加入这一协定包含了各方面的机遇和风险,对其国内政治、经济、社会等方面的影响非常深远。

北美自由贸易区是世界上第一个由发达国家和发展中国家联合组成的贸易集团,成员国之间经济上既有较大互补性和相互依存性,又有明显的不对称性。北美自由贸易区的建立,将对北美、拉美,以至于对冷战结束后新的世界经济格局的形成,都将产生重大而深远的影响。

3.3　国别经济环境

3.3.1　经济发展阶段

经济或市场发展阶段理论对企业开展国际市场营销具有一定的指导意义。处于不同发展阶段的国家,具有不同的经济特性,代表着不同的生产和营销体系,其顾客的需求模式也有所不同,所以企业在这些国家所面临的营销机会和威胁也有区别。国际市场营销者应根据不同的市场类型，分析其不同的特点，进行全球市场细分和目标市场选择从而制定相应的营销策略。

1. 罗斯托的经济起飞模型

1960 年，美国经济学家华尔特 · 惠特曼 · 罗斯托(Walt Whitman Rostow)在《经济成长的阶段》中提出了他的“经济成长阶段论”，学界亦将其称为“经济起飞模型”。该模型将一个国家的经济发展过程分为以下五个阶段：

(1)传统社会阶段

传统社会是在生产功能有限的情况下发展起来的，是围绕生存而展开的经济，而且通常都是封闭或者孤立的经济。生产活动中采用的技术是牛顿时代以前的技术，看待物质世界的方式也是牛顿时代以前的方式，社会似乎对现代化毫无兴趣。非洲撒哈拉沙漠地区的一些国家至今还处在这一发展阶段。

(2)准备起飞阶段

这一阶段是摆脱贫穷落后走向繁荣富强的准备阶段。它的特征是社会开始考虑经济改革的问题，希望通过现代化来增强国力并改善人民的生活。这一阶段的一个重要任务是经济体制改革，为发展创造条件。这一阶段的主导产业通常是第一产业或者劳动密集型的制造业，这一阶段要解决的关键难题是获得发展所需要的资金。

(3)起飞阶段

这是经济由落后阶段向先进阶段的过渡时期。罗斯托认为，经济起飞必须具备四个条件：①生产性投资率提高，占国民收入的比例提高到 10%以上；②经济中出现一个或几个具有很高成长率的领先部门；③发明和革新十分活跃，生产过程吸收了科学技术所蕴藏的力量；④适宜的政治、社会及文化风俗环境。

在起飞阶段，随着农业劳动生产率的提高，大量的劳动力从第一产业转移到制造业，外国投资明显增加，以一些快速成长的产业为基础，国家出现了若干区域性的增长极。起飞阶段完成的标志是国家在国际贸易中的优势从农业出口转向了劳动密集型产品的出口，开始出口大量的服装、鞋、玩具、小工艺品和标准化的家电产品。一些资本主义国家经历起飞阶段的时期如下：英国 1783—1802 年、法国 1830—1860 年、美国 1843—1860 年、德国 1850—1873 年、日本 1878—1900 年。

(4)走向成熟阶段

这是指一个社会已把现代化的技术有效地应用到了它的大部分产业的时期。在这一阶段，国家的产业及出口的产品开始多样化，高附加值的出口产业不断增多，厂家和消费者热衷新的技术和产品，投资的重点从劳动密集型产业转向了资本密集型产业，国民福利、交通和通信设施显著改善，经济增长惠及整个社会，企业开始向国外投资，一些经济增长极开始转变为技术创新极。部分资本主义国家进入成熟阶段的时间为：英国为 1850 年、美国为 1900 年、德国为 1910 年、日本为 1940 年。

(5)大众消费阶段

在这一阶段，主要的经济部门从制造业转向服务业，奢侈品消费向上攀升，生产者和消费者都开始大量利用高科技的成果。人们在休闲、教育、保健、国家安全、社会保障项目上的花费增加，而且开始欢迎外国产品进入。目前部分发达国家已进入这一发展阶段。

2. 世界银行的划分方法

世界银行依据人均 GNP(国民生产总值)的高低将经济发展分为四个阶段:

(1)低收入国家

低收入国家属于第三世界国家,或称为前工业化国家,这些国家人均 GNP 为 975 美元以下。在这一阶段的国家有如下特点:有限的工业化,有高比例人口从事农业。他们消费自己生产的大部分产品,只将剩余的产品进行交换,取得简单的货物和服务,几乎没有出口的机会;高出生率;识字率很低,文盲比例很高;经济社会生活严重地依赖外援;政治不稳定,经常发生动乱;这些国家集中分布在撒哈拉的非洲南部。这些国家对于产品或服务都是有限的市场,市场竞争不形成威胁。

(2)下中收入国家

下中收入国家属于不发达国家,处于工业化早期阶段,人均 GNP 为 976 ~ 3 855 美元,这些国家已有了一定的工业基础,它们生产的主要工业产品如衣服、电池、轮胎、建筑材料及包装食品等主要供国内增长的市场需求。这些国家同样进行标准化生产,像服装、玩具等成熟的产品会出口到国外市场。同时将相对廉价的初级产品、原材料及劳动力推向国外市场。由于这些产品是标准的劳动密集型产品,因此在国际市场上具有较强的竞争力。

(3)上中收入国家

上中收入国家又称工业化的国家,人均 GNP 为 3 856 ~ 11 905 美元。在这种经济中,制造业在 GNP 中所占的比重为 10% ~ 20%。在制造业日益发展时,国民经济越来越依靠进口机器设备、纸品和原材料。新的富裕阶层逐渐兴起,中产阶级占据一定比重,他们希望进口新的商品或奢侈品以满足需求。我国已处于中上收入国家水平,根据最新数据显示,2020 年我国人均 GDP 超过 1 万美元。

(4)高收入国家

高收入国家是发达工业化国家,亦称后工业社会,或称为第一世界,美国、瑞典、日本等国属于此类型。人均 GNP 达 11 906 美元以上。除少量富有的石油国外,其他国家都经历了长期的经济发展过程。后工业国是哈佛大学学者 Daniel Bell 首次提出,他阐释了后工业社会与工业社会的主要区别在于:后工业社会革新的源泉在于理论知识的应用而不是来自偶然的发明,后工业社会服务业的 GNP 的比重在 50%以上,信息处理与交换作用日益重要,知识比资本在关键的战略资源中占据更重要的地位,智能技术超过机械技术,科学家及专业人员比半熟练工更重要,理论与模型比经验更重要。

后工业社会比工业社会更多地依赖于新产品和革新。因为这些国家的家庭收入很高,许多产品已得到满足,市场已呈现饱和状态,产品打入这些国家不容易。国际市场营销者要寻求扩大其市场及提高其市场占有率,必须不断地进行产品创新和市场创新。

3. 联合国的划分方法

19 世纪中期,德国统计学家和经济学家恩格尔对比利时不同收入的家庭消费情况进行了调查,研究了收入增加对消费需求支出构成的影响,提出了带有规律性的原理,由此被命名为恩格尔定律。其主要内容是指一个家庭收入越少,用于购买食物的支出在家庭收入中所占的比重就越大。对一个国家而言,一个国家越穷,每个国民的平均支出中,用来购买食物的费用所占比例就越大。恩格尔系数由食物支出金额在总支出金额中所占的比重来决定。

联合国根据恩格尔系数的大小，对世界各国的生活水平有一个划分标准，即一个国家平均家庭恩格尔系数大于60%的为贫穷；50%～60%的为温饱；40%～50%的为小康；30%～40%的属于相对富裕；20%～30%的为富裕；20%以下的为极其富裕。

3.3.2 经济体制

所谓经济体制，就是指社会经济活动的组织、运行和调控的方式。在不同经济体制下，市场功能的大小各不相同。因此，具体分析有关国家经济体制特征是改善和提高国际经营效果的客观要求。

在一般理论分析中，人们通常将经济体制区分为计划经济和市场经济两大类型。前者主要以政府计划为主要工具，通过"看得见的手"的运作来组织、运行和调节社会经济活动，它通常以公有制经济为基础。后者主要以私有经济为条件，按照"自我负责"的原则，通过"看不见的手"的运行来组织和调节社会经济活动。在现实世界中，这两种典型的经济体制存在的范围并不十分广泛，更为常见的则是介于这两者之间，兼有两者特征的"混合经济体制"。在这一经济体制下，社会经济运行虽然兼有计划和市场特征，但它们并不是按照对称状态分布。也就是说，在组织、运行和调节社会经济活动中，有的国家以市场机制为主，有的国家计划成分较多一些。

由于不同经济体制下，市场调节功能的强弱不同，其对国际经营活动的影响也不一样。在市场经济条件下，市场机制是调节社会经济运行的主要手段，企业对市场的进入较为容易，经营活动的开展较为自由，行业调整和经营策略的制定等都具有较高的灵活性。但是，企业面临的市场竞争也相当激烈。在计划经济体制下，社会经济活动主要依靠政府计划调节，市场机制的作用范围十分有限。与此相对应，企业对这类国家市场的进入将面临较多的行政性障碍，投资领域和经营范围的选择要受众多非市场性因素的限制，企业的产品、定价、渠道、促销等策略的制定与实施都必须适应东道国整体经济计划的要求。不过，值得一提的是，在计划经济条件下，企业一旦进入某一产品市场，它所面对的竞争环境要宽松得多。

3.3.3 国际贸易政策

国际贸易政策是各国在一定时期内对商品和服务进出口贸易所实行的政策的总称，是各国根据本国的政治军事、科学技术以及管理等情况，制定的指导对外贸易活动的原则、条例、法令和法规。国际贸易政策主要通过关税措施、非关税措施和鼓励出口措施来实现。

1. 关税措施

关税是进出口货物通过一国国境时，由政府所设置的海关向其进出口商所征收的一种税。关税与其他国内税赋一样，具有强制性、无偿性和固定性。关税的种类繁多，主要有进口税、出口税、过境税、进口附加税、差价税、普遍优惠制等。

①进口税是一个国家的海关在外国商品输入时，对本国进口商征收的关税，是关税中最主要的一种。②出口税是一国海关在本国商品输往国外时对出口商征收的关税、目前大多数国家对绝大部分出口商品都不征收出口税。③过境税又称通过税，它是一国对于通过其关境的外国货物所征收的关税。目前大多数国家相继废止了过境税，仅在外国货物通过时，征收少量的准行费、印花费、登记费和统计费等。④进口附加税是进口国家对进口商品

除了征收一般进口税外，根据某种需要再加征的关税，通常是限制进口的一种特定的临时性措施，其中最常见的是反补贴税和反倾销税。⑤差价税又称差额税，是当本国生产的某种产品的国内价格高于进口的同类商品的价格时，按国内价格与进口价格间的差额征收的一种关税，其目的是为了削弱进口商品的竞争能力，保护国内生产和国内市场。⑥普遍优惠制简称普惠制，是发达国家对于从发展中国家或地区进口的商品，尤其是制成品和半制成品，普遍给予优惠关税待遇的一种制度。

2. 非关税措施

非关税措施是指除关税以外的一切限制进口的各种措施。非关税措施主要有进口配额制、"自动"出口配额制、进口许可证制、外汇管制、进口押金制、海关估价制、歧视性政府采购政策、进口和出口的国家垄断、征收各种国内税、最低限价和禁止进口、苛刻的标准等。①进口配额制是指一国政府在一定时期内，对于某些商品的进口数量或金额加以直接限制，配额以内的货物可以进口，超过规定额度不准进口，或者征收高额关税或罚款。②"自动"出口配额制指出口国在进口国的要求或压力下，"自动"规定某一时期内(一般为3年)某些商品对该国的出口配额，在限定的配额内自行控制出口，超过配额即禁止出口国进口。③进口许可证制是指一国政府规定某些商品进口必须事先领取许可证，否则一律不准进口，进口许可证必须注明有效期、进口商品名称、来源、数量及金额等。④外汇管制是指一国政府通过法令对国际结算和外汇买卖进行管制，以实现国际收支平衡和本国货币汇率稳定的一种制度，也可以通过集中使用外汇和控制外汇供应数量的办法来控制商品进口的数量、种类和国别。⑤进口押金制是指进口商在办理进口时，必须预先按进口金额的一定比例和规定的时间，在指定的银行无息存放一笔现金，然后才能进口。⑥海关估价制是指进口国海关通过高估进口商品的完税价格，来增加进口商品的关税负担，从而阻碍商品的进口。⑦歧视性政府采购政策是指国家通过立法形式，规定政府机构在采购时要优先购买本国产品的做法。⑧进口和出口的国家垄断是指在对外贸易中，对某些或全部商品的进出口规定由国家直接经营，或者把商品的进口或出口的垄断权给予某个垄断组织。⑨征收各种国内税是指国家利用国内课税制，对进口商品和国产货物实行不同的征收方法和不同的税率，从而增加进口商品的纳税负担，削弱其竞争能力，达到抵制和限制进口的目的。⑩最低限价和禁止进口是指一国政府规定某种进口商品的最低价格，凡进口货价低于规定的最低价格则征收进口附加税或禁止进口。⑪苛刻的标准是指进口商品进口时，必须由海关及专设的检验机构加以检验，检验范围广泛，其中包括品质检验、卫生检验、包装检验、商品残损检验、检疫等。

3. 鼓励出口措施

各国为推行奖出限入政策，一方面构筑关税壁垒和非关税壁垒，限制外国商品的进口，另一方面又采取各种经济和行政措施奖励出口。其中，主要奖励措施有以下几种：出口信贷、出口信贷国家担保制、出口补贴、商品倾销、外汇倾销、经济特区措施等。

3.3.4 国际收支

国际收支是指一国在一定时期内全部对外经济往来所发生的系统的货币记录，它表明了该国在这一时期以国际通货所反映的对外债权与债务关系。用以反映一国国际收支状况的国际收支平衡表一般由四大项目构成，即经常项目、资本项目、现金项目和误差与遗漏。其中,经常项目反映一国在一定时期内以进出口形式引起的商品和劳务流量;资本项目主要包括一国对外资产、直接投资和长短期贷款等资本转移活动所引起的货币收支;现金项目包括外汇、黄金和国际货币基金组织分配的特别提款权;误差与遗漏是编表人员为使国际收支平衡表的借方总额与贷方总额相等,人为地在平衡表中设立的项目,以抵消净的借方余额或净的贷方余额。记账时,凡是引起本国外汇流入的,记入表内贷方项目;凡是引起本国外汇流出的,记入表内借方项目。需要注意的是,不同的国家由于统计制度的不同,国际收支平衡表的结构和项目内容也是不同的。

国际收支主要通过影响汇率和经济政策来影响国际市场营销活动。就对汇率的影响而言,长期的顺差会推动本币升值,汇率上升;反之,则本币贬值。本币升值时,若货物定价不变,将导致实际收入减少,若要保持实际收入,又不得不提高货物价格,两项措施都不利于出口,但是却有利于进口;反之,则不利于进口,而有利于出口。就对经济政策的影响而言,因为巨额外汇储备会导致资金利用效率的降低且增加汇率风险,所以一国政府往往会采取一些政策来减少外汇储备,提高外汇储备的利用效率。例如,提高外商投资质量、减少出口鼓励措施、鼓励对外直接投资等;反之,若外汇储备较少,政府就会采用一些紧缩政策。

3.3.5 市场规模

企业要考察一国市场时,市场规模是最为重要的方面。市场是由持有货币且有购买欲望和购买能力的人组成的,因此要研究国际市场规模必须先分析国际市场的人口和收入。

1. 人口

人口的各种特征,主要包括人口数量、人口增长率、人口分布、人口结构、家庭状况等。

(1)人口数量

各国的人口数量决定着世界的潜在市场。许多产品的消费与人口数字直接有关。对于许多必需品而言,如食品、保健品、药品等,人口数量是市场潜力的最重要标识。对于其他一些产品,如果价格低或能满足特殊需要的产品,人口也是有用的平均标识,如软饮料、自行车、圆珠笔等。

世界上的人口大国多数是发展中国家。在人口最多的10个国家中,有7个是发展中国家,占全世界人口总数的50%以上。世界上大多数人口集中在亚洲、非洲和拉丁美洲,人口总数超过30亿。

(2)人口增长率

世界人口总体呈较快的增长态势:人类到1804年只有10亿,又经过整整一个世纪才增长10亿,但现在每经12年左右人口就要增加10亿,世界人口在刚刚过去的20世纪增长了44亿。总体上看,发展中国家的人口增长速度快于发达国家。目前,人口增长率最高的地区是非洲,而人口增长率最低的地区是北欧,欧洲不少国家的人口呈负增长态势。

人口增长对于市场需求是两方面的,既可能是积极的,也可能是消极的。人口增长率较高的国家,食品、衣着、医药、日用品等的市场需求相对增长较快,儿童用品的需求大增,“金色消费”受到重视。瑞士的雀巢食品公司原来主要是以欧美为目标市场的,但近些年来,由于欧美国家的人口增长减缓,婴儿人口下降,导致公司的婴儿奶粉销售受到影响,该公司便将市场重点转移到人口增长幅度较高的亚非拉市场。同时,由于实际购买力的下降而使市场需求萎缩。因为在一国经济增长率低于人口增长率的情况下，较高的人口增长率会使人均国民生产总值下降，从而影响购买力。例如，非洲一些国家尽管人口增长率较高，但由于经济增长速度较慢，导致人均国民生产总值下降，市场规模反而萎缩。

（3）人口分布

世界各国和各地区人口密度有很大的差异，如大洋洲每平方英里（1 平方英里≈2.59 平方千米）2 人，北美每平方英里 29 人，亚洲与欧洲每平方英里 250 人。在同一地区不同国家之间的人口密度也有很大差别。例如，在欧洲地区，人口密度最低国家是挪威（每平方英里 33 人），人口密度最高国家是荷兰（每平方英里为 100 个人）。世界人口最多的 9 个国家 6 个分布在亚洲，该地区人口数占世界人口一半以上。相比之下，非洲、中东、北美和南美地区人口相对稀少。在同一个国家，不同地区的人口分布往往也很不平衡。以埃及为例，其人口密度为每平方英里 106 人，不算太高。埃及人口主要集中分布于尼罗河沿岸，其他部分为人烟稀少的沙漠，从这个意义上讲，埃及是世界上人口最集中的国家之一。

人口分布状况对国际市场营销者评估各国市场产品需求、促销方式、分销渠道和运输问题都产生不同的影响，人口密度大的地方，对商品的需求量就大，促销集中、分销渠道与交通运输集中；反之，人口稀少的地方，对商品的需求量就少、促销分散、分销与交通运输分散、成本高。例如，美国的人口密度仅次荷兰，所以尽管美国有最现代化的运输网，但美国的运输网络广、成本高。

（4）人口结构

人口结构主要有性别结构和年龄结构。在国际市场营销中，人口结构对需求结构的影响较大。

男女有别，不同性别的消费者的消费需求结构有着显著的差异。例如，女性对化妆品、服饰等的需求较大；而男性则对计算机、汽车等的需求较大。据调查，美国 16～19 岁男孩的零用钱消费集中在电影、约会、娱乐和食品上，而同年龄的女孩的消费集中在衣服、食品和电影上。

世界各国无论在平均年龄、平均寿命等方面都有较大的差别。平均年龄最高的国家是意大利和日本，平均年龄达 40 岁；而在加沙地带、乌干达、尼日利亚等国，平均年龄仅仅为十四五岁。儿童较多的国家可能需要更多的糖果、玩具；青年人较多的国家可能需要更多的激光唱片、时装等；中年人较多的国家可能需要更多的家用电器汽车等；而老年人较多的国家则更需要医药产品和保健产品。

（5）家庭状况

因为相当数量的商品以家庭为单位消费，如住房、电视等。一国或地区家庭单位的多少、家庭成员的平均数、家庭成员结构对市场需求产生巨大的影响。近年来，西方发达国家和某些发展中国家，家庭子女一旦成年就离家自居，老年人也习惯脱离子女独居。因此，出现了家庭成员趋于减少的趋势。每个家庭人口平均在 4 人以下。家庭结构的这种发展状况，使得消费者对产品的需求小型化或数量增多，如对家用电器体积要求小型化，但住房需求量增多，住房面积趋小等。但是在伊朗、伊拉克等国家，家庭规模依然较大，家庭人口平均在 7 人以上。

2. 收入

人口是市场营销的主体,而社会购买力是实现企业营销的关键。社会购买力是受宏观经济环境制约的,是经济环境变化的反映。影响购买力的因素主要有人均收入和国民生产总值、消费者个人收入、消费者储蓄和信贷等。

(1)人均收入和国民生产总值

衡量一个国家顾客购买能力最常用的指标是人均收入。人均收入揭示了一国经济发达程度,以及在教育、卫生、福利等方面取得的进步。一般来讲,人均收入高的国家,其个人消费水平也高;反之,其个人消费水平就低。国民生产总值是一个国家在一定时期国民经济各部门所创造的商品和劳务的价值总和。它是衡量一个国家经济发展水平和经济实力的最重要指标。一般来说,其增长速度快,说明该国经济发展速度也快,对资本品需求量也较大。因此,评价一国资本品市场规模,比较看重国民生产总值指标。

(2)消费者个人收入

消费者个人收入是指消费者从各种来源所得的货币收入,通常包括个人的工资奖金、其他的劳动收入、退休金、红利、馈赠、出租收入等。研究消费者个人收入首先要注意区分实际收入与货币收入;其次要注意区分个人可支配收入和个人可任意支配收入。

(3)消费者储蓄和信贷

消费者的购买力还要受到消费者储蓄和信贷的影响。储蓄实际上是一种推迟了的购买力。个人储蓄形式包括:银行存款、公债、股票和不动产。在正常情况下,银行存款随国民收入的增加而稳定增长,两者是成正比例的关系。但是,如果通货膨胀、物价上涨,消费者就会取出存款,争购保值商品。消费者信贷是一种超前的消费方式,即个人可以通过信贷方式预支未来的购买力。这种超前消费在西方极为普遍,尤其是美国,各种形式的赊销、分期付款业务十分发达,增长迅猛。

3.4 外汇环境

3.4.1 外汇与外汇市场

1. 外汇

(1)外汇的概念

外汇具有动态和静态两种含义。动态的外汇是国外汇兑的简称,是指人们将一种货币换成另一种货币,清偿国际间债权债务关系的行为。由于人们习惯上把债权债务在异地间进行的转让称为“汇”,而把货币种类的交换称为“兑”,从而在国际间发生的这一活动过程,就被称为“国外汇兑”,简称“外汇”。静态的外汇是指各种国际支付手段和工具。由于国外汇兑主要是依靠各种国际支付手段和工具转移来实现的,因此人们往往把“外汇”简单地理解为国际支付手段和工具,如外币、以外币表示的有价证券等。

(2)外汇的分类

根据可否自由兑换来划分,外汇可以分为自由外汇、有限自由兑换外汇和记账外汇三种类型。①自由外汇又称自由兑换外汇,是指无须货币发行国批准,可以随时动用,自由兑换为其他货币或可向第三者办理支付的外汇,如美元、英镑、日元等。②有限自由兑换外汇是指未经货币发行国批准,不能自由兑换为其他货币或对第三者进行支付的外汇。根据我国外汇管理的有关规定,对境外居民所持有的人民币可在一定条件下兑换成其他自由外汇,并汇往其所希望的地方,而对本国居民则实行若干的限制,这使人民币只有在一定条件下才能用于国际结算,属于有限自由兑换外汇。③记账外汇又称协定或清算外汇,是指记载在双方指定银行账户上,不能兑换成其他货币,也不能对第三者进行支付的外汇。记账外汇只能根据两国政府间的清算协定,在双方银行开立专门账户记载使用。

2. 外汇市场

各国因货币制度不同,在国际间履行支付义务时,就必须解决各国货币彼此之间兑换的问题,由此外汇市场便应运而生。所谓外汇市场,就是外汇交易的场所或领域。它是国际金融市场的重要组成部分。外汇市场可以分为有形市场和无形市场。有形外汇市场是外汇交易的固定场所,即通常所说的外汇交易所;无形外汇市场是指没有固定的交易场所,交易者通过电报、电话或电传等通信工具进行外汇买卖。无形外汇市场已成为外汇市场的主要形式。

各主要国际金融中心,如纽约、旧金山、伦敦、法兰克福、苏黎世、巴黎、米兰、阿姆斯特丹、东京、新加坡,以及中国香港等都是大规模的外汇市场。在外汇市场上交易的货币主要是西方发达国家的可自由兑换货币,如美元、欧元、日元、英镑、瑞士法郎、加拿大元、马来西亚林吉特、新加坡元等。其中,美元、欧元、日元、英镑交易量较大,在外汇市场上随时可以买卖。

3.4.2　汇率及影响因素

1. 汇率的概念

汇率是指两国货币相兑换的比率,即由一国货币表示的另一国货币的价格,所以汇率又称汇价,在外汇业务部门则称为外汇牌价或外汇行市。汇率是外汇买卖的折算标准,体现着一国货币的对外价值。

2. 影响汇率的因素

在纸币流通制度下,汇率的决定基础是两国货币的购买力,同时汇率受外汇供求关系的影响。因此,凡影响货币购买力和外汇供求关系的因素,都必然会引起汇率的波动。具体而言,影响汇率变动的因素主要有以下几种:

(1)国际收支

国际收支集中地反映了外汇的供求状况,而外汇供求直接对汇率变动发生影响。因此,国际收支变动是影响汇率的最重要经济因素。如果一国国际收支持续逆差,必然会引起外汇供不应求,从而导致外汇汇率上升或本币汇率下跌;如果一国国际收支持续顺差,则会引起外汇供过于求,从而导致外汇汇率下降或本币汇率上升。

(2)通货膨胀

在纸币流通条件下,两国货币之间的比率,从根本上说是根据各自代表的价值量确定的,而物价水平则是一国货币价值的具体体现,因此,通货膨胀的发生意味着该国货币所代表的价值量下降,从而国内外通货膨胀率差异就成为决定和影响汇率长期趋势中的主导因素。在一国通货膨胀率较高的情况下,如果汇率维持不变,必然引起该国货币对外价值高估,从而使出口商品以外币表示的国际价格上升,削弱本国商品在国际市场上的竞争能力,造成出口的减少。与此同时,却会使以本币表示的进口商品国内价格下降,从而提高外国商品在本国市场上的竞争能力,造成进口的增加。其结果反映在国际收支上,最终可能导致国际收支逆差,进而引起外汇汇率上升,本币汇率下降。当然,一国政府为了国际收支平衡,避免或减少通货膨胀对外贸的不利影响,可以采取主动措施降低本币汇率,提高外汇汇率。但这正说明了通货膨胀对汇率的重大影响。

(3)利率

利率作为金融市场的"价格",对汇率的影响是通过引起国际资本流动来实现的,如果一国的利率水平相对高于其他国家,则可能会引起大量资本流入,从而使外汇供给增加,在外汇需求不变的情况下,就会使外汇汇率下降,本币汇率上浮;反之,则可能朝相反的方向变化。

(4)经济增长率

经济增长率对汇率变动的作用是多方面的,可以从以下两方面加以分析。一是从一国经济发展类型来看,如果一国经济是以出口为导向的,其经济增长率提高有助于扩大出口,从而导致国际收支出现顺差,促使本币汇率上升,外汇汇率下降。二是从期限上看,一般来说,一国保持较高经济增长率在短期内不利于本币汇率上升,往往造成本币汇率下降压力,这是因为需要有一段经济调整时间,要经过适应国际市场的改善过程。但从长期来看,由于该国经济实力不断增强,一方面通过提高劳动生产率降低商品生产成本,从而改善了本国商品的竞争地位,促进出口扩大;另一方面该国经济实力的增强,有助于树立人们对该国货币的信心,从而最终将促使本币汇率上升,外汇汇率下降。

(5)中央银行干预

无论是在固定汇率制度下,还是在浮动汇率制度下,各国中央银行或为保持汇率稳定,或为有意识地操纵汇率的变动以服务于某种经济政策目的,都会对外汇市场进行直接干预。这种中央银行在外汇市场上买卖外汇的活动,虽然无法从根本上改变汇率的长期走势,但对汇率的短期走向却会有一定影响。进入20世纪70年代,特别是80年代以后,西方国家货币当局的联合干预,更使得直接干预成为影响汇率变动的一个不可忽视的重要因素。

(6)市场预期

在国际金融市场上,短期性资金已达到了十分庞大的数字。这些巨额资金对世界各国的政治、经济、军事等因素具有高度的敏感性,受着预期因素的支配。一旦国际上出现某些变化甚至是微小的变化,也会引起大量短期性资金的流动,从而给外汇市场带来巨大冲击,成为各国货币汇率频繁起伏的重要根源。

3.4.3 外汇风险及规避

1. 外汇风险的概念

外汇风险,又称汇率风险,是指经济主体在持有或运用外汇的经济活动中,因汇率变动而蒙受损失的一种可能性。从事国际市场营销活动的主体,不可避免地会在国际范围内收付大量外汇,或拥有以外币表示的债权债务。当汇率发生变化时,一定数量某种外汇兑换或折算成本币或另一种币别的外汇的数量额较以前为少或为多，这就可能给外汇持有者或运用者带来不确定性。

2. 外汇风险的种类

外汇风险包括交易风险、折算风险和经济风险三种类型。

(1)交易风险

交易风险是指在运用外币进行计价收付的交易中，经济主体因外汇汇率变动而蒙受损失的可能性。交易风险一般会在以下几种情况下发生：

①由商品或服务进出口过程中的付款条件所引起，如货物已装运，货款还没有收到这一期间，汇率变动而带来的风险。例如，一家中国企业向一家美国企业出口一批货物，合同价款 1 000 万美元，合同期限 3 个月。合同签订时美元对人民币汇率为 1 美元 = 6. 56 元人民币，而合同到期时美元对人民币汇率变为 1 美元 = 6. 54 元人民币，则中方企业到手的价款是 6 540 万元人民币，而不是签订合同时的 6 560 万元人民币，收益减少了 20 万元人民币。当然，如果到期时美元对人民币汇率变为 1 美元 = 6. 58 元人民币，则中方企业会增加 20 万元人民币收益。

②由以外币计价的债权债务清偿所引起。例如，一家中国企业为了向美国进口一批货物，特向中国银行申请贷款 100 万美元，期限 3 个月。贷款时美元对人民币汇率为 1 美元 = 6. 56 元人民币，还款时美元对人民币汇率变为 1 美元 = 6. 58 元人民币，不考虑利息部分，则企业为此多还款 2 万元人民币。

③由为保值买卖外汇合同所引起。例如，一家中国企业出口美国一批货物，价款 100 万美元，3 个月后付款。为规避外汇风险，该企业在远期外汇市场上卖出 10 万美元，3 个月后交割。签订远期合同时，美元对人民币汇率为 1 美元 = 6. 54 元人民币，而合同到期交割时美元对人民币汇率变为 1 美元 = 6. 56 元人民币。为了规避外汇风险，该企业在远期外汇市场上损失了 2 万元人民币，这也被视为一种交易风险。

(2)折算风险

折算风险又称会计风险，是指经济主体对资产负债表进行会计处理中，在将功能货币转换成记账货币时，因汇率变动而呈现账面损失的可能。

每个经济主体经营管理的一项重要内容是进行会计核算，通过编制资产负债表来反映其经营状况。为此，拥有外币资产负债的经济主体就需要将原来以外币度量的各种资产(包括实物资产和金融资产)和负债，按一定的汇率折算成用母国货币表示，以便汇总编制综合的财务报表。在这里，功能货币就是指经济主体在经营活动中流转使用的报告货币，通常也就是母国货币。一旦功能货币与记账货币不一致，在会计上就要作相应的折算。这样，由于功能货币与记账货币之间汇率的变动，资产负债表中某些项目的价值也会相应发生变动。

例如，美国某企业年初拥有存款 1 000 万英镑，当时英镑对美元汇率为 1 英镑 = 1. 75 美元。在该公司财务报表中，这笔英镑存款被折算为 1 750 万美元。年末编制资产负债表时，汇率变动为 1 英镑 = 1. 50 美元。这笔英镑存款经折算，也只是 1 500 万美元，账面减少了 200 万美元。这种风险就是折算风险。

(3)经济风险

经济风险又称经营风险，是指意料之外的汇率变动通过影响企业生产销售数量、价格、成本,引起企业未来一定期间收益或现金流量减少的一种潜在损失。在这里,收益是指税后利润,现金流量则指收益加上折旧额。这是用来衡量企业最关心的获利状况的两个常用指标。

3. 外汇风险的规避

(1)收硬付软法

收硬付软法是指出口与借贷资本输出时争取使用硬币作为合同货币,进口与借贷资本输入时争取使用软币。所谓硬币是指在外汇市场上汇率呈现升值趋势的货币。所谓软币是指在外汇市场上汇率呈现贬值趋势的货币。

(2)软硬币搭配法

收、付外汇的双方在选用合同货币的问题上总是处于相互对立的立场,往往要进行激烈的讨价还价,甚至会使谈判双方僵持。由于各方就此均不会完全让步,那么作为一种选择,可以采取折中的办法,即用软硬币各半计价的方式,由交易双方共同分担外汇风险。当然,这种搭配不一定必须是一半对一半,也可以是软多硬少或软少硬多。

(3)本币计价法

争取使用本国货币作为合同货币,其实质是将汇率风险转嫁给对方承受。这是因为以本币进行结算、清偿时不会发生本币与外币之间的兑换,外汇风险也就无法产生。当然,这种方法主要适用于实行货币自由兑换的国家。

(4)加列货币保值条款

采用货币保值,是指选择某种与合同货币不一致的、价值稳定的货币,将合同金额转换为用所选货币来表示,在结算或清偿时,按所选货币表示的金额以合同货币来完成收付。一般在汇率变动超过一定幅度时,才会锁定所选货币。例如,在合同中可约定当汇率变动超过1.5%时,则锁定所选货币;否则,就不必锁定所选货币,直接以合同货币收付即可。

(5)调整价格或利率

在贸易谈判中,出口商或债权人应争取使用硬币,而进口方或债务人应争取使用软币。但在一笔交易中,交易双方都争取对己有利的货币是不可能的。当一方不得不接受对己不利的货币作为合同货币时,还可以争取对谈判中的价格或利率做适当调整。例如,要求适当提高以软币计价结算的出口价格或以软币计值清偿的贷款利率;要求适当降低以硬币计价结算的进口价格或以硬币计值清偿的借款利率。

(6)外币票据贴现

这种方法既有利于加速出口商的资金周转,又能达到消除外汇风险的目的。出口商在向进口商提供资金融通,而拥有远期外汇票据的情形下,可以拿远期外汇票据到银行要求贴现,提前获取外汇,再以现汇交易售出,换取本币现款。除了一般的外币票据贴现外,还有一种称为"福费廷"的特殊贴现交易。这是一种中期的固定利率、无追索权的出口贸易融资票据的贴现业务。在这一业务中,银行办理经进口商承兑的远期汇票贴现后,不能对出口商行使追索权。出口商贴现这种票据是一种卖断,以后票据拒付与出口商无关。这样,出口商将票据拒付风险和外汇风险一并转嫁给了贴现票据的银行。

(7)借款与投资

借款与投资是指交易商通过创造与未来外汇收入或支出相同币种、相同金额、相同期限的债务或债权,也可以达到消除外汇风险的目的。其中,借款用于有未来外汇收入的场合，投资用于有未来外汇支出的场合。例如，中方 A 企业 3 个月后将从英国 B 企业收回 1 000万英镑的货款。A 公司为防止 3 个月后英镑汇率下跌的风险，可利用借款法向中国银行举借 1 000 万英镑的 3 个月期限的贷款（暂不考虑利息因素）。然后，立即将这笔英镑贷款在现汇市场卖出，换成人民币。3 个月后再利用从英国公司收入的英镑偿还银行的贷款。

（8）提前或推迟收付

提前或推迟收付外汇是指涉外经济主体根据对计价货币汇率的走势预测，将收付外汇的结算日或清偿日提前或错后，以达到防范外汇风险的目的。对于出口商或债权人来说，如果预测计价货币的汇率将下浮，可以征得交易对方同意，争取提前收入外汇，以避免所收进的外汇兑换成本币时数额减少的损失；反之，如果预测计价货币的汇率将上浮，可以争取或同意延期收进外汇，以获得所收进的外汇兑换成本币时数额较多的好处。当然，运用此方法，需要对汇率变动趋势有准确的研判。

（9）配对法

配对法是指涉外主体在一笔交易发生时或发生后，再进行一笔与该笔交易在币种、金额、收付日上完全相同，但资金流向正好相反的交易，使两笔交易面临的汇率风险相互抵消的一种作法。例如，一家中方企业 3 月 10 日出口一批货物，合同价款 100 万美元，合同期限 3 个月。为规避汇率下降的风险，该企业可安排一笔 100 万美元的进口业务，收付日期与前一笔完全相同。这样，到期时，收入 100 万美元的同时支出 100 万美元，不会发生外汇风险。

（10）套期保值

所谓套期保值是指公司买进或卖出一个货币合同，这个合同的内容是买卖双方按照现在议定的汇价，在将来某一时间交割一笔货币。套期交易允许公司利用远期汇率最大限度地减少直至消除交易风险。因为远期汇率是协商确定下来的，交易双方都知道他们期望着什么。同意以预先确定汇率出售在未来某时收到的货币，就等于交易者避免了汇率天天变化的风险。简单来讲，套期保值要求在实物交易的同时进行外汇交易，要求同币种、同金额、同方向、同期限。例如，某中国企业出口一批货物，合同期限 3 个月，价款 1 000 万美元，签订合同时美元对人民币的汇率为 1 美元 =6. 56 元人民币。为达到保值的效果，可同时卖出 1 000 万美元，3 个月后再买回。假如 3 个月后，美元对人民币的汇率为 1 美元 =6. 54 元人民币，实物交易少赚 20 万元人民币，而外汇交易盈利 20 万元人民币，达到了保值的目的。相反，如果到期时美元对人民币的汇率为 1 美元 =6. 58 元人民币，则不必买回外汇，实物交易多赚 20 万元人民币。

（11）期权交易

期权交易是指交易双方按商定的汇率就将来在约定的某段时间内或某一天是否购买（或出售）某种货币的权利达成一个协议。期权的买方通过支付一笔费用，可获得购买（或出售）一定数量的某种货币的权利。但这种权利不是买方必须履行的义务，也就是说，在合约有效期内，期权的买方可按合同规定的汇率及金额行使自己拥有的买（或卖）的权利，与期权的卖方进行实际货币的交割。但期权的买方也可根据市场汇率变化的实际情况，决定是否放弃买（或卖）的权利，让合约自动过期而作废，此时买方的损失仅仅是预先支付的那笔费用，称为保险费。例如，一家美国企业出口英国一批货物，合同期限 3 个月，价款1 000 万英镑，签订合同时英镑对美元的汇率为 1 英镑 = 1. 75 美元。为达到保值的效果，该企业可以1万美元购买一张卖出期权，期权金额1 000万英镑，期限3个月，到期兑换汇率为1英镑=1.75美元。到期时，如果英镑对美元的汇率为1英镑=1.74美元，不考虑保险费，实物交易少赚10万美元，履行期权，期权交易赚取10万美元，达到了保值的目的。相反，如果到期时，英镑对美元的汇率为1英镑=1.76美元，不考虑保险费，实物交易多赚10万美元，放弃期权。要说明的是，套期保值与期权交易的原理是完全一样的，所不同的是，外汇交易时，前者实施了外汇的交割，后者仅仅支付汇率变动导致的外汇差价。

案例与思考

益普索：2016年的全球经脉

2017年1月2日，益普索发布了在全球25个国家进行的国民经济信心调查《益普索(Ipsos)全球经济信心系列调查》，揭示了2016年全球经济脉搏。

1. 全球经济信心评价

全球被访者对本国经济形势的总体评价在过去一年里呈现先小幅下滑后缓慢回升的趋势。2016年11月，25个被调查国家有40%的被访者将本国国民经济评价为“良好”，同2015年11月(39%)相比几乎没有明显变化。数据显示，全球总体评价在过去三年里比较稳定，一直在七个百分点范围内浮动，并未显现出明显上升或下降。在经历了2013年11月(37%)—2015年7月(42%)的小幅上升后，全球经济总体评价又下滑至2016年2月的36%。直至2016年11月，该比例再次缓慢回升至40%。

虽然全球衰退已经过去六七年，但全球经济信心依然未出现明显的增长，仍明显低于2008年经济危机前的水平(2007年10月为55%)。然而，这种“常态”或许会为未来的增长奠定基础，同时，这也预示着未来的增长可能会更加稳定与坚实。

2. 地区国民经济信心表现

尽管全球整体水平呈极小幅度提升趋势，但各地区却表现不一。据2016年11月数据显示，高达50%的金砖国家被访者认为本国经济形势良好，较2015年11月上升了四个百分点。紧随其后的是北美地区和中东/非洲地区。过去一年，北美地区呈现明显的波动——先由2015年11月的48%降至2016年2月的39%，随后反弹至2016年8月的56%，最后又下滑至49%。

中东/非洲地区在过去一年整体表现稳定，48%的被访者认为本国经济形势良好，这个比例和2015年11月的一样。G8国家和欧洲地区的整体表现略落后于上面三个地区，并且在过去一年的波动幅度也非常小。38%的G8国家被访者认为本国经济形势良好，仅较2015年11月上升了一个百分点，而欧洲国家的这个比例较去年同期没有变化(35%)。

虽然相比其他地区的整体表现有明显的差距，但拉美地区过去12个月总体评价在所有地区中上升幅度最大，由2015年11月的21%上升至2016年11月的29%，上升了八个百分点。

3. 未来经济前景的评价

各国民众对本国未来经济前景有何看法？印度民众对本国未来经济前景预测最为乐观，66%的受访民众表示本地经济未来六个月将走强，秘鲁以64%的比例紧随其后。虽然巴西国内经济信心在过去的一年表现低迷，但仍有近六成民众(59%)对未来经济前景表示乐观。另外，沙特阿拉伯(55%)、阿根廷(50%)和中国(49%)在此方面亦有不错的表现。

(资料来源：根据公开资料整理)

思考：

从这份报告给出的数据上看，你认为哪个国家或地区未来最有市场潜力？

职业技能训练

据中国网 2020 年 1 月 21 日消息，国务院新闻办公室就 2019 年商务工作及运行情况举行发布会。商务部外贸司司长李兴乾表示，2020 年，商务部将继续深化国际市场布局，做好五项基础工作：一是构建高标准自贸区网络，推动 RCEP（区域全面经济伙伴关系协定）早日签署，加快推进相关区域自贸谈判，推动建设开放型世界经济；二是推进贸易畅通，深化双边经贸合作，加快与相关国家商建贸易畅通工作组，充分发挥工作组的平台和机制作用，推动解决问题，进一步提高便利化水平；三是推进贸易促进平台建设，支持办好境内外重点展会，鼓励地方、贸促机构、商协会组织企业赴境外开展各种各样的贸易促进活动；四是完善外贸公共服务，收集发布重点市场贸易政策法规和供需信息，做好企业境外商务投诉服务，提高信息发布和商事法律等公共服务水平；五是建设国际市场营销体系，支持企业加强国际市场营销和售后服务保障，提高中国出口产品和服务的满意度，助力贸易高质量发展。

结合目前世界经济形势，任选某一国家，分析其国际市场营销的经济环境情况。

本章知识自测

一、关键概念

经济全球化　自由贸易区　关税同盟　共同市场　经济联盟

二、多选题

1. 经济起飞必须具备的条件是（　　）。

   A. 生产性投资率提高，占国民收入的比例提高到 10%以上

   B. 经济中出现一个或几个具有很高成长率的领先部门

   C. 发明和革新十分活跃，生产过程吸收了科学技术所蕴藏的力量

   D. 适宜的政治、社会以及文化风俗环境

2. 规避外汇风险的方法主要有（　　）。

   A. 收硬付软法　　B. 软硬币搭配法

   C. 本币计价法　　D. 加列货币保值条款

3. 区域经济一体化的形式主要包括（　　）。

   A. 地区性合作集团　　B. 自由贸易区

   C. 关税同盟　　D. 共同市场

三、简答题

1. 经济全球化的正面影响和负面影响分别有哪些？
2. 如何理解经济全球化和区域经济一体化的关系？
3. 企业如何规避国际市场营销中的外汇风险？

第4章 国际市场营销政治法律环境分析

学习目标

通过本章的学习与技能训练，要求学生：

- 理解分析政治法律环境对国际市场营销的重要性。
- 了解国际市场营销风险的评估与防范。
- 掌握影响国际市场营销政治法律环境分析的主要因素。

案例导读

价廉物美闯天下

A 国某制鞋中心，享有欧洲第一鞋城的美誉。正是看上了这里天时地利的条件，头脑精明的人捷足先登，近两年纷纷来到这里，或开设鞋店，或设厂制鞋。凭着他们的智慧和勤劳，这些人很快在当地立足，生意不断扩大。由于 B 国劳动力便宜，生产工艺也很先进，一双 B 国生产的鞋，海运到 A 国后，只卖五欧元，而在 A 国生产的同等质量的鞋，最便宜的也要八欧元，相比之下，B 国鞋具有明显优势，他们的生意迅速扩大，市场占有率也快速增长。B 国鞋在 A 国和欧洲市场取得的成功使当地制鞋业和销售商深感危机重重。矛盾不断激化，愤怒的当地人用石块砸毁 B 国人的鞋店，拦截并烧毁装有 B 国鞋的集装箱，还点燃了一个装满 B 国鞋的仓库。抗议者还躺在地上，阻止救火车进入现场灭火，致使整个仓库化为灰烬。这是针对 B 国商人有目的、有预谋的纵火事件。面对熊熊大火，来自 B 国的制鞋卖鞋商人惊呆了。这些安分守己的商人，不仅向 A 国人提供了价廉物美的鞋子，而且给当地政府带来了滚滚财源。他们无法想象，如此合法的经商活动为何遭遇到如此悲惨的下场。

（资料来源：根据网络资料整理）

思考：

价廉物美的 B 国鞋开拓国际市场受阻碍的主要原因是什么？你认为受此案例启发，企业在国际市场营销活动中应该注意哪些问题？

分析与提示：

B 国鞋虽然以物美价廉赢得了当地消费者的青睐，但是，却影响了当地制鞋行业和销售商的生意，受到了其激烈的抵制。在国际市场上做生意，要更加注重政治风险和法律风险的产生。

4.1 国际市场营销政治环境分析

4.1.1 国际市场营销政治环境分析概述

1. 国际市场营销政治环境的概念

政治环境是指影响企业国际市场营销活动的各种政治因素。政治因素对企业的经营活动,特别是国际市场营销活动有着非常重要的影响。熟悉政治环境的目的在于避免或者减少政治环境给企业造成的损失。

国际企业面临的政治环境有广义和狭义之分。广义的政治环境,包括来自于国际企业母国(Parent Country)、东道国(Host Country),以及来自于国与国之间的国际政治关系;狭义的政治环境则主要指来自于东道国(目标市场国)的政治因素。

本书主要分析狭义的政治环境因素,包括政府的作用及行为目标、政治稳定性、政治干预、民族情绪,以及东道国的国际关系等因素。当国际企业选择某国作为国际市场营销目标市场时,该国一系列政治环境因素变化可能给企业带来这样或者那样的政治风险,国际企业还需要在政治风险评估的基础上,制定出避免和削减政治风险的对策。

2. 国际市场营销政治环境的特点

与其他环境因素对企业营销活动的影响相比较,政治法律环境对企业开展营销活动的制约和影响具有以下特点:

(1)直接性

经济技术、社会文化等环境因素对企业营销活动的影响一般是通过对消费者需求或购买行为的影响而间接作用于企业营销活动的,但政治因素一般直接作用于企业的营销行为,对企业的营销活动产生影响。

(2)突发性

政治环境的变化往往具有突变的性质,这种突发的政治环境变化可能给企业带来"千载难逢"的营销机会,也可能对企业造成"灭顶之灾"的威胁。因此,国际企业必须时刻关注政治法律环境及其变化趋势,及早做出反应,从而实现趋利避害的效果。

4.1.2 东道国的政体与政党体制

1. 政治体制

政治体制是指一个国家的国体和政权的组织形式及其相关制度。世界各国的政体大致可以划分为代议制和集权制两种。代议制又可划分为共和国制和君主立宪制,而集权制又可分为绝对君主制和独裁制。

君主立宪制就是资本主义国家以君主(国王、皇帝等)为国家元首,但其权力受到了宪法和议会不同程度的限制,原是资产阶级和封建势力分享权力、互相妥协的产物。实行"君主立宪制"的国家,亚洲有科威特、约旦、阿曼、卡塔尔、巴林、沙特阿拉伯、柬埔寨、尼泊尔、日本、泰国、文莱等国家;欧洲有英国、卢森堡、挪威、瑞典、西班牙、丹麦、荷兰、比利时、摩纳哥、列支敦士登；非洲有摩洛哥、莱索托、斯威士兰；大洋洲有澳大利亚、新西兰。中东地区的君主还把持着绝对的权力，欧洲和非洲的君主则大多“统而不治”。

共和国制是国家最高权掌握在由选举产生，并有一定任期的国家机关或公职人员手中的政权组织形式。欧盟27国中实行共和国制的有德国、意大利、芬兰、希腊、奥地利、冰岛、法国、葡萄牙、波兰、捷克、匈牙利、马耳他、斯洛文尼亚、斯洛伐克、塞浦路斯、立陶宛、拉脱维亚、爱沙尼亚等国。美国是历史上最早实行总统制共和国制的典型国家。墨西哥、巴西、阿根廷、埃及、印度尼西亚等国也实行总统制共和国制。

2. 政党体制

一国的政党体制大致可以划分为一党制、两党制和多党制。美国的共和党和民主党，英国的工党和保守党，是两党制的典型例子；意大利、法国是多党制的典型例子；墨西哥等国则是一党制的典型例子。

不同的国家，其政体和国体各不相同。西方国家的政府，有两党制和多党制，各政党所代表的利益不同，其政治主张自然也会不同，各党派都可能在不同程度上影响政府的政策。因此，国际企业开展国际市场营销要注意和了解东道国的政党体制，了解东道国各政党的政治主张，既要了解执政党的主张，也要了解在野党的政治主张。

4.1.3 东道国的政治稳定性

各国的政治环境都在变化之中，但变化的缓急程度会有所不同。平缓的变化能够使企业有调整的余地，而急剧的变化往往会使企业措手不及。国际企业营销人员在某国从事经营活动最关心的就是该国的政治环境是否稳定。大多数国际企业都以追求长期利润为目标，政局的稳定性直接影响企业国际市场营销战略的长期性，如果东道国政局不稳定，将直接影响企业目标的实现，甚至使企业遭受巨大的经济损失。

政治稳定性是评价国际市场营销环境需要考虑的主要政治因素之一。它一般包括两个方面：一是政局的稳定性；二是政策的长期性。政局的不稳定，代表着一国政策的不可预见性，国际企业如果贸然进入该国，很有可能面临着血本无归的悲剧。政策的长期性和稳定性，对国际企业来说，是一种对其经营获利的承诺，因而即使在一些政治专制国家，国际企业仍然可能取得较好的投资回报。

因此，国际企业在进入东道国市场之前，必须考虑其政治是否稳定。概括而言，应该注意两方面的情况：一是该国政局是否稳定，是否存在动乱、战争、政府频繁更迭等不安定因素；二是该国政策法规是否有足够的连续性。

1. 影响东道国政治稳定性的国内因素

（1）政权更迭频繁

一个国家政权更迭频繁，政治局势稳定性就差，在该国开展国际市场营销活动的国际企业遭遇政治风险的可能性就大。首先，政权更迭的形式不符合常规，一般就容易造成政局动荡；其次，掌握国家政权的领导层成员的频繁变化也会影响一国政局的稳定性。

（2）文化冲突

文化冲突包括种族、民族矛盾，以及文化的裂变等现象。种族、民族矛盾是引发政局不安定的重要因素，文化的分裂也是导致政局不稳定的因素之一。

(3)政治冲突

政治冲突是指一国的动乱、内战、暴动、政变等不安定因素。一国发生政治冲突的原因有很多,主要有政府的更迭、政党的对立、劳资关系的对立、不同集团的对立以及同一集团中不同部门之间的对立等。

政治冲突对国际企业的影响包括直接影响和间接影响两方面。直接影响是指对管理人员的人身伤害、公司财产的破坏,以及工人罢工等影响;间接影响是指导致政府对外来投资和经营在态度和政策上的调整或变化等影响。一般来说,直接影响是短暂的、有限的,而间接影响则是长期的、深刻的。

2. 影响政局稳定的国际因素

(1)与邻国的领土纠纷

如果一国与邻国之间有着领土纠纷等矛盾,则经常会因此而引发与别国的政治冲突,从而造成政治不稳定。

(2)遭遇外来侵略和袭击

如果一个国家遭遇外来侵略和袭击,就会严重影响该国的政治稳定。而且,这种影响又是难以预料和防范的。

4.1.4　东道国政府的作用及行为目标

1. 东道国政府在经济中的作用

各国政府在本国经济活动中都发挥着重要的作用,这种作用主要表现在两方面:一是经济活动的参与者;二是经济活动的管理者。

政府参与本国经济活动的程度因国而异。一般来说,发展中国家比发达国家的参与程度高。国际企业分析研究东道国政府参与本国经济活动的情况,是出于以下原因:第一,政府参与程度较高的东道国,政府往往垄断经营某一行业,国际企业涉足这一行业的力量明显减弱;第二,政府往往是产品或服务的最大买主;第三,东道国政府还可能是国际企业开拓东道国市场的合作者。

政府作为经济活动的管理者,是指政府根据预期政治经济目标,通过经济政策与法规的制定与实施,对本国经济进行有效的调节与控制。国际市场营销人员不仅应该了解该国政府是如何管理经济的,尤其应该分析研究各国政府经济法规的差异,以及产生这些经济法规的政治背景。

2. 东道国政府行为的目标

在不同时期、不同政治经济环境下,东道国政府对国际企业的营销活动所持态度和政策经常有所不同,体现为既有鼓励,又有限制。国际企业应该通过分析研究东道国政府的行为目标,以有效采取趋利避害的对策。各国政府行为目标概括而言,主要有以下五种。

(1)维护国家主权完整目标

此目标主要是指一国政府把维护国家主权完整作为自己的行为目标。例如,某些国家把外来企业在本国的经营活动视作对国家主权的一种潜在威胁,因而对外来企业制定了一系列严格的限制措施。

(2)保障国家经济安全目标

此目标主要是指各国政府都以维护本国政治经济长期独立自主、稳定安全为目标,并努力将外来威胁降低到最低程度。例如,在政治军事方面,各国都建立有以军事力量为主的防御体系;在经济安全方面,许多国家规定,在国防工业、关系到国计民生的产业,不允许外国企业进入,并尽可能减轻外国企业对这些行业的影响。

(3)促进国家经济发展目标

发展本国经济,提高本国人民生活水平是各国政府重要的和经常性的目标。国际企业营销活动符合这一目标时,政府就会给予鼓励和支持;反之,则会对其活动加以限制。

目前,世界各国都对进口商品进行不同程度的控制,以保护国内的产业和市场。所谓"控制",既包括对某些产品进出口的限制,也包括对某些产品进出口的鼓励。如果国际企业提供的产品有利于东道国发展目标或者能够增进东道国经济的发展,企业往往会得到政府有力的支持和政策优惠。

(4)提高国家国际声誉目标

多数国家和政府把树立国际社会形象、提高本国的国际声誉作为政府行为的直接目标或实现其他目标的手段。

(5)维护意识形态目标

各国政府往往把维护某种意识形态的存在并促进其发展作为政府行为的目标之一。

4.1.5 东道国的民族主义与民族情绪

民族主义强调对国家的忠诚,目的在于保护民族经济主权。民族主义的浪潮从20世纪70年代后在全世界蔓延开来,对国际间的经济贸易和资本流动构成了严重的冲击。一般而言,不利于企业进行跨国经营的民族主义政策措施主要有以下几方面:

①政府优先向本国企业采购货物,为本国企业提供便利和补贴。

②限制和禁止外国子公司在本国某些经济部门和产业投资并进行生产经营活动。

③规定子公司零部件和生产工序国产化或当地化的比例。

④要求本地居民在公司股权结构中占有一定的比例。

⑤采取关税和非关税的保护主义措施牵制子公司。

⑥禁止外国子公司在当地进行兼并或收购。

⑦没收外国子公司的财产或剥夺其所有权。

⑧国际企业开展国际市场营销,必须预先分析这些现象,并及早制定前瞻性对策。

各国人民都有民族自尊心和爱国主义精神,民族主义情绪在每个国家都不同程度地存在着。如果当地人民民族情绪非常强烈,就可能会把外国企业和外国产品视为对本民族工业的一种威胁,从而有可能发起抵制外商、外国产品的风潮。因此,从事国际市场营销的企业必须要注意尊重各国的民族利益和民族感情。

4.1.6 东道国的国际关系

如果一个国家的国际关系紧张,遭遇外部矛盾的可能性就大,政治不稳定的可能性也会大大增加。

1. 东道国与国际企业母国之间的关系

东道国与国际企业母国之间的关系是研究东道国国际关系时最重要的一个方面。显然,东道国与国际企业母国之间关系正常或友好,对企业的国际市场营销是有利的,反之则是不利的。国际企业在选择目标市场时,应当考虑所在国政府与准备进入国政府之间的关系,这种关系是企业进行国际市场营销活动的重要制约因素。在两国关系良好的情况下,这种良好的政治关系往往会在经济活动中表现出来,例如,实施减免进出口关税或提供其他优惠政策,使企业可以顺利地进行经济合作。反之,企业则会在国际市场营销活动中遇到许多意想不到的困难,甚至会完全终止与某些国家或企业的贸易往来。例如,一国政府对另一国的禁运,就会阻碍企业对这些国家市场的开发。

2. 东道国与其他国家之间的关系

如果一个国家与其他国家的国际关系不好,遭遇外部矛盾的可能性就增加,政治的不稳定性也会加大。例如,一国与邻国有领土纠纷等矛盾,则容易引发与别国的政治冲突,从而造成政治的不稳定。如果一个国家遭遇外来侵略或袭击,就会严重影响该国的政治稳定,而这种影响又是难以预见和防范的,国际企业在营销活动中必须重视这种不确定性的影响。

3. 东道国参加国际组织的状况

一国参加国际组织或缔结某些贸易协定,也会对该国的经贸政策产生影响。主要表现为:国际组织或国际协定都对其成员国或缔约国经济政策和经济行为规定了某些限制性条件。例如:北约成员国不得单独采取重大的军事行动和政治行动;世贸组织成员国不得擅自增设新的贸易壁垒;一国参加了国际货币基金组织可以改善该国的财政状况,但同时其经济政策也受到某种程度的约束。

4.2　政治风险的评估与防范

4.2.1　政治风险概述

1. 政治风险的概念

广义地说,政治风险(Political Risk)是指由于政策的不连续性、政局的不稳定性、政府干预的强制性和政治事件的突发性等各种政治力量的影响,造成企业国际市场营销活动的不确定性。政治风险一般包括四个要素:一是不连续性,即经营环境发生突然的剧烈变化;二是不确定性,即这种环境的突变是难以预测的;三是政治力量,即造成这种变化的原因是政治力量的作用和影响;四是营销影响,即这种环境突变是对企业国际市场营销活动有着显著影响的潜在力量。

2. 政治风险的表现

(1)政治风险在国际贸易中的表现

政治风险对国际贸易的影响通常表现为:东道国强制关闭本国市场,限制非本国产品进入;东道国实行外汇管制,税率变化难以预测;东道国单方面解除契约,拒绝赔偿外国企业的经济损失等。

(2)政治风险在国际投资中的表现

政治风险对国际投资的影响主要表现为:投资者的财产被当地政府没收、无偿征用和逐步实行国有化;合营企业投资者的利润无法汇回母国;正常的经营活动受到当地政府的任意干预;东道国国内发生暴动、罢工、政权更迭等政治突发事件,造成经营活动中断或利润损失;东道国政府与母国政府发生对抗性战争等严重事变,威胁或中断企业的国际市场营销活动。

(3)政治风险在国际信贷方面的表现

政治风险对国际信贷造成的影响主要表现为:债务国否认债务,拒绝偿还债务;债务国随意终止还款,造成债权国利益受损;债务国政府单方面要求重议债务;债务国国际收支困难,随意实施严格的外汇管制等。

4.2.2 政治风险的防范

1. 政治风险事前预防

在企业开展国际市场营销活动前,就应该对政治风险发生的可能性进行充分深入的分析,并制定出系统的防备措施,以减少政治风险发生的可能性。概括而言,政治风险事前防范措施主要有以下几方面:

(1)深入分析国际市场营销可能面临的各种政治风险

面对国际市场营销政治风险的复杂性的严峻挑战,中国企业首先要做的就是加强投资地区政治风险的评估,分析判定有关目标市场国的总体政治形势,选择相对适宜的东道国。从宏观方面对东道国政府执政能力、政党及社会稳定程度进行调查分析,以确定风险程度。评估的重点应是可能导致国际市场营销环境发生突变的政治力量和政治因素,政府对外国公司的政策、各政党的政治势力较量及其政治观念,政策的走向和选择程序,东道国政府与我国政府关系的亲疏程度。

(2)建立国际市场营销风险预警机制

在企业实施国际市场营销战略之前可以采取一系列预警措施。首先,企业与东道国政府签订的有关特许投资协定,包括资金可汇出的形式、转移价格的制定、解决争端的仲裁条款、雇员国籍的要求等。其次,企业可通过购买投资保险以规避政治风险。第三,选择适当的投资进入方式。企业的投资进入方式主要有建立独资企业、合资企业、合作经营,其中合资企业因对双方都有明显好处,有助于缓解民族主义对外国企业的敌视,还可减少东道国政府政治干预的可能性。

(3)寻求当地的合作者

为了减少政治风险发生的可能性,企业可以与当地企业或个人达成某种合作关系。这是国际企业最常用的防范政治风险的策略。这是因为,一方面当地合作者熟悉了解本国的政策法规,与本国有关部门有着一定的联系,可以利用当地合作者在东道国的关系和影响力,帮助企业疏通各种渠道,使国际企业迅速跨越文化障碍,以减少政治风险;另一方面,东道国政府也会考虑当地合作者的利益,尽量避免采取极端措施。

许多国际企业为了减少政治风险的影响,经常通过在当地筹集融通资金的办法,而不是直接输出资本在东道国投资兴办企业。在财务策略上可以扩大投资基础，积极吸收东道国的银行、客户、供应商等参股，从而可以与企业共同分担东道国的政治风险时，还可以利用对方人员、信息、社会文化和人际关系等优势，熟悉当地的政治环境、经济状况和文化习俗，进一步获得东道国政府和企业的信任，有利于本国市场的开拓。

(4)保持子公司对母公司的依赖性

国际企业可以将产品的研发放在母国进行，使东道国无法得到生产所必需的关键技术，从而使子公司在技术上形成对母公司的依赖性。国际企业还可以通过控制原材料和关键零部件、控制主要市场等手段来增强子公司对母公司的依赖性。国际企业在市场方面应着力控制市场经营和掌握分销渠道，这是应付政治风险的有效措施。例如，可口可乐的配方始终掌握在母公司手中，这样，即使在外的子公司被东道国没收，由于无法得到关键技术，子公司也无法独立运行，东道国政府因不能实现政治干涉目标而放弃其行为。

(5)减少固定资产投资

国际企业可以采取有形资产与无形资产分开或生产技术与营销技术分开的策略，以最大限度减少固定资产在东道国的投资。例如，可以由东道国当地合作者拥有固定资产，而核心技术等无形资产则掌握在母公司手中，这样国际企业被接管的可能性就会减少。

(6)股权的多国籍化

如果企业的股权涉及多个国家，东道国政府就会顾忌将与多国为敌，而不敢贸然采取极端措施。例如，壳牌石油公司，拥有英国和荷兰双重国籍。

(7)及时调整有关业务，实施本地化战略

国际企业能在政治风险出现之前，及时调整有关业务，对于国际企业而言既是必要的也是可行的。本地化战略的最大好处是，大大降低进入东道国市场的门槛和政治风险，而且有可能享受该国国民待遇，免受非关税贸易制裁。实施本地化战略，首先要学习和遵守东道国法律、法规，聘请当地的法律人才，他们熟悉本土法律法规、办案程序及其他注意事项，通过寻求“本土化”法律保障，就可大大降低政治风险。

(8)树立良好的公关形象

如果国际企业通过公共关系活动的开展，在当地树立了良好的公关形象和形成有利的公众舆论，它所面临的政治风险也会降低。例如，石桥公司(Bridgestone)是一家日本轮胎公司，但仅从名称想象不到它是一家日本公司。此外，在美国，很少有人知道石桥公司拥有凡世通轮胎橡胶公司。这种采用本地化的公司名称的策略，可以转移公众视线，减轻人们的抵触情绪。

2. 政治风险事后对策

(1)积极的外交谈判

在政治风险即将发生前，一般会出现一些征兆性现象，此时国际企业应该采取积极的对策，以尽可能地避免风险的发生。例如，可以与东道国政府进行积极的外交谈判，一方面使东道国政府了解其对东道国经济发展的积极作用，以及东道国政府采取极端措施可能造成的严重后果；另一方面，也要向东道国政府做出让步的承诺，以得到东道国政府的认同。

(2)积极寻求补偿

一旦发生不可避免的政治风险，国际企业也应该继续保持与东道国的关系，寻求新的国际市场营销机会。例如,通过合同关系提供生产技术和管理经验,或出售原材料和零部件给东道国企业等。

(3)寻求母国支持

当国际企业在国外投资遭遇政治风险时,企业可以通过母国政府进行外交干涉。例如,母国政府在本国企业的要求下,可以向对方国家在本国的企业进行报复性制裁,采取禁止该国产品进入本国市场或其他措施。

(4)寻求国际社会支持

国际企业在遭遇政治风险后,还可以求助于国际社会的支持。例如,企业可以向海牙国际法庭申请法律赔偿,也可以请求"国际投资纠纷调解中心"(ICSID)进行仲裁。

4.2.3 政治干预

政治干预是指一国政府采取各种措施对外商营销活动的干预。具体的干预形式主要有:没收、征用、国有化、本国化、外汇管制、进口限制、税收管制、价格管制及劳动力的管制等。这些形式的政府干预,都会在不同程度上迫使国际市场营销者改变决策。

1. 没收、征用和国有化

没收(Confiscation)是指东道国政府将国际企业在本国资产的全部或部分无偿地强行收归国有。

征用(Expropriation)是指东道国政府强行将国际企业在本国资产的全部或部分强行收归国有,但要给企业一定的经济补偿。

国有化(Nationalization)是指东道国政府将国际企业在本国资产的全部或部分收归国有,由政府接管。

没收和征用的区别是,征用要给予被征用企业一定的补偿,但没收则不给予企业任何经济补偿。

没收、征用和国有化的区别在于:没收和征用是东道国政府强迫外国企业交出其资产,但不一定由政府接管,即也可能由该国的私人企业接管;国有化则是东道国政府强迫外国企业交出资产后由政府接管。

根据国际法,没收或征用是东道国动用权力,即便给予一定的补偿,补偿与被征用的企业资产的价值也不对等,甚至只是象征性的。

东道国政府收回外国企业资产的动机主要有两方面:一是认为某些行业对国家的国防、国家主权、国民福利、经济增长等是至关重要的,不能掌控在外国人手中,而没收、征用或国有化是最为简捷有效的国家干预的手段;二是出于考虑强烈的民族情绪,认为外国企业掠夺了本国资源、影响了本国收入或剥削了本国人民等。一般来说,最容易被没收、征用和国有化的行业是那些关系到国计民生的领域,如公共事业和某些自然资源的开采业。

从总的发展趋势来看,采用这些极端措施的国家越来越少。这是因为:第一,越来越多的东道国政府认识到外国投资对本国经济发展的重大作用;第二,东道国一旦没收某国际企业的资产,便会遭到其母国的反对乃至严重的经济制裁;第三,随着发展中国家民族工业的发展和壮大,以及对外国企业管理措施上的逐步健全和完善,外国企业的消极作用得到了一定程度的控制;第四,外国投资者也吸取了一些经验和教训,通过各种方式改善与东道国的关系,例如,与当地企业合资或合作经营,聘用当地人在公司中担任重要职务,向当地银行贷款,培训与雇佣当地员工。

2. 本国化

本国化(Domestication)是指东道国政府通过对外国企业进行多方面限制,迫使这些外国企业逐步出售股权,最终实现控制外来投资的目的的过程。东道国政府往往采取以下五方面的措施实现本国化的目的:

第一,逐渐地使外国企业缩小在本国某一行业或某一企业中的所有权比例;第二,提升一大批本国公民担任外资企业的高级管理职务;第三,使本国公民拥有更大的决策权;第四,使更多产品实现国产化,而不是进口组装;第五,制定各种出口法规,促使本国企业更多地参与国际市场。

本国化是一种逐渐地控制外来投资的过程,最终结果与征用或国有化并无多大差别,只是不像征用或国有化那样突然和激烈。本国化对企业来说也是一种政治风险。具体表现在以下几方面:第一,东道国政府要求外资企业在规定时间内出售股权,股价可能定得很低,从而使企业损失部分利润;第二,政府派来的高级管理人员不一定称职,或者重视当地股东利益却轻视公司的整体利益与长远利益;第三,产品国产化过程中,企业所需要的原材料、零部件、技术人员不一定能够满足供应;第四,国产化后的产品是否合格,国产化后是否会影响到企业的声誉和销售。

3. 外汇管制

外汇管制(Foreign Exchange Control)是指一国政府通过法令、条理等形式授权有关金融机构,对境内外汇资金的收付、买卖、借贷和转移,以及本国货币对外汇率所实行的干预和控制措施。

东道国政府实行外汇管制的原因:由于外汇短缺,为防止国际收支的严重失衡,维护本国货币对外汇率的稳定,保持一定的外汇储备供应是最基本的需求。从根本上讲,外汇管制是为了促进国内经济的发展。

根据外汇管制的内容和程度,可以将世界上的国家和地区划分为三种类型:一是实行严格外汇管制的国家和地区,这类国家或地区对贸易收支、非贸易收支和资本项目收支都实行严格控制。多数发展中国家,如印度、缅甸、巴西、摩洛哥等90余个国家属于这一类型。二是实行部分外汇管制的国家和地区,这类国家或地区对贸易收支和非贸易收支原则上不加管制,但对资本项目的收支程度不等要加以管制,如丹麦、挪威、澳大利亚、法国、日本等30余个国家属于这种类型。三是放松外汇管制的国家或地区,这类国家或地区准许本国货币自由兑换,对贸易、非贸易和资本项目的收支都不加限制,如美国、德国、英国、瑞士等20余个国家或地区。

外汇管制至少在两方面影响国际企业:一是企业的利润和资本不能自由地汇出东道国;二是因为东道国政府限制企业自由买进外汇,企业生产所需要的原材料、机器设备、零部件,以及其他物品不能自由进口。

4. 进口限制

进口限制(Import Restriction)是指东道国政府采取各种措施限制进口。进口限制的手段可以分为关税壁垒(Tariff Barriers)和非关税壁垒(Non-Tariff Barriers)两种。非关税壁垒包括进口许可证制度、进口配额制、进口押金制、外汇管制、复杂的海关手续、严格的技术标准和卫生检验检疫规定等。

政府采取进口限制的主要目的是保护本国工业,其结果是迫使外国企业多购本国产品,以达到扶持本国工业发展的目的。

20 世纪 80 年代以来,在国际经济活动中,以贸易保护主义为代表的一股新的经济民族主义浪潮席卷全球,从而对国际企业的营销活动形成了很大的障碍。作为国际市场营销管理者,必须清醒地认识到,无论发达国家还是发展中国家,所有的东道国都会在其国内控制外商的利润和借贷;控制外商对当地企业的冲击;控制外资对国家和地方企业的投资等。

5. 税收管制

税收管制(Tax Control)是指东道国政府经常通过对外国企业征收额外的或非常规的税收来达到控制外来投资的目的。对国际企业不利的税收可能使企业的利润大减。

6. 价格管制

价格管制(Price Control)是指不少国家的政府在国内市场上对部分商品实行价格管制。从产品的角度来看,生活必需品的价格最容易受到政府的控制;从时间的角度来看,通货膨胀时期,政府最可能采取价格管制措施。

政府实行价格管制通常是为了维护公众利益,保护公众的基本生活水平,但这种价格管制却直接干预了企业的定价决策。

7. 劳动力限制

劳动力限制(Labour Restriction)是指在许多国家,政府为了维护本国劳动者的利益,往往支持工会组织的要求,制定并实施一系列法规限制国际企业人力资源管理政策。例如,不得随意解雇工人、与工人分享利润、增加工人福利、限制工作时长等。例如,墨西哥不但不准外资企业解雇当地员工,还通过一个由政府代表、劳资双方组成的国家委员会,修订有关法令,使劳工有权分享外资企业利润。在法国、英国等国家,劳工限制措施也比较多。

4.3 国际市场营销法律环境分析

4.3.1 国际市场营销法律环境概述

1. 国际市场营销法律环境的概念

法律环境是指能对企业的营销活动起到规范或保障作用的有关法律、法令、条例及规章制度等法律性文件的制定、修改、废除及其立法与司法等因素的总称。国际市场营销法律环境是指对国际企业国际市场营销活动有影响的各种法律因素的总称。

企业在决定进入某一国时,必须全面深入了解该国有关市场营销方面的各项法规,如有关专利、商标、包装、竞争、合同、票据,以及保护消费者权益和保护生态环境等方面的法规。显然,这些因素对企业的营销活动都有直接关系,稍有不慎就会受到法律制裁,造成不必要的损失。

2. 国际市场营销法律环境的构成

市场经济是法制经济,政府对企业营销活动的管理和控制主要通过法律手段。在这方面立法的目的主要有三个:保护企业间的公平竞争;维护消费者的合法权益;保护社会的整体利益和长远利益,防止环境被污染和破坏。

在国际市场营销中,国际企业要面对两国法律、两种税收制度以及凌驾于国家之上的区域组织制度。也就是说,国际企业从事国际市场营销所面临的法律环境主要由三部分构成:母国法规、东道国法规和国际法规。

(1)母国法规

各国政府为了维护国家的整体利益,出于政治、军事、经济等方面的考虑,往往会制定一系列法规,对从事国际市场营销活动的本国企业加以限制和保护。母国法规是指母国关于营销、贸易、投资等方面的法律法规,特别是针对国际企业对外直接投资和跨国经营的有关法律法规。

母国政府对本国企业的国际市场营销活动往往进行出口管制、进口管制和外汇管制。出口管制包括出口产品管制、市场管制和价格管制等。出口管制的主要手段是出口许可证。

各国政府为了鼓励本国企业扩大出口,加快国际市场的开拓,也会采取税收减免、出口退税、出口信贷和出口补贴等一系列鼓励措施。

我国企业开展国际市场营销活动,必须深入了解并严格遵守《中华人民共和国对外贸易法》《公司法》《合同法》《商标法》《反不正当竞争法》《专利法》《产品质量法》《消费者权益保护法》《海关法》《进出口商品检验法》《货物进出口管理条例》《技术进出口管理条例》《外汇管理条例》《反倾销条例》《反补贴条例》《保障措施条例》《对外贸易壁垒调查规则》《进出口关税条例》等法律法规。

(2)东道国法规

东道国法规,是指东道国关于营销、贸易、投资等方面的法律法规,特别是针对国际企业在本国开展投资或跨国经营的有关法律法规。

世界上大多数国家的法律体系大致可以划分为两种:一种是英美法系;另一种是大陆法系。英美法的特点是,对某一案件的判决是以过去对类似案件的判决为主要依据的,所以又称判例法或习惯法;大陆法的特点是,对某一案件的判决以成文的法律条文为依据,而不是以过去的判决理由为依据。这两大法律体系对同一问题的解释和处理方法有较大区别。

国与国之间的法律都有所不同。就目前情况而言,世界上各个国家对跨国企业的对外直接投资和国际经营都有一系列法律法规的限制和约束,如在各个国家普遍实行的商标法、广告法、投资法、专利法、反倾销法、商品检验法、知识产权法、环境保护法、海关税收法、消费者权益保护法等。企业面向国际市场开展营销活动必须对东道国的有关法律法规进行深入研究,了解其对营销决策的影响。

(3)国际法规

国际企业跨越国界的营销活动,必然受到国际经济法律的制约。世界上并不存在制定和执行国际法的机构,所谓的国际法事实上只是具有相应法律效力的国际公约、条约,具有法律效力的国际惯例,以及国际性组织的规章制度等。或者说,国际经济法是由全世界各国、各组织所公认的权威机构,在国际经济交往中形成的惯例的基础上建立起来,调整与规范世界范围内各类行为、各类规则的总称。

当前，重要的国际法规有：由联合国国际贸易法委员会主持制定的，1988 年 1 月 1 日正式生效的《联合国国际货物销售合同公约》；国际商会制定的《2000 年国际贸易术语解释通则》；国际法协会 1932 年制定的《华沙 - 牛津规则》；国际商会制定的《跟单信用证统一惯例》和《托收同一规则》；世界贸易组织制定的《与贸易有关的知识产权协定》《多边货物贸易协定》《服务贸易总协定》《商标国际注册马德里协定》《专利合作条约》《保护知识产权巴黎公约》《关于简化和协调海关业务制度的公约》（即《京都公约》）等。

4.3.2 国际市场营销法律环境的影响

市场经济的发展不但需要建立若干经济法规，而且要有严明的执行机构，随着消费者维权意识的提高、社会舆论监督力量的日渐增强，以及民主法制建设的日益深入，政府的执法也将更加积极和严格。市场经济的有序运行仅靠政府的力量是远远不够的，必须借助大量的代表一定群体利益的社会性组织，形成一种强大的社会力量、社会压力。对此，企业的生产经营者要善于应对这一力量的挑战，同时，又要善于捕捉消费者权益保护和环境保护力量所提供的机会。

总之，现代市场经济在国家政治法律环境中对企业市场营销影响较大的变化趋势有四方面：管制企业的立法越来越多；政府机构执法越来越严；消费者的维权意识越来越强；社会公众利益团体的力量越来越大。

具体而言，法律环境因素对国际企业市场营销活动的营销主要体现在以下几方面：

1. 对产品决策的影响

企业在国际市场营销中的产品决策，必然会受到各国法律的影响。首先，在产品设计方面，必须注意各国在安全、性能、纯度、功能等方面的要求；其次，企业在产品的包装、标签、说明、商标、保证和服务等方面，国际企业也必须了解东道国的特殊要求。

质量是企业得以生存的根本，通过各种环保和质量认证是进入国际市场的通行证。国内排名前列的空调企业基本都通过了相关的国际认证，获得了市场的准入资格。例如，志高空调专门成立了认证办从事认证工作，公司通过了 ISO 9001 质量保证体系，拥有国家认可的试验室，除检测本公司产品之外，还具有开展对外产品检测工作的资格，已经通过的认证有中国强制 CCC 认证、美国 UL 认证、欧盟 CE 认证、德国 TUV、GS、EMC 认证、澳大利亚安全认证等等一系列国内和国际认证。

2. 对定价决策的影响

各国政府为了保护本国公民的利益，均制定了一系列控制物价的法规，但具体做法却各不相同。一般来说，发展中国家对价格的控制较发达国家更加严格，其通常的做法是：规定最高限价、最低限价或限制价格变动等。产品价格的管制，可能针对全部产品，也可能针对部分重要产品，特别是对于一些关系国计民生的重要产品。

3. 对分销决策的影响

在营销组合决策中，渠道决策受到法律的限制相对较小。可以根据不同市场情况，选择设计自己的分销渠道。但也应该研究与分析东道国对企业分销渠道选择有哪些特殊的规定与限制。

4. 对促销决策的影响

各国对广告、人员推销、销售促进、公关活动等促销活动均制定了相应的法规。这也是国际企业应该重视和认真研究的问题。

4.3.3　国际市场营销冲突及其解决办法

1. 避免国际市场营销冲突的办法

法律环境因素对企业国际市场营销活动的影响有两方面：一是保障作用；二是规范作用。因此，国际市场营销活动中企业相应的策略主要有以下几方面：

①国际企业的市场营销活动要遵守东道国的相关法律规范。

②国际企业的国际市场营销活动要服从东道国有关发展战略与政策的要求。

③国际企业要积极利用国家政策给国际市场营销带来的机会，尽量争取对企业、对社会、对消费者皆有利的法律、法规和政策出台。

④国际企业要积极运用国家法律法规武器，保护自己在国际市场营销活动中的合法权益。

国际企业减少法律纠纷或冲突的办法很多，要根据具体情况而定。但在国际市场营销活动中应该注意以下四个最基本的问题：

①了解有关法律法规。企业在国际市场营销活动中要仔细研究有关的法律法规，如产品、定价、促销、分销、产品责任、税收等方面的法律法规。

国际私法又称法律冲突法、法律适用法，它是调整涉外民事法律关系的规范的总称。国际私法指出具体涉外民事法律关系中应适用哪一国的实体法，选定哪一国的法律程序作为解决纠纷的准绳。例如，有的规定适用缔约的法律，有的规定适用履约的法律，较多的国家规定适用与合同有最密切利益联系的国家的法律，有的则允许当事人选择适用的法律。

②了解商业合同要素。签订商务合同时要认真分析合同要素的内容，如合同的形式使用不可受单方面文化限制，使用统一的计量单位，避免不标准的或仅适用于某一国的合同，要制定明确的引起争端时裁决的条款。

③为纠纷仲裁设立条款。双方当事人可以在所签合同的仲裁条款中，自行约定或选择仲裁事项、仲裁机构、仲裁程序、仲裁地点、适用法律、裁决效力，以及仲裁使用的语言等内容。

④了解国际条约与国际惯例。国际上有关国际经济贸易的公约和条约很多，有调整国际货物买卖关系的公约、调整国际海上货物运输关系的公约、调整国际航空运输关系的公约、调整国际铁路运输的公约、调整国际货物多式联运公约、调整国际货币信贷关系的公约、调整国际票据关系的公约、关于知识产权的公约，以及国际商事仲裁的公约等。

国际贸易惯例不具有普遍的约束力，只有双方当事人在合同中引用了某项惯例，该项惯例才对合同的当事人产生约束力，并且双方当事人可以对该项惯例的任何规则加以修改或变更。如果双方当事人在合同中做出与惯例不同的规定，其效力优于惯例。

由于各国法律的差异性，国际企业还必须了解国际法律争议的裁决权问题，即当我国企业与外商发生商务纠纷时，应由哪种法律来裁决。

国际市场营销环境纷繁复杂，商务纠纷在所难免，国际企业在国际市场营销活动中遇到争议或纠纷时，一般可以通过协商、调解、仲裁或诉讼等手段来解决。

①协商。协商是指在纠纷发生后，在没有第三方参与的情况下，由当事人双方进行友好磋商，各自对自己的利益重新做一些调整与让步，在彼此都认为可以接受的基础上达成和解协议。通过协商解决冲突，不经过法律程序，不必支付相应的司法费用，而且冲突双方能依旧保持良好的合作关系，有利于以后的合作和发展。

②调解。调解是指冲突发生后，为了既求得各自利益又保持双方良好关系，在双方自愿的基础上，委托第三方从中调停，促进双方当事人和解。调解可以在交付仲裁前进行，也可以在仲裁过程中结合仲裁交叉进行。

③仲裁。仲裁也称“公断”，是指发生冲突后双方当事人达成书面协议，自愿将争端交由双方认可的仲裁机构按照一定的程序进行审理并做出裁决，从而解决冲突的一种办法。仲裁具有程序简便、费用较低、结案较快、易于执行、灵活性强等特点。

目前各国大都设有解决国际经济贸易的仲裁机构，并各自有其仲裁程序与规则。此外，一些国际性区域组织也成立了一些国际性或区域性的仲裁机构，并规定了相应的仲裁程序与规则。例如，伦敦国际仲裁院、美国仲裁协会、国际商会仲裁院、中国国际经济贸易仲裁委员会等。

④诉讼。诉讼是冲突发生后，当事人一方向有管辖权的一国法庭起诉，请求法院按法律规定做出判决，以解决冲突。一般来讲，在涉外商务纠纷中，可依据的法律有三种，即根据合同中规定的仲裁条款，根据合同签约地的法律，根据合同履行所在地的法律。

目前，国际上还没有一个被大家公认和广泛接受的审理各种国际商业纠纷的国际法机构和国际商法，国际上也不存在进行国际经济贸易诉讼的法院，诉讼只能在某一国法院进行。这就涉及司法管辖权的问题，即以哪一国法律为依据。

案例与思考

某企业出口一批至英国的毛绒玩具，设计的毛绒玩具微波炉熊非常有创意，玩具内胆以小麦、薰衣草为填充料，使用时先用微波炉烤热，取出后供儿童暖手。产品前景看好，但经检验机构检测，该毛绒玩具小熊鼻端的绳线平均厚度小于1.5毫米，儿童使用时容易产生勒伤手指的危险，未能达到欧盟玩具检验标准所规定的绳线要求，被判为不合格。

另一企业生产的一批出口至日本的布绒玩具关节熊，玩具身穿毛衣，脖子上系毛线小围巾，非常惹人喜爱。检验人员在现场检验时，发现围巾过长，超过标准规定，因而判定该批玩具不合格。

两起不合格案例均涉及绳线问题，按有关标准规定，18个月以下儿童使用的玩具上的绳线和弹性绳，自由长度须小于220毫米，绳圈周长小于360毫米，以防止儿童在使用过程中被绳索勒住脖子而造成窒息危险；绳线的直径须大于1.5毫米，以保证玩具不会因绳过细而对儿童产生勒伤手指的危害。

（资料来源：根据网络资料整理）

思考：

通过上述案例，你认为玩具生产与国际市场营销企业应该注意哪些问题？

职业技能训练

选择一个国家作为例子，分析其政治环境，探讨如何减少在该国从事国际市场营销活动的风险。

本章知识自测

一、关键概念

国际市场营销政治环境　国际市场营销法律环境　征用　国有化　外汇管制

二、填空题

1. 国际企业在国际市场营销活动中遇到争议或纠纷时，一般可以通过(　　　　)、(　　　　)、(　　　　)、(　　　　)等手段来解决。

2. 企业从事国际市场营销所面临的法律环境主要由三部分构成：(　　　　)、(　　　　)、(　　　　)。

3. 一般来讲，在涉外商务纠纷中，可依据的法律有三种，即(　　　　)、(　　　　)、(　　　　)。

三、简答题

1. 国际企业减少法律纠纷或冲突的办法很多，要根据具体情况而定，但在国际市场营销活动中应该注意哪些最基本的问题?

2. 国际市场营销活动中，政治风险表现在哪些方面? 事前或事后该如何预防?

3. 没收、征用与国有化有何区别，东道国实施这些措施的原因及发展趋势体现在哪些方面?

第5章 国际市场营销调研

学习目标

通过本章的学习与技能训练,要求学生:

- 理解国际市场营销调研的主要内容。
- 理解国际市场信息的概念和具体内容。
- 熟悉国际市场营销调研的程序。
- 掌握国际市场营销调研的方法。
- 掌握国际市场信息开发利用的基本要求。

案例导读

日清以调研智取美国快食市场

日清食品是一家日本食品公司,以推出各种即食食品著名,由开发了世界最早的方便面 Chicken Ramen 的安藤百福创办。

日清食品公司在准备将方便面向美国销售之前,得到的信息令人沮丧:"由于美国人没有吃热汤面的饮食习惯,而是喜好吃面条时只吃面,喝热汤时只喝汤,绝不会把面条和热汤混在一起食用,由此可以断定,汤面合一的日清方便面是很难进入美国食品市场的,更不会成为美国一日三餐必不可少的快餐食品。"但日清食品公司并没有盲目迷信这种结论,而是派出自己的专家考察组前往美国进行实地调研。经过千辛万苦的商场问卷和家庭访问,专家考察组最后得出了与上述信息完全相反的调查评估——美国人虽然呈现出"汤面分食,绝不混用"的特点,但是随着世界各地不同种族移民的大量增加,这种饮食习惯在慢慢地发生着变化。再者,美国人在饮食中越来越注重口感和营养,只要在口味上和营养上投其所好,日清方便面有可能迅速占领美国食品市场,成为美国人的饮食"新宠"。

日清食品公司基于亲自调查的结论,果断地挑战美国人的饮食习惯和就餐需求,从美国食品市场动态和消费者饮食需求出发,全力以赴地向美国食品市场大举反复挺进,最后出奇制胜地打入美国快餐食品市场,开创了一片新天地。

(资料来源:根据网络公开资料整理)

思考：

①日清食品公司确定大举向美国食品市场挺进的原因是什么？

②日清食品公司所做的国际市场营销调研属于哪种调研？运用了哪些具体调查方法？

分析与提示：

①经过市场调研，美国消费者是有较大可能接受本公司的产品的。

②实地调研。实地调研所得到的直接资料来源于两种方式：一种是调研人员亲自到现场进行调查从而收集到资料；另一种方式是通过调查问卷方式等直接从被调查者处获得资料。

5.1　国际市场营销调研的内容

5.1.1　国际市场营销调研的含义及作用

1. 国际市场营销调研的含义

(1)国际市场营销调研的概念

国际市场营销调研(International Marketing Research)是指企业在国际市场营销活动中，采用科学的方法，系统地搜集、记录、整理、分析有关国际市场的各种基本情况及其影响因素的信息，从而把握目标市场变化规律，为企业的国际市场营销决策提供可靠的客观依据。国际市场营销调研作为一种管理手段可以帮助企业降低风险，避免错误，寻找商机。

(2)国际市场营销调研与国内市场营销调研的区别

①国际市场营销调研的范围比国内市场营销调研更广泛。国际市场环境与国内市场在社会文化、政治法律、贸易经济等方面存在巨大差异。国际市场营销决策者对于国际市场环境不如对国内市场环境熟悉，从而决策需要更为充分、全面、准确的信息来掌握国际市场情况，并提高决策的适应性。同时，国际市场环境复杂多变，针对信息的及时性也提出更高的要求。

②国际市场营销调研所需要的信息与国内市场营销调研有很大差异。国际市场营销在确定国外目标市场、选择进入方式等决策时，需要目标市场国家或地区的投资政策、外汇制度、外资税收优惠等信息，这些信息是国内市场营销调研所不需要的。

③国际市场营销调研比国内市场营销调研更困难和复杂。首先，由于世界各国的现实情况存在较大差异，因此，国际市场营销信息的搜集很难做到准确、及时，尤其是在一些发展中国家，搜集和获取信息的成本非常高；其次，针对从不同国家、不同信息来源获得的相关市场信息，由于统计时间、统计方式乃至统计口径存在差异，需要对数据进行进一步处理，才能实现可比性并用于相关分析；第三，同样的调研方法，可能在国内有效，而在国外则无效或受到制约；第四，国际市场调研的组织工作要比国内市场调研更复杂。

2. 国际市场营销调研的作用

在国际市场上，市场信息是企业进行营销活动所必不可少的条件，也是国际市场营销决策的基础，而国际市场营销调研是获得所需信息的重要手段。国际市场营销调研在营销决策执行过程中,为调整国际市场营销计划、改进和评估各种海外营销策略提供依据,并起着检验与纠正的作用。

①有助于企业发现国际市场营销机会,开拓海外新市场。通过市场调研,可以确定企业在该国的潜在需求和销售量,可以了解当地消费者的意见、态度、消费倾向、购买行为等,据此可以进行市场细分,进而确定其目标市场,分析市场的销售形势和竞争态势,并将这作为发现市场机会、确定企业在该国发展方向的依据。

②为制定国际市场营销组合策略提供依据。首先,通过国际市场调研,可以了解与把握国际市场的现实和潜在需求的变化,具体了解国际市场消费者对产品品种、规格、型号、功能及交货期、服务等的需求,使企业的产品策略更具有针对性。其次,通过国际市场营销调研,可以了解目标市场消费者对产品价值的期望及同行业竞争者的营销策略,可供企业更好地制定产品、价格、分销、促销等策略。最后,通过国际市场营销调研,可以了解目标市场消费者的偏好、兴趣、爱好和习惯,为企业设计、开发、生产和销售产品提供更为准确的依据。

③有利于企业提高经济效益。通过大量的市场营销调研,企业可以及时了解产品、市场、消费者需求等的发展变化趋势,而据此制定适当的营销计划,组织生产符合市场需求和消费者需求的产品,使企业具有更强的市场竞争能力,企业经济效益不断提高。

④国际市场调研能够及时反映国际市场的变化,可以监测和评价企业国际市场营销活动的实施效果,并为调整营销策略提供依据。通过国际市场营销调研可以及时获取国际市场的信息和情报,对国际市场营销策略进行必要的评估和修正,以保证企业国际市场营销活动的正常运转。因此,通过国际市场营销调研能够促进企业更好地建立起与外界环境的适应性。

⑤有助于企业分析和预测国际市场未来的发展趋势,从而掌握国际市场营销活动的规律。

5.1.2 国际市场营销调研的具体内容

国际市场营销所面对的市场环境更加复杂,因此调研的范围更广泛、更困难、更复杂。因此,国际决策比国内决策更需要充分、准确、及时的信息,否则就有可能导致决策失误。从广义上讲,国际市场营销调研的范围包括任何与国际市场营销有关的信息,上至天文地理,下至企业内部,都属于国际市场营销调研的范围。从狭义上看,则包括那些能反映国际市场发展变化规律,对企业的国际市场营销决策起直接作用的信息。

1. 国际市场营销的宏观环境调研

国际市场环境调研,主要是针对国际市场上影响国际企业进行国际市场营销的各种宏观和微观环境因素进行调查,主要涉及目标市场的人口、政治、文化、经济、技术等方面的调研。

(1)人口环境调研

人口是经济发展的基础,也是市场规模的基础,对于一国或地区人口的调研有助于对目标市场环境有全局性的理解和掌握。人口调研内容包括人口数量、年龄结构、家庭规模、人口分布和人口密度等。

(2)资源情况调研

资源分为国际地理条件和自然资源条件。地理位置、面积、地形、风土、气候是国际地理条件的主要内容。自然资源条件是指农、林、矿产资源等,某一特定自然资源条件的优劣与产品销路有密切关系。自然资源的多少对一个国家的工业发展形势产生影响,从而也影响到这一国家或地区的最终购买。

(3)国际政治和法律环境调研

国际政治环境调研包括目标市场所在国家或地区的政治体制、政党、政府现行政策、法令及政治形势的稳定程度等方面的调研。具体来看,可调研目标市场所在国家或地区的贸易政策,如关税政策、进出口配额限制、外汇管制程度等,这些因素会影响到产品营销过程中营销渠道的选择和出口额分配。同时,营销活动也依赖于目标市场国的政治稳定性,政府结构、执政党体系、发布政策的连续性和稳定性、政府行政效率等也会影响到营销决策。

(4)国际经济环境调研

对于经济环境的调研主要着眼于当地经济发展趋势研究,即对现有经济状况的分析和对未来经济走向的预测。调研内容主要包括经济增长、通货膨胀、商业周期趋势及与此相关的一般性资料,以及具体行业的经济研究资料、国外经济分析资料、目标市场国的主要经济水平和经济指数。

(5)国际社会文化环境调研

国际社会文化环境调研主要是调查一些对市场需求偏好产生影响的社会文化因素,如语言、文化程度、职业、民族构成、宗教信仰、社会制度、社会阶层、风俗习惯、社会道德与审美意识等。社会文化因素往往会影响消费者对产品的偏好。

(6)国际技术环境调研

国际技术环境调研主要是了解与本企业生产相关的技术水平状况及趋势,同时还应把握社会同类产品生产企业的技术水平的提高状况,包括技术水平、科技产值、科技投入、科技力量、技术引进、技术合作、发明创造等。

(7)国际竞争形势调研

在竞争中要保持企业的优势,就必须随时掌握竞争环境,即竞争对手的各种动向。在这方面主要是关于竞争对手数量、竞争对手的市场占有率及变动趋势、竞争对手已经或将要采用的营销策略、潜在竞争对手境况等方面的调研。

2. 国际市场营销的微观环境调研

(1)市场需求容量调研

市场需求容量调研包括:市场最大和最小的需求容量;现有和潜在的需求容量;不同商品的需求特点和需求规模;不同市场空间的营销机会以及企业与竞争对手的现有市场占有率情况。

(2)目标消费者群体调研

对目标市场国消费者的调研是国际市场营销调研中及其重要的内容,直接关系到营销战略和策略的实施与效果。对消费者的调研主要包括:消费者的人口统计特征,如人口规模、分布、密度、年龄结构、性别结构、职业结构、教育程度等;消费者购买力水平,如可支配收入、消费水平、消费结构等;消费者的购买行为,包括购买动机、类型、过程、时机、方式等。

(3)产品调研

产品作为营销活动的主体,是营销进行和持续发展的基础。在不同市场上需要对营销产品进行细致的调研,针对不同市场消费者的需求及不同市场出现的问题加以调整。产品调研包括:国外目标市场上同类产品的效用、形态、大小、规格、色彩、包装、款式、使用的方便性和耐用性等具体情况;有关产品生命周期的变化,如新技术、新设计、新工艺、替代品、关联产品、客户和消费者对产品的改进意见等;产品的商标和包装;有关国家在产品的质量、检验、标准、包装、商标方面的法律、法规,产品的售前、售后服务情况等。

(4)价格调研

实施国际市场营销的企业主体往往是大型跨国公司,这些企业在行业中往往处于寡头垄断或垄断竞争的地位。因此,定价对产品需求状况有着重要影响,成为企业争夺市场的关键一步,价格调研成为市场营销的重心。价格调研包括:产品价格的需求弹性调研,考虑到不同细分市场和产品所处的不同生命周期阶段;新产品价格制定或老产品价格调整产生的效果调研;竞争对手价格变化情况调研,定价往往是与竞争对手之间的博弈;价格优惠策略实施的时机和相应效果调研。

(5)销售渠道调研

销售渠道调研包括:产品进入国际市场的各种方式及其利弊;产品的国际销售方式,如包销、代理、当地采购等;进口国的销售渠道特点和习惯做法;客户基本资料、信用情况;国外市场零售分布网点等。

(6)促销方式调研

促销方式调研是指对企业在国际市场上可采用的促销手段的调研,包括对人员推销、广告宣传、公共关系等促销方式实施效果进行分析、对比。

5.1.3 国际市场营销调研的类型

1. 探测性调研

探测性调研(Exploratory Research)用于探寻企业所要研究的问题的一般性质,或探测解决营销中某个问题的思路和方法,或探索营销中出现某个问题的原因而进行的营销调研。例如,针对轿车销量的减少,需要通过收集初步数据,借以揭示该问题的真正性质,是市场低迷、油价高涨、价格不合理、渠道不畅,还是促销力度太小。

2. 描述性调研

描述性调研(Descriptive Research)是指如实反映市场营销客观状况,包括定性和定量描述,着重回答消费者买什么、何时买、如何买等问题。例如,大学生对手机的需求特点和本企业的销售增长率、市场占有率状况。描述性调研是各种类型调研中最基本、工作量最大的一种调研,不仅搜集初始数据,还要对资料进行整理和分析。

3. 因果关系调研

因果关系调研(Causal Research)主要测试因果关系。如果企业在营销过程中出现了问题,需要及时搜集信息,查明原因,以支持决策者采取必要的措施调整经营方案。因果关系调研是在描述性调研的基础上进行的,同样也有定性调研和定量调研的区分。

4. 预测性调研

预测性调研(Predictive Research)主要是对市场的需求进行估计,是企业制订有效的营销计划和进行市场营销决策的前提。预测性调研是在前述调研的基础上进行组织处理信息,估计市场未来需求。

5.2　国际市场调研的方法

5.2.1　文案调研

1. 文案调研的含义和作用

文案调研又称间接调研、办公室调研、文献调研,是对现有的由他人搜集、记录、整理和积累的资料——次级资料,进行再搜集、整理和分析,从而间接地获得对自己有用的信息并加以利用的过程。一方面,文案调研是重要的信息来源,为营销决策的制定奠定基础;另一方面,文案调研可为实地调研提供必要的背景资料,使实地调研的目标更加明确,从而节省时间,节约调研成本,为国际实地调研做好前提准备。

2. 文案调研的注意事项

文案调研具有很多优点:首先,文案调研可以节省费用,比起实地调研耗费的大量人力、物力和财力,文案调研可以最大限度降低调研成本;其次,文案调研可以缩短调研时间,因为只需要搜寻并整理已存在的次级资料;再者,文案调研能够超越时空限制,仅仅通过互联网和数据库等就能获得目标市场的相关信息;最后,文案调研搜集信息方便、自由、迅速,这是因为不同于实地调研,文案调研是一个单向的调研过程,无须受到双向交流谈判的束缚。但是在收集次级资料时,需要注意以下事项:

(1)资料的可获得性

可获得性,即所需的资料是否能够被调研人员迅速、方便、便宜地使用。在国际市场调研的次级资料获得方面,有些国家的统计非常完备,企业在进行国际市场调研时可以很容易地获取。而在有些国家,特别是发展中国家,由于统计手段相对落后或者受特定时代因素影响,甚至会缺乏相关统计资料,国际市场调研人员将很难得到需要的资料。

(2)资料的时效性

由于次级资料多是历史统计资料,针对当前市场状况的统计数据的搜集和编制存在时滞性。因此,在进行文案调研时需要注意统计资料的时间,使用过分滞后的数据来推断当前的市场状况或预测未来的发展趋势,可能会导致决策者做出错误的判断。

(3)资料的可比性

由于各国搜集资料的条件不同、数据搜集程序不同和统计方法差异,同一类资料在不同的国家可能会使用不同的基期,或者同一指标的含义也可能大不相同,这就使得从不同国家得到的数据有时无法进行相互比较。例如,电视机的消费,在德国被归类于消遣性支出,而在美国则被归入固定资产类支出。当数据存在不可比的问题时,调研人员无法就同一指标在各国市场进行比较,从而无法找出最优营销市场或机会。

(4)资料的相关性

由于次级资料是其他组织机构基于特定目标而搜集整理的资料,因此文案调研人员在搜集这些次级资料时,需要考虑其与自身调研课题的相关程度。深入研究次级资料的来源、统计方法及背后的含义等,推敲它们是否符合调研课题的要求。

(5)资料的精确性

面对各种各样庞杂的次级资料,国际市场调研人员要从中选择最能切中问题的次级资料加以搜集整理。并且,对于该次级资料的资料来源加以求证,对其资料内容加以核实和适当调整。

3. 次级资料的来源

次级资料的来源可分为内部和外部。

(1)内部次级资料

内部次级资料是指来自于企业或公司内部的资料。如果它们是以其他一些目的而收集的,就是内部次级资料。内部次级资料可分为会计账目、销售纪录和其他各类报告三部分。例如,销售记录、采购要求、财务报告、产品设计与技术资料、市场环境资料等。在正常的会计核算中所编制的销售与成本资料是内部次级资料,能为许多市场研究提供帮助,尤其在评价过去的营销战略或评价本公司在同行业竞争中所处的地位方面更是如此。产品设计与技术信息等资料能为企业评价某一新产品或一次新的广告活动等提供有用的帮助。现在,内部资料的一个主要来源来自于那些包含有关顾客、销售、供应商和其他公司需跟踪事项的数据库。

(2)外部次级资料

外部次级资料指的是从公司外部获得的次级资料。主要包括:

①政府机构:本国驻外国商务处,即中国国际贸易促进委员会(China Council for the Promotion of International Trade)的贸易统计资料,关税和海关情况,进口商、零售商、制造商名录,进口要求和程序,当地营销技巧和商业习俗等有关资料。

②国际组织:

- 国际贸易中心(International Trade Center,ITC):提供咨询服务,提供某些产品的市场研究、各国市场概况、各国"促进进口办公室"名单和服务范围。
- 联合国(United Nations,UN):提供国际和国别的有关贸易业务、统计丛书、有关市场发展的各种专题研究报告。
- 粮食和农业组织(Food and Agricultural Organization,FAD):提供有关农业及相关领域的统计丛书和各种专题研究报告。
- 经济合作与发展组织(Organization for Economic Cooperation & Development,OECD):提供外贸、工业、科技、粮食、运输等方面的统计报告和统计丛书。
- 联合国贸易和发展组织(United Nations Conference on Trade and Development,UNCTAD):提供有关国际贸易方面(贸易壁垒、普惠制度等)的会议文件和专题报告。
- 联合国经济委员会(UN Economic Commissions):提供有关各地区的统计资料和专题报告。
- 国际货币基金组织(International Monetary Funds,IMF):提供外汇管理条例、其他贸易壁垒、外贸、金融和经济发展相关的报告。

③行业协会:定期收集、整理和出版有关本行业的产销信息,主要针对本协会成员。但部分行业协会提供的信息可能不太准确,也有个别大企业并不参加行业协会。

④调研机构:指各国的市场调研公司、咨询公司,这些专业咨询公司一般收费较高,经验丰富,搜集的资料很有价值。比较知名的公司有波士顿咨询公司、麦肯锡公司等。

⑤银行:一般情况下,银行愿意向自己的客户提供信息和帮助。一些著名的国际银行还有出版物,并且免费寄送。银行能够提供关于经济、金融、贸易等方面的有用信息。著名的国际银行有巴克莱银行、劳埃德银行、大同曼哈顿银行等。

⑥消费者组织:向公众报告各企业产品的测试结果。

⑦图书馆:内藏有企业名录、贸易统计资料、世界经济、国际贸易、国际环境等方面的图书资料。

5.2.2　实地调研

1. 实地调研的概念

实地调研是指市场调研信息资料直接来源于国际市场,从而取得第一手资料的调研方式。实地调研与文案调研相比,最大的区别在于实地调研获得的是直接资料,而文案调研获得的是间接资料。实地调研所得到的直接资料来源于两种方式:一种是调研人员亲自到现场进行调查从而收集到资料;另一种方式是通过调查问卷方式等直接从被调查者处获得资料。

实地调研一般有两种基本类型:定量研究和定性研究。定量研究通常要求调查对象口头或书面回答事先设定的问题,这些问题的设计旨在了解调查对象的行为、意图、态度、动机及人口统计学特点。定量研究能够使研究人员准确地估计人们的反应,调查的结果可以用百分比、平均数或其他统计数字加以概括。典型的定量研究工具是问卷调查表。相对于定量研究,定性研究的问题一般是开放式或讨论式的问题。对于这些问题的回答,可以反映出调研对象对某一研究问题的想法或情感。定性研究有助于揭示社会文化因素对行为模式的影响,有助于提出能在随后的研究中加以检验的研究假设。在国际市场调研过程中,定量研究和定性研究往往会同时被加以运用,彼此验证研究结果。

2. 实地调研方法

(1)访问法

访问法是实地调研中使用最普遍的一种调查方法。它把研究人员事先拟定的调查项目或问题以某种方式向被调查者提出,要求给予答复,由此获取被调查者或消费者动机、意向、态度、偏好等方面的信息。采用访问法进行调研,对所要调查了解的问题,一般都先安排在调查表中,按照调查表的要求访问,因此又称调查表法。按照调查人员与被调查者接触方式的不同,访问法又分为面谈访问、电话访问、邮寄访问和互联网访问。

(2)观察法

观察法是由调查员直接或通过仪器,在现场观察调查对象的行为动态并加以记录而获取信息的一种方法。从理论上讲,观察法最大的优势在于它比访问法更为客观,调查人员无须依赖调查对象回答什么,也不会因为交谈等其他因素对调研结果产生任何影响,能够产生更为客观的信息。同时,在一些地区,个体通常不愿意讨论个人习惯或消费习惯,观察法有效地避免了此问题的出现。此外,没有公司会通过采访竞争对手来了解对方的状况,除采用文案调研,也就是关注媒体和商业索引信息外,调研人员还可观察了解竞争公司的促销方式、销售状况,以及产品外观和性能等。

观察法包括:①直接观察法,如到商场、展销会、博览会等地对产品性能、受欢迎程度进行观察;②痕迹观察法,如对住户丢弃的垃圾进行观察统计,了解住户的消费和生活习惯;③仪器观察法,如通过购买,对各种型号的可拍照的手机进行记录观察。

但是,观察法根据观察者本身的差异也会缺乏客观性,针对不同的直接观察的对象选择,可能得出不同的调研报告和相关结论。一种是选择熟悉并了解当地文化的当地观察者,另一种是选择当地以外的陌生观察者。然而,当地观察者可能由于熟悉当地情况而忽略某些现象,从而导致最为基础或重要的信息在调研报告中没能体现出来,而不熟悉且经验不足的观察者则可能由于不了解当地文化得出错误结论。

(3)实验法

实验法是指在控制的条件下对所研究的现象的一个或多个因素进行操纵,以测定这些因素之间的关系,它是因果关系调研中经常使用的一种行之有效的方法。现场实验法的优点是方法科学,能够获得较为真实且准确的资料,不受人为因素或随机因素的干扰,但实验法通常实验周期较长,研究费用高昂,并不常被使用。

(4)抽样法

由于在收集资料时,调查人员一般不可能对指定群体中的所有个体都进行调查,因此需要采用抽样调查方法。抽样调查是指从调查对象总体中选取具有代表性的部分个体或样本进行调查,并根据样本的调查结果去推断总体。抽样法根据是否遵循随机原则分为随机抽样和非随机抽样。其中最理想的抽样方式为随机抽样。

①随机抽样法:随机抽样是按照随机性原则进行抽样,即调查总体中每一个个体被抽到的可能性都是一样的,是最为客观可靠的抽样法。随机抽样法主要有:简单随机抽样、等距抽样、分层抽样和分群抽样。

②非随机抽样法:尽管随机抽样得到的结果最为理想,受现实条件的制约,调研人员有时不得不采用非随机抽样。非随机抽样法有任意抽样、判断抽样、配额抽样三种形式。

5.3 国际市场营销信息系统

一旦完成了调研、数据收集和分析,下一步就是将这些信息整合到管理决策中。越来越多的公司,特别是营销调研部门,开始关注提高营销效率。公司可以从各种渠道获得大量的数据,需要将这些包含统计、事实、意见和预测的数据改造成对公司营销决策有用的信息。由于发展与顾客密切关系的需求日益增长,做出错误营销决策的成本日益增加,市场环境越来越复杂且市场竞争日益加剧,建立一个及时完善的信息系统的重要性逐渐凸显。

5.3.1 国际市场信息概述

在现代经济生活中,企业对市场信息的需求较以往任何时候都更为强烈,主要是由于以下三个原因：第一，市场地域的扩大。随着国内各地区之间乃至国际之间经济联系的加强，市场不再局限于本地区，市场营销从地区扩展到全国，甚至跨越了国家之间的界限。营销决策人员处在不同地区市场或国际市场中，面临着陌生的环境，需要收集、加工许多新的市场信息。第二，购买者的购买行为复杂化。随着购买者收入水平的明显提高，其在购买中的挑选性越来越强，这使得购买行为复杂化，由此引起对购买者行为研究的相应细化。第三，竞争由价格竞争发展至非价格竞争。在较高收入水准的市场中，购买者对产品价格不再像过去那样敏感，价格高低对最终决定是否购买的影响力度大为削弱。由此，品牌、产品差异、广告和销售推广等竞争手段的作用日益凸显出来，但这些非价格手段能否有效运用，前提也在于能否获取信息。

1. 市场信息的概念和特征

市场信息是指在一定的时间和条件下，同商品交换以及与之相联系的生产与服务有关的各种消息、情报、数据、资料的总称，是商品流通运行中物流、商流运动变化状态及其相互联系的表征。

狭义的市场信息，是指有关市场商品销售的信息，如商品销售情况、消费者情况、销售渠道与销售技术、产品的评价等。广义的市场信息包括多方面反映市场活动的相关信息，如社会环境情况、社会需求情况、流通渠道情况、产品情况、竞争者情况、原材料、能源供应情况、科技研究、应用情况及动向等。

国际市场营销信息是广义信息的一部分，除了具有一般信息所具有的属性外，还具备其本身的特点：

(1)时效性强

市场营销活动与市场紧密联系在一起，信息的有效性具有极强的时间要求。这是由于作为国民经济大系统的中心位置的市场，受到错综复杂的要素影响和制约，处于高频率的不断变化中。

(2)更新性强

市场时刻变化发展，处于不断的运动中。这一运动客观上存在着新陈代谢。因为市场活动的周期性并不意味着简单的重复，而必定是在新环境下的新过程。相应地，市场信息也在不断地更新。

(3)具有双向性

在商品流通中，商品的实体运动是从生产者向消费者的单向流动，而市场营销信息的流动则是双向的，表现为生产者向消费者的信息传递和消费者向生产者的信息反馈。

2. 国际市场信息的内容

国际市场信息，与一般或者国内市场信息相比，涵盖更多、更复杂的内容。例如，在法律方面，国际市场上的贸易，由于是涉及不同法律适用地区的交易，当买卖合同、运输合同或保险合同在发生纠纷无法私下解决时，都要根据某些国际规则进行仲裁、控告等，从而需要各个国家的相关法律信息以及国际组织设定的国际规则；在货币方面，国际经贸活动中，所使用的货币和度量衡制度往往有所不同，需要选择一种货币和相应的单位进行换算，从而需要不同货币的信息；在汇兑方面，异国买卖双方在交易过程中，一般由一方以外币计价，但外汇的汇率每日每时发生变化，需要在合同签订中确定交接汇率为实时汇率还是预先固定汇率等，从而需要汇率的实时信息以及预期变动趋势信息。

总的来说，国际市场信息包括国际市场环境信息、国际市场产品信息、国际市场价格信息、国际市场销售渠道信息、国际市场促销信息和国际市场竞争信息。

（1）国际市场环境信息

国际市场环境信息包括国际经济发展水平及差异；国际市场消费者收入、支出及变化规律；国际市场消费者储蓄和信贷状况；目标市场的产业结构及布局；国际市场社会阶层的不同特征；国际市场上不同民族、宗教、种族、地理、年龄、性别、职业、教育水平、语言文字等亚文化特征及相关的消费禁忌和消费偏好等；人口结构及目标市场物价指数，包括消费品价格指数（CPI）、工业价格指数（PPI）等；目标国贸易政策，包括关税制度、贸易配额、税收优惠等；目标国科学技术发展水平，尤其是信息技术、网络技术和自动化控制技术等；目标国自然资源状况，包括矿产资源、森林资源、能源资源以及城市基础设施建设等；目标国自然地理环境，特别是其中交通、气候、地形等对物流、储存等方面的影响。

（2）国际市场产品信息

国际市场产品信息包括：细分市场上产品供求结构、特点和一般规律；消费者购买习惯、频率以及偏好分析，即消费者对企业现有产品的质量、性能、包装、价格等方面的评价及反应；潜在消费者的分布、年龄、职业结构以及购买力情况；国际市场产品的生命周期；产品的替代品与互补品市场分析；产品的品牌知名度和售后服务情况。

（3）国际市场价格信息

国际市场价格信息包括：同类产品不同企业的定价目标和定价方法；国际市场上产品的价格弹性，即消费者对价格变动的反应；互补品与替代品的价格状况；产品不同生命周期的价格策略；国际市场中间商的加价比例；价格歧视与倾销策略；国际市场定价的法律规定、价格惯例以及其他的特殊规定和要求；国际市场价格行情，特别是价格变化趋势等。

（4）国际市场销售渠道信息

国际市场销售渠道信息包括：国际市场上产品销售渠道的种类；直接销售和间接销售的种类、形式及特点；国际市场中间商的信誉、实力、服务、地位；中间商与生产者、消费者的协作方式；产品分销层次和分销结构。

（5）国际市场促销信息

国际市场促销信息包括：国际市场上各种促销形式和种类；广告的促销效果；国际市场人员推销成本、优势和障碍；公共关系的特点；国际市场上广告方式、媒体、艺术、法律等；中间商在促销方面的协助等；国际促销惯例。

（6）国际市场竞争信息

国际市场竞争信息包括：国际市场上的主要竞争者；竞争者采取的竞争策略，如价格竞争或者产品竞争；各主要竞争者的市场占有率情况；竞争者之间在成本、价格、利润、质量、品牌、知名度等方面的比较分析；竞争者以往成功的原因和失败的教训；新市场发掘及变价反应；市场竞争结构及强度；潜在竞争对手进入该行业的难易程度。

3. 国际市场信息分类

国际市场信息按照不同的分类方式可以划分为不同的类别。

（1）按信息来源方式分类

按信息来源方式分类，国际市场信息可分为公开信息和非公开信息。一般情况下，政府机构公布的信息为公开信息，书籍、报刊、电视、广播、公共图书馆等处获得的信息也是公开信息。而竞争对手的经营信息等，一般为非公开信息。市场调研公司收集、整理的资料等也为非公开信息。

(2)按信息存储方式分类

按信息存储方式分类，国际市场信息可分为数字化信息和非数字化信息。随着计算机技术的普及和互联网的发展，信息越来越多地选择数字化存储方式，传输方便快捷，且成本较低。

(3)按信息来源渠道分类

按信息来源渠道分类，国际市场信息可分为传统信息源和计算机信息源。计算机信息源包括网上图书馆、电子数据库、光盘等。

(4)按信息的形态分类

按信息的形态分类，国际市场信息可分为文件式的市场信息和非文件式的市场信息。文件式的市场信息有政府机构、国际组织公布的专题报告，市场调研公司和企业内部调研部门撰写的营销调研报告。而非文件式的市场信息则主要指未经调研人员整理、处理过的数据资料等，包括销售记录、统计年鉴等。

(5)按信息的时间特征分类

按信息的时间特征分类，国际市场信息可分为过时市场信息、市场现状信息和市场发展信息。市场信息的主要特征之一就是时效性强。在运用市场信息时，需要特别注意信息的时间。过时市场信息主要用于研究市场或产品发展规律、吸取失败教训；市场现状信息则主要用于对当前经营销售状况和产品所处生命周期的判断等；市场发展信息主要用于预测。

(6)按信息管理组织形式分类

按信息管理组织形式分类，国际市场信息可分为系统化国际市场信息和非系统化国际市场信息。文件式市场信息大多为系统化国际市场信息。国家的宏观数据、大型企业的长期数据等往往有着良好的信息管理；而偶然、随机的国际市场信息，如一次促销活动的效果等则是非系统化的。

(7)按信息自身的稳定性分类

按信息自身的稳定性分类，国际市场信息可分为流动性国际市场信息和固定性国际市场信息。流动性市场信息反映国际市场上经常变化、无规律出现的信息。这种信息的时间性较强，一般只有一两次使用价值，时间一过就成为过时市场信息。及时搜集这类市场信息，并与企业的市场营销决策进行比较分析，有助于了解市场变化的全貌，调整企业的市场营销活动。固定性国际市场信息具有相对的稳定性，在一定时期可以在国际市场上重复出现，而不发生根本变化。这种信息的有效期较长，可以存储并重复使用。固定性市场信息占国际市场信息的大部分，企业开展国际市场营销的决策质量和经营效果，在很大程度上取决于固定性市场信息的搜集和利用。具体来看，某一目标国市场的总销售额和企业个数一般比较稳定，属于固定性国际市场信息；而单个企业的销售额和企业规模则随时间变化较大，属于流动性国际市场信息。

(8)按信息处理特点分类

按信息处理特点分类，国际市场信息可分为第一次信息和第二次信息。第一次信息，即只经过一次处理的市场信息，一般是企业自身调研部门或国际市场调研公司通过实地调研等取得的原始信息,还包括能直接使用的次级资料;而第二次信息需要企业对其进行进一步整合、分类、调整和分析。

5.3.2 国际市场营销信息系统的内容与建立

在现代市场经济条件下,国际市场信息具有时效性强、更新性强、双向性的特征。为了及时有效地寻求和发现市场机会,为了对营销环境中可能出现的变化与问题事先预料,在日趋激烈的市场竞争中占据优势地位,企业需要建立一个有效的营销信息系统,以便及时系统地收集、加工与应用各种有关的信息。

1. 国际市场营销信息系统概述

(1)国际市场营销信息系统的含义

国际市场营销信息系统(Marketing Information System,MIS)是指一个由人员、机器和程序所构成的相互作用的复合体,企业借以收集、挑选、分析、评估和分配适当的、及时的和准确的信息,为市场营销管理人员改进市场营销计划、执行和控制工作提供依据。

(2)国际市场营销信息系统的内容

不同企业的信息系统体构成有一定差异,但基本框架大体相同,一般包含四部分内容:企业内部报告与管理系统,主要反映企业内部经济状况;国际市场营销情报系统,情报系统的好坏决定了整个营销信息系统最终成果的质量;国际市场营销调研系统,主要研究特殊问题,具有针对性;国际市场营销决策支持系统,信息分析研究过程中往往会运用具体的经济方法和技术手段。

①企业内部报告与管理系统:它是决策者们利用的最基本的系统,包括订单、销量、存货水平、费用、应收应付款、生产进度、现金流量等。其中的核心是"订单—发货—账单"的循环,即销售人员将顾客的订单送至企业;负责管理订单的机构将有关订单的信息送至企业内的有关部门;有存货的立即备货,无存货的立即组织生产;最后,企业将货物及账单送至顾客手中。

内部报告系统的一项重要任务是要提高销售报告的及时性,以便在销售发生意料之外的上升或下降时,决策者能尽早采取应对措施。

②国际市场营销情报系统:主要功能是向营销部门及时提供有关外部环境,尤其是国际市场环境发展变化的情报。国际市场营销情报系统与企业内部报告和管理系统的主要区别在于:后者为营销管理人员提供事件发生以后的结果数据;而前者为营销管理人员提供正在发生和变化中的数据。

西方学者提出了"情报循环"理论,传统的情报循环(Intelligence Cycle)的概念描述了民事或军事情报机构或执法机构处理情报的一个基本循环过程,是一个由重复节点组成的封闭环路。营销学者将该理论应用在了国际市场营销情报系统中,情报循环包括以下阶段:识别决策者的情报需求、情报收集、情报处理、情报分析,并出版情报产品。然后,决策者提供反馈和提出修订的要求,于是这条环路就形成了。具体循环阶段如下:a. 情报的定向,主要目的是确定企业营销所需的外部环境情报及其先后优先次序,同时建立情报的指标和收集系统。b. 情报的搜集,通过观察各种环境,如政府机构、竞争者、顾客、大众传播媒介和研究机构等,以搜集需要的情报。c. 情报的整理和分析,通常情况下,对于收集到的情报要经过适当的处理才能转变成有用的情报。d. 情报的传递，将经过处理的情报在最短的时间内传播到适当的人的手中。e. 情报的使用，为有效使用情报，必须建立一种索引系统，帮助营销人员方便地获得存储的情报。同时，还应定期清除过期的或失效的情报。

③国际市场营销调研系统：其任务是针对企业面临的明确具体的问题，对有关信息进行系统的收集、分析和评价，并对研究结果提出正式报告，供决策部门解决所研究的特定问题。

国际市场营销调研系统与企业内部报告与管理系统、国际市场营销情报系统最本质的区别在于它的针对性很强，是为解决特定的具体问题而进行信息的收集、整理和分析。企业在营销决策过程中，经常需要对某个特定问题或机会进行重点研究，如开发某种新产品之前，或遇到了强有力的竞争对手，或产品在某市场的销售遇到瓶颈，或要对广告效果进行评价研究等。显然，对于这些问题的研究，无论是企业内部报告和管理系统还是国际市场营销情报系统都难以胜任，需要专门的组织来承担。有时甚至企业自身也缺乏获取信息并进行这类研究的人才、技术、时间和资源，不得不委托企业之外的专业市场营销调研公司来进行调研。当然，有时这种安排也是为了保证研究结果的客观性。

④国际市场营销决策支持系统：由统计分析模型和其他决策模型组成，目的是对国际市场营销情报系统和国际市场营销调研系统收集来的数据资料用数学方法进行分析归纳，从而得出有实际意义的结果。许多跨国公司，如通用电气公司和美国无线电公司等已广泛应用营销决策支持系统，其结构如图 5－1 所示。

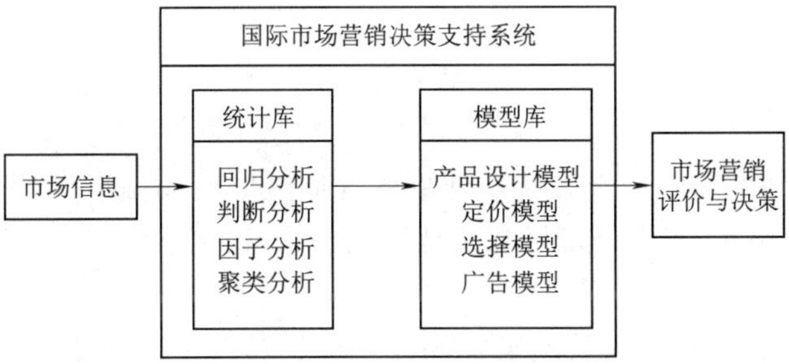

图 5－1　国际市场营销决策支持系统构成图

2. 国际市场营销信息系统的作用

(1) 寻求国际市场机会

通过国际市场营销信息系统对国际市场进行细分和比较，可以找到最佳的国际目标市场，有助于企业开拓海外市场决策的制定。

(2) 监督企业的国际销售状况

无论是企业内部报告与管理系统还是国际市场营销情报系统，都能及时针对企业产品的国际销售状况提供大量有效信息，从而决策者能够实时监督产品销售，并适当调整存货与各市场的销售计划。

(3) 监测国际市场环境

国际市场环境变化包括国际市场政策、制度、经济形势变动，市场上竞争企业的变动等相关情况，可通过国际市场营销情报系统加以监测。

(4)综合衡量企业在国际市场上的营销战略和效果

企业国际市场营销调研系统和国际市场营销决策支持系统能够对收集到的信息进行统计和计量分析,从而对特定营销战略进行评估,对营销效果进行评价和预测,帮助决策者做出营销战略选择决策。

3. 国际市场营销信息系统的建立

(1)建立和维护国际市场营销信息系统的基本步骤

①重新建立:由于没有历史信息和相关处理系统,或者已有的信息系统不能适应企业组织形式、经营范围等改变,无法满足现有企业对营销信息系统的需要,新建立的企业或者刚刚经历过并购重组的企业应重新建立自身的国际市场营销信息系统。

②设置专门委员会:即通过新设一个独立的组织机构来专门承担国际市场营销信息系统的建立和运行的职责,具有较强的专业性,且权责分工明确。

③设置信息协调者:不单设部门,仅仅在涉及国际市场营销相关信息的部门间设置信息协调者,方便有效信息的沟通交流,通过部门间传递来实现信息管理。

(2)国际市场营销信息系统的组织原则

①整体性原则:国际市场营销信息系统不是人与设备及程序等要素的简单拼凑,而是将各个构成要素有机地结合起来,形成一个相互作用、相互联系的有效的组织系统。

②相关性原则:系统内部各组成部分、各组织环节、各组成要素之间相互关联,这种关系相互作用、相互影响、相互依存,有时也互为因果。这就要求我们在实际操作时不能割裂这些有机的关联关系,也不能机械地汇总,而要依据固有的相关性有机地结合在一起,形成具有重要价值的信息流。

③动态性原则:动态性主要表现在系统内部的动态性和外部的能动性。系统内部通过对信息的搜集、输入、加工到传递、输出,最后到达信息的使用者,然后又反馈回系统之中,从而形成了系统内部动态的运作方式。外部系统通过对市场信息的调节和控制,使生产、分配、交换、消费各环节及各领域能够有机地协调起来,以减少各环节、各领域之间的矛盾,能动地促进社会经济的发展。

④有序性原则:有序性是指系统组成部分的组合具有一定规律。国际市场风云变幻,市场信息也很复杂,而信息系统的功能就是将各种繁杂的信息进行有序组合,使其遵循一定规律,进而在动态过程中形成有序的组织形态。

⑤预决性原则:预决性就是目的性,也就是在人们决定自己的行动之前应获得相应的信息。国际市场营销信息系统通过实际信息的搜集、加工、整理并加以分析判断,最终形成对未来的预测,从而为信息的使用者提供有力的指导。

(3)国际市场营销信息系统的设计

国际市场营销信息系统设计的前提是要了解国际市场营销主管的信息需求,包括国际市场营销现状信息的需求、国际市场营销事件预测的信息需求、解决国际市场问题办法的信息需求。

国际市场营销信息系统的设计主要是组织结构的设计。首先是选择适当的系统类型或结构形式。集中的组织形式有利于管理层对营销信息系统加以管理和控制,同时也有利于信息的集中处理;而分散的组织形式则是通过横向分布而加强信息系统各环节的职能,使得营销信息系统各环节能够较为独立地运行,提高运行效率而不用考虑整体协调所带来的不便。其次是具体结构与流程设计，包括整体设计和详细设计。整体设计确定营销信息系统的目的、职能和效用标准；而详细设计则是针对营销信息系统的各部分具体提出设计方案。最后是对国际市场营销信息系统的可行性进行分析，分为经济可行性分析和技术可行性分析。在经济层面上，需要评估企业的经济实力，即企业资本和资金的流动性等能否满足建立并运行营销信息系统的要求，同时需要评估新建营销信息系统的成本效益。如果建立营销信息系统带来的效益不抵建立和运行时支付的成本，则该营销信息系统不具有经济性，在经济上是不可行的；在技术层面上，国际市场营销信息系统设计需要评估企业自身具备的信息处理和人员管理的技术水平能否满足需要，相关专业人员的配备能否完整到位，大型专用机器设备能否获得等。

4. 国际市场营销信息系统的功能与应用

(1)国际市场营销信息系统的功能

①国际市场信息的搜集：企业内部报告和管理系统向营销管理人员及时搜集提供有关订货数量、销售额、产品成本、存货水平、现金余额、应收账款、应付账款等各种反映企业经营状况的信息。国际市场营销情报系统则利用各种方法收集、侦查和提供企业营销环境最新发展的信息，包括公司员工、供应商、经销商、消费者甚至竞争者的信息。

②国际市场信息的整理与分析：国际市场营销信息系统通过对复杂现象的信息进行统计分析、建立数学模型等，从大量数据中提取有意义的信息，并且着重分析相关变量之间相互影响的机制和联系。

③国际市场信息的输出与反馈：经过国际市场信息的搜集、整理和分析后，国际市场营销信息系统会最终撰写出调研报告、销售报告等专题报告，并给决策者供决策参考。

(2)国际市场营销信息系统的应用

国际市场营销信息系统能够在营销决策和国际市场营销可行性分析中加以应用。决策者制定营销决策时，不能仅凭营销经验，随意做出判断和决策。任何决策的制定都需要一定的事实支持，国际市场营销信息系统就是为这种决策提供事实和数据支持的。而在国际市场营销的可行性分析中，营销管理人员需要的是不同营销战略或方案的效果预测和评价，这也需要国际市场营销信息系统通过相关市场信息搜集并做出预测性分析。

5. 国际市场营销信息系统的管理与控制

(1)国际市场营销信息系统的管理

国际市场营销信息系统的管理主要分为两方面：一是如何管理；二是由谁管理。针对第一个方面，现有的营销系统管理包括集中管理和分散管理。集中管理侧重于纵向管理，有利于信息的集中和营销信息系统的协作性与整体性；而分散管理侧重于横向管理，有利于发挥横向各组织部门各自的独立性和职能专长。针对第二方面，一般情况下，国际市场营销信息系统由营销部门管理，这样方便营销部门对营销信息系统提供的信息进行应用，并据此做出营销决策等，这也是营销信息系统建立的初衷；有时为了便于管理，企业也会将营销信息系统划归其他部门管理，如信息部门和管理部门，此时企业较为侧重国际市场营销信息系统自身具有的信息处理特质或管理特质，能够实现更为专业的管理。

(2)国际市场营销信息系统的评价与控制

国际市场营销信息系统评价的主要内容包括：

①系统的执行效能：针对上级管理部门下达的命令，国际市场营销信息系统能否及时

将命令传达至工作部门并着手实施，同时对于需要相互协作完成的部门，国际市场营销信息系统内部能否实现有效合作和信息共享。

②系统的执行效率：指国际市场营销信息系统能否在最短的时间内完成既定工作，并且保证营销管理人员获得想要的信息结果，满足其对信息搜集、处理和分析的要求。

③系统的可靠性：指国际市场营销信息系统得出的结果是否是基于事实基础得到的可靠结果，信息处理过程是否存在失真问题，对信息的统计分析和模型建立是否符合经济意义和现实意义。

④系统的适应性：针对营销管理人员提出的不同信息需求、企业业务范围涉及的不同市场范围、企业不同业务涉及的不同市场领域，国际市场营销信息系统能否有针对性地对不同需求开展差异性工作。

⑤系统的经济性：指国际市场营销信息系统能否以最低的经济成本实现最高的经济效益，其自身的运行是否存在经济层面改进的空间。

针对以上评价过程中发现的国际市场营销信息系统存在的缺陷，对国际市场营销信息系统实施相应的控制和调节来对其加以完善。

案例与思考

乐高好朋友系列：世界上最大的玩具制造商之一进入了女孩市场

乐高（www. lego. com）是继美泰之后全球第二大玩具制造商，2014 年总收入为 286 亿丹麦克朗（38 亿欧元），净利润 70 亿丹麦克朗（9 亿欧元）。其品牌主要集中在建筑玩具领域，并在绝大多数国家拥有领先的公司份额。

虽然大多数乐高产品属于建筑玩具类别，但该公司保持了多样化的产品组合，包括许可和非许可性质的组合，以及不同的玩具。乐高继续尝试砖块玩具的概念。该产品系列旨在吸引所有年龄群体。乐高与迪士尼和卢卡斯等许可持有者保持着密切的关系，并在其产品上使用许多许可证。

一般来说，大部分玩具生产都是外包给中国的。然而，乐高在内部保留了很大一部分的生产能力，而不是外包给远东地区，它更专注于产品质量和创新，而不是价格。这一战略已经取得了成效，客户就是最好的证明，只要产品质量被认为是高质量的，他们就愿意支付价格溢价。

随着数字游戏竞争的加剧，许多传统玩具制造商正经历艰难时期。欧洲人口老龄化是另一大挑战，玩具市场进一步萎缩。但乐高，丹麦最富有的公司之一，预计销售额在未来几年还会持续增长。对乐高城和乐高星球大战产品线的需求仍在继续。

2014 年，乐高电影的成功使乐高的销量大幅提升。乐高不仅根据电影制作了一系列特定的玩具，媒体关注的“光环效应”也推动了乐高产品的销售。

乐高长期战略的一部分是转向东方，在亚洲玩具市场的增长中获得一定的市场份额。在 2013 年类似的市场扩张后，乐高在中国的销售额同比增长了 50%，2014 年 4 月，乐高为其第一家中国工厂奠基，于 2015 年开始生产，并在 2017 年达到全面生产。

乐高将与乐高好朋友系列进入“女孩细分市场”：

乐高产品的主要目标集中于 5 ~ 12 岁年龄段，但乐高拥有各种各样的产品和许可证，以保持其在不同年龄段的品牌吸引力。例如,作为得宝(Duplo)系列的一部分,乐高拥有适合学龄前儿童使用的迪士尼小熊维尼系列。随着孩子年龄的增长,其他系列变得更受欢迎。例如,乐高有加勒比海蓝系列、在 5 ~ 12 岁的儿童中尤其受欢迎。对于年龄大些的年龄组、乐高提供科技系列,这是特别针对 12 ~ 16 岁儿童的。

乐高的产品并不像洋娃娃或动作人偶那样具有鲜明的性别差异,但其主要产品还是以吸引男孩为主。在乐高好朋友系列(LEGO Friends)推出之前,乐高的终端用户中有 90%是男孩,只有 10%是女孩,这是乐高管理层决定推出乐高好朋友系列的主要原因,该计划旨在吸引女孩。

该主题于 2012 年 1 月推出,其中包括独特的“迷你娃娃”形象,与传统玩偶相同但更为细致和现实。这一套装是粉红色和紫色的配色,并描绘了一个在心湖城(Heartlake City)的虚构小镇的郊区生活。

乐高好朋友系列取代了乐高以往的女性主题,例如,1994 年起就已经生产的乐高贝维尔公主,乐高其他与女孩相关的产品包括家庭主妇、度假天堂和斯卡拉洋娃娃。

乐高好朋友系列的故事集中在一个名为心湖城的虚构城市,主要展现五个性格各异女孩的日常生活。每个朋友都具有鲜明的个性和兴趣,如动物、表演艺术、发明和设计,这些都体现在模型中。建筑物反映出女孩冒险活动所在城镇的不同区域——市中心、郊区、海滩、露营地和山区。

乐高好朋友系列一经推出便引来了许多争议,有批评者认为,该产品迎合了性别的刻板印象。

乐高好朋友系列还发布了以好朋友系列命名的配套产品。2012 年 6 月,乐高基于好朋友系列的主题发行了一本书《乐高好朋友系列:欢迎来到心湖城》。女孩们可以与乐高好朋友系列在所有热点地区见面,如树屋、美容院、田园诗般的低语森林,以及她们最喜欢的咖啡馆。

从销售方面来看,乐高好朋友系列从推出以来就取得了惊人的成功:前 6 个月销量是预期的两倍。因此,乐高在圣诞节前的关键时间点增加了产量以满足消费者的需求。

乐高好朋友系列的主题随着时间而改变:

2012 年发布的冬季浪潮的套装是郊区,同年的夏季浪潮继续延续了这个套装,是女孩们在郊区冒险,聚焦于比较乡村的环境,艾玛和斯蒂芬妮前往心湖城和奥利维亚的骑马营进行了一次露营之旅。2013 年的冬季浪潮仍回到了郊区套装,但增加了两个以水为主题的套装,这些套装包括心湖城市的海滩和海洋。2013 年夏季浪潮里增加了高中和其他郊区主题的套装,同时扩大了人物角色的兴趣爱好,包括足球、音乐以及一个大型游艇。

2014 年冬季流潮的主题是几个农场以及和农业有关,其中包括一个农贸市场、一个马厩和一个人在给新生羔羊做护理。同时增加了海滨别墅。2014 年夏天,增加了动物营救和护理套装,动物包括小熊、小老虎、鸟类和其他野生动物,这些都是丛林套装。野营房车和一个大型购物中心也将在这个主题中出现,这是迄今为止朋友们最大的一个套装。

2015 年夏天乐高推出了一个新的分主题:“明星”套装,主要围绕流行音乐承音艺术家 Livi 的生活展开,她居住在心湖城,并与乐高的朋友们的主要成员成为朋友,并在近几年陆续推出相关的套装配件。

(资料来源:根据网络资料整理)

思考：

中国、印度和印度尼西亚等新兴市场均有实现长期增长的机会。然而，乐高在发展中国家的市场份额仍然很小。为了增加这三个国家的市场份额，你会收集什么样的市场数据？

职业技能训练

宝洁（英文名称：Procter & Gamble）创始于1837年，是全球的日用消费品公司巨头之一。公司性质：股份制。公司总部位于美国俄亥俄州辛辛那提，全球员工近110 000人。宝洁在日用化学品市场上知名度相当高，其产品包括洗发、护发、护肤用品、化妆品、婴儿护理产品、妇女卫生用品、医药、织物、家居护理、个人清洁用品等。

参考以上信息，选择一家拥有较好营销信息系统的跨国企业（如沃尔玛、宝洁等），搜集其营销信息系统的相关信息，分析该企业国际市场营销信息系统的优缺点。

本章知识自测

一、关键概念

国际市场营销调研　次级资料　文案调研　实地调研　市场信息　国际市场营销信息系统

二、单选题

1. 收入是形成国际市场规模的一个基本要素，企业研究的重点是（　　）。
   A. 国民收入　　B. 个人收入
   C. 个人可支配收入　　D. 家庭总收入
2. 制定成功的营销策略和避免严重的营销失误的关键因素是（　　）。
   A. 正确的决策　　B. 市场调研
   C. 信息　　D. 市场定位
3. 国际市场营销调研过程中最基本也是最重要的步骤是（　　）。
   A. 确定调研的问题与目标　　B. 制订调研计划
   C. 收集信息　　D. 提交调研报告
4. 营销管理人员使用的最基本的信息系统是（　　）。
   A. 企业内部报告系统　　B. 营销情报系统
   C. 营销调研系统　　D. 营销决策支持分析系统
5. 通过调研如实地记录并描述某种产品的市场潜量、顾客态度和偏好等方面的数据资料，把这种调研称为（　　）。
   A. 探测性调研　　B. 描述性调研
   C. 因果关系调研　　D. 预测性调研

三、简答题

1. 国际市场营销调研主要包括哪些内容？
2. 简述国际市场营销信息系统的管理。
3. 简述国际市场调研的方法。

第6章 国际市场营销的目标市场管理

学习目标

通过本章的学习与技能训练，要求学生：

- 理解国际市场细分的含义和作用。
- 了解国际市场细分的原则。
- 了解国际市场定位的方法。
- 掌握国际市场进入的模式。

案例导读

安踏371亿元国际化收购

2018年9月12日，安踏发布公告称，董事会确认公司连同私募股权投资基金方源资本，已向芬兰体育集团Amer Sports发出无约束力初步意向，拟按每股40.00欧元的价格以现金方式收购Amer Sports的全部股份，共计46.6亿欧元，约合371亿元人民币。

这是安踏近年来最大手笔的一起并购。在过去数年，安踏频繁收购，FILADESCENTE、SPRANDI、KOLON SPORT、KINGKOW等品牌悉数加入安踏的多品牌矩阵，但上述交易大多限于品牌在中国经营权的收购。而若对Amer Sports的收购完成，安踏的国际布局才真正切换到并购国际体育集团全球业务的轨道。这对于这个要开启全球化战略布局的国产运动品牌而言，才是真正意义上的走向海外。

并购背后，是安踏踏上海外征程的宏图。彭博社此前报道称，安踏体育的国际化目标是未来10年内海外市场营收贡献增至40%。以2017年的财报来看，安踏集团超过95%的营收来自国内，仅在东南亚、东欧及中东市场有少量分销业务。对于安踏而言，要实现全球化的布局，并购似乎成了不二之选。

（资料来源：根据公开资料整理）

思考：

在进军国际市场时，安踏为何选择并购？

分析与提示：

并购具有很多优势：第一，有利于迅速进入市场。原企业的商标、品牌、分销渠道与市场份额等原有优势可被收购者利用,对国际企业迅速占领市场十分有利。第二,并购方式有利于企业多样化经营。第三,并购原有企业有利于直接利用原有企业的管理制度、管理组织和管理人员,直接吸收外国企业的先进管理技术与经验,提高跨国公司的管理水平。

6.1 国际市场细分

6.1.1 国际市场细分的内涵

1. 国际市场细分的定义

国际市场细分(International Market Segmentation)是市场细分概念在国际市场营销领域中的运用和深化,是将国际市场根据消费者购买某些特定商品的行为差异划分为若干个具有相同或相似特征的子市场的过程。但由于国际市场营销的特殊性和复杂性,国际市场细分通常分成两步进行:

第一步是宏观细分(Macro International Market Segmentation),根据一定的标准将整个国际市场划分为若干子市场,这些子市场由营销环境基本相同或相似的国家或区域组成。例如,很多企业将国际市场划分为北美市场、欧共体市场、东南亚市场等。

第二步是微观细分(Micro Market International Segmentation),对企业已经进入了的国外市场进行细分,根据顾客的不同需求进一步进行市场细分,以满足一个或数个子市场的需求。

2. 国际市场细分的作用

国际市场细分是企业在国际市场营销过程中取得竞争优势和最佳效益的关键一步,在企业国际市场营销活动中具有不容忽视的作用:第一,有利于企业发现并抓住新的市场机会,满足潜在市场需求,充分发挥其竞争优势;第二,有利于企业集中资源投入国际目标市场,实现经营上的规模效应,从而提高企业的经济效益;第三,有利于企业科学分配国际市场营销预算,提高企业国际市场营销效益;第四,有利于企业针对细分市场及时制定和调整国际市场营销策略。

6.1.2 国际市场宏观细分

国际市场宏观细分需要做好两方面:一是确定宏观细分的基本步骤;二是确定宏观细分的标准。

1. 国际市场宏观细分的过程

①确定划分世界市场的方法,即细分标准。

②按照确定的细分标准,将所有具有共同特点的国家划为一组,构成一个细分市场。

③了解每一细分市场对企业的资源条件有哪些要求。

④根据本企业的特点,判断选择哪个或哪些细分市场最恰当、最有优势。

⑤理论上分析,要满足目标市场的需求应采取的措施。

⑥根据实际情况,修正和调整这种理论上的策略和方法。

2. 国际市场宏观细分的标准

(1)地理标准

对国际市场营销来说,地理标准是企业按照消费者所在的地理位置、地理环境等变量来细分市场。国际市场营销人员根据地理位置的不同,习惯将国际市场划分为西欧、东欧、北美、亚洲、中东、非洲等几大市场。

表6-1　根据地理特点细分市场

细分标准	细分市场举例
大洲	非洲、南美洲、北美洲、欧洲、亚洲、大洋洲
地区	中东、东亚、加勒比地区
区域性经贸组织	东盟自由贸易区、北美自由贸易区、欧盟
国别	中国、美国、日本、英国、巴西、新加坡、古巴
气候	热带、温带、寒带
地形	平原、山区、高原、丘陵
城镇	大都市、大城市、小城市、小镇、乡村
人口规模	10万~20万人、21万~50万人、51万~100万人、101万~250万人、250万人以上
州、省、区	50个州(美)、96个省(法杜)、4个地区(英)、1都2府43县(日)
城市化程度	大于20%、大于30%、大于50%
国家类型	高度发达、发达、次发达、不发达、最不发达
基础设施	完善、较完善、不完善

地理细分的优点:按地理位置标准进行细分,可以将空间距离上接近、社会文化背景相似的国家划分为一个子市场,消费者在消费行为和购买动机方面有较大的一致性,并且这样划分后子市场界限分明,易于管理。

地理细分的缺点:并非地域上接近的国家就都具有较大的相似性。比如,有学者提出应该把欧洲市场视为一个整体,很多人觉得不妥,因为许多欧洲国家在宗教、文化、习俗等方面都有一定的差异,应该对欧洲整体市场进行适当的细分。

(2)经济水平标准

一个国家或地区的经济发展水平直接决定消费者的购买能力和需求状况,所以也是国际市场细分的重要标准。衡量国家经济发展水平的指标有很多,如国民(内)生产总值、人均消费指数、能源、农业生产、对外贸易等,其中一个比较通用的标尺是人均国民生产总值。参考人均国民生产总值等经济因素,可以将全球近200个国家大致分为以下四类:

①后工业国家。“后工业社会”一词最早是由美国社会学家丹尼·贝尔提出的,他在《后工业化社会的来临》中用以描述20世纪后半期工业化社会中所产生的新社会结构,其中最具代表性的是美国、日本,以及西欧部分高收入国家和地区。他指出,所谓“工业”与“后工业”的区别在于是否存在超出收入以外的各种有形和无形的资源要素。例如,服务业在国民生产总值中所占比重已达到或超过50%,成为国民经济发展不可或缺的力量;快速发展的知识经济,创新科技日益成为转变经济增长方式的主体方向;以生命科学、新能源和可再生能源开发和利用等高新技术产业对经济增长的贡献越来越大。

②工业化国家。工业化是指一个国家和地区国民经济中，工业生产活动占据主导地位的发展过程。当今代表性的工业化国家有德国、丹麦、荷兰、加拿大、冰岛、奥地利、英国、比利时和意大利等。这些国家具有以下特征：首先，工农业结构上，工业比重超过农业，城市化进程加快；其次，随着收入水平和就业率的提高，人们物质、文化、生活水平有了显著提高；第三，对教育的重视程度非常高，各层次社会成员受教育水平有了不同程度的提高；最后，较高的物质文化水平也为企业和消费者提供了更为广阔的市场空间。

③中低收入国家。所谓中低收入国家，一般来说还处于早期工业化发展阶段，即经济开始进入健康发展轨道不久且保持较高经济增长水平的国家。例如，中国和印度等大批发展中国家，它们不像工业化国家或“后工业国家”拥有雄厚的经济基础，却具有强大的市场潜力。处于这一阶段的国家往往具有一个共同的特征，就是经济发展具有严重的不平衡性，主要表现在城乡差别、地区差别和收入差别等方面。同时，我们应注意到这些发展中国家蕴含的巨大的市场潜力。21 世纪后，多家全球财富 500 强企业纷纷涌入中国市场拓展自己的业务，以宝洁为例，中国已经成为宝洁公司继美国的第二大消费品市场。发展中国家的经济发展和生活水平的提高为全球经济增长做出了巨大的贡献。

④低收入国家。所谓低收入国家，主要是人均国民生产总值小于 500 美元的国家和地区。这些国家和地区一般都还未进入工业化，主要集中在撒哈拉以南的非洲国家，如安哥拉、乍得、卢旺达、几内亚等；另外，还包括拉美的古巴和东亚的朝鲜。这些低收入国家的主要特征是：工业化程度较低，大部分居民依然依赖于农业生产获得收入；出生率高，受教育水平较低；政府在环境和卫生方面的投资力度不够，导致国民健康水平低下；除此之外，部分地区政局不稳定也是限制经济发展和人民生活水平提高不可忽视的原因。该类国家对生产资料和生活资料的需求都极为有限，对于跨国企业来说市场也是相对狭小的。

(3)文化标准

文化对国际市场营销决策有着非常重要的影响。文化是一个非常广泛的概念，包括语言、教育、宗教、美学、社会价值观等。

①教育水平。一个国家国民受教育的水平和受教育的条件可以作为国际市场细分的一个重要变量。首先，在受教育水平方面的差异主要体现在识字率上。根据联合国教科文组织数据显示，美国、英国、加拿大、德国、日本、法国及欧共体的一些国家识字率就已达90%以上；巴西等发展中国家识字率在 70%左右；而非洲撒哈拉以南一些经济欠发达的低收入国家识字率还不到 30%。其次，教育水平的另一个方面指的是一个国家受教育的条件。一个国家国民受教育水平和受教育条件会直接影响到国家的综合国力，尤其在现代信息社会，掌握信息交换和信息处理技术及其应用是一个国家科技发展水平和综合国力的重要标志。它关系到企业在跨国营销中适用什么样的信息沟通方式，消费者的识字率和他们所接触的信息工具对企业选择和制定营销策略具有重要的参考价值。

②宗教信仰。不同的宗教有不同的信仰、价值观和生活习惯，由此产生的消费者需求也各不相同。

③审美。审美是人们对于生活中各种艺术形式的美的欣赏和领会。它的范围极其广泛，包括服饰、饮食、建筑、音乐、舞蹈、工艺品等。美学观念也渗透到了国际市场营销的各个方面，国际市场营销者只有了解和掌握目标市场消费者的审美观，才能制定符合其审美

特征的市场营销策略。除了地区，不同年龄层次、不同文化背景都会导致消费者对审美观点具有很大的差异。

虽然文化差异对消费者的消费习惯影响非常大，但单纯地用文化作为细分市场的标准并不可行。例如，巴基斯坦和阿联酋文化背景类似，但阿联酋人均国民生产总值超过 4 万美元，是各类消费品和工业品的高消费国家，但是巴基斯坦人均国民生产总值只有不到 2 000 美元，市场潜力很小，两国经济发展水平的巨大差异使国际市场营销者并不能把两国划入同一细分市场。

(4)组合细分法

组合细分法(Portfolio Approach)是 1980 年由里兹克拉提出的一种以营销战略为基础的细分国际市场的方法。这种方法要求从国家潜量、竞争力和风险三个维度将世界各国分成 18 个群体进行分析，如图 6－1 所示。

风险	竞争力	强	中	弱	国家潜量
风险	高	1	2	3	大
		4	5	6	中
		7	8	⑨	小
	低	⑩	11	12	大
		13	14	15	中
		16	17	18	小

图 6－1　里兹克拉国际市场组合细分

国家潜量是指企业的产品或服务在该国市场上的销售潜量。其衡量标准包括人口指标(人口数量、分布、增长率等)、收入指标(GNP、人均 GDP、人均可支配收入等)、经济增长率、工业生产水平及居民消费模式等。依据这些指标，可以大致将国家潜量分为大、中、小三个等级。

对竞争力的衡量主要考察内部因素和外部因素两方面。内部因素是指企业在该国市场上所占份额、企业资源便利条件，以及企业适应该国特点的能力和优势。外部因素包括该行业中竞争对手的竞争力、来自替代产品行业的竞争，以及国内外的行业结构。

风险是指企业在该国面临的政治风险、财务风险和业务风险，以及各种影响利润、资金流动和其他经营结果的因素。

从图 6－1 中可以看出，⑨和⑩所代表的子市场具有显著的差距。对于子市场⑩，风险低、竞争优势强、国家潜量也大，这样的子市场各方面条件突出，应加大投入进行重点开发；而对于子市场⑨，风险高、竞争优势弱、国家潜量也小，对于这样的市场应尽早放弃，以免浪费不必要的资源。

6.1.3　国际市场微观细分

企业在决定要进入到哪一个或几个国家以后，就要在宏观细分基础上，按特定标准再进行微观细分。一般来说，依据最终用户的不同，国际市场的微观细分可以从国际消费品市场和国际工业品市场两方面考虑。

1. 国际消费品市场的微观细分

国际消费品市场，是指在国际商业活动中，涉及个人或家庭的衣食住行、文化、教育、娱乐等方面商品的消费市场。国际消费品市场细分标准包括以下内容：

（1）地理特征细分

由于处在不同地理环境下的消费者对于同一类产品往往会有不同的需要和偏好，所表现出的消费观念、价值观念、购买性格特征、流行时尚等都具有明显的不同，企业可以根据地区、城市规模、气候、人口密度、地形地貌等方面的差异将整体市场分为不同的子市场。例如，防暑降温、御寒保暖之类的消费品常按不同气候带细分市场；家用电器、纺织品之类的消费品常按城乡细分市场；而基本生活必需品、日用消费品则应按人口密度来细分市场。

（2）人口细分

人口细分按照人口总量、性别、年龄、职业、收入水平、民族、家庭规模、宗教信仰和文化层次等人口统计性特征细分市场。人口细分标准中，人均收入、人口总量、年龄特征的影响最大。

①人均收入。消费市场是由具有消费意愿和购买能力的人组成的，不同收入水平的人具有不同的消费意愿和购买能力，由此产生的购买行为也千差万别。世界银行按照国民生产总值（GNP）将全球分为低收入国家、中低收入国家、中高收入国家和高收入国家 4 种类型。不同的收入水平决定了各级子市场不同的购买意愿和购买力。中高收入水平国家对服务和文体方面的投资较多，对奢侈品的需求和购买力度也更大；而中低收入水平国家则对生活必需品的需求相对较大，对奢侈品几乎没有购买意愿。

②人口总量。衡量一个市场规模大小的因素主要有两种：一是购买水平；二是人口总量。对于低值易耗消费品和必需品来说，人口总量是比人均收入更重要的细分变量。

③年龄。根据人们不同的年龄特征大致可将整个人生分为婴幼儿、儿童、少年、青年、中年和老年六个阶段，处于不同阶段的消费者的消费需求和购买力也是也不一样的，因此国际市场营销人员应根据不同年龄阶段特征制定相应的市场营销策略。

（3）心理细分

心理细分主要包括人们的生活方式与个性等。目前比较有影响力的心理细分模型是斯坦福研究院的阿诺德于 1978 年首创的“价值观与生活方式体系”。细分框架包含消费者动机和消费者资源两个维度，其中理想、成就和自我表达构成了消费者的首要动机，而消费者资源则涵盖精力、自信、智慧、好奇、创新、冲动、领导力和空虚等个性特质，以及重要的人口统计变量和心理特征。

（4）行为细分

行为细分是指企业根据消费者的购买行为、使用频率，以及消费者购后反应等行为变量来细分消费者市场。一般来说，经济发达国家的消费者行为差异更为显著。在判断产品使用率时营销人员常会用到著名的“二八定律”，也称为帕累托定律，即 80%的公司总收入或利润往往来自于 20%的产品或顾客。如果企业能抓住这 20%的顾客重点进行分析并制定针对他们的营销策略，市场的规模和潜力也是相当可观的。

2. 国际工业品市场的微观细分

消费品市场的细分变量大体上也是适用于工业品市场的，但工业品市场的购买者往往购买量大、购买次数少、购买地理位置集中、专业要求高,企业通常还根据以下几个标准对其进行市场细分。

①按最终用户细分。在国际工业品市场,不同的最终用户对产品及其营销策略往往具有不同的需求。例如,轮胎公司可以根据用户的最终用途将轮胎市场细分为飞机用轮胎市场、军用轮胎市场、一般工业用轮胎市场、农业用轮胎市场等子市场。

②按用户购买特点细分。由于不同的用户对产品具有不同的购买需求,因而企业要根据用户对产品的不同购买方式以及不同购买方式的采购程序和采购周期进行细分。购买方式是指用户以什么方式进行工业用品的采购,主要方式有:新任务购买、直接重复购买及调整重复购买。

③按用户规模和购买力大小细分。不同类型和规模的客户对产品质量、购买数量,以及服务都有不同的需求。对此,企业可将目标客户划分为三个种类:大客户、中等客户、小客户。

6.1.4　国际市场细分的原则

企业可以根据单个或多个因素对国际市场进行细分。市场细分时考虑的标准越多,子市场的数量就越多,相应的每一个子市场容量就越小;标准越少,子市场的数量就越少,相应的每一个子市场的容量就越大。确定何种标准来对市场进行有效的细分,在营销实践活动中是非常关键的。一般来说,有效国际市场细分应遵循以下原则:

1. 可衡量性

可衡量性(Measurability)是指用来细分市场的依据和细分后的市场是可以识别和衡量的。首先,细分市场的依据必须清楚明确,要能使营销人员根据它在市场中能够准确地找到相同或相似的消费者群,从而制定营销策略;其次,这些细分依据要能从若干个消费者群中得到确切的可衡量的信息,如市场范围、市场容量及市场潜力,以便根据权重进行定量分析。

2. 可进入性

可进入性(Accessibility)是指企业能够发挥现有人力、财力、物力等使其产品进入到细分市场并对细分市场的消费者产生一定的影响。首先,产品信息要能够通过一定的媒介顺利传达给目标消费者,使其了解该类产品的基本性能和特征;其次,在该产品进入了细分市场后,要能让消费者通过特定渠道接触和购买到此类产品。

3. 营利性

营利性(Substantiality)是指细分后的市场要能给公司带来利益。在给市场进行细分时应考虑该子市场的容量、规模和潜力,以及消费者的数量和购买能力,这些指标是否能给公司带来效益,如果细分市场的规模过小,市场容量不足,获利不明显,那么细分标准就是不合理的。

4. 稳定性

稳定性(Stability)是指细分市场的容量、规模及潜力等指标在一定时期内应具有相对稳定性,以便企业在进入该市场后能在较长时间内获利。如果目标市场消费者需求变化大,将会给企业增加大量额外营销成本。

5. 差异性

差异性(Dissimilarity)是指细分后的不同市场要各具明显特征,适用于不同的市场营销组合方案。在进行市场细分时,如果不同细分市场的消费者对同类产品的需求和反应差异不大,企业就没有必要对该市场进行细分。

6.2 国际目标市场选择

在按照上述各项标准对国际市场进行细分之后,面对众多的子市场,企业要根据自身实力和经营目标选择其中一个或几个子市场作为最终的目标市场,并针对不同的子市场,分别采取不同的营销策略。

6.2.1 国际目标市场评估

国际目标市场选择的过程,就是企业对各细分市场的评估过程,即通过对各子市场的需求特征、竞争态势,以及增长潜力进行研究,从而决定最终的营销对象。国际目标市场选择的总体标准是能充分利用企业资源,最大限度满足该子市场消费者的需求。具体可依据以下几个标准:

1. 市场规模和增长潜力

一个市场的规模是由某种产品的购买者和潜在购买者决定的。企业在选择目标市场时,不仅要考察当前的市场规模,还要评估其成长潜力。

市场潜量和销售潜量的分析应与企业产品特点挂钩。一方面要寻找有助于发挥企业现存产品优势的目标市场,另一方面又要注意从市场机会的分析中发现企业产品的缺陷,为改进产品、设计出针对特定目标市场的特殊产品做准备。市场销售量的预测应考虑现有市场的绝对容量和年市场销售量的增长率。从全球角度考虑挑选目标市场的优点之一是:单个国家的目标子市场可能太小,而如果在多个国家内都存在这样的子市场,那么综合起来就是一个较大或很大的子市场,企业可以根据标准化生产或产品为其服务,这样既节约了成本又能获得更大的利润。例如,之前提到的全球青少年族群,他们分布在各个国家,由各个国家的子市场构成了一个几乎统一的子市场。不过,企业在寻找目标市场时,不应将市场吸引力作为唯一取舍,特别是应力求避免"多数谬误",即多数企业把同一个细分市场作为自己的目标市场。这样做只能导致过度竞争和社会资源的浪费,也不能满足本来有条件满足的其他市场需求,大大提高了企业的机会成本,影响企业的经济效益,甚至可能导致营销的失败。

2. 市场准入与竞争态势

过高的进入壁垒和激烈的市场竞争同样制约着企业对目标市场的选择。例如,印度的零售业在过去一直处于封闭状态,家乐福、沃尔玛等全球超市巨头一直难以从印度市场获利。直到 2011 年,印度总理辛格为刺激经济增长,才向全球超市巨头开放其零售市场。

进入市场只是第一步,进入后的市场竞争情况对企业的国际市场营销有着更加长期的影响。迈克尔·波特(Michael Porter)基于竞争环境的分析提出了著名的"五力模型"(Five

Forces Model),分别是:行业内竞争者的竞争能力、替代品的替代能力、购买者的议价能力、供应商的议价能力和潜在竞争者进入的能力。

①细分市场内竞争的威胁。当一个细分市场内已经有了大量的、实力雄厚的或者竞争意识强烈的竞争者,就应该慎重选择进入该市场。这时,如果对该细分市场进行大量投资,扩大生产,有可能导致企业之间价格战、广告争夺战和一些不必要的资源投入。

②替代产品的威胁。如果一个细分市场上存在着替代产品或潜在替代产品,公司应密切关注替代产品的价格走势。因为随着替代产品技术的发展,很有可能会抢占市场份额,限制细分市场内价格和利润的增长。

③购买者的议价能力。如果要进入的细分市场中购买者的议价能力很强或正在增强,购买者会在设法降低购买价格的同时,对产品质量和服务提出更高的要求,会导致企业利润不断下降。

④供应商的议价能力。企业的供应商一般包括原材料和设备供应商、公共事业、银行、工会等。如果供应商经常提高原材料价格、降低产品质量或不按期发货,都将对企业在该细分市场的竞争环境构成威胁。

⑤潜在竞争者进入的威胁。如果一个细分市场可能吸引新的生产能力和大量资源并努力争夺市场份额的潜在竞争者,那么对于准备进入这一目标市场的企业来说是不利的,但竞争者是否能进入该市场,取决于市场进入壁垒的高低。

3. 企业目标与资源

若进入一个市场与企业目标相悖,或难以和企业的资源达到兼容,这便不是一个合适的目标市场。所谓兼容是指对子市场的投资和开发是否符合企业的目的和愿景、品牌形象,是否与公司竞争优势的既定来源相一致。有些子市场具有很大的市场潜力,却不符合企业的长远目标,应考虑放弃;有些子市场具备良好的发展条件,公司就应结合自身资源和技术仔细考虑是否应该选择该子市场。

6.2.2 国际目标市场选择策略

在对不同子市场进行评估后,公司需要选择一个或几个子市场作为自己的目标市场。总的来说,企业可以使用五种选择策略。

1. 单一市场专业化

企业集中力量以一个细分市场为目标市场,开发针对该市场的产品并实行专业化生产和经营的目标市场策略。企业采取这种策略追求的是在一个或几个较小细分市场上取得较高的市场占有率,而不是在较多的细分市场上获得较低的市场占有率。该策略较适合资源相对薄弱的中小型企业,因为中小型企业受到财力、物力等资源的限制,无力在整个市场或多个细分市场上与大企业抗衡。如果集中资源去开发大企业尚未顾及而自己又力所能及的某个细分市场,则获得成功的可能性就更大。这种营销策略的优点是企业可利用有限的资源,集中地去研究和开发目标市场消费者的需求,提供最好的产品和服务,取得最佳营销效果。但同时也存在着较大的风险性:由于目标市场集中,一旦目标市场发生变化,也将导致企业被迫退出该市场。

2. 单一市场全面化

选择一个子市场，提供这个子市场的顾客群体所需要的各种产品。例如，公司可以为大学实验室提供一系列产品，包括显微镜、化学烧瓶、试管等。公司通过专门为这个顾客群体服务而获得良好声誉，并成为这个顾客群体所需的各种产品的代理商。

3. 多市场差异化

选择多个子市场，并在每个不同子市场提供不同的产品和服务。各个子市场之间联系很少或没有任何联系，然而每个子市场都可能盈利。选择多个子市场可以分散公司的风险，即使在某个子市场失败了，公司仍可在其他子市场获取利润。

该策略侧重专门市场，向主要的目标市场提供有特色的产品和服务，能够避免市场竞争中的正面冲突和恶性竞争。对于大型集团企业来说，则可分成若干相对独立的实体，分别服务于不同的客户群，如香格里拉集团在北京国贸中心拥有中国大饭店和国贸饭店两个不同档次的饭店。

4. 专业产品战略

公司集中生产一种产品，向几个不同子市场都提供这种产品。例如，公司专门生产打印设备，像全世界不同市场的各类顾客提供统一的产品。公司通过这种战略，可以在该产品领域树立起很高的专业声誉。

5. 完全市场覆盖

公司生产多种产品，用于满足不同子市场的各种需求。世界上只有为数不多的大型跨国公司或集团才能采取完全市场覆盖策略。此策略可以分为以下几种类型：

(1)无差异性目标市场策略

无差异性目标市场策略是企业将一国或几国市场视为一个大的目标市场，根据消费者的共同需求采用单一的营销策略。在采取无差异性目标市场策略时，企业不用进行市场细分，而是把整个全球市场视为一个大的目标市场，努力追求市场需求共性，忽略其异质性。这种战略的优点主要体现于成本的经济性：单一的产品可以通过大批量生产和标准化的营销活动实现规模经济，从而降低生产和营销成本。例如，早期的可口可乐公司就曾经以单一的品种、标准的包装、统一的宣传长期占领着世界软饮料的市场。这种战略也具有一定的局限性，主要体现在：首先，这种营销策略对产品要求较高，它要求产品必须是符合标准化生产和经营的产品，而且要求全球消费者对它的需求一致；其次，它忽视各个国家需求的差异性，基本营销策略较为稳定，一定程度上很有可能会错失许多市场机会；最后，这种营销策略很容易遭到竞争企业的攻击，导致市场竞争加剧，一定程度上会扭曲消费者的真实需求。

(2)差异性目标市场策略

差异性目标市场策略是指企业从所有细分市场中选择两个或两个以上的细分市场作为目标市场，并针对每个目标市场消费者需求制定不同的市场营销策略，即同样的产品对不同的目标市场推出不同的价格，采用不同的分销渠道，通过不同的广告宣传方式进行销售。以宝洁公司为例，它在采取差异化营销策略时并不是简单地给一种产品贴上不同的商标，而是通过追求同类产品不同品牌或在不同子市场中的差异来满足各子市场消费者的需求，培养消费者对本企业某个品牌的偏好，提高顾客忠诚度。可以看出，企业在采取差异性目标市场策略时能吸引更多的消费者，占领更多的市场；但同时，复杂的产品种类、分销渠道和广告宣传等因素，也会使企业的营销成本随之上升。

6.3　国际市场定位

6.3.1　国际市场定位的概念

当企业完成了市场细分并选择出目标市场后，便需要对其产品和品牌做出恰当的定位。国际市场定位（Marketing Positioning）于 20 世纪 70 年代由美国著名营销战略家艾·里斯和杰克·特劳特提出，是指根据目标市场上同类产品的竞争状况，针对消费者或用户对该种产品某种特征或属性的重视程度，鲜明地塑造出本企业产品与众不同的、给人深刻印象的个性或形象，并把这种鲜明的形象传递给顾客，从而使该产品在市场上确定适当的位置。

6.3.2　国际市场定位的原则

国际市场上不同企业经营的产品是不同的，所处的竞争环境和所面对的目标顾客也不同，因此市场定位也不尽相同。一般来说，企业市场定位主要依据以下几方面：

1. 产品定位策略

（1）属性与利益定位法

根据产品的属性、特征和它带给消费者的利益进行市场定位是一种较为常用的方法，产品给消费者提供的利益是基于产品本身属性的基础之上的，经济性、可靠性、耐用性等都可以成为消费者的利益诉求，而这一利益点也必须是产品所独有而竞争者无法提供的。

这里所说的产品的属性包括了产品所含成分、材料、质量等方面的特性。在市场上存在多种同类产品时，可以突出产品的特点和优势，并努力迎合消费者，让消费者按自身的偏好和利益进行选择。例如，可口可乐公司推出的零卡路里可乐，就是为了满足那些想喝却又害怕高热量的消费者的利益需求。

（2）价格与质量定位法

在根据产品属性定位时就已考虑到按产品的价格和质量来定位，在此主要是根据价格和质量得关系进行综合定位。这种定位方法也被称为“档次定位”，即根据品牌在消费者心中的价值高低定出不同的档次。品牌在消费者心目中的价值受到产品质量、消费者心理以及各种社会因素（如政治、文化、价值观等）的综合影响，例如，奢侈品定位于高质量、高价格主要就是出于这方面的考虑。

（3）用途定位法

根据产品在不同场合的不同用途来进行定位。例如，笔记本计算机有家用型、商用型、游戏本等；宝洁公司推出海飞丝、飘柔和潘婷三种洗发水，分别满足消费者去头屑、柔顺和护发的要求。

（4）使用者定位法

通过使用者进行市场定位的关键在于将产品或品牌与特定的使用阶层相联系，企业经常把某些产品指引给适当的使用者或者某个消费群体，以便根据那个消费群里的顾客需求和特点建立起恰当的形象，较常使用的方式就是请明星代言。霸王集团在推出洗发产品时，请成龙作为代言人，以"国货当自强，洗发用霸王"为广告语，并着重强调成龙本人对该产品的使用情况。成龙健康、正义的英雄形象深入人心，深受大家的尊重和信任。

2. 竞争定位策略

①对抗定位：指企业在目标市场上选择与竞争对手接近或完全相同的市场定位，以相同的消费群体为目标客户。这种定位方法适用于实力雄厚的大企业，如百事可乐和可口可乐的竞争、肯德基和麦当劳的竞争。

②避强定位：指避开强有力的竞争对手、选择其未进驻或不重视的市场作为自己的市场定位。这种定位的优势在于能够较轻易地在市场上站稳脚跟，市场风险较小，成功率较高，是多数企业都会采取的一种市场定位方式。

③反向定位：在竞争激烈的市场上，有时竞争对手的形象可能和本企业很相近，甚至优于本企业，在这种情况下，企业可以主动承认自己的差距，反而更能取得消费者的信任。反向定位的风险较大，如果消费者对产品或服务要求较高，或对本公司的缺陷较为看重，就会因此而流失顾客。

④间接定位：指通过与竞争对手的产品或服务相比较或相类似，来确定本公司的产品定位。

3. 重新定位策略

当企业产品在市场上的定位出现偏差，产品在目标顾客心目中的位置和企业的定位期望发生偏离时，企业往往需要重新定位。重新定位是指企业采取特定的营销组合，改变目标顾客对其原有的印象，使目标顾客重新认识和接受其产品的新形象。

6.3.3 国际市场定位的步骤

企业要想做出准确的市场定位，关键在于企业和产品必须具备竞争者所不具备的竞争优势。美国学者鲍尔将企业竞争优势分为五大类：成本优势，即企业能更廉价地为消费者提供产品或服务；增值优势，即企业能创造出更吸引人的产品或服务；聚焦优势，即企业能更恰当地满足特定顾客群体的需求；速度优势，即企业能比竞争对手更及时地满足顾客的需求；机动优势，即企业能比竞争对手更快地适应变化的需求。因此，市场定位要求企业必须找出并充分利用其竞争优势。具体步骤如下：

1. 了解目标顾客对产品的需求特征和评价标准

市场定位首先要求企业了解消费者对产品的需求偏好，以及影响他们购买行为的产品特征，然后根据消费者对产品的需求偏好及评价标准对产品特征进行分类，为企业分析和确定竞争优势提供依据。

2. 分析竞争者的市场定位及其竞争优势

企业分析在市场上有哪些竞争者，包括东道国的竞争者和来自第三国的竞争者。具体要分析：竞争对手产品市场定位如何？目标市场上目标顾客需求满足程度如何？还有什么需求？针对竞争对手产品的市场定位和目标顾客的真正需求满足程度来考虑企业还能做点什么。这就要求企业市场营销人员必须通过一切调研手段，系统地调查、设计、分析并报告所有上述问题的资料和研究结果,从而确定企业潜在的竞争优势。

3. 选择竞争优势与定位策略

选择竞争优势的过程实际上就是企业在与其竞争者就采购、生产、营销、渠道、技术、财务和产品等方面实力相比较的过程。在这个过程中,双方势必会存在很大的差异,但并不是所有对比竞争优势都是有价值的。企业通常采用以下一些指标来进行判断:

①营利性:指所选中的竞争优势最终是能够给企业带来利益的。

②重要性:指这种竞争优势是要能够给顾客带来利益的,或者让目标顾客觉得它是有价值的。

③独特性:指这种竞争优势目前还没有被其他企业利用,也不能再以独特的方式被加以利用。

④可沟通性:指这种竞争优势易于被顾客理解和接受。

⑤独占性:指这种竞争优势是无法被竞争者轻易模仿制造的。

企业在确定最终的竞争优势时要充分考虑以上几个指标综合做出决定,只有最能体现企业风格和特色且最能满足目标市场消费者需求的竞争优势才是要选择的竞争优势。

6.4 国际市场进入方式

在企业通过细分市场选定目标市场以后,接下来就要考虑该以何种方式进入这些市场。国际市场进入方式是指企业通过对目标国家或地区市场的产品、技术、技能、管理或其他资源进行系统安排的各种方式。国际市场进入方式主要有贸易进入方式、契约进入方式、投资进入方式,以及国际战略联盟这四种类型。

6.4.1 贸易进入方式

贸易进入方式是指生产企业把本国生产和加工的产品出口到国际市场的方式。采用这种模式时,生产地点不变,劳动力、资本没有在国际市场流动,出口的产品与内销产品相同,也可以根据国外目标市场的需要做些调整,甚至专门为国外顾客开发出新产品。企业选择出口的动机包括获取更多的利润、实现规模经济、企业拥有独特的产品和技术优势、有独享的信息,也有的是因为竞争压力、生产过剩、国内市场饱和等被动的情况所迫。出口可以是直接的,也可以是间接的。

1. 间接出口

所谓间接出口(Indirect Export),是指企业通过国内的出口中间商将自己的产品销往国际市场的出口方式。企业可以利用中间商现有的销售渠道,不必自己处理出口的单证、保险和运输等业务。对于生产企业来说,这是一种被动的出口形式。企业不要求直接参与国际市场营销活动,在出口营销中没有任何主动权,因此企业所承担的风险也较小。间接出口通常有以下几种形式:

(1)通过国内专业出口贸易商出口

这是指企业将产品卖给国内贸易商,再由贸易商通过各种渠道以自己的名义将产品出口到国际市场。专业外贸公司可以分为两类:本国出口商和本国出口代理商。本国出口商一般不从事生产制造,而是仅仅向生产制造企业购买产品,再以自己的名义销往国外市场;本国出口代理商则是一种专门为出口企业办理具体出口业务的中间商,主要负责帮助出口企业在国外市场寻找客户并与之商谈有关促成交易的一切事宜,其收入主要来源于生产企业的佣金。随着改革开放的深入,越来越多的企业获得了出口自主权及外资企业的介入,使得专业贸易公司的市场地位有所降低。

(2)委托出口管理公司代理出口

出口管理公司作为代理商,与贸易商最大的区别就在于其与生产企业不是产品买卖的关系,货物的所有权仍然归生产企业所有,委托出口管理公司只是接受出口企业得到委托,代理生产企业的商品,代理商按出口额收取一定佣金,不承担贸易风险。

(3)合作出口

合作出口指的是两家或两家以上的企业合作出口的方式。具体有两种表现形式:一是由若干小企业组成一个松散的合作组织,以组织名义参与调研开发、贸易洽谈、统一定价和联合运输等;另一种表现形式也是更为普遍的模式,即某一企业为了发挥规模效益或因为产品的互补性,利用自己的出口力量和国外渠道为另一家或多家企业出口产品。前者通常称为“负重者”,后者则称为“乘坐者”,它们之间可以是买卖关系,也可以是代理委托关系。

2. 直接出口

直接出口(Direct Export)方式是指企业不经过本国中间商独立承担出口业务,直接将产品销往国外的出口方式。直接出口有利于企业摆脱对中间商的依赖,可以对产品进入的国际市场进行选择,企业对国际市场营销活动也有较大的控制权,并可获得准确而快速的国际市场信息反馈,可以对不断变化的市场条件做出灵活反应,还有助于培养自己的国际商务人才,积累国际市场营销经验,提高产品在国际上的知名度,更好地保持商标、专利及其他无形资产。但直接出口要求企业必须具有自营出口权,有相当规模的产品出口量,并且对国际市场需求和出口业务非常熟悉,最重要的是还要有充足的资金保障。只有具备了以上条件,企业才能开始考虑直接出口方式。直接出口通常有以下几种形式:

(1)设立国际业务部

由出口企业自己设立一个负责经营全部或部分出口业务的部门,期初一般是小规模处理出口业务的销售机构,随着出口规模的扩大,逐步成为一个与出口业务相关的综合部门,负责信息的收集、广告推销、商务谈判及财务处理等多项具体事务性工作,整体上负责企业的国际市场拓展。

(2)利用国外经销商或代理商

国外经销商是通过直接向企业购买产品拥有产品所有权,然后通过自己的分销渠道将产品销售到国外市场的一种中间商。通常来说,利用国外经销商的直接出口方式风险较小,因为产品在进入到国外市场以后的所有业务都由国外经销商来处理和协调,企业不需要负担多余的责任。而国外代理商则只是代表企业在国际市场推销企业产品,并不具有产品的所有权,也不承担任何销售风险,它们主要靠抽取佣金作为主要收入来源。

(3)设立国外销售机构

设立国外销售机构是企业组织机构向国外的延伸,也是企业跨国化的前奏。国外办事处一般负责收集市场信息、推销产品、提供售后服务。设立国外办事处的主要优点:一是企业可以通过办事处直接接触国外市场,信息回馈及时又准确;二是可以避免国外代理商的三心二意,集中力量占领国外产品市场。但是,由于设立国外办事处需要大量启动资金和后续维护费用,要求企业必须以相当可观的出口销售量为前提。

(4)建立国外营销子公司

国外营销子公司实际上是国外办事处功能的延伸,不同的是子公司在法律上是独立于生产企业的法人公司,使企业能更深入地介入国际市场营销活动。

6.4.2　契约进入方式

1. 许可证贸易

许可证贸易(Licensing)是一种契约性的交易方式,是许可人向国外的被许可人有偿转让某种专有资产以换取使用费用的一种方式。许可协议涉及的专有资产一般包括商标、专利、生产技术、产品配方和其他有价值的无形资产。许可证贸易明显区别于出口进入模式,后者是实体的转移;前者通过转移无形资产或产权来实现进入国际市场的目的。

在对许可证贸易类型进行划分时,通常可以依据被许可方取得的权限大小、合同对象、被许可方是否有技术的再转让权等标准进行划分。

①独占许可:指被许可方拥有在许可贸易合同规定的区域和时间内,独占生产和销售产品的技术和商标使用权,并且双方都不得向第三方转让或出售许可证的使用权。

②排他许可:指许可和被许可双方在许可合同规定的区域和时间内,共同拥有生产和销售产品的技术和商标使用权,但不可将许可证的使用权转让或出售给第三方。

③普通许可:指许可和被许可双方在许可合同规定的区域和时间内,共同拥有生产和销售产品的技术和商标使用权,同时许可方有权将许可证的使用权转让或出售给第三方。

④交换许可:指许可和被许可双方出于双赢的目的,可交换各自产品和技术的使用权,即双方互为许可方和被许可方。

⑤区分许可:指许可和被许可双方在许可合同规定的区域和时间内,共同拥有生产和销售产品的技术和商标使用权,同时被许可方有权将许可证的使用权转让或出售给第三方。

许可证贸易是一种成本较低的进入方式,主要有以下几方面优势:首先,许可证贸易的优点是企业不必投入大量资金,可有效克服注入高关税和配额等进口贸易壁垒限制,政治风险较小。但也同样有其局限性,即企业通过许可证贸易进入市场所获得的利润,很有可能比出口等其他国外市场进入模式要低。其次,企业不一定能找到对其产品、商标、技术等感兴趣的被许可单位,即使有被许可单位接受,也不能保证其具有足够的诚意。一旦遇到缺乏积极性的被许可方,企业产品在目标市场国的销售业绩和潜力都将大幅降低。最后,这种进入模式具有把被许可方培养成最强劲竞争对手的风险。被许可方由于长期处理企业产品相关业务,对企业产品的各个方面和营销策略已经非常熟悉。一旦协议期满,被许可方就能很熟练地运用之前掌握的一切信息和手段自主开发和经营该产品,从而成为企业最强劲的竞争对手。

2. 特许经营

特许经营(Franchise)是指特许人将工业产权的整个经营体系(包括专利、商标、企业标志、技术诀窍、经营理念、管理方法等)特许给目标国独立的公司或个人使用,被特许人必须按照特许人的政策和方法经营,并支付初始费用和销售提成,特许方要给予被特许方以生产和管理方面的帮助,如提供设备、帮助培训、融通资金、参与一般管理等。

国际特许经营已经盛行一百多年,主要由于以下几个优点:首先,特许权方能够在实行集中控制的同时保持较小的规模,既可赚取合理利润,又不涉及高资本风险,更不用顾虑被特许权方的日常处理业务;其次,由于被特许权方对目标市场国环境有非常深入的了解,往往更容易发掘出企业尚未涉及的业务领域;再次,由于被特许权方的收入和利润与他们自身的努力程度成正比,所以通常工作的积极性也更高。同时,国际特许经营也存在着一定的局限性:企业难以保证被特许权方完全按照合同规定的内容进行生产和经营,即使企业严格按照规定生产经营,由于每个国家文化和地理的差异,也会导致不同国家被特许经营权方对规定的理解不完全一致,从而导致特许权方很难在各个目标市场国都保持统一的企业和品牌形象。

3. 合同生产

合同生产(Contract Manufacture)是指企业为了开拓目标国市场,与当地企业签订订货合同,要求对方按照合同规定的质量、数量、时间等条件生产本企业所需的产品或零部件,交由本企业,并用本企业的品牌,由本企业自身负责营销。合同生产具有一定的优势:首先,企业只需要较少的资金便可以迅速进入目标市场国,从而降低了投资风险;其次,产品的销售由自己负责,能掌握市场控制权;再次,这种方式有利于企业将精力集中于营销上,从而更好地开拓国际市场。同时,合同生产进入方式还具有一定的局限性:这种方式对国外合作企业提出了较高的要求,要求其在规模和技术上应是适合于本企业的制造商,即使找到了,企业还需要提供大量技术支持其达到期望的产品质量。

4. 管理合同

管理合同(Management Contracts)模式是指赋予一个具有较丰富管理资源优势的企业,通过签订在目标市场国对某个企业承担部分或全部日常管理任务的合同。在合同中,企业没有赋予管理公司投资、承担长期债务、决定分红政策、实施基础管理或政策变革的权利,因此国外企业只能通过赚取管理费、利润或其他形式的酬劳作为回报。合同管理的特定是指管理不投资,知识管理技术的转让。转让方不拥有接受方的所有权,仅拥有接受方的控制权和经营权,并以此获取报酬。例如,希尔顿酒店、香格里拉酒店等就承担了世界的高级酒店的管理工作。

6.4.3 投资进入方式

投资进入方式是指生产企业将资本连同企业的管理、技术、销售、财务,以及其他技能转移到目标国家或地区,建立受本企业控制的分公司或子公司,在当地组织生产并在目标市场国销售,从而进入国际市场的模式。它属于进入国际市场的高级阶段,包括合资经营和独资经营两种形式。

1. 合资经营

合资经营(Joint Venture)是指两家或两家以上的企业共同投入资本成立,分别拥有部分股权及合资公司的控制权,共同经营,分享利润,共担风险。企业对合资公司的投入可以是资金、技术、销售、设备或工艺各方面的投资。合资公司可能只为一个专案或计划成立,也可以以合资企业的形式持续合作经营。当前在国际市场与国外企业建立合资企业已成为很普遍的一种经营模式,其中最典型的合资企业是合资双方各占50%的所有权,并且各自向合资企业派出管理团队共同经营。

由此可见,资源互补也是企业采取合资经营模式的一个重要原因。除此之外,合资经营的动因还有以下几方面:首先,政府的鼓励和法令政策,例如印度政府就限制国外公司在本国的持股最多不能超过40%。其次,合资经营便于企业了解目标市场国的政治、经济、文化等各方面环境,使企业能更快更好地适应。但合资经营也存在一定的劣势:首先,建立合资企业最担心的就是对技术的控制权问题,当企业处于少数股权地位时,不能对合资公司产品的销售或对专利权的管理加以控制;其次,很难找到理想的合作伙伴,由于双方政治、文化、地理各方面差别,双方很可能就经营过程中遇到的战略、资源分配、转移价格等问题产生分歧甚至冲突。

2. 独资经营

独资经营(Individual Proprietorship)是指国际市场营销企业直接到目标国家单独投资建厂或并购目标国家的企业,并独自经营管理企业,独立承担风险,自负盈亏。独资企业需要具备雄厚的资金、丰富的营销经验、众多的管理人员才能与目标国企业在国际市场一争高下,独资经营对企业实力有着较高要求。独资经营模式下,跨国企业对在目标国所设立的企业的控制力较强,对其调整的效率也较高,因为没有中间环境,故经营利润较为丰厚,经营收益完全归企业所有并自由支配。但独资经营下,企业投入大,建设周期长,因为整体投资风险较大,并且也需要企业独自承担目标国市场的经济及政治风险,如货币贬值、外汇管制、政策转变等。独资经营可采取新建企业和并购两种基本形式。

(1)新建企业

新建企业是指企业在目标市场国购买厂房设备、设立组织机构、招聘人员等来建立一个全新的企业。企业享有新建公司100%的所有权,为新建工厂提供全部资金和技术需要,独自承担风险和获取利润。

企业选择新建方式在国外投资主要出于以下几方面的考虑:首先,企业在国外建立工厂自主经营给企业在人力、渠道、工厂布局和生产技术等方面提供了比并购更广阔的选择余地和自主权,对比受到某些国家进口限制的出口方式能更深地打入到目标市场,盈利的机会也比许可证贸易要多得多;其次,使用新建方式进入目标市场国能省去母公司与并购公司的整合成本;最后,许多国家对国外投资企业还会提供一系列的优惠政策,如提供良好的基础设施、优惠的税收政策,以及宽松的地方法规等。在国外市场新建企业具有一定的优势,同时也存在着一定的局限性:对企业要求极高。由于在国外市场新建公司往往要面临耗资大、周期长、速度慢、管理复杂和不确定性大等因素的阻碍,因此新建方式在对外直接投资方式中的主体地位正逐渐被另一种方式所取代,即并购企业。

(2)并购

并购是指国际企业在目标市场国购买当地企业的股权取得该企业的所有权与经营权,

是一种收购进入模式。并购的优点是:第一,有利于迅速进入市场。原企业的商标、品牌、分销渠道与市场份额等原有优势可被收购者利用,对国际企业迅速占领市场十分有利。第二,并购方式有利于企业多样化经营。第三,并购原有企业还有利于直接利用原有企业的管理制度、管理组织和管理人员,直接吸收外国企业的先进管理技术与经验,提高跨国公司的管理水平。国际并购的缺点表现在:首先,对于企业来说,在国外市场找到适合的并购候选企业并进行评估是件比较困难的事情;其次,并购后的企业具有不同的文化背景和价值观,融合存在一定困难;最后,国外市场与企业政府关于并购政策的缘故很可能导致谈判失败。

根据并购的不同功能或并购涉及的不同产业组织特征,可以将并购分为三种基本类型:

①横向并购:即企业在国际范围内的横向一体化,具体来说是指两个在同一行业,并在生产经营上处于同一阶段的企业的兼并。近年来,随着全球性的行业重组浪潮,国际上许多公司都进行了行业横向并购。

②纵向并购:即发生在同一产业的上下游之间的并购,具体来说是指两个在同一行业内,但在生产经营上处于不同生产阶段的企业的并购。一般来说,纵向并购的企业之间都不是直接的竞争关系,而是供应商和生产商之间的关系。

③混合并购:即发生在不同行业企业之间的并购。混合并购的目的主要在于分散风险,寻求范围经济。在风云变幻的国际市场,越来越多的跨国公司开始实行不同程度的多元化,混合并购就是多元化需求的鲜明表现,这为企业进入其他行业提供了有利、便捷、较低风险的途径。

如今,国际企业的并购已成为一股不可阻挡的潮流,涉及的领域广泛、规模巨大,具体包括汽车工业、电信业、制药业、金融业、旅游业,以及高新技术产业等,几乎所有的行业都不同程度地卷入了并购浪潮。

6.4.4 国际战略联盟

国际战略联盟(Strategic Alliances)是两家或两家以上的企业为了相互需要、分担风险并实现共同目的而建立的一种合作关系。它是弥补劣势、增强竞争优势的重要手段,可以迅速开拓新市场,获得新技术,提高生产效率,降低营销成本,谋求战略性竞争策略,寻求额外的资金来源等。

目前,最明显的国际战略联盟出现在航空业。美国航空公司(America Airlines)、英国航空公司(British Airways)、加拿大航空公司(Canadian Airlines)、澳洲航空公司(Qantas Airways)是世界联盟的成员,该联盟整合了时刻表和里程计划。与之竞争的是以联合航空公司(United)和汉莎航空公司(Lufthansa)为首的星星联盟(Star)以及由西北航空公司(Northwestern)与KLM率领的两翼联盟(Wings)。对单个公司来说,某些业务的成本太高、时间太长或风险太大,通过战略联盟的方式,可以把各自的优势联合起来,能做原本无法做成的事情。

案例与思考

塔塔 Nano 汽车:世界上最便宜汽车的国际市场选择

未来10年,全球汽车业的增长将主要来自新兴经济体,如印度、中国和东欧。在这些国家的汽车市场增长中,做出最大贡献的应来自快速增长的小型车市场。中产阶级可支配性收入的增加是发展中国家小型汽车市场发展的主要驱动力。然而,在像美国和欧洲西部这样的发达地区,严格的环保标准增加了对这种节能汽车的需求。

1. 塔塔汽车公司

2012 年,印度塔塔集团(www. tata. com)在 85 个国家共拥有从业人员近 455 000 人,成为印度最大的集团公司。2011—2012 年,该公司获得大约 1 000 亿美元的收入(相当于印度 GDP 的 5%)。塔塔集团的七个业务部门拥有近 100 家公司。

塔塔汽车公司是塔塔集团旗下的一家公司。作为印度最大的汽车制造商、公交车、商用卡车、拖拉机拖车、客车、轻型商用车和多用途车等汽车制造商,塔塔汽车公司正在为全球市场提供动力。该公司主要在印度销售汽车,但其销售额的 20%来自其他亚洲国家、非洲、澳大利亚、欧洲、中东和南美洲。2008 年,塔塔汽车公司花费约 23 亿美元从福特汽车公司收购了捷豹和路虎品牌。现在,塔塔汽车在印度的三家工厂和在其他国家和地区的办事处共拥有 22 000 员工。

塔塔汽车在印度乘用车市场的占有率低于 20%,并且近些年正遭遇销售下滑。除印度之外的其他国家,塔塔汽车只销售了很少的汽车,可以说该公司的国际市场营销经验很薄弱。

然而,与作为竞争对手的其他跨国公司相比,该公司确实有一些明显的优势。首先,该公司具有一定的成本优势,其劳动力成本仅占销售额的 8% ~ 9%,而在发达国家达成本占到了 30% ~ 35%;其次,塔塔汽车公司拥有较为宽泛的后向和前向联系,与塔塔集团的机床和金属部门都有着紧密的联系;最后,印度政府出台了促进汽车工业的政策和法规,包括对研发的鼓励与支持。

尽管塔塔汽车公司表示,它希望在接下来的四年里花费大约 15 亿美元来扩大制造奢侈品牌的设施,但捷豹和路虎的收购还是给它带来了财务压力。与此同时,路虎和捷豹除了使塔塔汽车公司拥有了全球认可的产品,品牌的收购也使塔塔汽车公司进入了美国市场。通过与菲亚特进行合作,塔塔已经在印度分销意大利汽车,并将该产品扩大到对菲亚特品牌认可的美国南部。

2. 塔塔 Nano 汽车的发展

2008 年,在新德里举行的汽车博览会上,塔塔展示了世界上最便宜的汽车 Nano。这辆车可容纳五人,每加仑(1 加仑≈3. 785 升)汽油可以行驶 55 英里(1 英里≈1. 609 千米),售价约为 2 230 美元。起初 Nano 仅在印度销售,但塔塔希望经过几年前期生产后 Nano 可以出口,并在不远的将来出口到欧洲。2010 年初,塔塔首次向其印度本国的客户发货。

塔塔 Nano 开始与塔塔集团(塔塔汽车公司的母公司)合作,创建一个专门针对度消费者的超低成本汽车:在印度,很多人买不起当时市场上标价 5 000 美元的最便宜汽车,大多数家庭只能负担得起 1 000 美元的摩托车。所以,在印度街头看到一家四口人骑摩托车是再平常不过的事了。

仅在印度就有 5 000 万 ~ 1 亿人处于汽车断层。到目前为止,印度汽车制造商没有把重点放在这里,而在这方面,Nano 是蓝海战略一个很好的例子。

客户一直存在于 Nano 技术的发展中。塔塔并不是通过计算生产成本和添加利润来确定 Nano 的价格，而是考虑到消费者仅可以支付 2 500 美元，并将其作为售价，然后与那些愿意冒险的合作伙伴一起生产一台能从 2 500 美元中获取少量利润的汽车。

Nano 的工程师和合作伙伴并不是简单地剥离现有汽车的功能——追随者雷诺 Dacia-Logan 在印度的售价为 1 万美元。相反，他们着眼于目标客户削减生活成本的想法。例如，Nano 的发动机比其他车小，因为在印度拥挤的城市里，平均时速为 10 ~ 20 英里即可，更多的功率将是浪费。

Nano 旨在为数百万印度人带来驾驶乐趣，就如同大众甲壳虫对德国以及 Mini 对英国一样。然而，这个计划使环保主义者陷入恐慌，他们担心印度不断增长的中产阶级人口（总人口 11 亿，中产阶级人口占到了 5 000 万）对汽车的需求会增多，从而加剧环境污染和全球气候变暖。

3. 全球低成本汽车（LCC）的市场细分

这个市场的巨大潜力吸引了世界各地制造商和供应商的注意，近年来有一些全球参与者进入了 LCC 行业。毫无疑问，先行者将有机会获得市场份额，并建立消费忠诚度。动态和强大的超低成本汽车（英国）市场正迫使汽车制造商重新考虑自己的战略。毫无疑问，使用传统的设计、制造和分销方法使超低成本汽车（ULCC）的入门价格低于 3 500 美元是一个极其艰巨的任务。低价位、低利润率将会在 ULCC 市场上形成激烈的竞争。

塔塔 Nano 最有前途的市场是在印度、中国和日本，预计未来 ULCC 的生产和需求将占到 60% ~ 70%。

4. 印度

印度很可能会演变成小型汽车制造业的全球枢纽。目前，塔塔 Nano 是最大的小型车生产商之一，小型汽车市场约占印度汽车市场的 3/4，快速增长的小型车市场带动几家全球汽车公司（雷诺、日产、丰田、现代）宣布在印度推出小型车的计划。随着塔塔 Nano 的推出，该平台将在未来两年内在印度推出十几款小型紧凑型轿车。

2012 年，印度最大的汽车制造商玛鲁蒂铃木（Marut Suzuki），已经拥有国内小型市场超过 60% 的份额。

Nano 汽车等廉价汽车在印度城市交通中的意义必须从印度机动车的总体趋势来看。截至 2015 年年底，印度已拥有近 5 500 万辆轿车。2015 年，在印度市场售出约 300 万辆新客车，与此相比，仅在 2015 年就有近 1 000 万辆两轮摩托车在印度销售。

5. 中国和日本

中国的小型车需求有望在长时间内增加。然而，小型车和中型车之间的价格差距使得中型车成为消费者更具吸引力的选择。

小型车占日本汽车市场总销量的 1/3 以上，铃木和大发是日本小型车市场的领导品牌。由于环境标准和汽油价格的上涨，大量的日本消费者放弃了豪华轿车而转到微型车上来。

（资料来源：根据公开资料整理）

思考：

①塔塔汽车进入全球超低成本汽车市场的主要原因是什么？

②塔塔 Nano 在新兴市场中有哪些竞争优势？

职业技能训练

华为与阿迪达斯跨界合作

2018 年 4 月 27 日、荣耀 10 携阿迪达斯，新王降临！

凭借“会变色更潮美”的外形以及 AI2.0 的强力赋能，荣耀 10 一经发布就成为年轻人讨论的热门话题。4 月 27 日全平台首销 2 分钟便售出 4 亿部，荣耀再一次创造了互联网手机品牌的神话。

然而，在手机行业渐入凛冬之际，荣耀 10 炸翻的已不只是手机圈，在阿迪达斯多个专卖店中也惊现荣耀 10 的身影。

多个角度可变换色彩的荣耀 10，经店员巧手摆放，与阿迪达斯服饰放在一起，更是彰显了自身的潮美时尚气质，一时间吸引了诸多路人的围观。此次跨界合作被手机圈和时尚圈公认为“天作之合”，以科技创新驱动潮流时尚，以潮流时尚赋能科技创新，两大潮流强强联合，共同打造了独属于年轻人的潮流文化。

早在荣耀 10 发布之前，双方就已经宣布将在 AR 领域展开深度合作，这个以变色、新潮流美学为卖点的科技潮品借势开启了一波新的“潮流”营销。在荣耀 10 的发布会上官方正式宣布，4 月 27 日开始，荣耀 10 将以科技潮品的身份入驻 50 家阿迪达斯的线下旗舰店。

（资料来源：根据公开资料整理）

请结合上述案例，探讨战略联盟的新趋势。

本章知识自测

一、关键概念

国际市场营销政治环境　征收　外汇管制　法律环境　国际市场营销法律环境

二、判断题

1. 国际贸易惯例不具有普遍的约束力，只有双方当事人在合同中引用了某项惯例，该项惯例才对合同的当事人产生约束力。（　）

2. 企业在国际市场营销中的产品决策，必然会受到各国法律的影响。（　）

3. 企业在决定进入某一国时，必须全面深入了解该国有关市场营销方面的各项法规。（　）

4. 政治环境因素对企业国际市场营销活动的影响有两方面：一是保障作用；二是规范作用。（　）

5. 没收（Confiscation）是指东道国政府将国际企业在本国资产的全部或部分无偿地强行收归国有。（　）

三、不定项选择题

1. 细分市场是由相似的（　）组成的。

A. 产品　　B. 行业

C. 消费者群体　　D. 企业

2. 最初级的国际市场进入模式是(　　)。

A. 直接出口　　B. 间接出口

C. 契约进入　　D. 投资进入

3. 最高级的国际市场进入模式是(　　)。

A. 直接出口　　B. 间接出口

C. 契约进入　　D. 投资进入

4. 国际企业减少法律纠纷或冲突的办法很多,要根据具体情况而定。但在国际市场营销活动中应该注意以下(　　)最基本的问题。

A. 了解有关法律法规　　B. 了解商业合同要素

C. 为纠纷仲裁设立条款　　D. 了解国际条约与国际惯例

5. 解决国际市场营销冲突的办法包括(　　)。

A. 协商　　B. 调解

C. 仲裁　　D. 诉讼

四、简答题

1. 简述国际市场细分的原则。
2. 国际市场定位的步骤和依据是什么?
3. 国际市场进入方式主要有哪几种? 试对其优缺点进行分析。

第7章 国际市场营销产品策略

学习目标

通过本章的学习与技能训练，要求学生：

- 重点掌握整体产品概念、国际产品品牌决策的内容。
- 熟悉国际产品设计策略、包装决策的内容。
- 了解新产品的概念与内涵。

案例导读

在肯尼亚第三大城市基苏木，大街小巷到处可见自行车。这些自行车要么停靠在人群熙攘的路口，骑车人聚在一起边闲聊边等待着生意；要么飞快地行驶在路边，后车座上载着身穿正装、刚下班的职员，或者怀抱小孩、采购归来的妇女。这就是基苏木的自行车出租车——“包达—包达(border-border)”。当地人告诉记者，很早以前，肯尼亚与邻国乌干达之间交通不便，边境间往来比较便捷的方式就是骑自行车。一些有经济头脑的人想到为没有自行车的人提供载客服务，赚点辛苦钱。由于这一业务最初是在两国边境(border)地区往来，当地人便形象地称其为“包达—包达”。如今，它已从边境延伸到了城市，但人们仍沿用着这个名称。

跟亚洲人比，非洲人普遍个头高腿长，再加上载客的需要，基苏木的自行车绝大部分是28、双梁的重型车。新自行车买来后要从事“包达—包达”运营，还要再花费约500先令进行一番改造：加固、安装照明灯和后视镜，以及用海绵改装后座，使其更为舒适。有的车主还会给自己的爱车涂上鲜艳的颜色，让其更引人注意。

（资料来源：根据公开资料整理）

思考：

基苏木的自行车与国内的自行车有何差别？在基苏木直接销售国内市场的自行车是否可行？为什么？

分析与提示：

苏木的自行车绝大部分是28、双梁的重型车。在基苏木直接销售国内市场的自行车并不合适，因为当地消费者的体型与国内消费者有差异，购买自行车也不是为了自用，而是为了运营。

7.1 国际市场营销产品设计策略

7.1.1 国际市场营销整体产品概念

按照传统的观念,产品只是指有形的物品,但现代营销学是从顾客需求角度将产品定义为:能够给购买者带来任何有形或无形利益的载体,是能够满足购买者需求与欲望的物体与服务。

整体产品概念包括核心产品、有形产品和附加产品三方面的内容,或三个层次的内容,如图 7-1 所示。近年来,菲利普·科特勒等学者进一步认为,产品整体概念包括五个层次的内容,即除上述三个层次内容外,还包括期望产品和潜在产品另外两个层次,如图 7-2 所示。

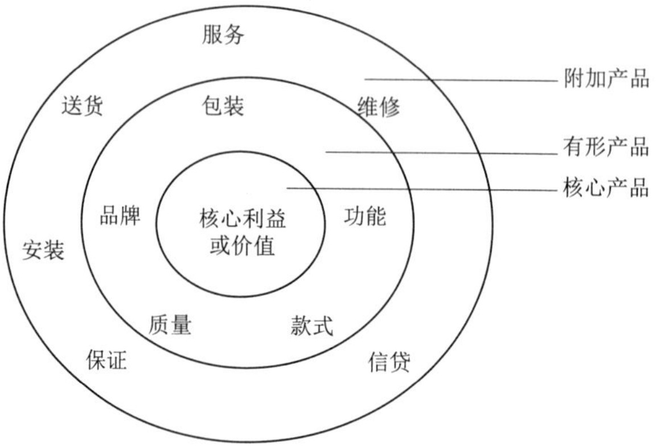

图 7-1　产品整体概念三层次内容图示

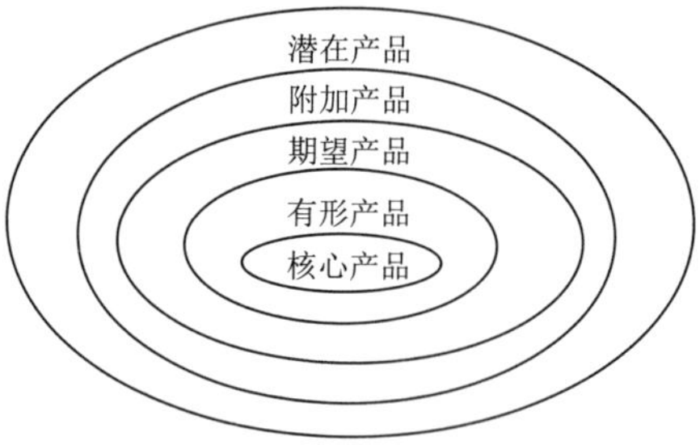

图 7-2　产品整体概念五层次内容图示

1. 核心产品

核心产品是顾客购买某种产品所希望得到的根本利益。这是产品整体概念中最基本的层次,体现产品的实质性,是满足顾客需要的核心内容,即能够提供给顾客的、顾客所追求的最基本的效用和利益。

这一层次的利益是目标市场消费者所追求的共同的无差别的利益。例如,消费者购买计算机并不是为了获得一个带有显示屏、装有各种部件的机器,而是为了获得能满足自己学习、工作、娱乐等方面需要的效用。可以说,对于普通消费者而言,他们只是把计算机当作一个黑匣子，具体技术原理他们可能列举不出多少，但希望计算机提供给自己什么效用，他们却可以列举出许许多多。其实，企业产品的研制、生产与提供正是在研究消费者希望得到的这许许多多效用的基础上完成的。企业营销的目标，就是要最大限度地满足消费者这许许多多的效用。哪一个企业能更好地、更全面地满足消费者的这些效用，哪一个企业就能在市场竞争中赢得优势。

2. 有形产品

有形产品即产品的实体，如质量、功能、款式、品牌及包装等，参见图 7－1。它是核心产品传递给消费者的载体，也是产品在市场上的表现形态。对于服务产品则由服务的程序、服务人员、地点、时间、品牌等构成。

3. 期望产品

期望产品是指购买者购买产品时期望得到的与核心产品密切相关的一整套属性和条件，是每一细分市场甚至每一个体消费者希望得到的，除核心产品价值之外的能满足自己个性化需求的价值的总称。不同的消费者对同种产品所期望的核心效用或价值一般是相同的，但除核心产品之外，不同的消费者对产品所期望的其他效用，又会表现出很大的个性化色彩，不同细分市场或不同个体消费者所追求的产品价值又是富有个性的。例如，不同的消费者购买面包所期望的核心效用或价值都是充饥，同样是可以充饥的面包，有的消费者喜欢豆沙面包，有的消费者喜欢果酱面包，有的消费者却喜欢奶油面包等。又如，旅馆的客人除希望得到“休息和睡觉”的利益外，还期望得到干净清洁的床位、洗浴香波、浴巾、衣橱、电话、电视、安静安全的环境。一般来说，大多数旅馆都能满足这种最低限度的期望，因此，旅行者对不同的旅馆不会形成特殊的偏好。

4. 附加产品

附加产品也称延伸产品，是指消费者在购买产品时希望得到的一些附加价值的总称。这一层次产品的内容是为了满足消费者因获得前三个层次的产品而派生出的延伸性需求，参见图 7－1。它通常包括服务、保证、信贷、安装、送货等内容。它是产品的生产者或经营者为了帮助消费者更好地获得核心产品与期望产品而提供的一系列服务。

不同发展水平国家的消费者对产品整体概念各部分的要求是不同的。一般来说，发展中国家消费者比较注重产品的核心部分，而发达国家消费者则更注重有形产品和附加产品部分。随着技术和经济的发展，发展中国家也逐渐关注和重视产品的有形部分和附加部分。

在国际市场上，附加产品部分已经成为企业竞争的焦点，特别是随着经济的发展、竞争的加剧，许多原来可以实现促销功能的附加产品项目在消费者眼中已经习以为常、见惯不怪了，而且如今许多国家对某些附加产品项目还做出了强制性的规定。因此，企业必须在保证核心产品和有形产品的基础上，努力开发附加产品的资源。

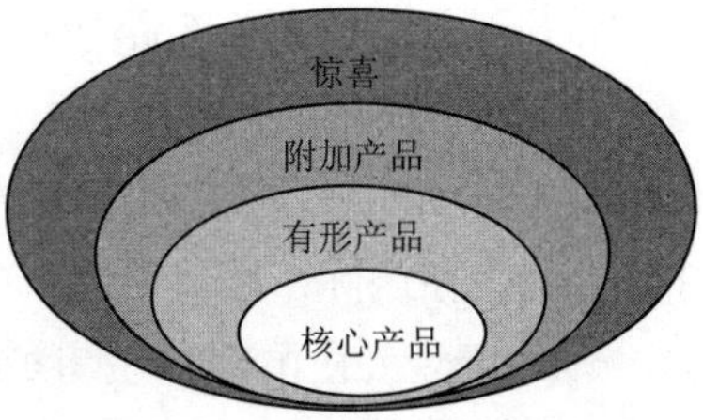

图 7－3　整体产品示意图

5. 潜在产品

潜在产品是指在核心产品、有形产品、附加产品之外，能满足消费者潜在需求，尚未被消费者意识到，或者已经被意识到但尚未被消费者重视或消费者不敢奢望的一些产品价值，如图 7－3 所示。它与附加产品的主要区别是:顾客没有潜在产品仍然可以很好地满足其现实需求,但得到潜在产品,消费者的潜在需求就会得到较好的满足,顾客需求也会得到超值的满足,消费者对产品的偏好程度与忠诚程度会大大强化。在高新技术发展日益迅猛的时代,其实产品的许多潜在价值还没有被顾客充分认识到,这就需要企业通过消费者教育和消费引导活动,使消费者发现或认识到潜在产品。例如,有些企业能够为消费者创造某种惊喜,如酒店为客人提供豪华车辆接送、建立客人生日档案,届时寄送贺卡等。

7.1.2 国际市场营销产品设计策略

国际企业在国际市场营销活动中,有时可能将在国内销售的产品直接销售到国际市场;但是,由于国内外文化环境的差异性,在更多的场合下,需要将产品做出部分甚至全部改变,然后再销售到国际市场;有时甚至还需要专门为国际市场设计一种全新的新产品。这种产品进入国际市场的策略性规划与实施即国际市场营销产品设计策略。国际市场营销产品设计策略可以划分为标准化与差异化两大类。

1. 国际市场营销产品设计标准化策略

(1)国际市场营销产品设计标准化策略的概念

国际市场营销产品设计标准化策略就是企业将同样的产品直接输往国际市场。赞成标准化策略的人们认为:企业应该把整个世界看作一个大市场,不必理会各地区和国家之间的差别,企业的任务就是提供先进的、性能良好的、可靠而又廉价的全球性标准化产品。而且,消费者需求与心理带有全球性的共性,各种文化之间也有相近之处,因此,与产品密切相关的广告促销也可以采用标准化的形式。

(2)国际市场营销产品标准化策略的优点

从企业的角度考虑,有许多因素促成企业做出标准化决策,主要表现在以下几方面:

①有利于降低成本,实现规模经济效益。由于企业输往各国市场的产品都是一样的,因此产品的开发设计成本、生产成本、促销成本等都会随着销售量的扩大而降低。

②有利于树立全球统一的产品形象。由于企业在国际市场上所销售的产品,从产品的效用、外观到包装、品牌等都是相同的,有利于在国际市场上树立统一的产品形象。

③有利于延长产品市场生命周期。当企业产品在某国市场即将进入衰退期时,将该产品输入到其他一些尚处于投入期的国际市场,便可使该产品"梅开二度""起死回生",从而使企业产品市场生命周期得以延长。

④有利于满足国际流动性较强的消费者的需求。随着国际旅游业的蓬勃发展,旅游者构成一个不可忽视的市场。国际旅游消费者在国际市场上对产品的选择与购买,常常以标准化的国际市场营销产品为依据。例如,可口可乐、吉列剃须刀、柯达胶卷、麦当劳及希尔顿饭店等就是如此。

⑤树立产品独特的国家文化符号形象。某些产品的标准化有助于借助该国文化进行推销,使之在国际市场具有独特的国家文化符号含义。例如,几年前风靡西欧市场的中国功夫鞋和唐装,在国际消费者心目中就代表着独特的中国情调。同样,美国香烟、口香糖、牛仔裤以及法国香水等,都在世界市场上有其独特的国家文化符号作用,消费者购买这些产品更多的是追求一种异国文化的体验与感受。

(3)国际市场营销产品标准化策略的缺点

忽略国际市场不同国家不同消费者的不同需求,可能会因市场规模狭小而走入困境。例如,可口可乐曾在西班牙推销其 2 升装的可乐,却没有注意到西班牙的冰箱比其他国家的小,结果是冰箱放不进该种规格的可乐瓶子,于是可口可乐公司不得不重新设计瓶子。

2. 国际市场营销产品设计差异化策略

(1)国际市场营销产品设计差异化策略的概念

国际市场营销产品差异化策略实际上是一种产品本土化设计策略,是指企业按照东道国市场的需求特点对产品进行改进或重新设计的策略。主张国际市场营销产品差异化的人们认为,国际市场应该按照不同地区、不同文化、不同的社会加以细分,并把每一个子市场视为独特的市场进行经营,企业的产品策略和促销组合都将相应地进行修改、调整甚至重新制定。

企业实行产品差异化策略的原因主要有两种:一是被动更改,即由于目标市场国的各种硬性规定必须改变产品实行差异化策略,如果产品不改变,就无法进入目标市场;二是主动更改,是指企业为了更好地适应东道国市场需要而主动改进产品,如果产品不进行更改,也能进入目标国家市场,但是如对产品进行适应性更改,则更能符合目标国家市场的需要,有利于取得良好的营销效果。

(2)国际市场营销产品设计差异化策略的优点

①有助于企业形成差异化竞争优势,促进销售。产业组织理论认为除了完全竞争市场和寡头垄断市场之外,企业控制市场的能力取决于其产品差异化的成功程度。如果企业能突出自己产品与竞争产品之间的差别,并让顾客了解到这一差别的存在,企业就可以限制竞争对手,在激烈的竞争中处于有利地位。

②适应国际目标市场需求差异。在许多情况下,企业如果不对产品进行更改,也能进入国际目标市场,但是企业为了更好地适应东道国市场需要,获得更好的营销效果,则要对产品进行必要的适应性更改。

例如,荷兰的飞利浦电动剃须刀,在进入中国市场前,考虑到东方人的体形特征,特地缩小了产品的尺寸,以方便中国消费者使用。美国热水器巨头 A. O 史密斯刚刚进入中国时,发现消费者为了省电,会频繁地拔插插头。电是省了,但很不方便,而且无法随时享用热水。结果是,热水器只被用来洗澡,而洗碗、洗菜、洗手、洗衣服的时候,热水器就被遗忘了。针对中国消费者的生活习惯,A. O 史密斯研制出了 AES 自适应节能系统,按照用户的使用习惯提前预先加热,在非用水时间 AES 则启动中温保温方式,根据设定温度计算出最节能的保温温度,减小热水器内外温差,因而大大减少保温加热次数,真正做到不拔插头更省电。

③适应产品国际市场营销环境的差异。在许多情况下,企业实行差异化产品策略,是迫于某项国际市场营销环境的要求而被动做出调整的。目标市场国的环境因素的差异通常是国际市场营销的企业制定产品策略的依据,环境不同的国家有不同的法律规定,不同国家有不同的产品技术标准,不同国家有不同的自然环境。这些差异很有可能会限制产品的标准化,使产品不得不采取差异化策略。

例如,就气候来说,温度和湿度都将给产品的使用造成影响。日本汽车最初进入加拿大市场时,因使用条件的不同导致汽车极易生锈,消费者对产品质量产生怀疑。原来加拿大的冬季天寒地冻,经常在公路上撒盐以融化冰雪、清扫道路,小汽车在公路上跑的时间一长,受盐腐蚀,导致车身锈迹斑斑。日商经过调查,改进了其车身的喷漆配方,解决了这一问题。又如,日本的交通规则是右驾左行。美国汽车制造商却没有根据这一情况将其出口日本的汽车进行改动,从而使美国汽车大举进入日本市场的希望成为泡影;再如,我国的民用电压是 220 伏,而日本的民用电压是 110 伏,因此,日本的家电产品进入我国市场,必须进行更改,否则无法使用;美国的电视制式是 NTSC,销往美国的彩电只做成 NTSC 就行了,绝对不要再加什么 PAL 制式,但同时美国市场上所要求的彩电须具有防暴力、防色情画面的 V-CHIP 功能却不能少。

(3)国际市场营销产品设计差异化策略的缺点

国际市场营销产品差异化策略的缺点主要是:需要深入细致调查国际市场营销环境的情况,需要深入分析国际目标市场的需求特点,需要专门针对某一国际细分市场设计产品与规划营销组合策略,因而进入国际市场需要投入较大的成本。而且这种本土化的营销不利于树立企业产品“母国文化符号”的形象。

7.1.3 国际市场营销产品设计与促销宣传的组合策略

一般情况下,企业可以将出口产品策略与广告宣传策略结合起来,构成下述五种策略,如表 7-1 所示。

表 7-1 产品设计与促销宣传的组合策略

—		广告宣传(促销)		
		标准化(产品用途相同)	差异化(产品用途不同)	
产品	标准化(使用方式相同)	产品与宣传直接延伸	产品延伸、宣传改变	开发新产品
	差异化(使用方式不同)	产品改变,宣传延伸	双重改变	

1. 产品与宣传的直接延伸

当产品用途和使用方式在国内外市场上基本相同时,可以实施国际市场营销标准化策略,将产品直接出口,并且直接沿用国内市场的广告宣传主题,通常把这种组合策略称为产品与宣传直接延伸策略,或称产品-促销标准化策略。

产品与宣传直接延伸策略的优点是可以节省研究与开发、生产与营销方面的成本,有利于树立企业全球统一的形象。适宜采用这种组合策略的企业有两种类型:一类是偶尔从事出口业务而无长远国际市场营销计划的企业;另一类是实施全球营销的大型跨国公司。这种策略适用于照相机、家电产品和个别饮料食品等消费品,主要适用于机电产品等产业用品的国际市场营销。

2. 产品延伸,宣传改变

当产品用途不同而使用方式相同时,出口国内同样产品,但改变广告宣传方式,以适应国际市场消费者的不同需求。通常称这种组合策略为产品延伸、宣传改变的策略,或产品标准化-促销差异化策略。

产品延伸、宣传改变策略不要求企业在国际市场营销中改变产品,但为更好地实现营销目标,需要根据目标市场的特殊情况修改促销方式,即通过改变广告、推销、服务和公共关系等内容,在国际市场上营销与国内市场相同的产品。这一策略仍然是一项低成本策略,因为产品不变,意味着生产线和生产组织不变,成本仅仅与促销方式的变化有关。

3. 产品改变,宣传延伸

当产品在国内市场与国际市场上的用途相同但使用方式不同时,为了适应当地的条件,可将产品适当改变,但广告宣传方式不做改变。通常称这种组合策略为产品改变、宣传延伸策略或称产品差异化 - 促销差异化策略。这一策略根据国际目标市场顾客的不同需求,对产品进行部分改进,以适应各国市场需要的特殊性,产品的改变涉及式样、功能、包装、品牌及服务等方面,而促销策略保持不变。

例如,麦当劳快餐在广告信息相同的情况下为墨西哥市场略改汉堡包的配方,将甜味的番茄酱改为辣椒酱;在发达国家,洗碗机主要用于家庭,所以洗碗机的外形较小,利于家庭使用。但在发展中国家,洗碗机主要为餐馆酒楼使用,要求容量大,能满足一次清洗大量碗碟的要求;埃克森公司根据不同市场的气候条件改变所供应汽油的配方,但广告宣传主题保持不变,强调“使您的汽车如虎添翼”。

4. 双重改变

当产品在国内外市场上的用途和使用方式都不同时,企业可以将产品和广告宣传进行双重改变,把这种组合策略称作双重改变策略,也称产品 - 促销差异化策略。实际上,这是上述产品延伸、宣传改变策略和产品改变、宣传延伸策略的合并使用。

双重改变策略涉及产品生产和促销两方面的改变,因此其应用成本较高,这就要求国际企业在采用这种策略之前应做好经济分析。一般而言,采用这种方法的前提是改变产品和促销后增加的收益能补偿改变产品和促销形成的费用成本。例如,美国通用食品公司根据不同国家或地区的消费偏好,相应地调制具有不同口味的咖啡,并通过不同的广告画面来突出咖啡的味道。

5. 开发新产品

有时对产品和广告宣传仅做部分改变仍不能适应国际市场需要时,企业为了开拓国际市场,必须专门为国际市场设计新产品,并采用新的广告宣传策略,把这种组合策略称作开发新产品策略。例如,美国通用汽车公司曾为不发达国家试制一种多用途吉普车,这种吉普车价格低廉、标准化程度高,并能适应不同的道路条件,从而一举获得成功。

7.1.4　国际市场营销产品的适应性

1. 国际市场营销产品适应性的概念

企业对国际市场营销产品设计策略的选择,不仅要考虑到产品本身的用途特点、营销环境差异,而且还取决于企业的营销目标和资源条件,企业应在全面权衡利弊的基础上做出正确的选择。

国际市场营销产品的适应性,就是指企业产品满足国际市场需求,适销对路,适应国际市场营销环境的程度。

2. 影响产品适应性的因素

国际市场营销产品的适应性通常受下列因素的影响。

(1)产品通用标准的差异

不同国家的产品技术标准不同,产品就不得不采取差异化设计的策略。

例如,国际上通用的度量衡制度有公制、英制、美制,以及近年来逐渐推广应用的国际单位制。企业产品使用的度量衡制度若与目标市场国不符,只有适应目标市场通用标准,才有可能进入该国市场。又如,我国民用电压为220伏,而美国、加拿大等国是110伏,有些国家则高达300多伏。显然,国际市场营销产品就要做出相应的调整,以适应不同的电压标准。

(2)自然地理条件的差异

不同国家或地区,由于自然地理环境的差异,可能要求产品差异化。例如,汽车轮胎的成分需要因不同国家的气候特点而异,在热带国家,轮胎应防高温熔化;而在高寒地区,则要求轮胎具有防滑功能,并要配有暖气装置。南方制作的木质家具,若不经过特殊的处理,就不适应北欧寒冷干燥的气候,容易发生翘裂。

(3)经济发展水平的差异

不同国家或地区人均收入水平的差异,直接影响到所适销的产品档次。发达国家家庭早已普及的冰箱、洗碗机或烤箱等家用电器,在不发达国家或地区则可能被视作奢侈品。

(4)社会文化环境的差异

不同国家在宗教信仰、风俗习惯或语言文字等方面的差异,也是影响国际市场营销产品适应能力的重要因素。以我国瓷器出口为例,中国瓷器历来享誉海外,尤其是高档精美的瓷器常常被视为艺术品陈列,但中国精美瓷器曾一度在西欧市场销售平平。其原因是,我国出口艺术瓷器与陈列瓷器多以中国传统文化为图案,与当地市场的习俗相悖,自然得不到当地消费者的喜欢。

(5)东道国的法律要求

不同的国家有不同的法律规定,这些法规很有可能会限制产品的标准化。例如,美国政府规定了严格的防污染法,其他国家向美国出口汽车,必须有防污染装置,并达到美国政府规定的汽车排泄控制标准,否则汽车无法进入美国市场。

国际市场营销产品标准化设计和差异化设计适用条件如表7-2所示。

表7-2 产品标准化设计和差异化设计的适用条件

要素	标准化设计的适用条件	差异化设计的适用条件
效益	标准化效益明显(适应的成本较高);生产、研发、营销规模经济效益明显	差异化效益明显(利润/成本指标值高)
产品	主要适用于工业品,部分耐用消费品	主要适用于非耐用消费品,部分耐用消费品
需求	不同国家市场消费者需求差异不大	不同国家市场消费者需求差异较大
竞争	竞争者很少	竞争者很多
环境	在环境大体相似的国家开展营销活动	在环境差异较大的国家开展营销活动。例如,技术标准存在差异、原材料可用性不同、法规限制、习俗不同、文化差异较大、人们收入及购买力水平不同、产品使用条件不同等
目标市场	流动性母国消费者	东道国消费者
推广意义	有积极的宗主国(起源国)效应存在	母国文化缺乏推广效应

3. 国际市场营销产品适应方式

企业产品对国际市场营销环境的适应，可以分为强制性适应与非强制性适应两大类。

（1）强制性适应

强制性适应是指由于企业无法控制或施加影响的环境因素的作用，企业不得不对产品做改动以求适应特定的营销环境。

为了维护本国消费者的利益或者某些利益集团的利益，或者为了维护已有的商业习惯，各国政府会对在市场买卖的商品制定出一些特殊的法律、规则或要求。这些强制性规定有些是永久性的，有些是临时性的，有的则是专门为商品制定的。产品要想出口到某国，就必须符合该国的这些特殊要求，否则连海关也进不了。

例如，出口到美国的产品，只用美国的安全标准衡量，而忽略贸易合同相关条款和出口国的规定标准。美国政府虽然不立法搞强制认证、但他们充分利用第三方权威认证机构及认证体系，开展对涉及安全、卫生、环保的产品认证，其中 UL 就是最有代表性的一个。虽然美国联邦政府并未要求产品一定要达到 UL 标准，但联邦政府在调查安全案时就用 UL 规定的标准进行检验，美国消费品安全委员会在裁决产品是否安全时，UL 的测试结果是他们的主要依据。

日本对进口产品不仅有严格的标准，而且还通过认证制度和产品的合格检验等对进口商品设置重重障碍。日本通产省管理认证产品占全国认证产品总数的 90%左右，实行强制性和自愿性两类产品认证制度。强制性认证制度是以法律的形式颁布执行，其认证产品主要有消费品、电器产品、液化石油器具和煤气用具等。澳大利亚对汽车、家用电器等实行强制管理制度。

CCC 认证是“中国强制认证”，其英文名称为 China Compulsory Certification。CCC 认证的标志为 CCC，是国家认证认可监督管理委员会根据《强制性产品认证管理规定》（中华人民共和国国家质量监督检验检疫总局令第 5 号）制定的。凡列入强制性产品认证目录内的产品，必须经国家指定的认证机构认证合格，取得相关证书并加施认证标志后，方能出厂、进口、销售和在经营服务场所使用。

QS 是食品质量安全（Quality Safety）的英文缩写，所有食品生产企业必须经过强制性的检验，合格且在最小销售单元的食品包装上标注食品生产许可证编号并加印食品质量安全市场准入标志（QS 标志）后才能出厂销售。没有食品质量安全市场准入标志的，不得出厂销售。

（2）非强制性适应

非强制性适应是指企业改进产品适应营销环境，并非由于企业不可控因素的作用，而是出于企业营销目标与资源条件的考虑。如果企业的目标是谋求国际市场营销的长远利益，企业可能更愿意对产品加以改进，以便更好地适应目标市场的营销环境。如果企业着眼于短期利益，产品改进效益（因产品改进而带来的营销效益）并不理想，企业可能对产品不加更改，采取直接出口策略。

在 20 世纪 80 年代早期，宝洁公司的婴儿尿布是根据美国人的喜好设计的，没有考虑到日本父母比美国父母更频繁地更换婴儿尿布，尿布吸湿性也较差，结果损失了上百万美元。痛定思痛，宝洁公司引入了一种吸水性更强的一次性尿布——Uta 尿布，其设计目的是使婴儿保持干燥的状态，由于日本家庭柜架的壁橱空间很小，宝洁还将其尿布改进得更薄，这样就能装在一个更小的盒子里出售，并要求在日本的所有经理必须学习日语、日本文化，与经销商建立较密切的私人关系。同时，宝洁还确保其公司名称在所有的包装、广告上都用日文标出，因为日本消费者更喜欢那些为其所购买的品牌开展营销活动的公司。所有这些变化的结果是，宝洁公司成为日本一次性尿布市场的领先者，年销售额很快达到10亿美元的高峰。

7.2 国际市场营销新产品的设计与开发

7.2.1 国际市场营销新产品

市场营销学中“新产品”的含义与科学技术领域“新产品”的含义有所不同，不一定指新的发明创造。可以说，凡是能够给顾客带来某种新的满足、新的利益的产品，都可以称为新产品。因此，从企业营销的角度来说，产品整体概念中任何一部分的创新、革新和改良，都可视为新产品，某个市场上首次出现的或者企业首次生产销售的整体产品都可以称作新产品。

1. 国际市场营销新产品的类型

根据新产品创新程度的高低，新产品可以划分为四种类型，如图7－4所示。

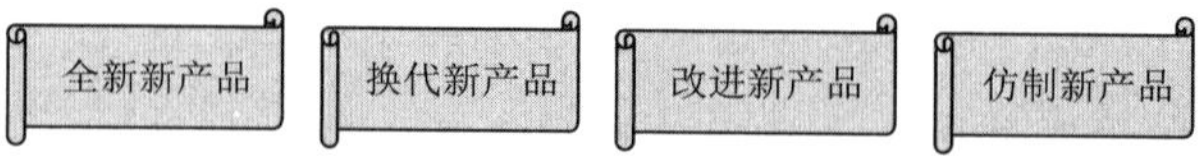

图7－4 国际市场营销新产品的类型

(1)全新新产品

全新新产品指应用新技术、新原理、新工艺或新材料研制出的市场上前所未有的产品。这种产品无论对企业或对市场来讲都属新产品。开发全新产品通常需要大量的资金、先进的技术水平，并需要有一定的需求潜力，故企业承担的市场风险较大。

(2)换代新产品

换代新产品指在原有产品的基础上，采用或部分采用新技术、新材料、新工艺研制出来的新产品，它使原有产品性能得到明显改进、质量得到明显提高。例如，洗衣机从单缸洗衣机发展到双缸洗衣机和全自动洗衣机，电视机由黑白电视机到彩色电视机、数字电视机。

(3)改进新产品

改进新产品指对现有产品的质量、性能、结构、功能、包装、款式等方面加以全面或局部改进的新产品。这类产品与现有产品差别不大，产品性能并没有本质性或革命性的突破。例如，电熨斗加上蒸汽喷雾，电视机配置遥控开关。与换代产品相比，改进新产品更易于市场推广和被消费者接受，但容易被竞争者模仿。

(4)仿制新产品

仿制新产品指对市场上已经出现的产品进行引进或模仿、研制生产出的产品。开发这种产品不需要太多的资金和尖端的技术,因此比研制全新产品要容易得多。

除此之外,企业将现行产品投向新的市场,对产品进行市场再定位,或通过降低成本,生产出同样性能的产品,对市场或企业而言,也可以称为新产品。

按照国际市场营销新产品与母国市场所销售产品之间的关系划分,国际市场营销新产品大体包括如下三种类型:

(1)直接推出现有产品

直接推出现有产品是指国际企业直接向国际目标市场推出现有的在母国或其他国家市场所销售的现有产品。其优点是既节省费用,又以较快的速度开拓外国市场。一般而言,如果企业的产品具有独特的风格,或者可以在国际上通用,或者改制费用过高或者改制受到限制则可以直接推出现有产品。

(2)革新、改良或换牌后的现有产品

大多数产品由内销转为外销时都需要进行不同程度的修改。修改的内容可以涉及产品的成分、加工方法、性能、造型、规格、包装、品牌等方面。

(3)专门设计、生产的外销专用产品

专门设计、生产的外销专用产品是指国际企业直接针对目标市场国需求开发全新产品。采用该策略一般比较容易被外国市场所接受,但费用会很高,风险一般也比较大。

2. 国际新产品开发策略

由于开发新产品的风险和成本较大,企业在制定发展国际新产品策略时,一般都要考虑如何最有效地获得新产品,同时又节省企业资源,增加利润。因此,概括而言,开发新产品策略有获取策略和创新策略两种。

(1)获取策略

获取策略是指企业不通过自己的研发(研究与开发,简称 R&D),而是直接从外部购买新技术、新工艺的使用权或某种新产品的生产权。

获取策略的形式有三种:一是直接兼并策略,是指企业收购或控制拥有吸引力的产品系列的其他公司;二是专利获取策略,是指企业从新产品或新技术发明者手中购买生产和销售新产品的权利;三是许可策略,即企业从其他企业那里获得生产和销售某种产品的许可。

获取策略的好处是企业不必花费巨大资金开发新产品,有利于节省开发资金和争取时间,迅速参与新的市场。但是,企业必须时刻关注科技发展动态,以便了解国际最新的科技发展水平。

(2)创新策略

创新策略是指企业通过自己的力量来开发新产品。

创新策略的形式有两种:一种为内部创新,是指由企业自己的研发部门发明或改良新产品。许多企业都设有自己的科研部门,从事有关产品的基础研究和应用开发,能够积极参与市场的新潮流;另一种是委托创新,即企业把开发新产品的工作通过合同形式交给企业外部的人员或公司去完成。例如,许多企业将某一新产品项目或课题委托高校或专门的科研机构进行研究开发。对于那些内部科研力量不足、科研基础薄弱或资源能力较差的中小企业,委托创新是新产品开发的最佳途径。

国际企业对于各种策略只有综合加以运用,才能最经济地获得最有效的新产品。

7.2.2 国际新产品的开发

1. 新产品构思

新产品开发始于构思产生,即系统化地搜寻新产品主意。为了找到几个好主意,企业一般都要进行许多构思。对新产品构思的搜寻必须系统地进行,而不能偶然任意化;否则,尽管企业会发现许多构思,但绝大多数将与企业所在的行业不对口。企业高层管理机构可通过审慎地制定新产品开发战略来避免这种错误。新产品构思的主要来源包括内部来源、顾客、竞争者、销售商、供应商及其他。

①许多新产品构思来自企业内部。企业可通过正规的调研活动找到新构思,还可从科学家、工程师和制造人员那里得到相应的智慧。企业的高级管理人员也会突发灵感,产生一些新产品构思。企业销售人员是另一个很好的来源,因为他们每天都与顾客接触。早在1951年丰田公司就推出了"合理化建议制度",鼓励每一个员工自由地就任意问题提出各种建议。这项制度坚持不懈地实施了几十年,公司职员每年大约会提出200万条建议,每个职员大约提35条,而且其中的85%得到了贯彻执行。

②好的新产品构思还来自对顾客的观察和对顾客建议的聆听。企业可通过调查或集中座谈了解顾客的需求和欲望,可通过分析顾客提问和投诉发现更好地解决消费者问题的新产品,企业工程师也可以跟顾客见面听取建议。通用电气公司电视产品部门的设计工程师就是通过与最终消费者会谈的方式来得到新的家用电器产品构思的。

③竞争者是新产品构思的又一好来源。企业观察竞争者的广告以及其他信息,可以获取新产品的线索。有的企业通过购买竞争者的新产品,把产品拆开,从而观察产品是怎样运作的,并分析产品的销售,最后决定企业是否应该研制出一种自己的新产品。例如,福特公司在设计其高度成功的捷豹牌汽车时,拆看了50多种竞争者品牌的汽车,一层一层地寻找可以采纳或改善的地方。

④销售商和供应商也会有许多好的新产品构思。销售商接近市场,能够传递有关需要处理的消费者问题以及新产品可能性的信息。供应商能够告诉企业可用来开发新产品的新概念、技术和物资。

⑤其他构思来源包括行业杂志、展览和研讨会、政府采购代理机构、新产品顾问、广告代理机构、市场营销调查公司、大学和商业试验室、发明人等。

2. 构思筛选

构思形成的目的是创造大量的新产品开发构思。接下来的几个阶段的目的是减少构思的数量。第一个构思减少阶段是构思筛选,筛选的目的是尽可能快地找到好构思,放弃坏构思。在后面几个阶段产品开发成本飞涨,所以企业必须采用能转变成营利性产品的构思。

绝大多数企业要求管理人员用标准的格式写出新产品的构思,以便提交给新产品开发委员会审阅。该书面报告描述了产品、目标市场及竞争,并对市场规模、产品价格、开发时间和成本、制造成本和回收率做出一些初步的估计。接着,委员会针对一些通用标准对构思做出评价。例如,委员会提出如下问题:产品对消费者和社会真正有用吗? 对本公司有没有好处？是否符合公司的目标和战略？我们有成功施行这个构思所需的人员、技术和资源吗？它提供给顾客的价值是否多于竞争者的产品？进行广告宣传和销售是否容易？许多企业都有很好的系统来评定和筛选新产品构思。

3. 产品概念的形成与测试

经过筛选后保留下来的产品构思还需要进一步发展成具体的产品概念。进行产品构思时从企业自身角度考虑希望提供给市场的可能的产品设想，产品概念则需要在产品构思的基础上，从消费者角度用文字、图形或模型对这种构思进行详尽的描述。

从产品构思发展到产品概念，如一个食品加工厂获得一个芝麻粉产品的构题，它可转化为几种产品概念，但通常要回答下面三个问题：谁使用该产品？可以是婴儿、儿童或少年，该产品提供的主要利益是什么？可以是口味、营养或保健，何时使用该产品？可以是在早餐、午餐或夜宵时。任何一种产品构思通过对以上三个问题的回答都可以产生几种产品概念，新产品开发人员则需要对每一种产品概念进行测试、取舍。

新产品概念测试主要是调查消费者对新产品概念的反应，测试的内容如下：①产品概念的可传播性和可信度，如果得分低，就必须对此概念进行修改；②消费者对该产品的需求程度；③该产品与现有产品的差距、差距越大，预期的消费者兴趣越高；差距越小，预期的消费者兴趣越低；④消费者对该产品的认知价值，即相对于价值而言，价格是否合理；⑤消费者的购买意图，即消费者是否会购买该产品。

4. 初拟营销规划

该市场营销规划一般由三部分组成：第一部分描述目标市场规模和结构、消费者的购买行为、新产品的市场定位、销售量及市场占有率等；第二部分规划新产品的最初价格策略、分销策略，以及第一年的市场营销预算费用；第三部分阐述预期的长期销售额和利润目标，以及不同时期的营销策略。

5. 商业分析

在新产品进入正式产品开发阶段以前还需要对已经形成的产品概念进行商业分析。商业分析的主要内容是对新产品概念进行财务方面的分析，即估计销售额，估计成本和利润，判断其是否能够满足企业开发新产品的目标；如果满足，产品就能进入产品开发阶段。为了估计销售量，企业应查看类似产品的销售历史，并对市场意见进行调查。企业应估计最大和最小销售量，以估量出风险大小。在估计完销售量之后，管理部门可为产品估计期望成本和利润，接着企业便可以用这些销售成本数据分析新产品的财务吸引力。

6. 产品实体开发

新产品的实体开发是将新产品概念转化为新产品实体的过程，这一过程是把产品构思转化为在技术上和商业上可行的产品，需要投入大量资金。它是通过新产品实体的设计、试制、测试和鉴定来完成的。新产品开发过程是对企业技术开发实力的考验，能否在规定的时间内用既定的预算开发出预期的产品，是整个新产品开发过程中最关键的环节。产品实体开发包括以下几个步骤：

①对新产品进行设计，从技术上、经济上把产品概念中规定的新产品性能、指标和要求进一步具体化，即具体地规定新产品的结构、尺寸、型号、制造材料等，确定新产品的制造工艺要求、其构件的种类和数量，制定出各种技术文件，还要求对新产品的原理和结构进行研究。

②根据新产品的设计图纸,工艺文件和工艺装备试制出新产品样本。样本试制必须严格按照设计图纸进行,通过样本试制找出产品工艺上的缺点,以提高产品的工艺性。

③对新产品试制品进行测试。这主要从产品性能和消费者的需求方面来进行。

④对新产品进行鉴定。新产品测试完成后,企业还需要组织领导者、技术人员、生产人员、营销人员对新产品进行鉴定,对试制品做出肯定或否定的鉴定,并提出修改意见,以便试制品完善后进行批量生产,从而投放市场。

7. 市场试销

通过了性能及消费者测试,接下来便是市场试销。在这一阶段产品及营销方案将被放入到更加逼真的市场环境中。市场试销使营销商在进行大笔投资全面推广产品之前通过营销产品获得经验,它允许企业测试产品和整个营销方案——市场定位战略、广告、销售、定价、品牌和包装、预算标准。

市场试销所需数量根据每种新产品的不同而不同。市场试销的成本可能会很大,而且市场试销需要花费时间,这会使竞争者获得优势。当开发和推出产品成本很低时,或当管理部门对一种新产品很有信心时,企业可能很少或根本不进行市场试销。企业也不试销简单的产品系列扩展或竞争对手成功产品的复制品。

描述试销效果的指标主要有两个;一是“试用率”,即第一次购买试销品的比率;二是“再购买率”,即顾客重复购买的比率。再购买率的高低往往决定着新产品的成功与否,因为只有重复购买才能真正说明消费者对新产品的认可。

试销过程应重视回收反馈信息。回收的信息主要包括三方面:一是产品本身的信息:二是消费者或中间商对企业营销策略的意见;三是顾客的重复购买率。反馈的信息便于企业有针对性地改良产品、调整市场营销组合,并及早判断新产品的成败。市场试销为管理部门提供所需信息以作最终决策,即是否要推出新产品。

8. 商业化

如果企业进一步让产品正式上市,即把新产品推向市场,则企业将面临很高的成本,企业将不得不建造或租用生产设备。因此,企业在推行设立新产品商业化决策时应考虑:

①推出时机。这是指企业的高层管理者要决定在什么时间将新产品投放市场最适宜。如果新产品是用来替代老产品的,就应等到老产品的存货被处理掉时再将这种新产品投放市场;如果新产品的市场需求有高度季节性,就应在销售季节来临时将这种新产品投放市场;如果新产品还存在可改进之处,就不必仓促上市,应等到完善之后再投放市场。

②在哪里推出新产品,是在单一的地点还是在一个地区,是在国内市场还是在国际市场。很少企业有信心、资本和能力将产品推向全国或国际性销售渠道。企业一般都进行有计划的市场扩展,特别是小企业会选择有吸引力的城市或地区,一次只进入一个,而大一些的企业会迅速地把新产品推向几个地区或全国市场,

③向谁推出新产品。这是指企业高层管理者要把分销和促销目标面向最优秀的顾客群。这样做的目的是要利用最优秀的顾客群带动一般顾客,以最快的速度、最少的费用扩大新产品的市场占有率。企业高层管理者可以根据市场试验的结果发现最优秀的顾客群。

④如何推出新产品。企业管理部门要制定新产品开始投放市场的市场营销策略。这里,首先要对各项市场营销活动分配预算,然后规定各种活动的先后顺序,从而有计划地开

展市场营销管理。企业一般选择新产品一次只进入一个国家或地区的市场，只有少数大企业选择把新产品推向几个国家。

7.3　国际产品包装与品牌策略

7.3.1　国际产品包装策略

1. 包装的概念

“包”即包裹，“装”即装饰。产品包装是形式产品的重要组成部分，通常是指产品的容器、包装物及其设计装潢。产品包装包括三个层次，如图 7－5 所示。市场营销的包装策略，主要从这三方面进行规划。

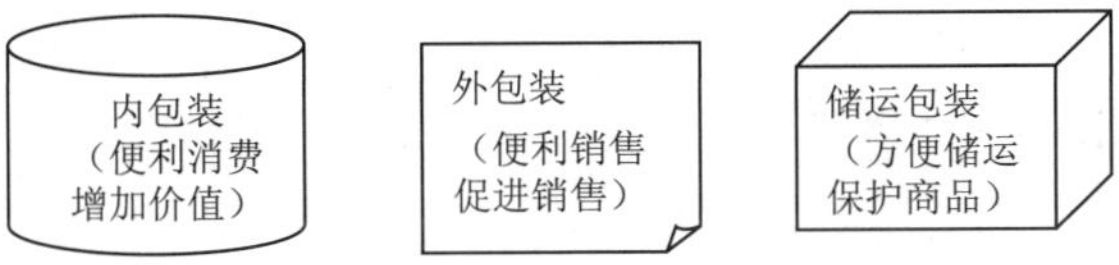

图 7－5　商品包装的层次与作用

包装在营销活动中的作用表现为：保护产品、便利消费、促进销售、方便储运。

(1) 内包装

内包装是包装产品的直接容器或器物，如饮料瓶子、香烟纸盒等，因此也称使用包装。这部分包装的作用主要是方便消费者的消费与使用。

(2) 外包装

外包装是指能起到保护内包装、方便销售和促进销售作用的包装物，如酒瓶外的包装纸盒，因此也称销售包装。这部分包装消费者一般购买商品后、使用商品前随即扔掉。

(3) 储运包装

储运包装是指产品储存和运输过程中所使用的包装物。

2. 包装策略

企业国际市场营销活动中常用的包装策略有以下六种：

(1) 类似包装策略

类似包装策略也称家族式包装策略。企业对同类的系列产品在包装造型、色彩、图案上采用同一种形式和共同特征，形成一种视觉系统反复出现，这样不仅能节省包装设计成本，还能加深用户对这类商品的印象，起到广告宣传的作用。对于刚进入国际市场的新产品，采用类似包装策略，可以运用老牌子的信誉，取得用户的信任，为迅速打开销路创造条件。

著名的法国香水业有句名言：“设计精美的香水瓶是香水的最佳推销员。”法国香水分五个香型，每种香味不同的香水，它的包装瓶都有不同的造型。例如，有种香味类似森林和木料的男用香水，它的包装瓶子被设计成细高如树的造型，又配上能让人联想到木板的本色细条纸盒外包装；另一叫“高山”的香水，包装瓶子被设计成旋转升天式。这些造型别致、富于联想的包装，自然能激发顾客的购买欲望。

(2)配套包装策略

配套包装策略即把若干在消费上有关联的产品,包装在一个特制的包装物中销售。例如,化妆品的组合包装、节日礼品包装等,都属于这种包装策略。其优点是,既可便利消费,又可扩大销路。其缺点是,如果商品组合搭配不当,容易引起消费者的反感。

(3)附赠品包装策略

附赠品包装策略是指在包装物中附赠一些物品的包装策略。其优点是,一方面可以激发消费者的购买兴趣,另一方面,还能诱发消费者重复购买的欲望。例如,在珍珠霜盒里放一颗珍珠,顾客购买一定数量本产品之后,就能串成一条项链。

(4)双重用途包装策略

双重用途包装策略是指在原包装的商品使用完毕后,包装物可以挪作他用。这种策略一方面可以讨好消费者,另一方面使带有商标标识的包装发挥广告宣传效果,引起重复购买。其优点是:通过使购买者得到一种额外的产品价值激发其购买欲望。

另外,在包装物的继续使用过程中,还可以起到经常性的广告宣传作用。例如,设计精巧的果酱瓶,在果酱吃完后可以作旅行杯用。其缺点是,可能加大包装成本,提高产品价格,从而影响销售。

(5)分档包装策略

分档包装策略对同一种产品,根据消费者的不同需要,采用不同档次的包装。如果用作礼品,则可以精致地包装;如果自己使用,则只需要简单包装。此外,对不同等级的产品,也可采用不同包装。高档产品,包装精致些,表示产品的身份;中低档产品,包装简略些,以减少产品成本。

(6)更新包装策略

更新包装策略是指改变原来的包装。其优点是:企业可以在改进产品质量的同时,改变产品的包装形式,从而以新的产品形象出现在市场上,以迅速恢复企业声誉,重新扩大市场份额。

7.3.2 国际产品品牌策略

1. 品牌和商标的概念

(1)品牌的概念

品牌(Brand)是一个名称、术语、符号、图案,或者这些因素的组合,主要用来辨别一个卖者或者卖者集团的货物或劳务,以便于同竞争者的产品相区别。

品牌由品牌标志(Brand Mark)与品牌名称(Brand Name)构成。品牌中能用语言发音表达的部分称作品牌名称,简称品名。例如,可口可乐(饮料)、齐强(洗衣粉)等,用语言表述出来它主要产生听觉效果;品牌中不能用语言发音表达的部分称作做品牌标志,简称品标。例如,凤凰自行车的凤凰图案,它主要产生视觉效果。

(2)商标的概念

品牌或品牌的一部分在政府有关部门依法注册后称作商标(Trade Mark)。商标受到法律的保护,注册者享有专用权。国际市场上,著名的商标往往根据信誉的好坏,具有不同的价值,是企业的一项无形资产,而且商标专用权还可以交易。在西方国家,商标是一个专门的法律术语。但是,在我国,习惯上认为品牌即商标,商标即品牌,对所有品牌不论其注册与否,统一称作商标,而又根据注册与否划分为注册商标与非注册商标两类。注册商标在其右上角一般标有 TM 或 R 符号,或标有"注册商标"字样。

2. 品牌策略

国际市场营销活动过程中,企业可以实施的品牌策略有四个层面,如图 7 －6 所示。

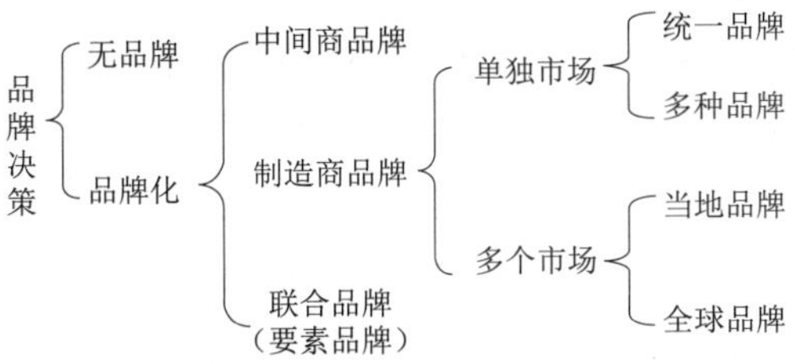

图 7 －6　品牌决策

(1)无品牌与品牌化策略

20 世纪 70 年代以来,西方国家的许多企业对某些消费品和药品不设计品牌,也不向政府登记注册,实行无品牌策略,其主要目的是节省包装、广告费用,降低价格,扩大销售。有些以规格划分的同质产品、顾客根据爱好选购的小商品、顾客习惯上不认牌购买的商品(如煤炭、布匹、玩具等),也不一定要使用品牌。

有品牌策略,也称品牌化策略。使用品牌无疑对企业有许多好处,品牌既有利于消费者识别不同生产者的商品,也有利于生产者进行商品的分类经营管理;既有利于通过追究商标所有人责任保护消费者合法权益,也有利企业保护自己合法权益避免他人假冒侵权;既有利于企业宣传推广自己特定品牌的产品,也有利于企业培养建立稳定的顾客群。因而,大多数企业一般都要进行品牌设计与注册,利用好商标这把市场营销利器。

(2)多种品牌与统一品牌决策

多种品牌决策,是指有些企业对不同产品分别使用不同的品牌,或者以不同的品牌显示同一产品使用不同的品牌以显示产品的不同特色和档次。这一决策的优点是可以使企业不受个别产品失败的影响,同时,也迎合消费者喜新厌旧的求新心理需要。但这一决策的缺点是要为每一个品牌分别做广告宣传,增加企业的营销费用。

宝洁公司在中国市场的洗发香波就有四个品牌:"海飞丝""飘柔""潘婷"。每个品牌都有其鲜明的个性,都有自己的发展空间,如"海飞丝"个性为去头屑、"飘柔"的个性是使头发光滑柔顺,而"潘婷"的个性在于对头发的营养保健,四者在中国市场的总占有率高达 60%以上。

统一品牌决策,是指企业对各种产品都使用统一的品牌。例如,TCL、海尔、春兰、美的等家电企业,所有各类产品都使用同一个品牌。这一决策的优点是:一荣俱荣,如果该品牌已有良好的声誉,可以很容易地用它进行品牌延伸推出新产品。这一决策的缺点是:一衰俱衰,任何一种产品的失败都会使整个家族品牌因牵连而蒙受损失。因此,使用统一品牌的企业,必须对所有产品的质量进行严格控制。

国际市场营销活动中,使用多种品牌还是同一品牌,也要求企业应对此做出认真决策。

(3)制造商品牌与中间商品牌策略

制造商品牌策略就是谁生产使用谁的牌子销售。具体而言,就是在整个营销流程中,使用的是制造商自己设计、注册并使用的商标。使用制造商品牌,有利于生产者积累品牌资产,形成持续稳定的市场竞争力。尤其是实力雄厚、商誉远扬的制造商多保持自己的品牌。

中间商品牌策略就是谁经销使用谁的牌子。具体而言,就是生产者将自己的产品大批量销售给中间商,然后中间商使用自有品牌进行销售。当企业竞争力较弱,或者刚刚进入国际市场时,可以使用中间商品牌。例如,许多国家的新产品在打入美国市场时,经常借用美国著名的西尔斯、沃尔玛、凯玛特等零售商的知名品牌,从而顺利打入美国市场。

总之,作为制造商的企业使用自己的品牌还是中间商的品牌在市场上销售自己的产品,取决于许多因素,其中包括企业的经济实力、市场销售网点的畅通程度以及企业国际市场营销经验的丰富程度、企业的信誉及其在竞争中的地位等。

(4)联合品牌与要素品牌

联合品牌是由两个或更多消费者能够辨认出的品牌进行合作,在合作中,所有参加者的品牌名都被保留。联合品牌的动机是希望实现协同效应,为参加者创造高于他们自己所能创造的价值。它主要适用于企业间建立长期合作或者成立合资企业。

要素品牌主要指零部件供应商发起的,针对关键零部件的品牌进行的推广活动,主要是为了让消费者了解和偏爱某一品牌的零部件。例如,一些计算机制造商就是从因特尔芯片的质量形象中获益的。但要素品牌并不适用于每一个零部件供应商,一般要满足以下几个要求:零部件供应商提供的产品与现有产品相比具有明显的优势;零部件对最终产品的成功应是至关重要的。

(5)当地品牌与全球品牌决策

全球品牌决策也称国际化品牌决策,是指企业的产品在全球市场上使用相同的品牌名称和标志。如果某产品拥有很好的声誉或者以高品质而著称,则全球品牌是一个适宜的选择。例如,可口可乐、壳牌和维萨信用卡都是全球性的品牌。全球品牌决策往往适用于以下条件:第一,产品本身具有全球通用性,一般来说,工业品比消费品的这一特性更为突出;第二,品牌名称本身并无确切的含义,在不同国家和地区也不会产生歧义,例如柯达(Kodak)本身没有明确的意义,采用全球品牌并无大碍;产品品牌名称和标志已在全球大多数国家市场得到认同,加以调整或修改反而得不偿失。

当地品牌决策也称民族品牌决策,是指企业针对不同的国际目标市场分别使用不同的品牌名称与标志。当一个产品的品牌名称无法被翻译为当地语言,或者企业的同一产品希望在不同的国家实施不同的定位战略时,就可以采取此决策。这种策略的优点是:品牌能适应当地市场的特点;品牌之间不会产生不良影响。这种策略的缺点是:不利于企业在全球市场树立统一的产品形象,也不利于节省营销成本。

(6)品牌翻译策略

国际市场营销产品的品牌决策要考虑国际市场语言、习俗等文化因素的差异。一方面要考虑到品牌的发音;另一方面还要考虑到品牌的寓意,不能与当地文化相冲突,或带有贬义、不吉利的含义。

一般而言，设计外文品牌的方法有以下几种：

①中文品牌直译成外文品牌，是指选用与中文品牌意义相同或相近的外文词汇组成外文品牌。例如，“长城”牌直译成 Great Wall，“双星”翻译成 Double Star 效果理想，但“白象”牌译成 White Elephant 在英文中却有累赘的含义，势必影响产品的形象。

②中文品牌音译成外文品牌，是指将中文品牌翻译成发音相似的外文。例如，“乐凯”翻译成 Lucky，意思为“幸运的”，就有很好的效果。

③中文品牌的汉语拼音做外文品牌，这是直接将中文品牌的汉语拼音作为外文品牌使用，这种方法简便易行，但也可能产生使消费者看不懂、读不出、起反感的效果。例如，“芳芳”牌的汉语拼音 Fang Fang 做外文品牌，意思却为“毒蛇的牙”。

④设计专用外文品牌，这种方法是直接选用简短易读、含义深远的外文词汇做品牌，以适应目标市场的语言文化环境。

⑤商标还要坚持可识别性。为保持中国特色，纯中文虽然有必要保留，但企业同时还要设计境外商标，图文结合，减少重复注册。如果商标仅仅是图形，在国外不但很难检索，也容易产生相似。

⑥创造不带含义的新词汇组成品牌，这种方法在国际市场营销中使用比较普遍。例如，柯达（KODAK）、卡西欧（CASIO）、通用电器公司使用其公司名称（General Electric）的缩写 GE 为品牌。商标设计要坚持显著性、新颖性和创造性原则。

（7）商标的保护

企业要开展国际市场营销，其产品要在国际市场上销售，最好使其产品在国际市场上取得商标权。由于各国的商标法不同，进行国外商标注册的程序和方法也不同。国际上对商标权的认定，有两个并行的原则，即“注册在先”和“使用在先”。所谓“注册在先”，是指商标的专用权属于首先申请注册并获批准的企业或个人；“使用在先”，是指商标的专用权属于首先使用此商标的企业和个人。中国法律对商标权的认定坚持“注册在先”的原则。因此，我国企业确定商标后，应该及时进行国内和国际注册，取得法律保护。

大多数国家，如德国、法国、意大利、日本、墨西哥、东欧国家采用的是“注册在先”的制度。首先注册人的权利可以压倒任何其他人的权利。因此，进入这些国家的商标要首先办理注册申请，以防被别人出于竞争目的抢先注册。

美国、泰国、菲律宾等少数国家则采用“使用在先”制度。商标首先使用人即使没有办理注册手续，法律也给予承认和保护。这对商标的首先使用人有利，但对商标的首先注册人却不利。所以，企业产品进入这些国家，则要注意所使用的商标是否已经有人使用。

英联邦成员国、奥地利、西班牙、科威特等国家采用的则是“在规定期间内无人指控”而取得商标权的制度。也就是说，某企业只要首先使用了某商标，即使未经注册，也受到法律保护。如果别人提出申请注册商标，可以在规定期限内提出异议而使该注册失效。如果没有人提出异议，则注册人就可以顺利取得商标所有权。

案例与思考

P&G 公司进入中国市场以来，在洗发水系列中，先后推出了“海飞丝”“飘柔”“潘婷”“沙宣”四个品牌，每一个品牌都以基本功能之上的某一特殊功能为诉求点，在广告中，依仗

USP(独特销售主张)以及卓越的创意表现,加以传播,来强化品牌的个性定位,如"海飞丝"定位于去头屑专家,"头屑去无踪、秀发更出众";"飘柔"定位于洗发、护发合二为一,令头发飘逸柔顺;"潘婷"定位于营养专家,含有维生素原B5,兼含护发素,令头发"拥有健康,当然亮泽";"沙宣"定位于发型专家,含保湿因子,保持发型持久。

思考:

P&G公司采用的是何种品牌策略?采用这种策略的经营意图是什么?

职业技能训练

针对本章案例导读,做以下训练:

国内一大型自行车生产企业计划在基苏木销售自行车,请为该公司设计符合当地市场需求的产品策略。

本章知识自测

一、关键概念

整体产品　核心产品　形式产品　附加产品　类似包装策略　多品牌决策　新产品

二、单选题

1. 按照国际产品生命周期理论,处于标准化时期的产品通常是(　　)。

A. 劳动密集型产品　　B. 资本密集型产品
C. 技术密集型产品　　D. 资源密集型产品

2. 已知某行业产品的市场竞争日趋激烈,销售量渐趋零增长,由此可推断该产品可能处于(　　)。

A. 投入期　B. 成长期　C. 衰退期　D. 成熟期

3. 不需要对原有产品进行改变的国际市场营销产品策略是(　　)。

A. 产品延伸,促销宣传改变　　B. 产品改变,宣传延伸
C. 产品改变,宣传改变　　D. 开发新产品

三、填空题

1. 典型的产品生命周期可以分为四个阶段,即(　　　)、(　　　)、(　　　)、(　　　)。

2. 许多产品在国际市场上的生命周期会经历三个阶段,即(　　　)、(　　　)、(　　　)。

3. 开发新产品策略有(　　　)和(　　　)两种。

4. 企业新产品获取策略的形式有三种:(　　　)、(　　　)和(　　　)。

5. 企业新产品创新策略的形式有(　　　)和(　　　)两种。

6. 整体产品概念包括(　　　)、(　　　)和(　　　)三个层次的内容。

7. 按照新产品创新的程度划分,新产品大体包括四类:(　　　)、(　　　)、(　　　)和(　　　)。

四、简答题

1. 简述整体产品的概念及其构成，以你熟悉的或感兴趣的某种产品为例，从营销学的角度分析其产品整体概念各个层次的内容。

2. 企业将出口产品策略与广告宣传策略结合起来，主要有哪些组合策略？

3. 国际产品包装策略有哪几种？国际产品品牌策略有哪几种？

4. 国际市场营销中，企业应该如何注意商标的保护问题？

5. 企业采取标准化策略的优点有哪些？

第8章 国际市场定价策略

学习目标

通过本章的学习与技能训练,要求学生:

- 掌握国际产品的定价方法及程序。
- 掌握国际市场营销企业经常使用的各种定价策略。
- 了解影响国际定价的因素。

案例导读

价格是决定成败的关键

优衣库的低价销售早已经成为人尽皆知的秘密,因其成功运用了"SPA模式",这样就可以保证优衣库能够一直保持低价的策略,并且还能够保质保量地在店铺中进行销售。

然而,柳井正(优衣库的CEO)却强调说,价格一直都是决定成败的关键。柳井正没有提到产品的质量,而是单单把价格拿出来,以证明优衣库服装的畅销。毕竟,价格是所有消费者在选购服装时首要考虑的因素。低价策略,也正是优衣库能够迅速崛起的秘密之一。

对任何一个消费者来说,他们关心的本质应该是自己口袋里面的钱能不能够承担起服装的售价,然后才是在自己可以承担的范围之内,去选购相对来说质量最好的衣服。所以,价格永远都是决定成败的关键。只有把握住了价格因素,坚守销售价格的最底线,才能吸引更多的消费者。只有这样做才能够有机会和消费者再去谈服装质量的问题。

经济学中的一个基本概念是,价值决定价格,而价格是价值的直接反映。优衣库成立的最初,就一直有人怀疑其售卖的服装是不是属于残次品,否则不可能以如此低廉的价格进行销售。柳井正曾经说:"只有商品的本质,才能让人感动。"表面上看优衣库是在和其他竞争对手打"价格战",但隐藏在价格背后的是一家企业的整体实力水平。优衣库品牌的崛起靠的是低价,但优衣库品牌的延续绝不仅仅是因为低价。

"价格战"和"价值战"都要打,这才是能够成功吸引消费者且保证企业可持续、可循环发展的策略。单纯地提高商品的质量或者降低商品的价格,必然会带来其他方面的亏损。这背后隐藏着巨大的产业链条,绝不仅仅是价格上几百日元的浮动区间。

"微利时代"是打"价格战"打出来的,"价格战"是进入"微利时代"的阶梯,是企业进步的表现。但即便是“微利”，也不能放弃产品的质量关，如此才是一个成熟企业应具有的风采。

而在打“价格战”的同时，也永不放弃打“质量战”。因为价格虽然是决定成败的关键，但是质量才是长远的发展之道。

（资料来源：根据网络资料整理）

思考：

什么是价格？影响优衣库定价的因素有哪些？

分析与提示：

价格是消费者通过交换获得产品或服务利益的总体价值的体现，也是决定商品销量的决定性因素之一。国际市场价格的确定取决于多方面的因素，主要包括定价目标、成本、市场需求等。

8.1　影响国际市场定价的因素

8.1.1　定价目标

价格是消费者通过交换获得产品或服务利益的总体价值的体现。对全球市场而言，全球价格策略是最活跃且最敏感的要素，也是唯一能够产生收入的要素。定价目标是指企业希望通过价格手段的运用而达到相应的营销结果。由于不同的国外市场环境和不同的企业状况，不同企业的定价目标会有所不同。例如，有些企业开展国际市场营销的时间不长，自身实力有限，主要将国内市场作为主导市场，而将国外市场视为国内市场的延伸和补充，因此所采取的国际市场定价目标会相对保守；而一些实力雄厚的跨国公司则将世界市场看作一个整体，将国内市场当作国际市场的一部分，它们往往台采取进取型的定价目标。企业在各个国外市场设定的定价目标不同，其定价策略也会有所不同。在成长性较好的国外市场，企业可能更注重占有率的增长而暂时降低对利润的要求，采取低价渗透策略。在成长性较差的国外市场，企业可能更多地考虑短期财务绩效，而采用高价撇脂策略。除上述因素以外，如果企业与当地厂商合资经营或合作经营，那么在定价上除考虑自己本身的目标外，还必须考虑合作伙伴的要求。

企业的定价目标主要有以下几种：

1. 生存

如果公司的生产力过剩或竞争激烈，或者要改变消费者的需求时，他们要把维持生存作为其主要目标。为了保证工厂急需开工和使存货能出手，他们必须定一个低价，并希望市场是价格敏感型的。利润比起生存来说是次要的，只要他们的价格能够弥补可变成本和一些固定成本，他们就能够维持住企业。

2. 当期利润最大化

许多公司想制定一个能达到最大当期利润的价格，他们估计需求和成本，并据此确定价格，这个价格将能产生最大的当期利润、现金流量或投资回报串。选定当前利润最大化这个目标还牵涉几个问题。这一目标的前提是:公司对其需求量和成本函数了如指掌,但在实践中却难以精确预测;其次,公司只强调当前的财务经营状况,而忽视长期效益。最后,公司并不考虑其他营销组合因素、竞争对手的反应和对价格的法律限制。

3. 市场占有率最大化

有些企业通过定价取得控制市场的地位,即使市场占有率最大化。因为这些企业确信,赢得最高市场占有率将享有最低成本和最高长期利润。所以,他们在单位产品价格不低于可变成本的条件下,制定尽可能低的价格,追求市场占有率的领先地位。企业也可能追求某一特定的市场占有率,例如,计划一年内将市场占有率从5%提高到25%,为了这一目标,企业要制定相应的市场营销计划和价格策略。

采用这种策略需具备如下条件:①目标市场的需求弹性比较大,偏低定价能刺激市场需求。②随着生产、销售规模的扩大,产品成本有明显的下降。③低价能吓退现有和潜在的竞争者。

4. 产品质量最优化

由于获得质量领先地位的产品,往往比处于第二位的产品售价高出很多,以弥补质量领先所伴随的高额生产成本和研发费用。因此,采用这种策略,企业需要在生产和市场营销过程中始终贯彻产品质量最优化的指导思想,并辅以相应的优质服务。

5. 市场撇脂最大化

许多公司喜欢制定高价来"撇脂"市场,原因有几方面:①顾客的人数足以构成当前的高需求。②小批量生产的单位成本不至于高到无法从交易中获得好处的程度。③初始的高价格并不会吸引更多的竞争者。④高价格有助于树立优质产品的形象。

6. 产品质量领先

一个公司可以树立在市场上成为产品质量领先地位的目标,来达到最终获得较大收益的目标。

除了以上目标以外,有些企业还考虑其产品或公司在国际市场上的形象,并以此作为定价目标。

8.1.2 成本因素

产品的售价至少要能弥补相应的成本和费用,企业才能持续经营下去。因此,成本核算在定价决策中可以作为一个基准。产品的制造和销售所处地线不同,其成本构成也就不同。例如,同样销往中国香港地区的产品,在广东生产和在越南生产就会有不同的成本;又如,同样是电视机,即使都在国内生产,出口到越南的产品与在国内销售的产品,其成本也会由于关税、运输等原因不完全一样。如果出口产品为了适应国外的度量衡制度、电力系统等特定要求而做出了改动,成本就可能增加。反之,如果出口产品被简化或者去掉了某些功能,生产成本就可能会降低。

国际市场营销与国内营销在成本上的差别一方面体现在成本的构成要素上,如关税、报关、文件处理等是国际市场营销所持有的成本项目;另一方面体现在相同的成本项目对于两者的重要性不同,如运费、保险费、包装费等在国际市场营销成本中占有较大比重。国际市场营销中重要的成本项目如下:

1. 关税

关税是当货物跨越国境时所缴纳的费用,是一种特殊形式的税收。关税是国际贸易最普遍的成本之一,它对进出口货物的价格有直接的影响。征收关税可以增加政府的财政收入,而且可以保护本国市场。关税额的高低取决于关税率,可以按从量、从价或混合方式征收。事实上,产品缴纳的进口签证费、配额管理费等其他管理费用也是一个很大的数额,成为实际上的另一种关税。

此外,各国还可能征收消费税、交易税、增值税和零售税等影响最终售价。不过,这些税收一般并不仅仅是针对进口产品。

2. 中间环节费用

产品从生产地流通到最终消费者手上,要经历相应的中间环节,其间必然要发生相应的费用。中间环节费用主要包括运输费用和支付给中间商的费用。运输费用主要取决于产品生产地和最终用户之间地理距离的远近以及运输难度的大小,中间商费用则取决于目标市场国家的市场分销体系与结构。在一些国家,产品从企业流转到目标市场的渠道比较短,中间商负担的储运、促销等营销职能的成本也比较低。而在另外一些国家,由于历史形成的原因,产品分销渠道较长,或者由于某些国家缺乏有效的分销系统,中间商进行货物分销必须负担较高的成本。

另外,对于家电、日用化工、服装、食品等产品来说,对销售渠道的控制力在很大程度上决定了营销的成败。因此,如果出口企业在东道国市场上必须借助当地的中间商,而这些中间商的实力又很强,那么企业的价格政策就会受到中间商的制约,大量利润经常会被中间商瓜分。

3. 风险成本

在国际市场营销实践中,风险成本主要包括融资、通货膨胀及汇率风险。由于贷款收付等手续需要比较长的时间,因而增加了融资、通货膨胀及汇率波动等方面的风险。此外,为了减少买卖双方的风险及交易障碍,经常需要有银行信用的介入,这也会增加费用负担。这些因素在国际市场营销定价中均应予以考虑。

4. 通货膨胀

在国际市场营销实践中,需要把通货膨胀的影响计入对成本的估算中。在通货膨胀率或汇率波动大的国家,销售价格必须反映产品的成本及重置成本。商品的销售价格往往低于重置成本和间接费用之和,有时甚至低于重置成本。在这种情况下,企业还不如干脆不卖产品。所以,当付款有可能推迟好几个月或签订长期合同时,必须把通货膨胀因素考虑到价格之中。亨氏公司在巴西推出一种新型水果饮料,以寄售方式卖给零售商,即产品售出再付钱,但是这种新产品在推出仅仅两年后就撤离了该市场。主要原因是面对高达300%的通货膨胀,即使是延期一周付款也会大大降低利润。许多发展中国家,特别是拉美国家的高通货膨胀率使得政府价格管制始终威胁着公司。

5. 汇率波动

过去有一个时期,国际贸易合同的制定很容易,付款可以采用一种相对稳定的货币。美元曾作为一种标准货币,各种交易都可以按美元计价。现在,所有主要货币相互间都是自由浮动的,没有人能准确预测某种货币的确切价值。企业在制定贸易合同时越来越强调以卖方国家的货币讨价，远期避险变得更为普遍。如果在长期合同中，对汇率逐日浮动所增加的成本，特别是在签约到发货的间隔时间较长时更需要如此。汇率差额不可小视，雀巢公司曾在6个月中损失了100万美元，部分公司因汇率变动引起的额外损失数额甚至比这还大。

8.1.3 市场需求

市场需求受价格和收入变动的影响。因价格或收入等因素引起的需求相应的变动率是需求弹性。需求的价格弹性反映需求量对价格的敏感程度，以需求变动的百分比与价格变动的百分比之比值计算，即价格变动百分之一会使需求变动百分之几。产品在市场上没有替代品或竞争者；购买者对较高价格不在意；购买者改变购买习惯较慢，也不积极寻找较便宜的东西；购买者认为质量有所提高，或者认为存在着通货膨胀等，都是产品缺乏需求弹性的情况，产品可以定一个较高的价格。

产品的最低价格取决于该产品的成本费用，而最高价格则取决于产品的市场需求状况。各国的文化背景、自然环境、经济条件等因素不同，决定了各国消费者对相同产品的消费偏好不尽相同。在特定市场上，对某一产品感兴趣的消费者的数量和他们的收入水平，对确定产品的最终价格有重要意义。即使是低收入消费群体，对某种产品的迫切需要也会导致这种产品能够卖出高价，但仅有需求是不够的，价格还取决于消费者的支付能力。所以，要使制定的价格政策能实现企业定价目标，企业需要深入研究目标市场消费者的消费习惯及收入分布情况。

8.1.4 竞争因素

产品的最低价格取决于该产品的成本费用，最高价格取决于产品的市场需求状况。在上限和下限之间，企业能把这种产品价格定多高，则取决于竞争者提供的同种产品的价格水平。对许多种类的产品来讲，竞争因素是影响产品价格最为重要的因素。企业一方面要调查研究本企业产品和竞争对手产品在成本方面的差异；另一方面还要了解本企业产品和竞争对手产品在功能、质量、品牌、渠道等方面的差异。与国内市场不同，企业在不同的国外市场面对着不同的竞争形势和竞争对手，竞争者的定价策略也千差万别。因此，企业就必须针对不同的竞争状况制定相应的价格策略。竞争对企业自由定价造成了限制，企业不得不适应市场的价格。除非企业的产品独一无二并且受专利保护，否则不可能实行高价策略。

根据行业内企业数目、企业规模以及产品是否同质三个条件，国际市场竞争结构可以划分为下列三种情况：

①完全竞争。所谓完全竞争，是指市场上存在数量众多的买家和卖家，且卖家所提供的产品是同质产品，买卖双方都不能对市场上商品的价格发生影响，买卖双方都同时是市场价格的接受者和决定者。在完全竞争格局下，价格主要取决于市场供求状况。一般来说，这种完全竞争的格局在国际市场上是不存在的。

②不完全竞争。不完全竞争又称垄断竞争，是指同类产品在质量等方面的竞争。在不完全竞争格局下，企业可以根据不同产品的成本等因素来规定价格。同时，应特别注意替

代品的价格竞争。

③寡头竞争。寡头竞争是指市场由几家大企业所控制,市场价格由这些企业共同决定。在寡头竞争格局下,因为竞争者少,价格受主要竞争者行为的影响。如果存在价格协议、默契,就会出现垄断价格,致使企业只能采用跟随价格。

8.1.5　政府价格调控政策

随着经济全球化的发展,一方面,各国市场进一步扩大开放程度;另一方面,各国政府为了保护国内市场,对价格控制力度加强,控制的形式多样化。政府对企业定价的调控是多方面的,既可以是宏观的,也可以是微观的;既可以是法律形式,也可以是行政命令形式。

国际市场营销中的定价要同时受本国政府和外国政府的双重影响,国内政府多半采用价格补贴形式来降低企业出口产品价格,增强其竞争实力。本国政府对出口产品实行价格补贴,可以降低出口产品价格,增强产品国际竞争力。例如,美国政府对农产品实行价格补贴,可以提高其农产品的国际市场竞争力。中国的出口产品退税制也是为增强出口产品的竞争力。东道国政府对价格的管制主要通过立法形式或行政手段规定产品价格的上限与下限;以反倾销法来反对倾销政策;政府通过直接定价来限制进口货的消费及保护国内市场,此外,各国政府通过国际协定对国际市场上某些产品定价起着日益重要的作用,诸如咖啡国际协定、可可国际协定、白糖国际协定,部分小麦价格也通过政府间谈判来决定。

东道国政府可以从很多方面影响企业的定价政策,如关税、税收、汇率、竞争政策及行业发展规划等。一些国家为保护民族工业而订立较高的关税或设定某些非关税壁垒,会使进口商品成本增加很多。作为出口企业,不可避免地要遇到各国政府的有关价格规定的限制,遵守政府对进口商品实行的最低限价和最高限价,约束了企业的定价自由。另外,由于价格争议而引发的反倾销诉讼也很常见,它对出口企业的产品价格也会产生较大的影响。

即使东道国政府的干预很小,企业仍面临着如何时付国际价格协定的问题。国际价格协定是同行业、各企业之间为了避免恶性竞争,尤其是竞相削价而达成的价格协议。这种协议有时是在政府支持下,由同一行业中的企业共同达成的;有时则是由政府直接出面,通过国际会议达成的多国协议。企业必须注意目标市场的价格协议,同时关注各国的反不正当竞争法对价格协定的影响。

8.2　国际市场定价方法

国际市场定价管理程序的下一个管理步骤是根据国际市场定价目标,结合国际和国内两个层次的成本、需求和竞争的结果,来选择适当的定价方法。也就是说,定价方式是一种工具,跨国公司国际市场定价工具的选择是以上述分析为前提的。菲利浦·科持勒在传统营销理论中所讨论的成本导向定价法、需求导向定价法和竞争导向定价法管理的基本逻辑,在国际市场定价管理中仍有一定的适用性。但是,国际市场定价必须考虑更加复杂的国际市场成本变化、国际市场需求的一致性和国别需求的特殊性、如何将全球和国别两个层次需求进行协调、如何进行竞争统筹整合等问题,进一步运用和发展传统营销的定价方法才有意义,才能够适应跨国公司全球定价的需要。

8.2.1 成本导向定价法

成本导向定价法是一种主要以成本为依据的定价方法,包括成本加成定价法、增量分析定价法和目标定价法三种具体方法,其特点是简便、易用。

1. 成本加成定价法

所谓成本加成定价,是指按照单位成本加上一定百分比的加成制定销售价格。加成的含义就是一定比率的利润。所以,成本加成定价公式为:

$$P = C(1 + R)$$

其中,P 为单位产品售价;C 为单位产品成本;R 为成本加成率。

与成本加成定价的方法类似,零售企业往往以售价为基础进行加成定价。其加成率的衡量方法有两种:①用零售价格来衡量,即加成率 = 加成/售价。②用进货成本来衡量,即加成率 = 加成/进货成本。

将一个固定的、惯例化的加成加在成本上,这样定价从逻辑上是否行得通?回答是否定的。在制定价格的过程中,任何忽略现行价格弹性的定价方法都难以确保企业实现利润最大化,无论是长期利润还是短期利润。需求弹性总是处在不断变化中,因而最适加成也应随之调整。

最适加成与价格弹性成反比。如果某品牌的价格弹性高,最适加成就应相对低些;价格弹性低,最适加成就应相对高些;价格弹性保持不变时,加成也应保持相对稳定。

成本加成定价法之所以受到企业界欢迎,主要是由于以下几个原因:

①成本的不确定性一般比需求小。将价格盯住单位成本,可以大大简化企业定价程序,而不必根据需求情况的变化进行调整。

②只要行业中所有企业都采取这种定价方法,则价格在成本与加成相似的情况下也大致相似,价格竞争也会因此减至最低限度。

③许多人感到成本加成法对买方和卖方都比较公平。当买方需求强烈时,卖方不利用这一有利条件谋取额外利益也能获得公平的投资报酬。

2. 增量分析定价法

增量分析定价法(也称变动成本定价法、边际成本定价法)主要是分析企业接受新任务后是否有增量利润。增量利润等于接受新任务引起的增量收入减增量成本。此定价法与成本加成定价法的共同点都是以成本为基础,不同点是前者以全部成本为基础,后者则是以增量成本(或变动成本)为定价的基础。只要增量收入大于增量成本(或价格高于变动成本),这个价格就是可以接受的。

在企业经营中,增量分析定价法大致适用于以下三种情况:

①企业是否要按较低的价格接受新任务。为了进一步挖掘富余的生产能力,企业需要决定要不要按较低的价格接受新任务。接受新任务不用追加固定成本,只要增加变动成本即可,所以新任务的定价就以变动成本为基础;条件是接受新任务不会影响原来任务的正

常销售。

②为减少亏损,企业可以通过降价来争取更多任务。市场不景气,企业任务很少,这时企业的主要矛盾是求生存,即力求少亏一点。它可以通过削价争取多揽一些任务,这样可以少亏一些。在这种情况下进行定价决策就要使用增量分析定价法。

③企业生产互相替代或互补的几种产品。其中一种变动价格,会影响到其他有关产品的需求量,因而价格的决策不能孤立地只考虑一种产品的效益,而应考虑对几种产品的综合效益。这时也宜采用增量分析定价法。

基于成本来定价的公司需要考虑是采用成本加成定价法还是变动成本定价法。采用变动成本定价的公司,只考虑出口产品的边际成本。这些公司把海外销售额看作额外的收入,认为扣除变动成本后的收益都是对总利润的贡献。这些公司可能在国外市场推出最有竞争力的价格,可是由于他们以低于国内市场价格的净价在国外销售产品,很可能会受到倾销的指控。这样,他们就会被课以反倾销税,或被处于罚款,这些支出抵消了其原有的竞争优势。但不管怎样,变动成本或边际成本定价高于固定成本,对公司来说这相当于是利润。

3. 目标定价法

所谓目标定价法,是指根据估计的总销售收入(销售额)和估计的产量(销售量)来制定价格。这种定价法有一个主要缺陷,即企业以估计的销售量求出价格,而价格恰恰是影响销售量的重要因素。

8.2.2　需求导向定价法

需求导向定价法是根据全球主要国家市场顾客对产品的价值感知和需求强度进行定价的一种方法。该方法目前在公司的国际市场定价中受到普遍重视,是一种最有潜力的国际市场定价方法。特别是在以消费者自我感知为主的全球顾客成长潜力商的市场上,国际市场需求定价法已经成为一种主导型的定价策略。国际市场需求定价法也有两种实现方式。

1. 理解价值定价法

理解价值定价法也称为认知或感受价值定价,是指公司不是基于产品成本,而是基于顾客对产品价值的理解和感知来定价。实施理解或认知定价的公司并非处于被动地位来等待消费者对自身产品的评价,而是积极主动地通过全球产品竞争分析和市场调研等营销工具,寻找那些有潜力的全球产品定位,并通过国际广告塑造全球品牌,将公司的国际产品价值最大限度地传递给国际市场目标顾客群体。因此,如果定位准确并传播有力,会在国际市场目标顾客群中引起强烈的反响和普遍的认知。换言之,国际市场顾客对公司国际品牌所确定的产品定位的接受过程,也就是其接受公司价格的过程。

显然,如果公司要运用此定价方法,必须了解全球主要国家顾客对产品价值的心理感知的共同性和差异性;再者,理解价值定价法的运用与国际市场产品定位、国际市场品牌核心价值的传播等都高度关联,需要通过高超的国际市场营销活动的协调和配合才能实现。

图 8－1 所示为航空公司的需求差别定价。

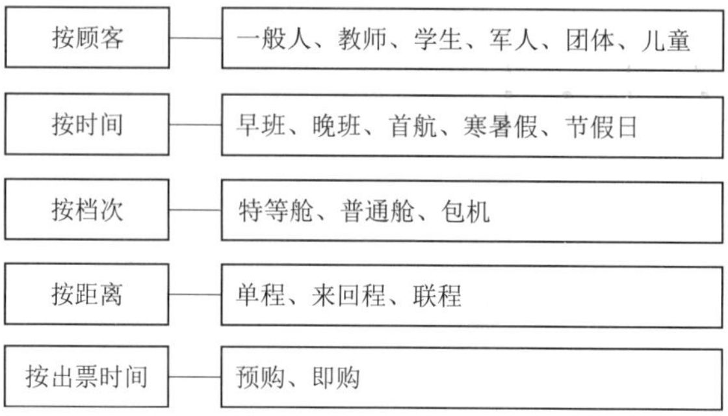

图 8－1　航空公司的需求差别定价

2. 反向定价法

反向定价法是指公司在估测顾客能够接受的产品的最终价格的基础上，通过扣除成本、利润后，逆向推算出产品的最终销售价格。反向定价法在公司的国际市场定价中的实用性也比较强，这主要是由国际市场定价决策的复杂性决定的。实施此定价方法的公司，首先需要对全球主要国家市场的顾客需求和竞争关系进行分析，并对顾客可以接受的有竞争力的价格进行评估和确定；然后再扣除中间商的利润、关税、运费等全球成本费用，以此倒推出产品的价格。例如，全球家居用品零售商宜家，选择全球年轻群体为目标市场，它针对目标群体推出的低价配套策略首先体现在它“从价格标签开始设计”的独特的反向定价方法上。对于很多家居零售公司而言，一般的流程往往是先有设计的产品，然后再计算出目标价格。但对于希望“提供尽可能低的价格”的宜家来说，价格是首先被考虑的问题。在估测出最终销售价格后，宜家剔除相应的成本、利润，倒推出家居的生产制造价格，然后据此在全球范围内寻找合适的生产商。

8.2.3　竞争导向定价法

竞争导向定价法通常有两种方法，即随行就市定价法和投标定价法。

1. 随行就市定价法

随行就市定价法是指企业按照行业的平均现行价格水平定价。企业在产品成本难以估算，或者企业希望与同行和平共处，或者难以了解购买者和竞争者对企业价格的反应时，往往采取这种定价方法。不论是在完全竞争市场还是寡头竞争市场，随行就市定价都是同质产品市场惯用的定价方法。

在完全竞争市场，销售同类产品的企业在定价时，实际上没有多少选择余地，只能按照行业现行价格定价。某企业如果价格定得高于时价，产品就卖不出去；如果价格定得低于时价，也会遭到降价竞销。

在寡头竞争的条件下，企业也倾向于和竞争对手要价相同。因为在这种条件下，市场上只有少数几家大公司，彼此十分了解；购买者对市场行情也熟悉，如果价格稍有差异，就会转向价格低的企业。所以，按照现行价格水平，在寡头竞争市场需求曲线上有一个转折点。某公司价格定得高于这个转折点，需求就会相应减少，因为其他公司不会随之提价（需求缺乏弹性）；如果某公司将价格定得低于转折点，需求也不会相应增加，因为其他公司也可能降价（需求有弹性）。总之，当需求有弹性时，一个寡头企业不能通过提价而获利；当需求缺乏弹性时，一个寡头企业也不能通过降价而获利。

在异质产品市场上，企业有较大的自由度决定其价格。产品差异化使购买者对价格差异不甚敏感。企业相对于竞争者总要确定自己的适当位置，或充当高价企业角色，或充当中价企业角色，或充当低价企业角色。企业要在定价方面有别于竞争者，其产品策略及市场营销方案也应尽量与之相适应，以应对竞争者可能的价格竞争。

2. 投标定价法

采购机构刊登广告或发函说明拟购品种、规格、数量等的具体要求，邀请供应商在规定的期限内投标。采购机构在规定日期开标，一般选择报价最低、最有利的供应商成交，签订采购合同。供货企业如果想做这笔业务，就要在规定期限内填写标单，填明可供商品名称、品种、规格、价格、数量、交货日期等，密封送达招标人。投标价格根据对竞争者报价的估计制定，而不是按供货企业自己的成本费用，目的在于赢得合同，所以一般低于对手报价。

然而，企业不能将报价定得过低。确切地讲，不能将报价定得低于边际成本，以免使经营状况恶化。但是，报价远远高出边际成本，虽然潜在利润可能增加，又会减少取得合同的机会。

8.3　国际市场定价策略

定价依据、定价目标及定价基本方法为国际企业的制定价格确定了指明了方向，但市场竞争是非常激烈的，企业在确定最终价格时，还需要考虑其他各种因素的影响，采取各种灵活多变的定价策略，使价格与市场营销组合中的其他因素更好地结合起来，促进和扩大销售，提高企业整体效益。企业的定价策略主要有以下几种类型：

8.3.1　新产品定价策略

企业向市场上推出新产品时，首先要考虑的便是新产品的定价问题，新产品的定价策略选择得正确与否，直接关系到新产品能否顺利地打开和占领国际市场，能否获得较大的经济效益。新产品的定价策略主要有三种：撇脂定价、渗透定价和满意定价策略，如表8－1所示。

表8－1　新产品定价策略

策略名称	内　容	优缺点
撇脂定价策略	以高价投放新产品，力求在短时间内收回全部成本，并获取盈利。适用于无类似替代品、需求弹性小、生命周期短的产品	优点：易于企业实现预期利润；掌握市场竞争及新产品开发的主动权；树立高档名牌产品形象；便于价格调整 缺点：高价影响销路扩大，且易诱发竞争
渗透定价策略	以低价投放新产品，吸引顾客，扩大销售，实现盈利。适用于需求弹性大，市场生命周期长，潜在市场容量大的产品	优点：有利于迅速打开销路；树立企业形象；阻止竞争者进入。 缺点：投资回收期长，在竞争中价格变动余地小
满意定价策略	介于撇脂定价和渗透定价之间的一种中间价格。大多产品适宜采用该策略	优点：价格稳定，利润平稳，一般能使企业收回成本和取得适当盈利。 缺点：比较保守，有可能失去获得赢利的机会

1. 撇脂定价法

撇脂定价法是对那些能够承受和愿意支付新产品溢价的国际市场顾客的定价法。此方法将使最初的新产品以远高于成本的极高价格投入国际市场。除了弥补最初的投入外，公司希望从全球市场的高价格策略中握取最大利润。如同从奶牛中撇取奶油，故称为撇脂定价。一些处于典型全球产业的高科技跨国公司在新产品进入市场的最初阶段，即产品引入期多运用撇脂定价法。例如，美国的宝丽来公司向市场推出一次成像的照相机“拍立得”时采用了这种定价策略，消费者争相购买，当销售量开始减少时，公司便降低价格，将市场扩大到对价格敏感的顾客。在新产品对早期全球创新型消费者有极大吸引力并有专利技术保护的情形下，跨国公司通过成功的全球市场细分，可以实现跨国界的全球顾客群的聚集，并分析他们共同的年龄、收入、受教育背景和职业等人口统计变量和消费行为变量等，制定最恰当的全球营销战略、战术组合。

撇脂定价法对跨国公司的利益是显而易见的。首先，跨国公司可以充分地利用新产品的技术领先和专利保护等，特别是那些创新性强的新产品一般会伴随着相对漫长的市场导入周期，这意味着跨国公司可以通过长的产品导入期和全球顾客聚集的规模效应来获取高额的利润；其次，当产品进入标准化阶段以后，最先进入的公司又可以通过已获取高额利润的优势，再度进行新一轮的技术创新，以保持在全球行业的领先地位；最后，随着价值链的重心向制造和营销方面转移，显然，领先的企业又可以通过降低价格和实施全球品牌、全球广告、渠道拓展等全球营销战略扩大市场份额等。当然，在产品线向下延伸扩展的过程中要防止品牌定位的模糊等问题的产生。

撇脂定价策略利用消费者求新、炫耀的心理，满足部分追求优质高价消费者的需求，提高产品的声誉，树立了企业名牌与产品的形象。另外，高价带来的高利润也为企业筹集资金、扩大规模创造了条件。同时，企业还能获得价格上的主动权，在竞争中拥有较大的价格调整空间。但是，撇脂定价策略的高价不利于企业开拓市场，而且若价格偏离价值过远，在某种程度上损害了消费者利益，容易招致公众的反对和消费者抵制；同时，高价吸引大量竞争者的涌入，加剧竞争，不利于企业长期经营。所以，从国际市场营销实践看，采用撇脂定价策略企业必须具备一定的条件：首先，新产品要具有显著的优点，使消费者特别看重产品的差异，产生较强的购买欲望并愿意支付较高的价格；其次，公司必须有一些手段能阻止低价竞争者的进攻，如专利或版权、名牌的声誉、稀缺资源的使用权、最佳分销渠道的优先权等；最后，商品的需求价格弹性要比较小，消费者对价格的敏感度也不高。

2. 渗透定价法

与撇脂定价策略相反，渗透定价策略是在新产品投入市场时以低价位销售，目的是在短期内加速市场成长，牺牲高毛利以期获得较高的销售量及市场占有率。该方法在应对竞争者已经建立的市场优势、争取国际新市场和赢得其他国际市场竞争企业的顾客方面，有显著的作用。特别当市场对价格敏感时更是如此。例如，韩国现代汽车在进入美国市场时，比通用、福特等同配置车型的价格低 1 500 美元左右，加之现代车款式新颖、功能配置时尚和时代感特征等，赢得了美国消费者的青睐，市场销售量不断攀升。

渗透定价策略的优点在于产品能迅速为市场所接受，得到消费者和经销商的支持，容易打开销路，有助于获得规模效益。其主张低价薄利，这样，竞争者进入市场的动力不足，竞争就得以减缓，有助于企业获得时间来增强自身实力。但是，这一价格策略风险较大，盈利是建立在销量很大的基础上的。而且低价策略会在一定程度上影响企业资金的周转和使用效率，尤其表现在企业投入大量研发费用的情况下。同时，长期低价会形成消费者的心理惯性，一旦企图提价就会导致消费者抵触，进入国际市场还可能带来反倾销诉讼。

渗透定价法主要适用于以下条件下的全球市场：

①在公司进入的新市场上已有其他竞争对手领先一步。该对手不仅在该市场上有可观的市场份额，其国际市场品牌地位和声誉也已经先声夺人。在此条件下，如果公司认定该市场在全球的战略性潜力和重要地位，而竞争实力与领先企业又难以直接抗衡或者抗衡成本太高，得不偿失，那么以低价渗透到竞争者市场上是一种很好的选择。

②公司发明了一种全球领先的新产品，并且认定该产品的全球市场潜力非常巨大。但与撇脂定价条件下全球顾客群最大的不同点是，顾客对价格是敏感的，价格的高低在很大程度上会影响他们对新产品的使用和普及率的提高。

③公司通过一个时期的低价渗透策略，市场销售及产品的规模经济效应得到了充分的体现，获取长期、满意的利润。当然，没有一成不变的定价策略。低价渗透策略在塑造和建立全球品牌形象方面的局限，使公司在全球市场获取了稳固的市场份额和理想的收入后，一般会将品牌向上延伸。

3. 满意定价法

满意定价策略也称适价策略，是一种介于撇脂价和渗透价之间的价格策略。该策略是指企业将新产品的价格定得比较适中，以便于照顾各方面的利益，使各方面都满意。由于撇脂定价策略定价过高，对消费者不利，可能遭到消费者拒绝，具有一定的风险；渗透定价策略定价过低，虽然对消费者有利，但容易引起价格战，且由于价低利薄，资金的回收期也较长，实力不强的企业将难以承受。而满意价格策略采取适中价格，基本上能够做到供求双方都比较满意，因此不少企业采取满意定价策略。有时企业为了保持产品线定价策略的一致性，也会采用满意定价策略。

满意定价策略由于获得的是平均利润，既可吸引消费者，又可避免价格竞争，从而使企业在市场上站稳脚跟，获得长远发展。但是，确定一个企业与顾客双方都比较满意的价格是比较困难的。

案例讨论

英特尔公司的定价策略

一位分析师曾这样形容英特尔公司的定价政策：这个集成电路巨人每12 个月就要推出一种新的、盈利更高的微处理器，同时把旧处理器的价格降至更低以满足大量的需求。

当英特尔公司推出一种新的计算机芯片时，它的定价是 1 000 美元，这个价格使它刚好能占有一定的市场份额。这些新的芯片能增加高能级个人计算机和服务器的性能。如果顾客等不及，他们就会在价格较高的时候购买。随着销售额的下降及竞争者推出的相似芯片对其构成的威胁，英特尔公司就会降低其商品的价格来吸引下一层次对价格敏感的顾客。最终，价格将跌落到最低水平，每个芯片仅售 200 美元多一点，该芯片变成了热门大众市场的处理器。通过这种定价方式，英特尔公司从各个不同的市场都获取了最大量的收入。

讨论：

①英特尔公司采取什么样的定价策略？

②英特尔公司采取这种定价策略取得成功的原因是什么？

8.3.2 心理定价策略

心理定价策略是根据国际市场上各种不同类型消费者的心理特征和心理需求，采取使其乐于接受的灵活定价策略，目的是满足消费者的心理需求、扩大企业产品销售量。常用的心理定价策略主要有以下几种：

1. 声望定价

声望定价是指根据消费者的求名心理，企业有意将名牌产品的价格制定得比市场中同类商品的价格高。名牌商品不但可减轻购买者对商品质量的顾虑，还能满足某些消费者的特殊欲望，如地位、身份、财富、名望和自我形象等，因而消费者往往愿意花高价来购买。

企业利用消费者仰慕名牌商品或名店的声望所产生的某种心理来制定商品的价格，故意把价格定成整数或高价。质量不易鉴别的商品最适宜采用此法，因为消费者有崇尚名牌的心理，往往以价格判断质量，认为高价代表高质量。有的名牌商品和时装，降价或低价反而无人购买。此外，艺术品、礼品或某些“炫耀性”商品的定价也必须保持一定的高价，定价太低反而卖不出去。但也不能高得离谱，使这一消费群不能接受。

声望定价往往采用整数定价方式，这更容易显示商品的高档。当然，声望定价策略切不可滥用，一般适用于名优商品，如果企业本身信誉不好、商品质量不过硬，采用这一策略反而容易失去市场。另外，为了使声望价格得以维持，有时需要适当控制市场拥有量。奢侈产品的经营法则之一是物以稀为贵，珠宝、手表的生产通常是一款一个或者一款限量发售，更甚的是顾客需要等待一年半载才能拿到名师制造的手表，充分能够显示出顾客的尊贵身份与地位。

2. 招徕定价

招徕定价是零售商利用部分消费者求廉的心理，特意以接近成本甚至低于成本的价格进行商品销售的策略。其目的是以低价吸引消费者关注本企业廉价产品的同时，购买其他正常价格的产品，以局部产品利益的丧失带动整体产品的销售。例如，超市每天都会推出几款特价产品吸引消费者前来购买就是利用这种策略。

采取这种策略需要注意的问题如下：招徕定价的产品必须是消费者经常使用的产品，为消费者熟悉并对其价格敏感；企业所经营的产品必须品种繁多，这样才能达到消费者在购买招徕定价产品时购买其他正常价格的产品；招徕定价产品的品种、数量以及价格下降幅度都要适当。例如，日本“创意药房”在将一瓶200元的补药以80元超低价出售时，每天都有大批人潮涌进店中抢购补药，按说如此下去肯定赔本，但财务账目显示出盈余逐月骤增，其原因就在于没有人来店里只买一种药。人们看到补药便宜，就会联想到“其他药也一定便宜”，促成了盲目的购买行为。

采用这种策略要注意以下几点：商品的降价幅度要大，一般应接近成本或者低于成本，只有这样，才能引起消费者的注意和兴趣，才能激起消费者的购买动机；降价品的数量要适当，太多商店亏损太大，太少容易引起消费者的反感；用于招徕的降价品，应该与低劣、过时商品明显地区别开。招徕定价的降价品，必须是品种新、质量优的适销产品，而不能是处理品。否则，不仅达不到招徕顾客的目的，反而可能使企业声誉受损。

3. 尾数定价

尾数定价又称“非整数定价”，指企业利用消费者求廉、求实的心理，故意将商品的价格带有尾数，以促使顾客购买商品，这种定价方法多用于中低档商品。心理学家的研究表明，价格尾数的微小差别，能够明显影响消费者的购买行为。例如，将商品的零售价定为 99 元而不是 101 元。虽然前后仅相差 2 元钱，但会让消费者产生一种前者便宜很多的错觉。有时价格为尾数让消费者觉得真实，如 59.9 元一个的保温杯，让消费者觉得其价格是经过企业仔细算出来的，给人以货真价实的感觉。有时候尾数的选择完全是出于满足消费者的某种风俗和偏好，如西方国家的消费者对 13 忌讳；日本的消费者对 4 忌讳；美国、加拿大等国的消费者普遍认为单数比双数少，奇数比偶数显得便宜；中国的消费者则喜欢尾数为 6 和 8。

4. 整数定价

整数定价是指针对消费者的求名、求方便心理，将商品价格定为以 0 结尾的整数。在日常生活中，对于难以辨别好坏的商品，消费者往往喜欢以价论质，而将商品的价格定为整数，使商品显得高档，这种定价格策略迎合了消费者“便宜无好货，好货不便宜”的心理，对高地位、高收入阶层的消费者来说，更倾向于整数定价的产品或服务。这种策略多适用于名牌的、优质的、高档的或消费者不太了解的产品。例如，以出售高档商品著称的梅尔公司，一件衬衫标价 200 澳元，而不标 199.9 澳元。

8.3.3　差别定价策略

差别定价是指企业对同一产品或劳务制定两种或多种价格以适应顾客、地点、时间等方面的差异，但这种差异并不反映成本比例差异。差别定价主要有以下几种形式：

1. 顾客差别定价

顾客差别定价是指企业以不同的价格把同种产品卖给需求迫切程度不同及对产品、行业熟悉程度不同的消费者。在国际市场上，由于市场范围大，各国市场的信息对称程度、消费喜好程度和资源充沛程度都不相同，可以对那些需求迫切程度较高，对行业熟悉程度较低的用户制定较高的价格，获得超额利润，反之则可以适当降低价格。中国的部分大城市对中小学生的地铁售价就是半票，比售给一般人的价格要低；还有部分的景点给老人和小孩子给予半价的优惠等。

2. 产品式样差别定价

产品式样定价即企业对不同花色、品种、式样的产品制定不同的价格，但这个价格与产品各自的成本是不成比例的。例如，新潮服装与普通式样的服装虽然成本近似，但价格差异较大。打折的时候商场同种样式，但不同颜色的衣服或鞋，受欢迎的颜色价格就会贵一些。

3. 地点差别定价

比较典型的例子是电影院、歌剧院和体育馆等，其座位不同，票价也不一样。再如肯德基、麦当劳这样的连锁餐厅，在机场、火车站、景点的餐厅就会不参加优惠，甚至餐饮的价格会更加昂贵。这样做的目的是调节客户对不同地点的需求和偏好，平衡市场供求。

4. 季节、时间差别定价

企业对于不同季节、不同时期甚至不同时间段的产品或服务分别制定不同的价格。例如,在节假日,旅游景点收费较高;又如,某些超市在晚上八点后购买大部分生鲜食品打5折。另外,一些商场会在换季时进行服装、鞋帽的换季打折,冬天买夏天的衣服、鞋帽会便宜很多。

差别定价可以满足顾客的不同需要,为企业谋取更多的利润,因此在实践中得到广泛的运用。但是,实行差别定价必须具备一定的条件,否则,不仅达不到差别定价的目的,甚至会产生反作用。这些条件包括:①市场能够细分,且不同细分市场之间的需求存在差异,这样顾客就不会因为价格不同而对企业不满。②企业实行差别定价的额外收入要高于实行这一策略的额外成本,这样企业才会有利可图。③低价市场的产品无法向高价市场转移。④在高价市场,竞争者无法与本企业进行价格竞争。⑤差别定价的形式合法。

8.3.4 折扣定价策略

折扣和让价都是以减少一部分价格来争取顾客的定价策略。在市场营销中,常用的折扣定价策略有以下几种:

1. 现金折扣

现金折扣是指对当时或按约定日期付款的顾客给予一定比例的折扣,鼓励提前偿还欠款,这有利于加速资金周转。

2. 数量折扣

数量折扣是指按购买数量的多少,分别给予不同的折扣,购买数量愈多,折扣愈大。数量折扣实质上是将大量购买时所节约费用的一部分返回给购买者。数量折扣分为非累计数量折扣和累计数量折扣:①非累计数量折扣,规定一次购买某种产品达到一定数量或购买多种产品达到一定金额,给予折扣优惠。②累计数量折扣,规定顾客在一定时间内,购买商品达到一定数量或金额时,按总量的大小给予不同的折扣。这可以鼓励顾客经常向本企业购买,成为可信赖的长期客户。

3. 功能折扣

功能折扣又称交易折扣,根据各类中间商在市场营销中的作用和功能差异,分别给予不同的折扣。折扣的大小,主要依据中间商所承担的工作量的风险而定。如果中间商承担运输、促销、资金等功能,给予的折扣较大,反之亦然。一般给予批发商的折扣较大,零售商的折扣较小。

4. 季节性折扣

季节性折扣是指经营季节性商品的企业,对销售淡季来采购的买主,给予折扣优惠。鼓励中间商及用户提早购买,减轻企业的仓储压力,加速资金流转,调节淡旺季之间的销售不均衡。

5. 复合折扣

复合折扣是指企业在市场销售过程中,由于竞争加剧而同时给予某种商品或某一时期的销售采取多种折扣。例如,在销售淡季可以同时使用功能折扣、现金折扣和数量折扣的组合,以较低的实际价格鼓励客户进货。每当碰到市场萧条的情况,不少企业采用复合折扣度过危机。

6. 让价策略

让价策略是市场营销中常用的定价策略,也称为销售津贴,实质上是一种折扣形式。让价策略主要有以下两种:①促销让价,当中间商为产品提供各种促销活动时,如刊登地方性广告、设置样品陈列窗等,生产者乐意给予津贴,或降低价格作为补偿。②以旧换新让价,进入成熟期的耐用品,部分企业采用以旧换新的让价策略,刺激消费需求,促进产品的更新换代,扩大新一代产品的销售。国内市场采用以旧换新让价策略的产品主要有彩色电视机、洗衣机、冰箱、自行车等;国外市场主要用于汽车的销售。

8.3.5 产品组合定价策略

产品组合是指企业所生产和经营的全部产品线和产品项目的总和。当产品属于产品组合中的一部分时,定价策略就应进行调整,并以整个产品组合的利润最大化为目标。

1. 产品线定价

产品线定价是指企业就同一系列产品的不同规格、型号和质量,按照相近的原则把产品划分为若干档次,对不同档次采取不同价格的策略。

2. 相关品定价

很多企业在销售其主体产品时,也会提供相关产品。相关品即相互补充品,它必须与主体产品相搭配才能使主体产品的功能得以发挥。相关品定价主要有两种方法:一是为主体产品制定较低的价格,而为互补产品制定较高的价格以弥补低价出售主体产品所减少的收益。例如,爱普生生产了几款低价位的打印机,吸引大量消费者购买,但墨盒的价格却较高,成为利润的主要来源。二是把主体产品价格定得较高,而相关品价格定得偏低,这主要是为了满足售后服务和安装维修质量的需求,一方面可以抵制各种假冒零件和服务,另一方面也可消除顾客购买主体产品的后顾之忧。

3. 选择品定价

很多企业在提供主要产品的同时,还会附带一些可供选择的产品。选择品是指那些与主要产品密切关联的可任意选择的产品。例如,星巴克的咖啡是其主要产品,而其提供的餐点就是选择产品。企业为选择产品定价有两种策略可供选择:一种是为选择品定高价,靠它来盈利,如某些饭店的酒水定价较高,而饭菜却比较平价;二是主要产品定高价,而选择品定低价,把选择品作为招徕顾客的品种,如某些汽车企业向用户提供的除雾器、减光器等配件价格较低。

4. 分部定价

服务性公司常常收取固定费用,另加一笔可变的使用费,这种策略称为分部定价。例如,手机的月租费和通话费,其中月租费每月固定不变,而通话费要根据通话时间长短收取可变费用。

5. 副产品定价

在生产石油产品、其他化工产品及加工肉类的过程中,经常会有副产品产生。如果副产品价值低廉而处理费用高,则会影响到主产品的定价。制造商确定的副产品价格必须能够弥补其处理费用,而且应积极发掘副产品的市场,只要价格高于储存与运输成本就可以出售。如果副产品能带来收入,将有助于提高企业主产品的价格应变能力。

6. 产品系列定价

企业经常会为其出售的一组产品定价,如化妆品套装、旅游公司旅行套餐等。一组产品的价格通常低于单独购买其中每一产品的费用总和,有助于吸引本来不打算购买产品组合中所有产品的消费者,同时能增加每次交易的成交量,减少交易时间。合理的产品组合定价也是企业减少库存积压的有效手段。采用这种定价策略要注意产品组合的货真价实,组合产品的销售一定要有单件产品的销售相配合,让消费者有直观的比较。

8.4 国际转移定价

国际转移定价是指大企业集团,尤其是跨国公司从其全球经营战略出发,为谋求公司整体利益最优化,在母公司与子公司、子公司与子公司之间购销商品和提供劳务时所采用的内部价格。举例来说,一家在华外商直接投资企业从其国外的母公司购买原材料,加工成最终产品后返销其母公司,这一交易过程中产生的价格就是转移定价。

跨国企业转移定价的主要目的包括:

1. 减少风险

在浮动汇率制度下,由于汇率频繁波动,国际企业承受着极大的汇率风险,利用转移价格在一定程度上避免了这一风险。例如,当一国货币汇率下浮较大时,跨国公司要想减少在该国所设子公司的损失,应尽量使其多付少收,转移资金。其做法是,母公司将一种产品价格定得高于正常市场价格使其进入汇率下浮国子公司,或者以低价偿付该子公司的产品。

世界上大多数国家均实行不同程度的外汇管制,管制手段多种多样。对于跨国企业来说,当一国政府对外资企业利润返还进行管制,如规定返还方式,限定返还比例、征税等,这对跨国公司的盈利就很不利。为此,跨国企业的母公司在向该国子公司转移产品时,可将转移价格定得高些,而在产品由该国向外转移时则将转移价格定得低些,从而减少该国子公司的利润所得,一定程度上避开外汇管制。

而且,不同国家的通货膨胀的程度不同,当一国发生或预期发生较高通货膨胀时,跨国公司应将在该国的子公司资金及时转移避免损失。也就是在向该国子公司转移产品时将转移价格定高,在由该国向外转移时将价格定低。

2. 减少纳税

在非经济联盟之间进行贸易时,一国产品进入他国市场必须交纳关税,而跨国公司的子公司,作为经济实体也需要在所在国交纳所得税。

在各种税率既定的情况下,改变产品价值总量就可以达到改变纳税水平的目的。对跨国公司而言,这一目的经常通过国际转移价格的灵活变动而实现。例如,当一国所得税税率较高时,某产品在由母公司向该国子公司转移时,可将转移价格定得高于市场正常价格,而将产品由该国转移至他国市场时,则将转移价格降低,如此高进低出,就使该国分公司的利润大大降低,从而减少所得税支出。再如,在一国某类产品关税税率较高时,该产品在由母公司向该国子公司转移时，就可降低转移价格，从而减少关税付出。

3. 应对竞争

相当一部分跨国公司灵活调整其转移定价，旨在应付不同的市场竞争情况。跨国公司为了提高某种产品在某国市场的竞争力，最基本的方法是以低价格将这种产品售予当地的子公司，使当地子公司在价格上处于竞争中的有利位置。例如，跨国公司在某国的子公司处于激烈竞争态势中，为增强该公司的竞争力，母公司可以低价向其供应原材料或产成品，以高价回收其产品，使该子公司能以低价优势赢得竞争。

同时，跨国公司通过灵活调整转移定价较好地实现了公司整体利益最大的目标，但是由于跨国公司人为操纵价格的目的是为了提高整体利润，也必将损害了某些子公司所在国的利益，因为它通过转移价格逃避了在某些国家的纳税，减少了这些国家的税收。所以，各国税务当局密切关注跨国公司运用转移价格的情况，甚至有部分国家规定，跨国公司在制定转移价格时严格遵守公平交易原则，使转移价格符合市场价格。

例如，在实践中有很多外商直接投资企业以较低的价格把成品销售给其母公司，从而使自身的账面表现为亏损，而其母公司则可以高价把产品销售出去，赚取丰厚的利润。假设一家英国企业来华投资设厂后，以 15 美元的价格从其母公司进口原材料，在中国又追加投资 5 美元，则其成本应为 20 美元。但是，在华子公司仅以 18 美元的价格把产品返销给其母公司，从账面看这家英资在华投资企业就是亏损的，而其母公司很可能以 24 美元的价格把产品转手销售给其他消费者，这样利润就被截留在中国之外了。

案例与思考

LV 中国定价策略不合群

在香奈儿等奢侈品巨头选择在中国内地降价以缩小全球市场价差后，LVMH 集团却不为所动。里昂证券日前对主要市场国家 LV 最经典畅销款手袋 Louis Vuitton Speedy 30 的价格调查显示，同一款 Louis Vuitton Speedy 30 不连肩带手提袋中国内地市场售价全球最贵，高达本土市场法国售价的 1.6 倍；中国香港地区售价位居第四，是法国本土市场售价的 1.43 倍。

1. 歧视定价多重受损

提到奢侈品在中国内地的高价，大多数人会想到关税，实际上奢侈品在中国内地的高价是多重规则共同造成的。北京商报记者了解到，按照现行进口税则，进口化妆品、皮革服装及配饰、箱包及鞋靴类需缴纳 10%关税、17%增值税，部分高档消费品还需缴纳 10% ~ 40%不等的消费税。然而，除去这些税费，LV 同一款产品在中国内地的定价仍然远高于欧美市场。

业内人士指出，LV 作为国际一线奢侈品大牌，在市场上具有垄断地位和定价权，对于中国内地这样的奢侈品初级市场，LV 可能会有意识抬高价格以谋取高额利润。同时，LV 在国内拥有众多层级不同的代理商，这些代理商往往缺乏议价能力，即使税费下降 LV 仍可能维持高价策略。此外，人民币近年的持续升值和房租、人力等运营成本的上涨也是造成高价的原因。

一位从事奢侈品研究多年的业内人士向北京商报记者透露，电商和境外旅游的迅速发展正在让奢侈品价格趋于透明。越来越多中国消费者通过代购和境外购买 LV 商品，中间商从中获得巨额利润。这导致渠道和零售商的混乱、价格失控以及假货、A 货横行。尽管中国内地市场萎靡可以通过海外市场增长弥补,但从长远来看,随着 LV 中国内地门店租金和人工成本的升高,利润率下降,形势将更加严峻,从而形成恶性循环,最终受损的将是品牌自身。除了营收,奢侈品能够可持续发展最重要的就是保持高溢价,高溢价的根本正在于品牌形象。

2. 隐性降价到来

2015 年以来,传统零售行业哀鸿一片,奢侈品行业也未能幸免。同为法国奢侈品巨头的香奈儿率先在全球启动调价策略。4 月 8 日,香奈儿正式协调全球各个市场的价格差距,首先调价的是经典款 11.12 和 2.55 与 Le Boy Chanel 手袋系列。香奈儿中国区负责人表示,香奈儿在欧洲售价约上调 20%,中国内地下调 20%,以缩小全球市场的价格差异,调整后价差将不超过 5%。多位分析人士认为,作为奢侈品行业的大佬,香奈儿在亚洲市场的降价引发了连锁反应,各大奢侈品品牌会跟进调整全球价格体系。

尽管 Jean-Jacques Guiony 此前表示 LVMH 集团无任何调整价格结构的计划,事实上为了均衡差价,LV 继一季度对欧洲手袋提价约 3%后,二季度平均提价 5%。

前欧莱雅中国和万宝龙中国区高管陆晓明曾公开表示,对于所有奢侈品品牌而言,缩小海内外价差一定是大势所趋。但不应该通过提高欧洲市场的价格来缩小价差,因为原本的价差本来就是不合理的,奢侈品在中国内地市场的价格是被高估的。

一位业内人士告诉北京商报记者,缩小价差已成奢侈品市场发展的必然,但降价向来被奢侈品品牌看作是“跌份儿”的行为,因而部分奢侈品采取隐性降价。奢侈品一般每年都有一到两次的固定涨价,目前高调降价的只有香奈儿,其他品牌采取的策略是暗自调价。“比方说由海外每年一次涨价变成两次涨价,中国市场不涨价,从而逐渐偷偷拉低价差。Dior 就是这么做的。”

该业内人士表示 LVMH 集团未来很可能采取与 Dior 类似的隐性调价方式来实现在中国内地的降价。

(资料来源:王晓然,王明杨. LV 中国定价策略不合群[N]. 北京商报,2015-09-30.)

思考:

分析 LV 在中国的定价策略及其未来的发展趋势。

职业技能训练

全球第二大 PC 处理器生产商 AMD,限于 Intel 强大的研发技术和生产的规模效应以及由此形成的绝对领先份额,在全球市场采取了跟随 Intel 的定价策略。比如,2005 年在 Intel 推出“迅驰”系列之后,AMD 紧随其后推出 Turion 处理器,并在价格上略低于同类的 Intel 产品。

参考以上案例,为一国际市场营销企业,针对某一目标市场国的营销产品做出合适的定价策划,包括分析产品定价的影响因素、选择合适的定价方法、设计适当的定价策略,撰写国际市场营销定价策划方案。

本章知识自测

一、关键概念

撇脂策略　渗透策略　成本导向定价法　需求导向定价法　竞争导向定价法

二、单选题

1. 国际市场营销企业市场定价的最低界限取决于(　　)。

A. 目标国的市场价格　　B. 成本

C. 市场接受的价格　　D. 官方规定的价格

2. 某手表生产企业生产成本为 60 元,厂家拟按五成加价,那么该手表的市场售价应该是(　　)元。

A. 65　　B. 70　　C. 90　　D. 120

3. 以下不属于平行输入产生原因的是(　　)。

A. 不同国家间的币值无差异

B. 国家间的显著价格差异

C. 专营公司赋予分销商高额的价差

D. 进口配额和高关税

三、判断题

1. 企业的定价目标主要是维持生存、避免竞争,并实现当期利润最大化。(　　)

2. 在某些通货膨胀率高的国家销售产品,必须考虑通货膨胀对成本的影响,在存在通货膨胀的情况下,产品的生产成本和流通费用会随之减少。(　　)

3. 成本导向定价法是主要以成本为依据,在考虑企业定价目标、市场需求、竞争格局等因素的基础上,增加适当利润的一种方法。(　　)

4. 差别定价是指企业对同一产品或劳务制定两种或多种价格以适应顾客、地点、时间等方面的差异,这种差异反映了成本比例差异。(　　)

5. 总公司和子公司联合定价,是由总公司确定一个基价和浮动幅度,子公司可以根据所在国的具体情况,在总公司规定的浮动范围以内,灵活地制定本地区的商品价格。(　　)

四、简答题

1. 影响国际市场定价与国内市场定价的因素有何不同?

2. 国际企业主要的价格策略有哪些?

3. 为什么近年来倾销已成为一个主要问题?

第9章 国际市场营销促销策略

学习目标

通过本章的学习与技能训练,要求学生:

- 掌握促销组合的概念、国际广告策略的内容和特点、人员推销管理的内容和特点、公共关系策略的内容和特点。
- 熟悉人员推销的管理方法。
- 了解国际促销策略的影响因素。

案例导读

广告与销量是否有关

某重型机械厂一年来对其产品通过电视大做广告,而且安排在收视率极高的"黄金时间段",名声越来越高。由于广告费用支出庞大,企业不得不大幅压缩其他促销方式的费用,但产品的实际销售量并没有明显增加。

思考:

为何广告越做越大,名声越来越高,但实际销售量并没有明显增加?

分析与提示:

促销方式有很多种,不能只重视广告而忽略其他促销方式,要多种促销手段配合使用,才能取得较好的营销效果。

9.1 国际市场促销策略概述

9.1.1 促销的概念

促销,是促进产品销售的简称,是指企业应用各种信息沟通方式与手段,向消费者传递企业及其产品或服务的信息,通过信息沟通,使消费者对企业及其产品或服务产生兴趣、建立好感与信任,进而做出购买决策,产生购买行为的活动。促销的实质是企业与购买者之间的信息传递与沟通。

根据促销合力形成的总体方向促销总策略划分为推式促销与拉式促销两种。

1. 推式促销

推式促销主要是指上游企业直接针对下游企业或目标顾客开展的促销活动。活动过程主要是运用人员推销、营业推广等手段,把产品从制造商推向批发商,由批发商推向零售商,再由零售商将产品推向最终消费者,如图 9 －1 所示。运用这一策略的企业,通常有完善的促销队伍,或者产品质量可靠、声誉较高。这种促销策略的促销对象一般是中间商,它要求促销人员针对不同的销售对象采取不同的促销方法和技巧。

图 9 －1　推式促销策略

2. 拉式促销

拉式促销主要是指制造商直接针对最终消费者施加促销影响,以扩大产品或品牌的知名度,刺激消费者的购买欲望,进而产生购买行为,如图 9 －2 所示。拉式促销策略一般以广告促销为主要手段,通过创意新、高投入、大规模的广告,直接诱发消费者的购买欲望,由消费者向零售商、零售商向批发商、批发商向制造商求购,由下游至上游,层层拉动以实现产品销售。运用这种策略的企业一般具有较强的经济实力,能够花费昂贵的广告和公关费用。

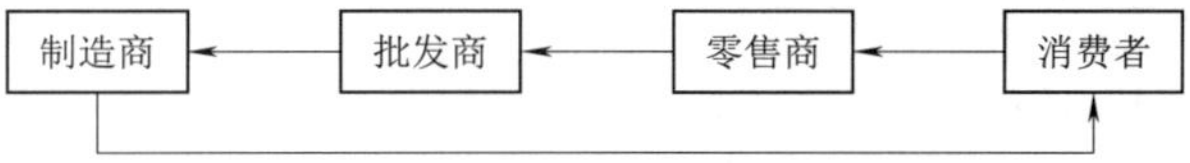

图 9 －2　拉式促销策略

9.1.2　促销组合策略

1. 促销方式

促销方式是企业向消费者传播与沟通信息的媒介,如图 9 －3 所示。促销方式一般可以划分为人员促销和非人员促销两类。

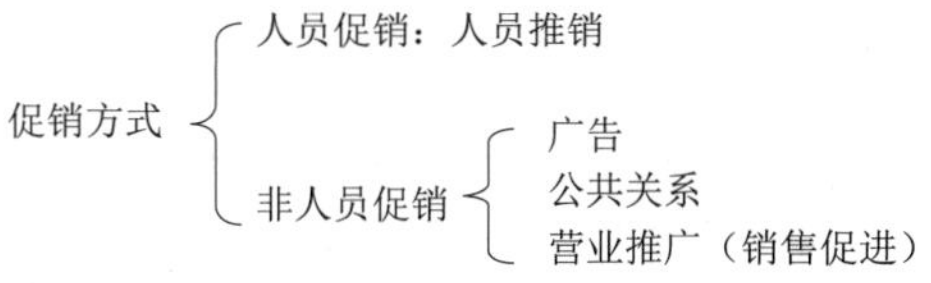

图 9 －3　促销方式

①人员促销:即人员推销,是企业运用推销人员向消费者推销商品或服务的一种促销活动,它是一种适合在消费者数量少、比较集中的情况下进行的促销。

②非人员促销:指企业通过一定的媒体传递产品或服务的有关信息,以促使消费者产生购买欲望、实施购买行为的一系列促销活动,包括广告、公共关系和营业推广等方式。它是一种适合在消费者数量多、比较分散的情况下进行的促销。

2. 促销组合策略

促销组合,是指企业在促销活动中,把公共关系、广告、营业推广和人员推销有机结合,综合运用,以便实现更好的整体促销效果。四种促销方式各具特点,企业要制定一套行之

有效的促销组合策略方案。一般来说,主要应该考虑以下六方面的因素:

(1)促销的目标

企业的整体促销目标具有阶段性的侧重点,促销目标的重点不同,促销组合策略也不同。例如,以提高知名度和塑造良好形象为主要目标时,应以公共关系和广告为主;而以销售商品为主要目标时,公关是基础,广告是重点,人员推销是前提,营业推广是关键。

(2)产品的特点

从产品类型来说,消费品主要供个人和家庭生活之用,涉及面广量大,经常以广告促销为主,辅以公共关系和营业推广,人员推销相对较少;生产资料商品具有技术专用性强、价格高、批量大等特性,购买时一般要经过复杂的研究、审批等手续,应以人员推销为主,配合公共关系和营业推广,而广告相对使用较少。一般来说,高价商品由于使用风险大,应以公共关系和人员推销为主,低价商品以广告和营业推广为主。

(3)产品市场寿命周期

投入期以广告和公共关系为主,其次是人员推销和营业推广;在成长期,虽仍以广告和公共关系为主,但所有促销策略的成本效应都降低了;在成熟期,以营业推广为主,辅以广告、公共关系和人员推销;在衰退期,仍以营业推广为主,但广告、公共关系和人员推销的成本效应则降低了,其中以人员推销为最低。

(4)目标市场的特点

在诸多市场因素中,主要是市场规模与集中性、购买者类型、消费者心理和竞争对手的促销攻势对促销组合影响较大。市场规模小且相对集中的市场,人员推销是重点;规模大、范围广且分散的市场,则应多采用广告、公共关系和营业推广;对消费者市场应以广告、公关促销为主,辅之以营业推广;对组织市场则应以人员推销为主,辅之以公共关系和广告;对中间商则宜以人员推销为主,并配合营业推广。

(5)分销渠道的类型

如果企业以间接分销渠道为主来分销商品,则应以广告、公共关系为主,为中间商创造有利的销售环境,再配合对中间商的营业推广,充分调动其积极性;如果企业以直销方式为主,则重点是公共关系、人员推销和营业推广。

(6)市场营销组合策略与促销总策略

促销不是孤立存在的,它必须与其他营销策略和手段紧密配合才能有效发挥其作用。因此,在进行促销策划时,绝对不能离开市场营销组合的全面思维;促销总策略不同,促销组合策略也不一样。例如,推式总策略,人员推销、营业推广更重要一些;拉式促销策略,则以广告为重要的促销策略。

9.2 国际广告

9.2.1 国际广告的概念与特点

1. 国际广告的概念

根据美国市场营销协会 AMA 的定义,广告是由特定的广告主以付费方式对于构想、产品和劳务的非人员介绍及推广。广告的基本功能是传播企业及其产品或劳务的信息，以扩大市场，促成交易。

国际广告就是广告主通过特定的传播媒介，以国内广告战略为基础，配合国际市场营销的整体需要，面向目标市场国家消费者所进行的有关商品、劳务、观念等方面的信息传播活动。国际广告活动的主要目的，是通过各种适应国际市场特点的广告信息传播，使本企业商品能迅速地进入国际市场，从而为产品赢得声誉扩大销售，实现销售目标。它是巩固、开拓、扩大国际市场和促进国际贸易往来的一种重要工具和手段。

2. 国际广告的特点

国际广告同国际市场营销有着密不可分的联系，并且也具有广告的一般特点。国际广告与国内广告在原理和实际操作中具有许多共性，在具体实施中，也必须首先进行市场调研，寻求广告代理公司，做出全面的广告战略规划和具体的广告策划与执行等。在广告发布后，也需要广告信息传播效果的反馈和评估。但与国内广告相比，国际广告因其实施范围不同，服务对象不同，所产生的影响与作用不同，因而具有更大的难度和更高的要求。从宏观层面上，国际广告的特点主要表现在以下两方面：

（1）国际广告运作市场活动范围的特殊性

服务于国际市场营销，满足国际化广告主的全球营销和整体营销的需要，在一个极为广大而又复杂多元的国际市场范围和环境里进行广告运作，是国际广告的一大特点。因此，在具体展开国际广告活动之前，对相关产品的市场适应性、市场容量、市场前景进行分析和预测，是成功开展国际广告活动的前提和基础。

（2）国际广告活动具体市场环境的复杂性

国际市场环境中，各国的政治、经济、文化、科技发展状况不同，其生产方式、生活方式、文化习俗、宗教信仰等具有极大差异性。这些都将深刻地影响到国际广告的传播方式和传播效果，也加大了国际广告运作的难度。

9.2.2 国际广告决策

企业在国际广告活动中要面对的主要决策有五项最重要的内容：确定广告目标、制定广告预算、决定广告信息、选择广告媒体和评估广告效果。

1. 确定广告目标

广告目标是企业借助广告活动所要达到的目的。企业的广告目标取决于企业的整体营销目标。但企业在实现其整个营销目标的过程中，又可分为若干个不同的阶段，在每一个阶段，广告起着不同的作用，也有着不同的目标。归纳起来，企业的广告目标主要有通知、劝说和提示三大类。按照不同的广告目标，可以将广告分为通知广告、劝说广告和提示广告三种，如图 9－4 所示。

图 9－4 按照广告目标划分的三种广告类型

（1）通知广告

通知广告（Informative Advertising）主要适用于产品生命周期中的介绍期，其内容主要是介绍一种新产品的问世,说明该产品的用途,目的在于促进市场产生初步需求。

(2)劝说广告

劝说广告(Persuasive Advertising)适用于产品生命周期中的成长期。这时顾客对某一类产品有需求,但尚未形成固定的偏好,企业此时应做劝说广告,目的是建立选择性需求,也就是建立对本企业品牌的偏好。此时,企业的主要广告目标应是劝导顾客购买自己的产品,突出产品特色,促使顾客形成顾客偏好。

(3)提示广告

提示广告(Reminder Advertising)用于产品生命周期中的成熟期,目的在于提示顾客购买。它主要适用于产品的成熟期,其目的在于保持现有顾客对该产品的记忆,或者使他们确信自己所做的购买决策是正确的。

2. 制定广告预算

企业制定广告预算有下列四种方法:

(1)量力而行法

企业根据自己的财务能力,从全部促销费用中拨出一部分作为广告费。这种方法简单易行,但忽略了广告支出与销售业绩之间的因果关系。按照这种方法,企业每年促销费用可能有较大差异,不利于企业制定长期的市场拓展计划。

(2)销售比例法

销售比例法是指企业根据在国际目标市场的销售额来确定广告支出,使得广告支出占销售额一定的比例。按照不同的计算标准,又可具体划分为计划销售额比例法、上年度销售额比例法、计划销售增加百分比法。销售比例法的比例应该根据产品、市场、环境及营销战略等情况而定。

这种方法的优点有:第一,简单易行;第二,广告支出额与销售额结合起来,使得广告支出保持在支付能力之内;第三,如果企业在许多国家有销售业务,使用这种方法能使广告预算在各国有效的分配。这种方法的主要缺点是颠倒了广告支出额与销售额之间的因果关系。

(3)竞争平衡法

竞争平衡法是指企业确定与竞争对手大致相等的广告预算。这种广告预算确定方法的出发点:第一,目标市场竞争对手的广告支出水平来自当地市场营销的实践,并且经过长期使用,有其合理之处;第二,以竞争对手的广告费用水平为依据,竞争者彼此看齐,可以避免展开广告战。其计算公式为:

广告费用总额 = 主要竞争对手广告费用额 ÷ 主要竞争对手市场份额 × 本企业目标市场份额

这种方法的缺点:第一,竞争对手的预算也不一定合理、有效;第二,企业与竞争对手在资源、营销目标、市场机会以及在市场上的竞争地位等方面各不相同,对方的预算不一定符合自己的实际情况。

(4)目标任务法

采取目标任务法是指企业首先要确定广告促销的目标,比如预期销售量、销售增长速度、预定市场份额或者一定的品牌知名度等,然后再确定实现这些预期目标而必须完成的任务,最后估算完成这些任务所需要的广告费用。

目标任务法促使企业将不同市场的广告预算与企业在当地市场的促销目标相结合,从而避免了广告预算分配上的盲目性。但是,使用这种方法的困难之处在于:企业可能对国际目标市场不了解或不够了解,从而难以正确地确定适合市场环境和企业实力的广告目标。如果企业对市场上的情况了解不充分,所确定的广告目标本身不合适,那么,据此所预计的广告预算也会出现错误。

3. 决定广告信息

在国际市场营销活动中,企业国际广告决策所面临的一个主要选择,就是广告信息的标准化和当地化的决策。

(1)广告信息的标准化

广告信息标准化是指把同样的广告信息和宣传主题传递给各国市场。这种广告策略要求忽略各国市场需求的差异性,强调基本需求的一致性。

广告信息标准化的优点:可以降低广告宣传的费用,保持企业及其产品在国际市场上的统一形象。但广告信息的标准化可能会因为其不适应当地文化而导致失败。例如,百事可乐的广告语 Come Alive With Pepsi 在西班牙被翻译为"百事可乐使你的祖先从坟墓中爬出来",而不能被当地所接受。因此,广告信息标准化主要在使用者相同、广告诉求无歧义时采用。

(2)广告信息的当地化

所谓广告信息的当地化,也称广告信息的差异化,是指企业通过广告向不同国家和地区传播不同的信息。它强调的是各国市场上的差异性。

广告信息当地化的优点:第一,适应性强,可以有效适应不同文化背景消费者的需求。例如,宝洁公司在巴西推销其汰渍洗衣粉时,并不强调其"洁白功效",因为巴西人很少穿白色衣服;第二,可进入性强,有利于克服当地市场的进入障碍。许多国家政府对广告宣传有诸多限制,外国企业通过选择当地代理商,设计符合当地要求的广告,可以越过障碍,顺利进入该国市场,而且当地化的广告也有利于融入当地文化,赢得当地公众的好感;第三,针对性强,由于广告的诉求和表达方式适应了当地文化的特点,有利于取得较好效果。例如,丰田公司的"车到山前必有路,有路必有丰田车"、夏普无霜冰箱的"此时无霜胜有霜"都是结合中国传统文化、针对中国特点的当地化广告的成功案例。

广告当地化的缺点:有可能影响国际企业及其产品的整体形象。

(3)广告信息标准化与当地化决策的影响因素

企业在考虑采用广告信息标准化还是当地化信息决策时,一般应该考虑以下四方面因素:

①产品性质。工业品的广告信息比较适合标准化,而消费品的广告信息一般适用于当地化。

②法律限制。各国法律对广告,特别是广告信息都有不同的限制。可见,不同的法律限制自然就阻碍了广告信息的国际统一性。

③社会限制。某些社会习俗对广告信息及其传播方式也会产生一定的影响。

④市场性质。同质市场是指市场需求差异很小的市场。而异质市场是指市场需求差异较大的市场。如果两个市场的一些特质,如收入、教育普及程度、职业结构等相似,那么

可以推断两个市场消费者的需求、态度、习惯可能相似，可以采用标准化策略。反之，则应该采用当地化策略。

4. 选择广告媒体

广告媒体的种类很多，主要包括报纸、电视、直接邮寄、广播、杂志、户外广告等。在选择国际广告媒体时，除了考虑各种媒体的特点外，还要考虑产品性质、媒体的可获性、法律限制、教育普及程度以及媒体成本等因素。

（1）产品性质

工业品和消费品，高技术品和一般性产品，应该分别选用不同的媒体。例如，女性服装应该选用电视或杂志做广告，以增强美感，而高技术产品则适合直接邮寄说明书。

（2）媒体的可获性

媒体的可获性是指有些被视为最合适的广告媒体在某些国家根本不存在，或者受到严格限制。如果法国的电视广告由国家控制，不仅对每天广告节目的播放时间有严格规定，而且对每种产品每年的广告时间都有严格的限制。

（3）法律限制

各国法律对媒体的使用及广告产品都有不同程度的限制。例如，法国的法律禁止在电视上为烟草、酒精饮料等某些商品做广告。

5. 评估广告效果

企业应该对广告效果进行持续的评估。评估的内容很多，主要有以下两方面：

（1）信息传递效果的评估

信息传递效果的评估即评估广告是否将信息有效地传递给目标顾客。这种评估在做广告之前和做广告之后都应进行。

（2）销售效果的评估

销售效果的评估即评估广告使销售额增长了多少。这种评估一般比较困难，因为产品销售额增长多少，不仅取决于广告，而且还取决于其他许多因素，如经济发展、顾客可支配收入增加、产品质量提高、价格合理调整等诸多方面。因此，单独评估广告对销售量的影响比较困难。

目前，有的企业采用试验法来测量广告效果。按照这种方法，可以把某种产品的销售市场按地区划分，各地区使用不同的媒体，各种媒体的广告预算相同，经过一定时期后，检查各地区销售额的增长情况。通过这种检查，可以大体分析出哪种媒体最有效。

此外，企业还可以采用另一种做法，即在甲地区使用大量广告，在乙地区使用少量广告，在丙地区则不用广告，一定时期后检查各地区销售额增长情况，可大致估计出广告对销售额的影响。

9.3 营业推广

9.3.1 营业推广概述

1. 营业推广的概念

营业推广（Sales Promotion）是指能够迅速刺激需求，鼓励购买的各种促销形式。许多企业的国际市场营销实践证明，营业推广在国际市场营销中也是一种行之有效的促销方式。

在国际目标市场上采用营业推广方式，需要特别注意各国的法律限制。例如，法国的法律规定：禁止抽奖的促销方式；免费提供给购买者的商品价值不得高于总购买价值的5%。还应注意加强与国外零售商的合作，因为营业推广的许多形式都需要与零售商配合进行，如发放折价券、安装展览设备、包装内附赠礼品、现场示范等。

2. 营业推广的形式

如表 9 – 1 所示，企业营业推广的目标有三类：一是针对消费者的，例如免费样品、折价赠券、交易印花、现场示范等；二是针对中间商的，如购货折扣、合作广告、推销奖金、经销竞赛等；三是针对企业推销人员的，如奖金、推销竞赛等。

表 9 – 1　营业推广的对象、目标及基本形式

推广对象	推广目标	推 广 形 式
消费者	鼓励购买	免费样品、折价赠券、交易印花、现场示范、有奖销售、分期付款、赠品、购物积分等
中间商	鼓励经销	购货折扣、合作广告、推销奖金、经销竞赛等
推销人员	鼓励推销	奖金、推销竞赛等

9.3.2　展销

1. 展销的概念

展销会是通过展示产品实物、图像，以直观的方式展现、介绍产品，宣传形象，使人们了解企业产品的外观、性能与特点，向国际目标市场传递和交流产品信息或企业信息。

参加展销的工作内容有：展销产品、展销对象、展销形式、展销地点、展销工作人员培训、展位布置、编写宣传材料、前期宣传、费用预算等。

尽管展销只是营业推广的形式之一，但在国际市场营销中，其作用要远远大于其他形式。这是因为：第一，在许多国家展销是非常重要的贸易形式；第二，通过产品的展览和示范，自然就跨越了沟通障碍。

2. 展销会的类型

按照不同的标准，展销会可以划分为不同的类型。

（1）按照展销产品的性质划分

按照展销产品的性质，展销可以划分为一般性的展销会（也称综合性展销会）和专业性（某一行业）的展销会。综合性展销会涉及多个行业，如上海工业博览会、杭州西湖博览会等；专业展销会具有鲜明的主题，主要展出某一行业或同类型的产品，如汽车展、瓷器展、丝绸展等。一般来说，专业展销会的规模小于综合性的展销会，但在展览业发达的国家，大型综合性展销会已基本让位于专业展销会。全球每年的展会有很多，在环球资源网（www.globalsources.com.cn）等网站上也可查到相关信息。

（2）按照参展的国别划分

按照参展的国别划分，展销可以划分为一国展销会和国际展销会（即国际博览会）。与会议的划分一样，以地域范围为标准，展销会可以划分为国际、全国、地区和本地（通常为一个城市）四个层次。国际展销会的参展商和观众来自多个国家，如中国出口商品交易会和汉诺威工业博览会等。

(3)按照参观对象划分

按照参观对象划分,可以分为对商界开放的展销会和对公众开放的展销会。

(4)按照展销的时间划分

按照展销的时间划分,可以划分为临时性展销会和永久性展销会。永久性展览会,也称定期展览会,是指每隔一定时间举办的国际展销会,它除了时间固定外,往往还有固定的地点和场所。而临时性展览主要是针对国际市场或者国际社会所关心的热点问题举办,或者配合新闻发布会、看样订货、商贸洽谈等活动临时举办的产品展示活动。

3. 参展决策

企业在决定是否参加某一展销会时,应考虑如下因素:

(1)参观者的构成

不同目标的展销会,观众的层次与类型也不同,如图 9-5 所示。尽管许多国外商展都十分专业,但各自的展销主题不同,参展商的构成不同,专业观众的来源和层次也有很大差别,这就需要国内企业从中选择最能实现自己预期目标的展销会。企业需要分析这一展销会的观众是否与本企业的目标市场相一致。一般而言,展销会主办者会提供这方面的信息。

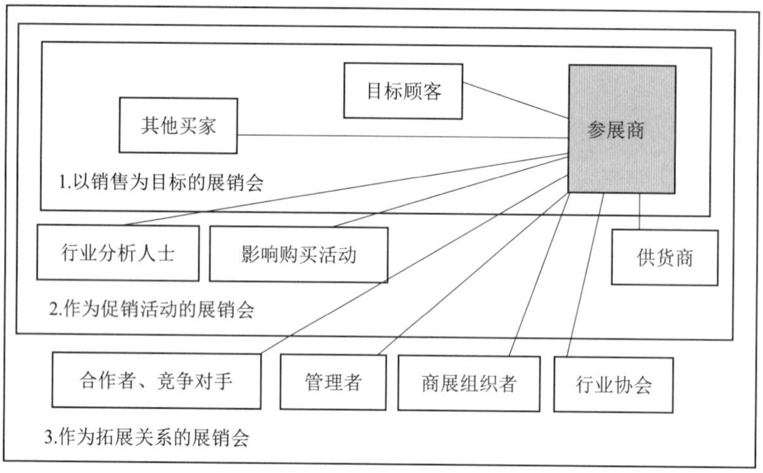

图 9-5 展销会观众的层次与类型

(2)展销会的历史

一般而言,如果是传统展销会,将会有较多观众;如果是新举办的展销会,只能吸引少量的观众。

(3)展销效果如何

主要了解在过去几年中,参加展销会的展出单位都是哪些公司,其展销效果如何等。出国展一般要选择那些在当地甚至世界范围内知名的、行业内领先的展销会,这些展销会一般有明确的主题、较大的规模、较强的专业性和已经系统完善的宣传推广计划,容易取得理想的展销效果。

(4)展销时间安排

主要了解展销会的时间安排是否恰当,如果恰好与另一个展销会时间冲突,就会使观众因分流而减少；如果安排在附近某一地区的另一展销会之后，就可能吸引较多的观众。

4. 参展目的

企业在参加展销会之前，应该首先明确参加展销会的目的。一般来说，参加展销会的目的有五方面：

①在现场收集订单，这是参展的重要目的之一。

②征询顾客意见。企业参展可以直接获得顾客的意见与建议等诸多需求信息。

③只对本公司和产品进行一般性介绍，旨在以后打开市场。通过参展，可以传播企业形象，扩大企业影响。

④借机选择代理商或经销商。通过参展，企业可以寻找和挑选合适的分销商，发展分销网络。

⑤借机评估市场潜量和产品对该市场的适应性。通过参展，企业可以大体把握市场发展态势，评估市场规模与潜力。

企业参加展销会，可能包括上述五方面的目的，也可能只是出于其中某一项目的。企业应该根据参展目的的不同，确定参展投入的人力、物力和财力的多少。

5. 评估和后续工作

在展销会结束后，企业还要及时做好评估和其他一些后续工作。包括的具体工作内容有：第一，将展销结果与预定目标进行比较，看哪些目标已经完成，哪些目标还没有完成，原因是什么；第二，将实际费用和预算相比较；第三，对所获得的市场信息进行分析评估；第四，就下次是否参加该展销会做出初步决策（届时则要根据实际情况做出最后决策）。

相关资料

参加国际商展十步走

12个月前：从展览的规模、时间、地点、专业程度、目标市场等各方面，综合专家意见，选定全年展览计划；与展览主办单位或代理公司进行联系取得初步资料；选定场地；了解付款形式，考虑汇率波动，决定财务计划。

9个月前：设计展览结构；取得展览管理公司的设计批准；选择准备参展的产品；与国外潜在客户及目标顾客联络；制作展览宣传册。

6个月前：以广告或邮件等进行推广活动；确定旅行计划；支付展场及其他所需服务的预付款；复查公司的参展说明书、传单、新闻稿等，并准备必要的翻译；安排展览期间翻译员；向服务承包商及展览组织单位定购广告促销。

3个月前：继续追踪产品推广活动；最后落实参展样品，并准备大量代表本公司产品品质及特色的样品，贴上公司标签，赠送索取样品的客商；对展位结构设计做最后的决定；计划访客回应处理程序；训练参展工作人员；排定展览期间的约谈；安排展览现场或场外的招待会；购买外汇。

四天前：准备好运货文件、展览说明书等额外影印本；搭乘飞机至目的地。

三天前：抵达目的地；赴酒店办理登记入住手续；视察展览厅及场地；咨询物流商，确定所有运送物品的抵达情况;指派运输商将物品运送至会场;联络所有现场服务承包商,确定一切准备就绪;与展览组织代表联络,告知通信方法;拜访当地客户。

两天前:确定所有物品运送完成;查看所订设备及所有用品的可得性及功能;布置展位;将所有活动和节目安排做最后的敲定。

一天前:将摊位架构、设备及用品做最后的检查;将促销用品发送到直接分配中心;向公司参展员工、翻译员等进行展览前的最后简报。

展览期间:尽早到达会场;于展览开幕当天即将新闻稿送到会场的记者通信厅;实地观察后尽早预约明年场地;详细记录每个到访客户的情况及要求;对于没有把握的产品需求,及时汇报总部后做出合理答复,一旦应承,必须按质按期完成,以取得客户的信任;每日向员工进行简报;每天将潜在商机及顾客资料送回公司,以便即时处理和回应。

展览结束:监督摊位拆除;处理商机;寄出答谢信。

(资料来源:王春雷,陈震.展览会策划与管理[M].北京:中国旅游出版社,2006.)

9.4 人员推销

9.4.1 人员推销概述

人员推销是指企业派出推销人员或者委托外国推销人员向顾客和潜在顾客面对面地介绍和宣传产品,以促进产品的销售。

1. 人员推销的形式

人员推销的基本形式有上门推销、柜台推销和会议推销三种。上门推销是最常见的、最"正宗"的、最典型的推销形式,是由推销员携带产品样品、说明书、产品订单等走访顾客,推销产品;柜台推销是企业在适当地点设置固定的门市、柜台或摊点,等客上门,由营业员向顾客推销产品的形式;会议推销就是利用各种会议向与会人员宣传介绍企业产品的推销活动。例如,在订货会、交易会、展览会、物资交流会等会议上推销企业的产品。

按照推销对象来划分,人员推销可以划分为向消费者推销、向制造商用户推销和向中间商购买者推销三种情况。

2. 人员推销的目标

归纳而言,企业选择使用人员推销的目标大致有以下六方面:发现并培养新顾客;将产品及企业的信息传递给顾客;推销产品,包括接近顾客、介绍产品,回答顾客意见以及达成交易等;提供服务;进行市场调研;分配产品,即当产品短缺时分析并评估各类顾客,然后向企业提供如何分配短缺的建议。

与广告相比,人员推销是一种更直接的促销方式,在国际市场营销中,最容易受到国际目标市场国家社会、文化,以及语言等方面因素的影响,因为这种面对面的推销活动往往是两种文化的直接接触和交流。

3. 人员推销的特点

国际市场营销活动中,人员推销往往能达到理想的促销效果,这是因为其主要特点是

“面对面”的推销。其特点具体体现在两方面:①推销人员通过面对面的洽谈推销,可以通过察言观色,准确地把握目标顾客态度和表情的细微变化,以及时调整自己的推销策略;②推销人员与顾客之间可以建立起一定的关系和友谊,取得目标顾客对推销员进而对其产品的信任。

人员推销的主要缺点是费用成本较高,而且销售幅面有限,不可能有很大的市场覆盖面。适应其特点,人员推销这一促销方式主要适用于三种情况:①高技术性的产品;②高价产品;③竞争激烈的新市场。

9.4.2　人员推销管理

人员推销管理,主要包括对推销人员的招聘、培训、激励与制约、评估等四方面工作。

1. 推销人员的招聘

为了有效地招聘国际推销人员,国际企业管理当局必须详细规定对人员的要求,一份正式的职务说明书有助于管理当局说明公司的当前需要和长远需要。除了说明国际推销员的岗位职责外,选拔标准还应包括各国固有的对推销人员的特殊要求。国际推销员除具备国内推销员的全部条件外,还应具备如下素质:果断决策的能力、调研能力、文化适应能力、精通目标市场国的语言、可靠性等。

推销人员的招聘是管理好人员推销工作的基础。推销人员的招聘可以有三个来源:本国、市场所在国、其他国家。三者优缺点比较如表9-2所示。

表9-2　各种类型推销人员的优缺点

类　型	优　点	缺　点
本国驻外推销员	公司及其产品知识 服务水平高 受过促销培训 本部能更好地控制	成本最高 人员更换或流失多 培训费用高 文化法律障碍
东道国当地推销员	成本低 非常熟悉市场 语言技能 最了解当地文化 最快地实施行动	需要进行产品知识培训 不容易被总公司信任与尊敬 忠诚度难以保证
第三国国籍推销员	文化敏感度 语言技能 经济 实现区域销售 实现向与母国相对立的国家销售	要面对身份问题 难以升迁 收入差距 需要进行公司/产品知识培训 忠诚度

(1)本国驻外推销人员

随着国际市场营销与国际贸易总量的增长,越来越多的公司使用当地人员充实营销岗位,依赖本国驻外推销员的公司数目不断减少。然而,如果所推销的产品技术含量高,或者产品推销需要具备广泛的信息和应用背景知识,选用本国驻外推销人员(Expatriate)组成销售队伍仍然是最佳选择。

选用本国驻外推销人员的优点:一般接受过更多的技术培训;更为了解公司及其产品

情况;其忠诚度与可靠性受过考验;由于不是东道国当地人,可能会提高产品在国外顾客中的声誉;能与公司总部工作人员进行有效的沟通并施加影响。

选用本国驻外推销人员的缺点:成本高,有文化与法律方面的障碍,缺少愿意长期在外工作的高级人才。

(2)东道国当地推销员

选用东道国当地推销员的优点:非常了解当地的文化与市场,一般能绕过文化与法律的障碍;熟练掌握当地语言;为了解本国的商业结构与商业惯例;由于当地政府更倾向于雇佣本国人而非外国人,所以其成本一般会低于本国驻外人员;运用当地推销员可以使公司在新市场上更快地活跃起来,可以大大缩短调整和适应的时间。其缺点是:公司总部员工容易忽视他们的建议;有时难以雇佣到合格的当地人员。

(3)第三国国籍推销员

第三国国籍推销员是指他们离开自己的国土到第三国为一家外国公司工作,其国籍与所工作的地方或公司没有什么联系。例如,在阿根廷的一家美国公司工作的德国人便属于第三国国籍推销员。第三国国籍推销员的兴起不仅反映了经营国际化程度的增长,而且也表明人们承认人的技能和积极性并非一个国家的专有财产。其优点是:他们会说几种语言,具有较好的文化敏感度,一般熟悉某个行业或者其他某个国家。

2. 推销人员的培训

无论是本公司派出的推销员,还是聘用的外籍推销员,为了使他们具备国际推销员的基本素质与能力,在上岗之前或者工作过程中都需要进行必要的培训。但是,培训这两类推销员的重点应该有所区别。对于本公司直接派出的推销人员来说,应该重点进行外语、礼仪、生活习俗和商业习俗等各方面的训练;对于外籍推销员来说,则应该重点进行了解本公司及其产品、掌握有关技术信息和必要的推销技巧等方面内容的培训。

对于跨国公司来说,推销人员的培训往往由各国子公司负责,公司总部只向子公司提供培训资料和组织各子公司进行必要的培训交流,并监督各子公司的培训效果。当然,有时培训工作也由总部统一组织。例如,对于高价格、高技术性产品推销人员的培训,就可由公司总部统一负责,并可在某一地区设立区域性培训中心。

3. 推销人员的激励与制约

推销人员管理的核心是对推销人员进行激励和制约。由于工作性质、人的需要等原因,企业必须建立激励制度来促使销售人员努力工作。激励推销人员的方法主要有销售定额与佣金制度两种。

(1)订立销售定额

订立销售定额是企业普遍的做法,它规定销售人员在一定时期内应销售多少数额,并按产品加以确定,然后再把报酬与定额完成情况挂钩。

(2)佣金制度

佣金制度是企业为了使预期的销售额得以实现,还要采取相应的鼓励措施,如奖金、销售竞赛等,而其中最为常见的是佣金。佣金制度是指企业按销售额或利润额的大小给予销售人员固定的或根据情况而调整比率的报酬。佣金制度能鼓励销售人员尽最大的努力工作,并使销售费用与现期收益紧密相连。企业可以根据不同产品、工作业绩给予推销人员不同的佣金。但是佣金制度也有不少缺点,如管理费用过高、可能导致销售人员短期行为等。

在推销管理中,激励推销人员运用最普遍的方法是将推销员工资、奖金和提成与销售挂钩。需要特别注意的是,从企业利益的角度出发,最好还要以收回货款的金额作为工资、奖金与提成的基础,而不能仅以简单的账面销售额或销售量为依据。

4. 推销人员评价

推销人员评价是企业对推销人员工作业绩考核与评估的反馈过程。它不仅是分配报酬的依据,而且是企业调整市场营销战略、促使推销人员更好地为企业服务的基础。国际市场营销实践中,企业应该定期对在各国的推销人员工作进行评价。这是因为:第一,通过评价促进各国推销工作的提高;第二,通过对各国推销工作的评估,有利于将各国推销工作进行比较,以有助于鼓励先进、鞭策后进。评价推销人员的步骤主要有以下几方面:

(1)掌握和分析有关的情报资料

情报资料最重要的来源是销售报告。销售报告分为两类:一是推销人员的工作计划;二是访问报告记录。工作计划使管理部门能及时了解到推销人员未来活动的安排,为企业衡量他们的计划与成就提供依据,由此可以看出推销人员工作安排及执行计划的能力;访问报告则使管理部门能及时掌握推销人员以往活动经历及顾客账户状况,并提供对以后访问有用的情报。当然,情报资料的来源还有其他方面,如销售经理个人观察所得、顾客信件与抱怨、消费者调查及与其他销售人员交谈等。总之,企业管理部门应尽可能从多个方面了解推销人员的工作绩效。

(2)建立评估指标

评估指标要基本上反映推销人员的销售绩效。对推销人员工作进行评估可以有许多标准。例如,一定时期内每百万美元销售额所使用的推销员数量;每百次访问平均得到的订单数;推销员费用在总营业额中所占的百分比;一定时期内增加客户数目或失去老客户数目等。

需要强调的是,为了科学、客观地进行评估,在评估时还应注意一些客观条件,如销售区域的潜力、区域状况的差异、地理状况、交通条件等。这些条件都会不同程度地影响销售效果。在进行国际比较时,必须将各国之间在市场、竞争、推销员成本等方面的差异考虑在内,使得不同国家的推销效果具有较大的可比性。

(3)实施正式评估

企业在占有了足够的资料,确立了科学的标准之后,就可以正式评估。大体上,评估有两种方式:一种是将各个推销人员的绩效进行比较和排队。这种比较应当建立在各区域市场的销售潜力、工作量、竞争环境、企业促销组合等大体相同的基础上;否则,就显得不太公平。同时,比较的内容也应该是多方面的,销售额并非是唯一的比较内容,推销人员的销售组合、销售费用以及对净利润所做的贡献也要纳入比较的范围;另一种方式是把推销人员目前的绩效同过去的绩效相比较。企业可从产品净销售额、定额百分比、毛利、销售费用及其占总销售额的百分比、访问次数、每次平均访问成本、平均客户数、新客户数、失去的客户数等方面进行比较。这种比较方式有利于推销人员对其长期以来的销售业绩有完整的了解,督促和鼓励推销人员努力改进下一步的工作。

9.5 公共关系

9.5.1 公共关系的概念、对象和目标

1. 公共关系的概念

公共关系(Public Relations)是指企业为搞好与公众的关系而采用的策略和技术。公共关系不同于广告、人员推销等促销方式,它是打破贸易壁垒进入封闭市场的一个重要手段。

广告、人员推销、营业推广等促销方式都是直接的促销手段,而公共关系是一种间接的促销手段,其直接目的是改善企业在公众中的形象,建立良好的公众舆论。公共关系对顾客的影响,追求的是长期的效益,它采取间接的方式,通过良好的企业形象,潜移默化地促成社会公众对企业产生好感,间接达到促进产品销售的目的。

国际公共关系是指一个企业进入国际范围投资经营,与其他国家的企业或相关组织,以及当地公众发生的非国家性的关系。

2. 公共关系的对象

公共关系活动的三个基本要素是:公共关系主体——社会组织、公共关系客体——社会公众、公共关系媒体——传播与沟通活动。企业要处理好公共关系,首先必须明确企业所面临的公众是谁,即公共关系的对象是谁。企业公共关系的对象——公众的范围,要比其营销的对象——市场范围更广,包括与其打交道的各个方面,如处于企业外部的顾客、中间商、竞争对手、政府机构及一般公众等诸多外部公众,也包括企业股东、企业员工等大量内部公众。

3. 公共关系的目标

公共关系的目标是通过大众传播等方式,与社会公众积极沟通,从而促进社会公众对企业的良好印象,改善社会公众对企业的评价,从而使社会公众与企业建立良好的关系,在社会公众中树立起企业和产品良好的形象。具体则体现为"三度":认知度(或知名度、展露度)、美誉度及和谐度的提高。认知度与美誉度的建立,必须通过提高公关促销活动的公众参与度实现。和谐度则是指公共关系应该能够实现各种利益主体利益的一致。除此之外,公共关系还应该考虑对销售业绩的促进与提高方面的效果。

9.5.2 公共关系促销策略

企业的公共关系一般可采用下列手段以实现促进销售的目的。

①收集信息,了解公众需求。企业要赢得与公众良好的关系,在公众心目中树立起良好形象,就要使自己的行为符合公众利益,这就要认真细致地了解公众需要。

②进行企业形象分析。企业应该根据收集到的有关信息,进行企业形象分析,即分析企业在公众心目中的形象和地位,判断企业的种种行为是否符合公众利益,是否满足公众需要。

③根据形象分析结果,调整企业行为,进一步改善企业形象。

④通过宣传报道等手段，传播对企业有利的信息。企业可以通过各种传播媒介向公众传播对企业有利的信息，以进一步提高企业知名度与美誉度。

⑤加强与市场所在国政府部门、特别是立法机构的联系，建立与社会各界的良好关系，赢得公众对企业进而对企业产品的好感与信任。例如，可以赞助东道国文化、体育、卫生、福利等事业，可以举办新技术、新产品介绍展示会等。

⑥建立企业统一的识别系统。为了在公众心目中创造独特的企业形象和较高的认知率，企业可以通过周密的策划和设计，确定一个统一的标识体系。

9.5.3　企业识别系统

1. 企业识别系统的概念

企业识别系统（Corporate Identity System，CIS），是运用视觉设计，将企业的经营理念予以视觉化、规格化、系统化，以塑造优良的企业形象。CIS 主要源于 20 世纪 60 年代美国各大企业，是企业集结内部力量和提升企业形象的有效方法之一。

2. 企业识别系统的构成

企业识别系统由理念识别系统（Mind Identity，MI）、行为识别系统（Behaviour Identity，BI）、视觉识别系统 VI（Visual Identity）三个要素构成，具体要素如表 9－3 所示。

表 9－3　企业识别系统的内容

<table>
<tr><td rowspan="5">企业识别系统的内容</td><td rowspan="2">视觉识别系统（VI：企业的脸）</td><td rowspan="2">外显系统</td><td>基础系统</td><td>企业名称、企业标志、商标、标准字体、图形、色彩、宣传口号、产品说明书等</td></tr>
<tr><td>应用系统</td><td>产品、包装、生产环境、设备、厂旗、厂徽、统一工作服、统一饰物、统一规格公关用品或礼物等</td></tr>
<tr><td>理念识别系统（MI：企业的心灵）</td><td colspan="2">内隐系统</td><td>经营思想、经营宗旨、经营理念、企业精神、企业作风、企业文化、企业口号</td></tr>
<tr><td rowspan="2">行为识别系统（BI：企业的行为）</td><td colspan="2">对内行为</td><td>行为准则和规范、工作态度和氛围、经营管理活动、仪式活动、员工沟通、员工教育、工作环境、对股东沟通活动等</td></tr>
<tr><td colspan="2">对外行为</td><td>市场调查、产品开发、公共关系活动、促销活动、流通对策、销售代理商、金融与股市对策、社会公益活动、文化活动以及与主管部门、政府职能部门的关系</td></tr>
</table>

（1）理念识别系统

在 CIS 系统中，理念识别系统是企业在长期发展中逐渐形成的基本精神和具有独特个性的价值体系，它浓缩了企业的经营宗旨、经营方针、价值观念和行为准则。它是企业宝贵的精神财产和不断发展的原动力，它一般以经营宗旨、经营方针、精神标语或者座右铭表现出来。

（2）行为识别系统

行为识别系统由企业完善的组织结构、制度、管理、福利和员工行为准则组成，体现了企业理念和企业独特文化。它是企业在经营理念的指导下形成的全体员工自觉的行为方式和工作方式，包括企业对内的管理和对外的公关与经营等活动。如果说 MI 是企业的“想法”，BI 则是企业的“做法”。

（3）视觉识别系统

视觉识别系统是企业以视听觉感染力为媒体，将企业理念、文化特质、服务内容、企业规范等抽象的概念,经由组织化、系统化、统一性的识别设计,转化成容易被公众接受的视听觉符号,来表达企业形象信息的识别方式。

企业视觉识别系统设计包括两方面:一是视觉基本要素设计,有企业名称、企业标志、品牌名称、商品标志、企业标准字、商品标准字、企业标准色、企业专用印刷书体、企业象征物、企业专用图案等项目;二是视觉应用设计项目,包括办公用品、招牌、旗帜标识牌、员工制服、赠品、交通工具、环境设计、产品设计、包装用品、广告用品、展示陈列等项目。视觉识别是由特定的文字、图案和色彩组成的企业名称的标准书法,常被印制在企业各类物品的外表上。

案例与思考

摩根汽车公司:英国复古跑车品牌100年后还能成功吗

曾经骄傲的英国汽车工业几乎消失了。然而,有一个英国著名的生产商摩根汽车公司(Morgan Motor Company)仍健在。它是世界上最古老的私人汽车公司,现在仍然是个100%家族企业。

该公司于1909年由哈利·弗雷德里克·斯坦利·摩根(Harry rederick Stanley Morgan,简称H. FES. Morgan)创建,直到1959年去世之前,他一直在经营着公司。现在的摩根汽车是由摩根家族的第三代掌门人查理·摩根(Charies Morgan)全面管理。

MORGAN(摩根)是英国知名跑车品牌,这家很小的跑车制造厂历史悠久,它的年龄比保时捷或法拉利名车品牌还大。长车头、短车尾一向是摩根车系的特征,摩根跑车的生产方式可以称得上"亘古不变"了。MORGAN车的所有部件从悬挂装置到制动轮鼓,全都在本厂的车间内制造,而且使用的始终是同样的老机器。查尔斯·摩根说这样的运作方式绝对胜得过现代化的汽车生产线。在钣金车间里,工人都是用双手直接剪裁钢板或铝板。一些焊接部位也是靠手工打磨。MORGAN车身的油漆有时竟要经过9道工序才能完成。当今许多汽车制造公司通常是每分钟生产一辆或两辆汽车,而摩根汽车工厂的150名职工平均每个星期最多生产10辆汽车,全年总产量大约500辆。

1. 摩根的哲学与产品系列

公司的整体经营模式基于长期化和品牌强化。这不是一个快述致富的业务。摩根汽车与其他企业有许多不同之处,例如,它是汽车业中仅存的几个家族王朝之一。传统的家族影响对企业的工艺有着很大的贡献,公司决定不再扩大规模,以免增加成本,损害质量。这种有家族关系感的公司并不会造成客户的流失。汽车正在制造时,急切的买主经常到访公司来看还未完成的汽车。摩根将"制作一只熊"的模式转移到了汽车工业上,所有摩根汽车在生产前都刻有客户的名字,客户可以选择各种不同的车身、发动机尺寸、油漆颜色、仪表板和皮革装饰。然而,摩根定制的模式使得汽车组件的供应和存储变得非常复杂,但是还是尽可能地将其进行了简化,以便于企业交付产品。

摩根的跑车完全是手工制作的,这也许才符合世界上最古老的私人跑车制造商的定位。结果,每辆车都需要130个小时来打造,订单至少需要等待12个月。相比之下,美国产的尼桑汽车平均只需28个小时就可以生产出来,几乎是立等可取。不同于普通的车辆,摩根汽车以灰色的木框、手工成型的车身面板和手工缝制的皮革为特征。

这种手艺不便宜。对于美国市场,一个基本的双座跑车起价近5万美元,顶级的Acro 8系列双座Road rocket跑车售价大约14万美元,这还是在添加定制的装饰品、奢侈品或者性能升级之前。Acro 8系列(2000年推出)是30年来的第一个全新的摩根产品,想要购买它的顾客必须等待9个月。摩根的双门跑车可能看起来过时了,但它们的表现还是相当于现今最先进的跑车。Aero 8系列是欧洲首个全铝汽车(AIV),比类似的车辆要轻20%。它配备了一个宝马4.41 V8发动机,汽车能在短短的4.5秒内从0加速到时速96千米。

作为百年庆典(2009年是100周年)的一部分,摩根宣布了一个真正特殊的车型全新的Aro SuperSport跑车于2009年在日内瓦汽车展推出,第一批客户模型于2010年1月在工厂完成。这两款Acro的型号,打算生产100辆,是从提供图纸开始启动的,每辆车需要在制造的12个月前提前预付2.5万英镑的订金。完全由企业内部设计和施工,摩R Acro Super-Sport车是一款规格豪华的轻量级铝制运动跑车。内部设有一个舒适的批光硬木的组合,采用手工缝制皮革,以及电子技术制造了一个高效且符合人体工程学的驾驶环。虽然有这些奢华的配置,但汽车的整体重量依然比较轻,所以车队驾驶员的指令很灵敏并且运行很流畅。摩根之所以能做到这一点,是因为他们独特地使用了飞机造型的超级铝制外板,以及他们的工匠手工完成每辆汽车装配的技巧。

该技术首次登台亮相是在2008年和2009年工厂生产的100辆AcroMax系列。这是为了满足Aero Supersport跑车的需求,摩根决定开始大量生产新型号。

2. 目标客户群

摩根不是一家刻意针对能够抵御经济衰退的超级富豪的公司,但是这些汽车的名字还有汽车本身还是让人为之一振。摩根的商业模式一直很稳健。首先,这些汽车很保值,辆售价为11万英镑的AcroMax,一年之内在德国仍然可以买到16万欧元。今天,摩根所有汽车的98%仍然存世。越来越重要的是那些拥有自己权利的女性,她们是潜在客户。

在北美,摩根经销商的数量近年来翻了一番,女性占总财富持有者的近40%,总资产超过62.5万美元;在英国,18~44岁的富翁中,女性人数与男性一样多。然而,摩根的买家并不一定需要非常富有,特别是1.6基本配置的所有者,在英国的售价大约是3万英镑。而配置了宝马发动机的Aero 8系列大约是这个价格的8倍。

多年来,很多名人都接受了摩根的精神,包括米克·贾格尔、凯瑟琳·德纳美和杰·保罗·贝尔紫多等。摩根汽车已经出现在许多电影和电视节目,包括《007大破太空城》、《巨蟒剧团之飞翔的马戏团》、《我的女孩》和《旅程》,而且已经出版了几本关于摩根汽车的书。

3. 摩根社区

摩根社区已经为公司庞大的网络爱好者做好了准备:

汽车可以在线订购,也可以通过全球经销商网络订购(英国26家,欧洲28,美国8家,世界其他地区6家)。

摩根跑车俱乐部。这个车主俱乐部,代表许多国家的车主,为许多买家提供了一种认同感和社区意识。它与工厂有着密切的联系和影响,摩根社区经常就产品和品牌的发展进行咨询。这个俱乐部很强大,虽然是非正式的,但却是摩根核心品牌定位的象征和推进者。俱乐部经常举办会议和其他一些社交活动。例如,在2009年的百年庆典上,许多摩根车主在位于莫尔文林克的工厂与摩根家族见了面。

基于摩根产品的伍斯特赛车队。这项赛事也在车主和工厂之间建立起了牢固的关系纽带。

4. 国际市场营销

摩根每年生产大约700辆汽车,其中大约30%在英国销售。除了英国和美国,摩根汽车也销往西欧大部分地区,以及澳大利亚、日本、新西兰和南非。在20世纪五六十年代。美国成为其全世界最大的市场,占全部产量的85%。这个阶段终结于1971年美国第一部安全和排放法规的出台。很长一段时间(1974—1992年),所有进口到美国的摩根车辆都要改用丙统为燃料,以满足美国的排放法规的要求。

5. 在美国市场卷土重来

2003年,摩根在美国销售了100辆汽车,到了2012年,它已经预售了同样数量的Aero 8,来代替原来的Plus 8型号。销量预计将上升到每年200~250辆。Aero 8系列是自20世纪五六十年代以来,在美国销售的第一款摩根车型。在2018年,我们也告别了V8驱动的Morgan Plus 8。2021年,摩根宣布将通过限量版GTR项目复兴Plus 8。仅限于9个示例,Plus 8 GTR是Morgan今年计划的几个"特殊项目"中的第一个。

(资料来源:根据公开资料整理)

思考:

①摩根的国际市场营销沟通策略和主流量产的汽车有什么不同?

②摩根在沟通策略中是如何使用名人效应的?

③摩根如何利用社交媒体?

职业技能训练

一些经营良好的跨国公司都明确规定,一定期限的海外工作经验是走向高级管理层的一条必经之路。KORN/FERRY国际公司在一项调查报告中指出,来自世界各地的75%的高级经理把"国际经验"列入CEO应具备的第二位最重要的素质,排在第一、第三位的分别是营销工作和财务工作经验。越来越多的美国公司选用能说流利的非英语语言的美国雇员到外国任职。迁居美国不久的移民及其了解父辈语言和本土文化的子女,对想进入那些市场的公司来说,仍将是一项宝贵的资产。而华裔也正起着美中贸易中文化桥梁的作用。

如果你计划从事国际市场营销工作,应该具备哪些知识、技能与素质?

本章知识自测

一、关键概念

公共关系　广告　营业推广　展销　人员推销　促销组合　企业识别系统

二、单选题

1. 美国IBM公司免费赠送给中国工业科技管理大连培训中心20台计算机,该培训中心学员都是来自中国各地的企业经理,他们使用IBM公司的计算机后,印象很好,很多人回到企业后就做出购买 IBM 公司计算机的决策,这属于(　　)国际促销方式。

A. 广告　　B. 营业推广　　C. 人员推销　　D. 公共关系

2. 公共关系活动的中心任务是(　　)。

A. 促进顾客购买本企业产品　　B. 促进产品质量的提高

C. 树立企业的良好形象　　D. 促进和政府的关系

3. 当顾客对某一产品有需求,但尚未形成偏好时,企业应选择的广告策略目标是(　　)。

A. 通知广告　　B. 劝说广告　　C. 提示广告

4. 颠倒了广告支出额与销售额之间因果关系的广告预算方法是(　　)。

A. 量力而行法　　B. 销售比例法

C. 竞争平衡法　　D. 目标任务法

三、填空题

1. 促销的方式可分为四种:(　　　)、(　　　)、(　　　)、(　　　)。

2. 促销的实质是企业与购买者之间的(　　　)。

3. 企业对广告效果进行评估的主要内容有两方面:(　　　)和(　　　)。

4. 企业营业推广的目标有三类:一是针对(　　　)的;二是针对(　　　)的;三是针对(　　　)的。

5. 人员推销的基本形式有(　　　)、(　　　)、(　　　)三种。

四、简答题

1. 简述国际广告信息的标准化策略和当地化策略。

2. 简述人员推销的概念与特点,简述人员推销管理的内容。

3. 企业公共关系的手段有哪些?

第10章 国际市场营销渠道策略

学习目标

通过本章的学习与技能训练,要求学生:

- 了解国际分销渠道的含义和结构。
- 掌握国际中间商的类型及选择标准。
- 理解企业国际分销渠道决策的内容。

案例导读

卡特彼勒的国际分销渠道

美国卡特彼勒公司(Caterpillar)有世界工程机械巨无霸之称,是全球最大的工程机械和矿山设备制造商。卡特彼勒公司成立于1925年,总部位于美国伊利诺伊州。回顾卡特彼勒的成功之路,其首席执行官Donald V. Fites认为公司的竞争优势在于有一个无与伦比的产品分销系统。在全世界,卡特彼勒公司在140个国家建立了220多个独立的分销商,他们在全球范围内为公司分销产品并提供技术服务,成为架起公司与顾客之间的桥梁。

卡特彼勒公司的产品具有价格昂贵、销售量较低、设备运行环境恶劣易损坏,需要维修和更换零件等特点。因此,卡特彼勒主要选择当地分销商,并与所有分销商建立了一种长期、稳定的合作关系,这些分销商都是独家代理。卡特彼勒选择分销商的标准比较严格,一般是当地中小企业,具有一定的经济基础、信用良好、政策上相对连贯,他们买断卡特彼勒的产品再卖给客户,这些企业熟悉当地情况,接近客户,掌握需求,能为客户提供快捷、专业、稳定可靠的服务。公司承诺,对于世界各地的卡特彼勒产品都可以在48小时内获得所需的更换零件和维修服务。

卡特彼勒不仅严格选择分销商,与分销商的关系也堪称业内典范,有人称其为“家庭式关系”。卡特彼勒与分销商进行深入而坦诚的交流,除了提供产品和零部件外,还帮助分销商向用户提供分期付款等信用担保,在存货管理和控制物流、设备堆工作程序等方面给分销商以支持。

(资料来源:根据网络资料整理)

思考:

国际分销渠道为什么可以成为企业开展国际市场营销的竞争优势?

分析与提示：

国际分销渠道的选择取决于多种因素，如成本、资金、控制、市场覆盖面等，好的分销渠道能给企业带来更多的销量、更好的口碑、更多的利润。

10.1　国际分销渠道概述

10.1.1　国际分销渠道的概念

分销渠道是指产品从生产者到达最终用户所经历的各个环节和途径。国际分销渠道是指从某国的产品生产者开始，经过许多中间环节的不断流通转让，最终跨越国境到达目标市场国最终消费者的各个环节和途径。

10.1.2　国际分销渠道的类型

1. 按照国际分销渠道覆盖的范围划分

(1)广义的国际分销渠道

广义的国际分销渠道通常由三部分组成。第一部分是出口国内的分销渠道，包括生产企业与贸易企业本身；第二部分是出口国与进口国之间的销售渠道，包括贸易双方的中间商；第三部分是进口国国内的销售渠道，包括代理商、批发商和零售商。最长的分销渠道由生产者、生产者国内中间商、出口商、进口商、目标市场国中间商(包括代理商、批发商、零售商)与消费者等几个环节构成，如图 10-1 所示。

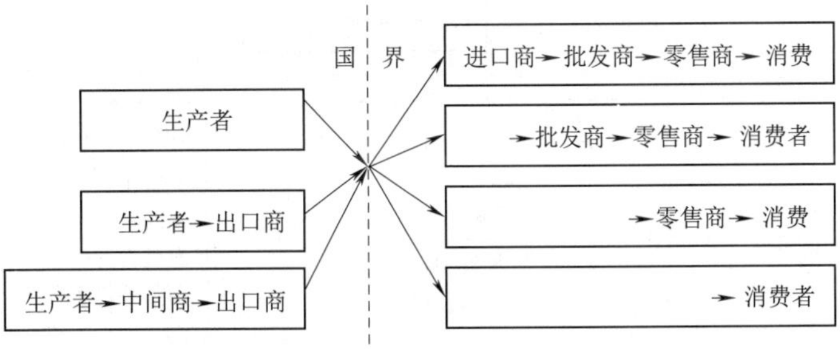

图 10-1　广义的国际分销渠道

国际市场营销活动中，企业可以根据实际情况，从生产者出发，选择途经其中某几个环节，最终到达消费者。常见的国际分销渠道类型如图 10-2 所示。

这七种类型中，第 1 种是国内企业自行出口，到进口国则直接卖给用户，例如企业接受国外顾客直接订货以邮寄方式交货。第 2 种和第 4 种，一般适用于出口国与进口国大百货公司、超级市场、连锁商店和合作社的贸易。第 3 种是国内企业避开中间商直接交给出口商出口到进口国；进口国也避开中间商直接卖给用户，它多用于大宗商品交易。这是因为买主和卖主都比较集中，而且此类商品均有国际市场价格，不宜太多的中间商插手分享利润。第 5、6、7 种类型，大半适用于消费品销售，为便于销售一般多用中间商，但使用中间商的多少要根据所销售的商品而定。

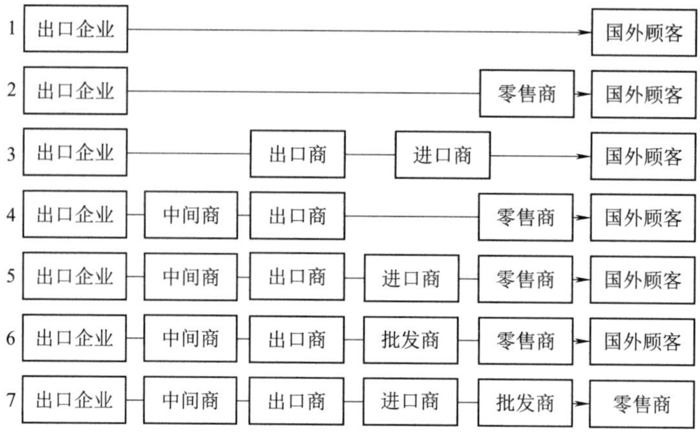

图 10－2　常见的国际分销渠道类型

（摘自全国国际商务专业人员资格考试《国际商务基础理论与实务》上册 15 页）

(2)中间意义的国际分销渠道

中间意义的国际分销渠道具有两层含义:一是指企业进入国际市场的渠道,也称国家间渠道(Channels Between Nations);二是指目标市场国国内的分销渠道(Channels Within Nations)。从事国际市场营销的企业,必须首先考虑以何种方式进入某国市场,然后再对该国市场内存在的各种分销渠道进行比较,并从中做出选择。

(3)狭义的国际市场分销渠道

最狭义的国际市场分销渠道仅指企业进入国际市场的渠道选择。归纳而言,企业进入国际市场有三条渠道:一是出口,二是许可贸易,三是国外生产,如图 10－3 所示。

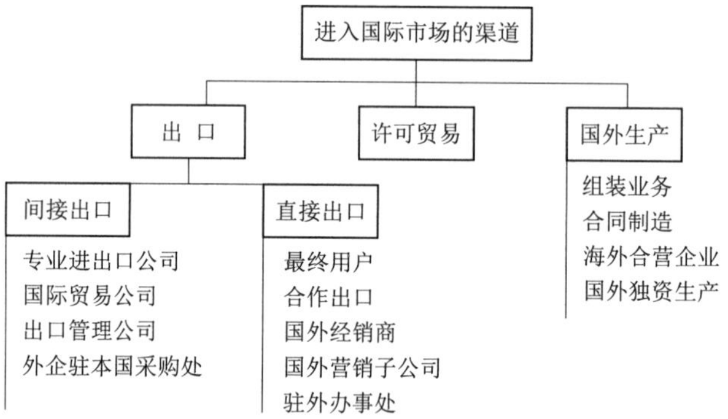

图 10－3　企业进入国际市场的各种渠道

2. 根据是否有中间商的介入划分

(1)直接分销渠道

直接分销渠道简称直销,是在商品流转过程中没有任何中间商的介入,生产者直接通过自己的销售人员或销售机构把商品销售给消费者。直接分销渠道的主要形式有上门推销、邮寄销售、电话销售,开设自销门市部、通过订货会或展销会与消费者直接签约供货等形式。

直接分销渠道有比较突出的两个优点:产销直接沟通,交易快捷低廉;直接分销渠道比较突出的缺点:精力分散、费用增加、专业化水平不高。

(2)间接分销渠道

间接分销渠道是商品生产者通过一定的中间商实现商品的销售。间接渠道比较突出的两个优点:节约交易成本和增强营销能力。间接分销渠道比较突出的缺点:增加流通环节、推高产品成本,加大产销距离、增加沟通难度。

按照产品流转过程中,所经过的中间环节层次的多少,如图 10－4 所示,分销渠道可以划分成两种模式:直接分销渠道和间接分销渠道。

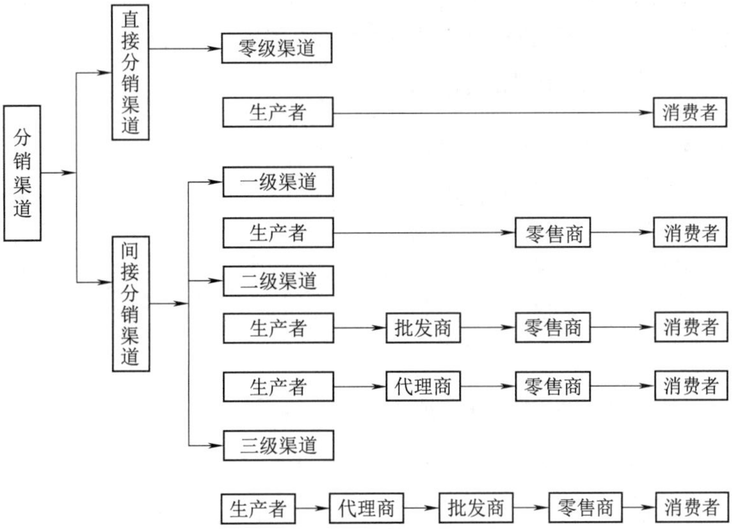

图 10－4　分销渠道的模式

3. 根据分销渠道的长度划分

分销渠道的长度是指产品流通过程中所经过的不同层次中间环节的多少。在产品从生产者转移到消费者的过程中,任何一个对产品拥有所有权或负有推销责任的机构,就叫作一个渠道层次。显然,产品流通所经过的中间环节愈多,则渠道愈长;反之,则愈短。

长渠道比较突出的优点:能高效开拓市场,并分散经营风险;长渠道比较突出的缺点是渠道长,环节多,控制性差,推高产品成本,失去低价优势。

短渠道的优点是:渠道短,环节少,流转成本低,销售速度快,信息反馈及时;短渠道的缺点是:商品生产者承担的商业职能多,难于大规模拓展市场。

4. 根据分销渠道的宽度划分

分销渠道的宽度是指渠道的同一个层次中间环节使用同种类型中间商数目的多少。一般而言,按照渠道的宽窄,企业的分销渠道可以分成三种模式。

(1)密集性分销

密集性分销指企业尽可能多地通过许多负责任的批发商、零售商推销其产品。例如,便利品通常采取这种策略,使广大消费者和用户能随时随地买到这些日用品,如图 10－5所示。

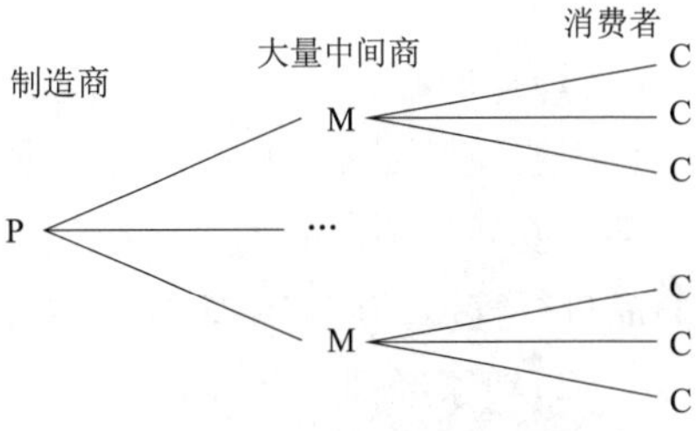

图 10－5　密集性分销图示

(2)选择性分销

选择性分销指制造商在某一地区仅仅通过少数几个精心挑选的、最合适的中间商推销其产品。这种形式对各类产品都适用,它比独家分销面宽,有利于扩大销路,开拓市场,展开竞争;比密集性分销既节省费用,又易于控制,如图 10-6 所示。

(3)独家分销

独家分销是指制造商在某一地区仅仅选择一家中间商推销其产品,通常双方协商签订独家经销合同,规定经销商不得经营竞争者的产品,以便控制经销商的业务经营,调动其经营积极性,以有效占领市场。图 10-7 所示为独家分销渠道。

宽渠道的优点:市场覆盖面宽,推广力度大,促进中间商之间展开竞争;宽渠道的缺点:生产者与中间商之间关系松散,渠道控制力降低。

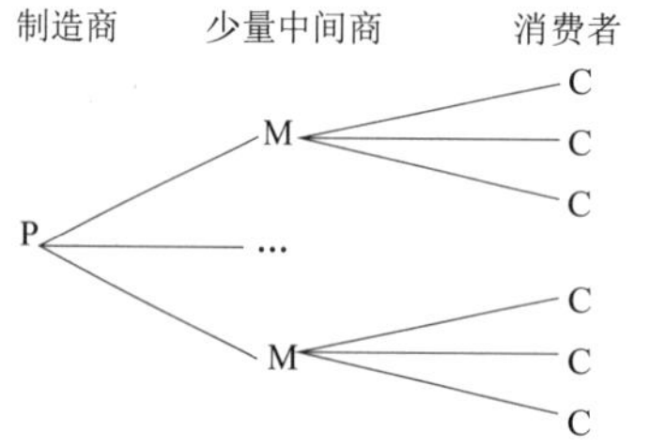

图 10-6　选择性分销图示

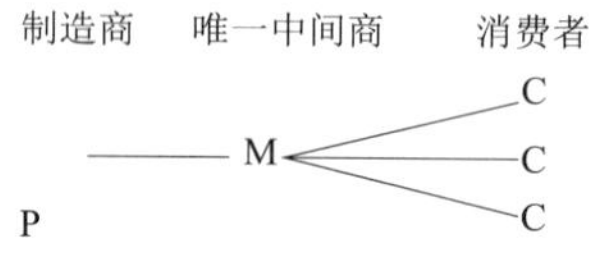

图 10-7　独家分销图示

窄渠道最大的优点:生产者与中间商之间的关系非常密切,二者互相依赖;窄渠道的缺点:生产者对某一中间商的依赖性太强,缺乏选择优秀中间商的灵活性,市场推广力度有限,不利于使中间商形成竞争压力。

10.2 国际中间商

10.2.1 经销与代理

经销和代理是国际市场营销活动中经常使用的两种贸易方式,也是我国出口贸易中使用较多且行之有效的贸易方式。

1. 经销

经销(Distributorship)是指出口企业与国外经销商达成书面协议,在约定的经销期限和地区范围,利用经销商就地推销某种商品的一种方式。经销可以划分为一般经销和独家经销两种类型。

(1)一般经销

一般经销是指,国际企业根据经销协议向国外经销商提供在一定地区、一定时期内经营某项或某几项商品的销售权,并向经销商提供种种帮助,而经销商则按照协议对所经销商品进行宣传推广与组织技术服务。

(2)独家经销

独家经销(Exclusive Sales;Exclusive Distributorship)是指国际企业与国外一个客户或几

个客户组成的集团达成书面协议，把某一种商品或某一类商品授予这些独家经销商（Exclusive Distributor）在约定地区和一定期限内独家经营的权利。

一般经销和独家经销的主要区别是二者享有的经销权限不同。一般经销商虽享有经销权，在购买商品上能得到一些优惠，但没有专营权利，国际企业可以在同一地区同时指定几个经销商。而独家经销则在约定期限、约定地区对约定商品享有独家经销专营权。

2. 代理

代理（Agent）是指国际企业作为委托人（Principal）通过其委派的代理人在国外向客户招揽生意、订立合同，或者办理与交易有关的其他事宜。

在国际销售代理中，按照代理人享有的代理权大小，主要有总代理、一般代理与独家代理三种类型。

（1）总代理

总代理（General Agency）不仅有权代表国际企业（委托人）与第三者签订买卖合同、销售商品、处理货物，而且还有权代表国际企业进行一些在货物买卖活动范围以外的非商业性活动。

（2）一般代理

一般代理是指在同一国家或同一地区，委托人与代理商签订代理协议，代理人依据代理协议规定和委托人提出的条件，代表委托人在指定地区开展产品营销业务，委托人按照代理协议和营业额支付代理人一定佣金作为报酬。一般代理的主要特点是不享有专营权的代理。

（3）独家代理

独家代理（Sole Agent；Exclusive Agent）是指在同一国家或同一地区，委托人与代理商签订代理协议，对特定商品由代理人单独代表委托人在授权范围内开展营销业务。一般代理的主要特点是：代理协议中规定，在一定时期和指定地区内，代理人对限定商品享有独家专营权。

代理与经销相比较，具有五方面特点：一是代理人必须在委托人授权的范围内进行活动；二是代理人只负责从中介绍与招揽订单，但并不承担履行合同的法律责任；三是代理人一般以委托人的名义与第三者订立合同；四是代理人通常不垫付资金，也不承担经营风险；五是代理人按照交易量和事先约定的比率收取佣金。

10.2.2　出口中间商

出口中间商，是指设在生产企业本国，从国内基地提供营销服务的企业。国内出口中间商一般是在生产企业资源不足或缺乏国际市场营销经验，或者认为没有必要直接进入某个或某些国际市场时被使用。出口中间商主要包括：出口经销商、出口代理商、出口佣金商和生产企业自设出口机构。

1. 出口经销商

出口经销商（Export Merchant）是指以自己的名义，在本国市场购买商品，然后再以自己的名义组织出口，将产品卖给国外购买者的贸易型企业。一般而言，它自己决定所经销商品的花色品种和价格，自己筹集资金，自己备有仓库，从而自己承担经营风险。

出口经销商经营出口业务，主要有两种形式：一种是先在国内采购进货，然后再销售到国际市场；另一种形式是先在国际市场上寻找销路，接受订货，然后再到国内市场组织货源。

2. 出口代理商

出口代理商(Export Agent)是指接受出口企业委托，在规定的条件下，代理委托人向国际市场销售商品的中间商。它并不取得商品所有权，主要以收取佣金为利润来源。

(1)出口管理公司

出口管理公司(Export Management Company)是一种专门为出口生产企业外销产品提供经营服务的机构。这类机构可以为多家经营互补的、非竞争性产品的生产企业提供服务，并以委托人的名义开展业务活动，其功能相当于委托人自己的出口部。它为生产企业提供的服务内容十分广泛，涉及商品促销、信贷安排、货物装卸、市场调研、信息收集等方面，但最主要的职能是同国外客户联系和进行买卖洽谈。

(2)制造商出口代理商

制造商出口代理商(Manufacturer's Export Agent)是一种专业化程度较高的出口代理商，也称制造商出口代表。它的服务内容与出口管理公司相似，不同之处在于：制造商出口代理与企业只存在短期合同关系，代理的市场范围也有限，一般只涉及一两个市场；制造商出口代理以自己的名义而不是以制造商名义开展业务活动，制造商按销售量支付佣金。

(3)销售代理商

销售代理商(Selling Agent)与生产企业之间虽然也是委托代理关系，不取得所销售商品的所有权，但他们通常能够影响甚至决定出口商品的价格、分销渠道和促销方式，因此，它们实际上相当于生产企业的销售部，负责生产企业全部产品的销售。销售代理商为出口企业提供更多的服务，如国际市场广告的策划、国际市场分销渠道的评价和优化、开展人员推销、召开订货会、进行国际市场调研、提供国际市场营销咨询等。

(4)国际经纪人

国际经纪人(International Broker)其职能是负责给买卖双方牵线搭桥，既不拥有商品所有权，也不实际持有商品和代办货物运输，与进出口双方一般也没有长期的、固定的关系。国际经纪人可同时充当出口商的国外销售代理人和进口商的国外采购代理人。

3. 出口佣金商

出口佣金商也称"出口代办行"，是一种接受委托代办出口业务的中间商。它从事的主要业务是代国外买主采购其所在国的商品并办理出口，此外还可代国内企业向国外销售商品。

出口佣金商所得的报酬是委托人付给的佣金，佣金商所收佣金，因商品性质与交易额的大小而异，一般约在交易额的2%~6%之间。业务上的风险则由委托人自己承担。

4. 生产企业自设出口机构

这是国内生产企业自设的国际市场营销机构。许多大的企业，为了更有效地争夺和控制市场，且不愿意把一部分利润分割给出口中间商，通常自己建立出口机构，直接把产品卖给国外购买者。这种做法，实际上就是直接出口。

生产企业自设出口机构的优点是:销售迅速、售价低,竞争力强;可以控制价格,扩大利润;同消费者接触更密切,可以提供更好的服务。

生产企业自设出口机构的缺点:需要增加存货和工厂设备的投资;增加销售人员费用;承担出口商担负的其他功能。

10.2.3　进口中间商

1. 进口经销商

进口经销商(Import Merchant)也称为"进口行(Import House)",是以自己的名义从国外进口货物,然后向国内市场销售,获取商业利润的贸易企业。它拥有货物的所有权,因而要承担相应的购销风险。

2. 进口代理商

进口代理商是接受出口国企业或进口国企业委托,代办进口,收取佣金的贸易型企业。它不取得商品的所有权,也不承担信用、汇兑和市场的风险。其职能主要有三方面:一是代国内买主办理进口业务;二是代国外出口商销售寄售的商品;三是以代表的身份代理国外出口商或制造商销售商品。

进口代理商的主要类型有以下三种:

(1)国外制造商代理商

国外制造商代理商(Overseas Agent),是接受出口国制造商委托,与之签订代理合同,为制造商推销商品,收取佣金的进口国中间商。

(2)进口佣金商

进口佣金商(Import Commission House)也称进口代办行,它的主要职责是代理国内买主进行采购,收取佣金。

(3)国际经纪人

进口国的国际经纪人,其职能与出口国国际经纪人相同,多数经纪人从事大宗货物的经营。经纪人熟悉当地市场环境,同时与购买者建立良好的关系,市场信息渠道广泛,常常是初级产品市场上最重要的中间商。

10.3　国际分销渠道决策

10.3.1　设计分销渠道模式

1. 分销模式的标准化和多样化

(1)分销模式的标准化

分销模式的标准化是指国际企业在国外市场上直接采用国内的分销模式。标准化的分销模式的主要优点是可以实现规模经济效益。这是因为,如果在不同国家采用了相同的分销模式,营销人员更容易利用自己的经验来提高营销效率。

美国的塔波维尔家庭用品有限公司一直通过"家庭聚会"的方式在美国进行销售,即由家庭主妇在家中组织聚会，在聚会中展销产品，取得销售佣金。该公司将这一推销方式原原本本地搬到日本，尽管存在着社会文化和经济诸多方面的不同，仍然非常成功。

（2）分销模式的多样化

分销模式的多样化是指国际企业根据各国不同情况，分别采用不同的分销模式。大多数企业采用多样化分销模式的原因主要表现在以下几方面：

①各国分销结构（如批发商、零售商的数量大小和特点等）不同，要求企业在不同国家采用不同的分销模式。例如，企业在一个国家所采用的渠道，在另一个国家根本就不存在；欧美等市场经济高度发达的国家，已经形成成熟有序的市场结构，渠道结构简洁有效；日本、韩国等国家的销售渠道则多而复杂；在许多发展中国家市场上，中间商数量很少，而且大多已成为竞争对手的独家经销商。在这些情况下，企业只能根据各国的不同情况，重新设计分销模式。

②各国消费者市场特点（如数量、地理分布、购买模式、购买偏好等）不同，也可能要求企业采用多样化的分销模式。

③竞争对手的渠道策略要求企业采用与本国不同的分销模式。例如，竞争对手长期在目标市场国采用某一渠道模式，使得该国市场只能接受这一模式，而不接受其他创新模式。因此，企业在进入这一市场，只能效仿竞争对手的做法。在另外一些情况下，竞争对手势力强大，足以控制一国的某一渠道，企业欲进入该国市场，就不得不另寻他路。

④企业自身国际化经营特点要求企业选择不同的分销模式。例如，分销模式的选择取决于企业进入国际市场的方式，企业规模的大小、企业产品组合策略、渠道经验，以及整体营销战略等。例如，即使企业以同样的方式进入两个国家，如果进入两国的产品及其销售额不同，也可能要求企业采取不同的分销模式。

2. 分销渠道模式设计的影响因素

设计分销渠道模式，主要决定企业采取短渠道，还是长渠道；考虑选择不经过中间商的直接分销，还是经过中间商的间接分销，还要决定经过几道中间环节最合适，要考虑选择宽渠道还是窄渠道更为有效。影响分销渠道模式选择的因素很多，企业需要仔细分析，认真考虑，综合评价，然后设计出适合本企业营销的渠道模式。

（1）产品特点

一般来说，具有技术性强、需要售前与售后服务较多、保鲜要求高等属性的产品应该尽量选择短渠道。而单价比较低，标准化、通用化程度高的产品，一般可以采用较长的分销渠道。例如，牙膏、肥皂、香烟等日用品多采用长渠道。

（2）市场情况

一般而言，顾客数量少，购买量比较大，而且地理位置比较集中时，用短渠道。反之，则用长渠道。此外，还应该考虑目标市场国的渠道结构特点。例如，日本国内的分销渠道一般比较长，而美国国内的分销渠道则一般比较短。

（3）企业自身条件

渠道长度决策还要因企业自身条件不同而异。企业规模大，而且企业自己拥有相当规模的推销力量，可以借助少量的中间商，因而渠道长度可以短一些。相反，如果企业规模实力小，拥有的推销力量有限，需要借助较多的中间商，其渠道则要长一些。

此外，渠道长短还取决于企业的经营意图、业务人员素质的高低、国家政策法律的限制等因素。

(4)中间商因素

如果中间商愿意经销制造商的产品，同时不对制造商提出过多、过分要求时，会使企业更愿意利用中间商，因此企业可选择长渠道与宽渠道的做法。利用中间商的成本太高，或者中间商压低采购价格，或者中间商要求上架费太多，就应考虑采取较短较窄的渠道。如果中间商能够帮助制造商把产品及时、准确、高效地送达消费者手中，可以选择较长与较宽的分销渠道，否则将选择较短较窄的渠道。

(5)环境因素

整个社会经济形势好，分销渠道模式选择余地就大。当经济不景气时，市场需求下降，企业必须尽量减少不必要的流通环节，利用较短的渠道。国家的有关政策和法律因素对分销渠道也有重要影响。

10.3.2　渠道成员的选择与激励

1. 获得中间商信息

渠道成员选择的首要任务是获得相关中间商信息并与之进行初步接洽。概括而言，获取中间商的信息来源主要包括以下几方面。

(1)主动联系、自我介绍建立关系

在目标市场国当地发行的专业杂志上一般都会刊登该国较知名经销商的广告，从这些广告不难查出该经销商的联系方式、经营范围、网址。通过查阅国外出版的工商企业名录及报刊、杂志广告等渠道获得有关中间商的情况介绍及联系方式，初步筛选后主动与之联系，探求合作的可能性。也可以通过专业性报刊、杂志等刊登广告，通过自我介绍并提出具体要求，公开招募贸易合作伙伴。

(2)请国内外银行介绍客户

银行是功能综合、信息灵通的金融企业，对各国工商企业界情况非常熟悉，请它们介绍客户也是一种常用的办法。

(3)请国外有关社团机构介绍

请国外企业主联合会、商会、工商联合会或同业公会、行业协会等介绍客户也是常用的一种办法。这些社团机构在各国首都或主要城市一般都设有办事机构，专为其组织成员介绍关系、沟通业务。

(4)请联合国贸发组织介绍

联合国贸发组织(United Nations Conference on Trade and Development，UNCTAD)为促进发展中国家的出口贸易，在英国、法国、意大利等国设有“促进出口办公室”，以帮助发展中国家推销商品。它除提供进口商名单外，还可提供进口统计数字、市场概况、商标注册手续等资料，以及代为联系在当地举办展览会的工作等。

(5)直接与国外大型贸易公司联系

国外一些大型贸易公司一般在世界各主要城市设有分支机构或代理商行，企业如能与其建立贸易关系，其产品进入国际市场是极为方便的。

(6)通过国内外的展览会、交易会建立联系

展览会是企业寻找海外中间商最主要的来源。这种方式既能展示企业形象,又能吸引大批专业经销商和进口商,是一种高效的寻找中间商的操作方式。展会上,双方通过面对面的沟通能增进信任和了解,并能快速达成合作意向,但对销售人员的现场推销能力要求较高,且高额的参展费用有时也会使小企业陷入销售费用过高、入不敷出的困境。

(7)通过互联网

网络经济时代,互联网是企业开展国际商务活动的主要途径。例如,企业可以通过建立自己的网站发布有关信息,也可以浏览目标市场国有关企业网站寻求贸易机会;企业也可以借助一些第三方的交易平台网站寻求供求信息,也可以注册成为某些行业网站、贸易促进类网站会员寻求贸易机会。

(8)刊登广告

在影响力强的专业杂志或网站刊登招商广告也能吸引大批中间商的询盘。在国际商务网站刊登招商广告的成本较低,有些网站甚至允许在一定期限内免费刊登。

2. 渠道成员的选择

国际企业在选择分销渠道时一般要考虑六个因素:成本(Cost)、资金(Capital)、控制(Control)、覆盖(Coverage)、特征(Character)和连续性(Continuity)。这六个因素被称为渠道决策的六个"C"。

成本是指开发渠道的投资成本和维持渠道的维持成本;资金是指建立分销渠道的资本要求;渠道设计会直接影响企业对国际市场营销的控制程度。企业自己投资建立国际分销渠道时,将最有利于渠道的控制,但增加分销渠道成本。如果使用中间商,企业对渠道的控制将会相对减弱,而且会受各中间商愿意接受控制的程度的影响;覆盖是指渠道的市场覆盖面,即企业通过一定的分销渠道所能达到或影响的市场。特征是指企业在进行国际市场分销渠道设计时,必须考虑自身的企业特征、产品特征以及进口国的市场特征、环境特征等因素;连续性是指企业国际市场分销渠道建立的可持续性。

3. 渠道成员的激励

如何调动渠道成员的积极性并加强其责任心,常见的措施包括以下六方面:

(1)降低价格

降低价格即降低卖给中间商的价格,使其更有利可图。这种措施的优点是:降低价格一方面可以让利于中间商,激发其销售积极性;另一方面,也可降低市场价格,薄利多销,提高中间商总体利润。其缺点是:第一,降价容易提价难;第二,代理商一般以售价的一定比例提取佣金,价格降低,佣金比例不变,意味着佣金总额的减少。所以,代理商有时也不希望产品降价销售。

(2)授予中间商以独家经营权

授予中间商以独家经营权,即指定某一中间商为独家经销商或独家代理商。这种方法一般能够调动中间商的经营积极性。此外,中间商独家经营某一种产品,特别是作为大企业或名牌产品的独家经销商,可以树立其在市场上的声望和地位。

(3)为中间商培训推销人员和服务人员

特别是当企业产品技术性较强、推销和维修都需要一定专门技术时,为中间商培训推

销人员和服务人员就显得更为重要。

(4)向中间商提供信贷援助

当中间商规模较小或出现暂时财务困难时,企业向其提供信贷援助就显得十分宝贵。另外,允许其延期付款也是一种信贷援助。

(5)合作广告

为了激励中间商,企业可以出资到国际目标市场上做广告,这将对中间商的销售起到良好的促进作用;也可以与中间商进行合作广告,即请中间商在当地做广告,由企业提供部分甚至全部资助。

(6)互购

互购指既向中间商销售商品,又向其购买其他商品。在某些场合,这一措施使得企业与中间商形成互惠互利的业务关系,也可以起到鼓励中间商的作用。

案例与思考

特百惠:全球直销模式仍在继续

公司创始人厄尔·特伯是早期的塑料先驱。20 世纪 30 年代,年轻的发明家虽然没有受过大学教育,但在杜邦找到了一份工作。1938 年,特伯决定离开公司自己开始从事对塑料的研究。那年,他带着在杜邦时积累的一些经验和一块废弃的聚乙烯,创办了自己的公司。1946 年,他创立了一家新公司,名为特百惠(Tupperware),并开始制造食物储存器和用 Poly-T 制成的容器。

特百惠公司(www. tupperware. com)是世界上最大的直销商之一,其著名的特百惠派对已经传播到了 100 多个国家。特百惠没有专门的销售人员,而是通过咨询顾问的形式进行销售,在 1998 年创造了超过 10 亿美元的收入。特百惠在塑料食品储存容器业务上做了 50 年,但在 20 世纪 90 年代,公司产品扩大到了厨房工具、小家电和婴幼儿产品。虽然美国在 20 世纪八九十年代的销售额逐步下滑,但是国际销售额却不断扩大。

20 世纪 90 年代中期,公司超过 85%的收入来自国际业务。90 年代末,远东和拉美地区的经济衰退导致了特百惠销售额总体下滑,使得未来前景变得不太明朗。

1. 特百惠的直销模式

特百惠早期最成功的直销商是布朗尼·怀斯,在底特律从事秘书工作,也是一个单身母亲。1951 年,特伯雇用她为公司建立了一个直销系统。几个月后,特伯成立了子公司——特百惠家庭聚会公司(Tupperware Home Parties Inc.),从此便放弃了以零售的方式销售特百惠产品的方式。怀斯的家庭聚会体系聘用独立咨询顾问来担任销售人员,这些顾问从自己所销售的产品中赚取一定比率的提成,并额外获得奖金和产品形式的奖励。

20 世纪 50 年代末,特百惠成了家喻户晓的名字。特百惠在几乎没有广告的情况下,创造了惊人的品牌知名度。该公司的快速成功可归因于这些独立的咨询顾问。到 1954 年,特百惠共招募了近 9 000 名独立咨询顾问,其中大部分是女性。特百惠为女性提供了一个轻松入职的机会,不仅点燃了她们对工作的热情,也使得这份热情迅速扩散。可以说,特百惠很了解当时的女性正经历着的生活。公司想提高女性的自尊心,所以才想出了特百惠家庭派对的想法。在这里,妇女在家里聚集在一起讨论厨房用品等问题,以这种方式,妇女有机会拥有自己的生意并赚钱。这是被现在许多营销系统称为"直销"的先驱。

在20世纪六七十年代,特百惠针对儿童发展的各个阶段开发了一系列玩具。

20世纪80年代,特百惠推出了旨在使烹饪时间最少化的产品和专为微波炉和常规烤箱设计的产品。

尽管在20世纪90年代初遇到一些经济问题,但是在90年代中期,特百惠整体销售水平仍不断提高,部分原因是它生产了大量的新产品。1994—1996年,特百惠推出了约100种新产品,其中包括全新产品线和满足各个国家特殊需求的产品,如日本的和服保管袋。与过去10年的情况相同,其国际销售额的增长水平超过了在美国本土的增长水平。

远东和拉丁美洲的销售激增,而美国的销售则上升缓慢。截至1996年,特百惠85%的收入和95%的利润均来自国际业务。

2005年,特百惠从莎莉集团(Sara Lee)收购了国际美容(Iternational Becuty)。收购后,该公司将其公司名称从特百惠公司更改为特百惠品牌公司。

2014年,特百惠拥有13 000多名员工,其国际业务销售额达到26.6亿美元。

2. 竞争

在厨房储存业务上,特百惠与现有厂商和当地制造商都存在不同程度的竞争,主要体现在营销、价格、质量和产品创新等方面。然而,与当地制造商的竞争主要体现在价格方面。当地制造商使用的低质量原料使得它们在价格方面具有很大的优势。因此,公司必须通过使用强大的激励措施、促销计划,以及创新产品来保持竞争优势。该公司的美容和个人护理品牌也面临着来自其他大公司的巨大竞争压力,如雅芳、欧瑞莲、露华浓、欧莱雅、宝洁、联合利华和雅诗兰黛等。这些公司不断加强对美容和个人护理产品在美国及新兴场所获得份额的关注。

近年来,品牌认知已成为品牌区分的关键,全球各地的公司都在增加对广告、促销活动和创新营销策略的投入,以增加市场份额。特百惠也大大增加了广告费用。广告费用的增加将对经营利润造成压力,而竞争所带来的价格压力也将导致其收入的下降。

3. 特百惠的分销系统

多年来,直销的商业模式和庞大的销售队伍一直是特百惠的优势之一。由于直销本质上是启动低成本商业模式,因此有助于公司拓展新市场和促进销售额的增长。

公司主要采用直销的分销模式。特百惠品牌产品主要直接销往全球的分销商、负责人经理和零售商(销售团队)。该公司还给那些获得特百惠产品销售权的经销商一定的奖励。

绝大多数的销售人员或经销商都是独立承包商,而不是特百惠的员工。特百惠品牌品主要直接销往全球的分销商、负责人、经理和零售商(销售人员)。2014年年底,特惠分销系统在全球拥有约1 700家分销商、81 000名经理和270万零售商。除了采用"派对"的销售方式,即在家庭、办公室、社交俱乐部等方面展示特百惠品的特点和优势以外,公司也通过互联网进行销售。与此同时,特百惠还在一定程度上用了B2B模式,将自己的产品销售通过合作公司销售给消费者。

特百惠产品也通过宣传册进行推广。此外,特百惠使用目录广告、电视广告和杂志广告等方式进行产品宣传。

（资料来源：根据特百惠官网及网络公开资料整理）

思考：

特百惠的分销模式有哪些优点和缺点？

职业技能训练

苹果公司实行的是全渠道零售，即在互联网和电子商务时代零售商通过各种渠道与顾客互动，将各种碎片化的媒介渠道整合成“全渠道”的一体化无缝式购物体验。苹果公司要依据不同目标客户群体对渠道类型的不同偏好，实行针对性营销定位，设计与之匹配的产品、价格等营销要素组合。苹果公司通过众多零售渠道类型进行组合或整合以满足客户随时随地购物、娱乐和社交的综合体验要求。

结合当前形式谈一谈苹果公司的国际分销渠道策略是否需要进一步调整。

本章知识自测

一、关键概念

国际分销渠道　渠道长度　渠道宽度　直销

二、不定项选择题

1. 不属于渠道成员选择标准的是（　　）。

A. 经营目标和经营范围

B. 未来的销售增长潜力

C. 经济实力、商业信誉、业务人员素质

D. 独家经营权

2. 企业进入国际市场的渠道有（　　）。

A. 出口　　　　B. 进口

C. 买卖　　　　D. 许可贸易

E. 国外生产

3. 直接卖给最终用户是最直接的一种直接出口形式，即把产品直接卖给最终用户，不经过任何中间环节，这种形式常用于（　　）。

A. 价格高或技术性很强的产品

B. 最终用户是国外政府、地方当局及其他官方机构

C. 以邮售方式直接卖给国外最终用户

D. 一般技术的产品

E. 一般的企业

三、判断题

1. 经销商同一般批发商的区别在于他被授予“独家权”或“优先权”。经销商和代理商的区别在于前者是否委托代理关系，而后者是买卖关系。（　　）

2. 渠道成员即中间商，渠道成员的好坏直接关系到企业整个营销活动的成败。一般来说，选择渠道成员的标准包括：经营目标和经营范围经济实力、商业信誉、业务人员素质、未来的销售增长潜力、合作态度、市场覆盖面大小、顾客特点等。（　）

3. 为了调动渠道成员的积极性，加强其责任心，常见的措施有：①增加卖给中间商的价格。②授予中间商的独家经营权。③为中间商培训推销人员和服务人员。（　）

四、简答题

1. 选择渠道成员考虑的因素有哪些？

2. 企业激励渠道成员的常见措施有哪些？

3. 渠道长度决策与宽度决策需要考虑哪些方面的因素？

第11章 国际市场竞争战略

学习目标

通过本章的学习与技能训练，要求学生：

- 掌握低成本战略、差异化战略和重点集中战略。
- 理解掌握国家钻石模型、五力分析模型。
- 了解国际市场战略联盟的含义及形式。

案例导读

日本汽车进入美国市场

日本的汽车工业在第二次世界大战中遭到了严重的破坏，第二次世界大战后开始恢复，20世纪70年代初已具一定的规模。此时日本的汽车制造商开始寻找国外市场，以便将日本的汽车打入国际市场。他们初步打算进美国这个大市场，直接和美国汽车生产厂商相抗衡。通过国际市场调研，日本厂商发现在美国由于汽车是家庭普遍使用的交通工具，并且从20世纪60年代末起美国的家庭结构发生了明显的变化，即家庭结构由扩展家庭逐渐改变为只有夫妻和未成年子女在一起组成的核心家庭，家庭成员明显减少，即家庭规模变小，每个家庭的总收入也随之减少，其直接影响是家庭购买力下降，变化后的核心家庭普遍希望购买价格较低的廉价轿车。

20世纪70年代初，世界性的石油危机造成世界性油价飞涨，其对美国消费者的影响是消费者普遍喜欢买节油型的小轿车。日本公司还发现：美国的汽车制造业竞争正进入白热化局面，它们竞相推出更豪华、速度更快、动力更大的轿车，而忽略了小型、廉价、节油轿车的生产。日本的汽车制造厂商考虑日本汽车业的优势不在大型、豪华、调整轿车上，而优势是在低档小型轿车上。因此，最后根据美国市场客观需求结合日本汽车业的能力毅然决定全力开发小型、廉价、节油型小轿车，推向美国市场后，一举成功占领了美国低档小轿车市场，并成为日本企业打入美国市场的拳头产品，为日本汽车制造商创造了大量利润。

（资料来源：根据网络资源整理）

思考：

①日本汽车公司是如何进入美国市场的？主要采用了哪些竞争战略？

②决定日本汽车公司在竞争中取胜的关键因素是什么?

分析与提示:

①开发小型、廉价、节油型小轿车,填补空缺式竞争战略。

②满足顾客需求。

11.1 “国家钻石”模型

迈克·波特是举世公认的最伟大和最具影响力的商业理论思想家之一,被誉为竞争战略之父。1990年,哈佛商学院的迈克尔·波特(Michael Porter)出版了他的《国家竞争优势》一书,书中提出的“国家竞争优势”理论(也称“国家钻石模型”),便是这一系列国际贸易理论中的最新成果。

11.1.1 主要观点

波特的基本观点就是一个国家在某个行业取得国际成功的可能性程度是该国资源与才能要素、需求条件、关联和辅助性行业,以及战略、结构和竞争企业四方面综合作用的结果。

他不仅认为“菱形”中四个组成部分应当同时存在,方可有效地影响和促进竞争力的发展,而且还极力强调政府对四个组成部分中的任何一个方面都可以产生积极或消极的影响。政府行业补贴、资金市场政策、教育政策等影响到该国资源与才能要素。通过制定国内产品标准以及规范和影响购买者需求的法规,政府可以培育和塑造国内需求及其性质。通过政策和法令,政府可以影响某个行业的关联和辅助性行业。通过资金市场法规、税收政策和反托拉斯法等手段,可以影响行业企业之间的竞争。

11.1.2 模型介绍

1. 组成要素

“钻石模型”是由四个要素组成的,分别是生产要素、需求条件、相关产业和支持产业的表现,以及企业的战略、结构、竞争对手的表现。这四个要素是构成“钻石模型”的基本要素。此外,波特还在钻石体系内加入了机会和政府两个变量。

2. 模型分析

(1)生产要素

生产要素包括人力资源、天然资源、知识资源、资本资源和基础设施。

虽然国家资源要素是Heckscher—Ohlin理论的中心,迈克尔·波特从生产要素特征的角度给予了详尽和新颖的分析。他把各种要素按等级划分成基本要素(或初级要素)和高级要素两大类,前者包括自然资源、气候、地理位置、人口统计特征,后者包括通信基础设施、复杂和熟练劳动力、科研设施及专门技术知识。波特认为,高级要素对竞争优势具有更重要的作用。更重要的是与自然赋予波特钻石理论模型的基本要素不同,高级要素是个人、企业及政府投资的结果。因此,政府在基础教育和高等教育的投资,通过提高人口的普通技能和知识水平，通过刺激和鼓励在高等教育与科研机构的高级研究将极大地提高国家的高级要素质量。高级要素与基本要素之间存在着复杂的关系。基本要素可以为一国提供一些初始的优势，这些优势随着在高级要素方面的投资得到加强和扩展。反过来，基本要素方面的劣势地位会形成一种向高级要素方面投资的压力。日本便是这种现象的一个最明显的例子。作为一个严重缺乏可耕地和自然矿产资源的国家，日本通过国民教育投资，创造了丰富的高级才能要素。事实上，日本拥有的庞大的工程师队伍（工程系毕业生占人口百分比大大超过美国，同德国等排世界前列），是日本在许多制造行业取得成功的关键所在。

（2）需求条件

需求条件主要是指行业产品或服务的本国市场需求。

波特理论十分强调国内需求在刺激和提高国家竞争优势中的作用。一般来说，企业对最接近的顾客的需求反应最敏感。因此，国内需求的缺点对塑造本国产品的特色，产生技术革新和提高质量的压力起着尤其重要的作用。波特认为，如果一国内的消费者是成熟复杂和苛刻的，会有助于该国企业赢得国际竞争优势，因为成熟复杂和苛刻的消费者会迫使本国企业努力达到产品高质量标准和产品创新。日本国内成熟复杂和高知识水平的照相机购买者就刺激了日本照相机工业不断改进照相机质量和不断推出革新型号。移动电话通信设备生产工业也有同样的例子。欧洲斯堪的纳维亚地区成熟复杂和苛刻的顾客促使本地两大电信设备制造厂商——芬兰的“诺基亚（Nokia）”和瑞典的“爱立信（Ericsson）”早在其他发达国家对移动电话需求形成之前就开始大规模投资移动电话技术。结果“诺基亚”“爱立信”，以及“摩托罗拉”成为当今全球移动电话设备行业的三大巨头。

（3）相关产业和支持产业的表现（或关联和辅助性行业）

这些产业和相关上游产业是否有国际竞争力。在国内拥有具备国际竞争力的供应商和关联辅助性行业，是一个行业能够取得国家竞争优势的第三个条件。关联行业和辅助行业在高级生产要素方面投资的好处将逐步扩溢到本行业中，从而有助于该行业取得国际竞争的有利地位。瑞典在制造组装金属产品领域（如滚珠轴承、切割工具）的优势便依靠瑞典自身特种钢工业的技术力量。直到 20 世纪 80 年代中期都处于世界领先地位的美国半导体工业技术，是美国个人计算机和其他几个技术先进的电子产品取得全球性成功的基础。同样，瑞典制药业的发达与成功，同其早先在技术关联的染料工业的国际成就密切联系。这种行业发展过程的结果之一是一个国家内成功的行业趋向聚集，形成关联行业集群。这是波特研究成果中最有影响力的发现。德国的纺织和服装行业就是这样的一个关联行业集群。它包括从高质棉、羊毛、合成纤维、缝纫机针的生产、加工、制造，到范围广阔的纺织机械领域。

（4）企业的战略、结构、竞争对手的表现

企业的战略、结构、竞争对手的表现指一国内支配企业创建、组织和管理的条件，以及国内竞争的本质。在此主要提出两个观点：

①不同的国家有着特色各异的“管理意识形态”，这些“管理意识形态”帮助或妨碍形成一国的竞争优势。例如，在德国和日本企业中，工程师背景的人在最高管理层占据重要的支配地位。波特将此归结为这些国家企业注重加工制造过程和产品设计的原因。与此相

对,在许多美国企业中,财务管理背景的人在最高管理层占据重要的支配地位。波特将此同许多美国企业中(尤其在20世纪70年代和80年代)缺乏对改进加工制造过程和产品设计的关注联系在一起。他同时认为,财务管理在企业中的支配性质导致了相应的对短期财务回报最大化的过分强调和追求。这些不同的管理意识形态的一个后果,是在工程技术为基础、加工制造过程和产品设计问题至关重要的行业中,美国企业(如汽车工业)的竞争力相对丧失。

②一个行业中存在激烈的国内竞争与该行业保持竞争优势二者之间存在密切的联系。激烈的国内竞争引导企业努力寻求提高生产与经营效率的途径,反过来促使它们成为更好的国际竞争企业。国内竞争给企业带来创新、改进质量、降低成本、通过投资提升高级生产要素等一系列压力,这一切都有助于产生具有世界竞争力的企业。波特引用和描述了日本的竞争情况"在世界范围内,国内竞争对行业的压力和作用没有再比日本更显著的了。那是一种'全面战争'状态,其中许多企业以至不能实现利润。以强调市场份额为目标,日本企业处于不断地超越竞争对手的拼搏中。股票价格剧烈地波动起伏;商业出版物突出地报道着企业的市场演变过程;煞费苦心设计的名次评比指标测量着哪些公司最受大学毕业生的青睐;新产品的推出和工艺发展的速度达到令人瞠目的程度。"

波特将这四方面的特质构成一个菱形,并认为当某些行业或行业内部门的菱形条件处于最佳状态时,该国企业取得成功的可能性最大。波特菱形同时还是一个互相促进增强的系统,任何一个特质的作用发挥程度取决于其他特质的状况。比如,良好的需求条件并不能导致竞争优势,除非竞争的状态(压力)已达到促使企业对其做出反应的程度。

(5)两大变数

在四大要素之外还存在两大变数:机遇和政府,这是另外两个能够对国家菱形条件产生重要影响的变量,机会是无法控制的,政府政策的影响是不可漠视的。例如,包括重大技术革新在内的一些机遇事件会产生某种进程中断或突变效果,从而导致原有行业结构解体与重构,给一国的企业提供排挤和取代另一国企业的机会。政府部门通过政策选择,能够削弱或增强国家竞争优势。例如,法规可以改变国内需求条件,反托拉斯政策能够影响行业内竞争的激烈程度,政府在教育领域的投资可以改变才能资源等。

11.1.3 政策价值

1. 国家竞争优势形成的关键是优势产业的建立和创新

波特指出,只有抓住产业这个经济运行的主体进行分析,才能正确理解国家竞争优势的形成。而国家竞争优势的形成,关键在于优势产业的建立,凡优势产业大多是生产效率高的产业,而产业不断提高生产率的源泉在于企业建立和培育自我加压、不断进取的创新机制。国家竞争优势理论,对于企业建立积极进取的创新机制不无深刻的启迪。

(1)企业应有不畏风险的创新精神

企业在创新过程中肯定有风险,但不能回避风险,相反要迎接挑战。通过创新化险为夷,变挑战为机遇,比如开拓市场,就要主动寻找最为挑剔的顾客,并充分满足其需求。同时企业要主动寻找最富有挑战性的竞争者并与之公平竞争。为了保证竞争的成功,企业内部应尽可能严格地制定管理规范、质量标准,并严格实施。此外,企业要通过提高待遇,营造良好的工作环境，并做到人尽其才，以防人才外流，提高雇员对企业的忠诚度和他们的工作技能。

(2)企业要建立创新环境预警系统

通过这一系统不断观察和分析顾客需求、技术开发、营销渠道等方面的形势变化，以利于在创新竞争中先发制人、掌握主动权。

(3)企业创新应以国内为本

在本国进行核心战略制定、关键技术研究和主导产品的开发，并努力协助本国上游产品供应者，提高效率，同时要促进客户不断提高需求档次，并与它们共同合成优势产业群，为保证优势产业群具有强劲的国际竞争力，并经久不衰，企业在规模经济的前提下，应抵挡住合并的诱惑，刻意保留国内竞争者，努力开拓国际市场，通过艰难的国内外竞争换取高效率。

(4)争做元帅不当士兵

企业与国外厂商合作不能成为长期合作中的士兵(追随者)，必须建立起元帅的领导地位。否则，这种合作会限制企业追求卓越、不断进取。

2. 国家竞争优势的提高，有赖于政府作用的发挥

国家竞争优势理论系统地阐述了政府在提高竞争优势中所发挥的作用。波特认为，政府在提高国家竞争优势中应起一种催化和激发企业创造欲的作用。政府政策成功的关键既不是越俎代庖，也不是无所作为，而在于为企业创造一个有利于公平竞争的外部环境。

波特理论对于政府制定政策指导意义深刻之处在于：

①政府不仅要承担一些基本、公用事业的职责(例如，初、中级教育、基础设施建设、全民医疗保健等，政府应根据国力，逐年加大对它们的投资)，同时还应特别注重对国内专门要素的培育，这里的专门要素是指那些高级且与特定产业关联，并对形成竞争优势有特殊意义的那些生产要素，如一些专门性高级技工、与新兴工业直接接轨的科研机构等。

②政府要致力于营造一个市场化的宏观环境，要让生产要素市场和金融市场健康有序地运行，那些以种种理由故意压低生产要素价格和本国货币汇率，甚至冠之以各种名目的政府补贴，试图以此来提高本国产品在国际市场竞争力的政策，最终往往是事与愿违。

③政府要强制实施产品质量、安全与环境标准，促使企业技术创新及产品质量创新，更好地满足顾客和全社会的需要。相关措施应当赶超国际标准，从而使得本国企业有可能在国际竞争中捷足先登，处于有利地位。

④政府要制定并有效实施反垄断法，防止国内同产业的企业间出现超出一定限度的横向联合或合谋垄断。在观念上必须抛弃“合并、兼并必然有益”的理念，认识到垄断可能严重损害企业活力。甚至在鼓励国内大企业之间搞合作研究开发这类问题上，政府也要谨慎，因为企业独立的研究开发有利于增强企业技术和产品的独特性，促进企业发挥创造力。

⑤政府要放宽对于国际贸易的管制，贸易政策的重点是促进贸易各国相互开放市场，而不是相互设立配额和提高关税。

11.2 五力分析模型

麦克尔·波特(Michael Porter)于20世纪80年代初提出,对企业战略制定产生全球性的深远影响。用于竞争战略的分析,可以有效地分析客户的竞争环境。

"波特五力"的概念最早出现在他于1979年发表在《哈佛商业评论》中题为《竞争力如何塑造战略》(*How Competitive Forces Shape Strategy*)的论文中。该论文的发表,历史性地改变了企业、组织乃至国家对战略的认识,被评为《哈佛商业评论》创刊以来最具影响力的十篇论文之一。

在1980年出版的《竞争战略》中,波特这样写道,"任何行业,无论在本国的还是国际的,无论是一个产品还是一项服务,竞争的规则就蕴藏在五个竞争力量当中"。他断言,这五种力量组成了竞争的全貌。最初,它们可能会被动地理解为竞争的基本内容。但是,经过波特的深入剖析,展示给大家面前的是一个易于理解并利于企业参与市场竞争的框架模型。对于战略制定者而言,在执行任何可能影响一个公司战略地位的战略时,这五种力量发挥着必不可少的杠杆作用。波特认为,"这五种竞争力量的集合力决定一家公司的赢利能力。这五种力量的能量强弱在不同行业中会有所差别,并且会随着行业的发展发生变化。"

20世纪80年代前后,正值西方商界对商业理论原则重新全面思考的年代。该模型的问世于当时的商业环境恰好吻合。这个时期美国公司带着恐怖的心情目睹了70年代日本企业对美国逐个行业的大规模侵蚀。美国公司以为,这是日本公司以廉价劳动力竞争的结果。直到70年代末期他们才渐渐地意识到,其原因远不是这么简单。这时,波特积极倡导对竞争的本质问题进行全面的研究分析。

11.2.1 主要观点

五种力量模型将大量不同的因素汇集在一个简便的模型中,以此分析一个行业的基本竞争态势。五种力量模型确定了竞争的五种主要来源,即供应商的讨价还价能力、购买者的讨价还价能力、潜在进入者的威胁、替代品的威胁、同行业竞争者的竞争程度。一种可行战略的提出首先应该包括确认并评价这五种力量,不同力量的特性和重要性因行业和公司的不同而变化,如图11-1所示。

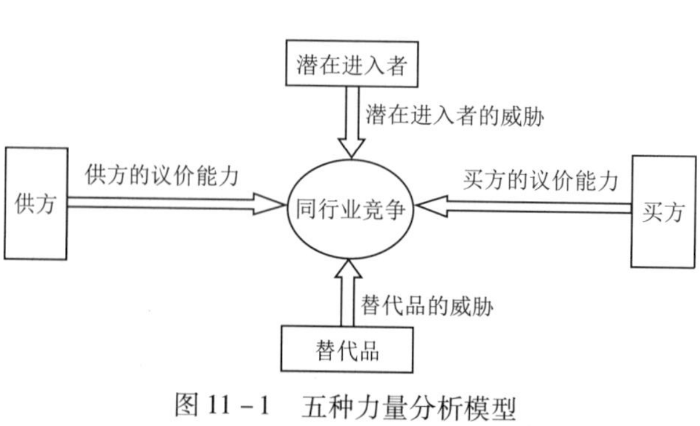

图11-1 五种力量分析模型

1. 供应商的讨价还价能力

供应商影响一个行业竞争者的主要方式是提高价格(以此榨取买方的盈利),降低所提供产品或服务的质量,下面一些因素决定它的影响力:

①供应商所在行业的集中化程度。

②供应商产品的标准化程度。

③供应商所提供的产品结构在企业整体产品成本中的比例。

④供应商提供的产品对企业生产流程的重要性。

⑤供应商提供产品的成本与企业自己生产的成本之间的比较。

⑥供应商提供的产品对企业产品质量的影响。

⑦企业原材料采购的转换成本。

⑧供应商前向一体化的战略意图。

2. 购买者的讨价还价能力

与供应商一样,购买者也能够为行业营利性造成威胁。购买者能够强行压低价格,或要求更高的质量或更多的服务。为达到这一点,他们可能使生产者互相竞争,或者不从任何单个生产者那里购买商品。购买者一般可以归为工业客户或个人客户,购买者的购买行为与这种分类方法一般是不相关的。有一点例外是,工业客户是零售商,他可以影响消费者的购买决策,这样,零售商的讨价还价能力就显著增强了。以下因素影响购买者集团的议价能力:

①集体购买。

②产品的标准化程度。

③购买者对产品质量的敏感性。

④替代品的替代程度。

⑤大批量购买的普遍性。

⑥产品在购买者成本中占的比例。

⑦购买者后向一体化的战略意图。

3. 潜在进入者的威胁

一个行业的进入者通常带来大量的资源和额外的生产能力,并且要求获得市场份额。除了完全竞争的市场以外,行业的潜在进入者可能使整个市场发生动摇。尤其是当有步骤、有目的地进入某一行业时,情况更是如此。

潜在进入者威胁的严峻性取决于一家新的企业进入该行业的可能性、进入壁垒,以及预期的报复。其中,第一点主要取决于该行业的前景如何,行业增长率高表明未来的赢利性强,而眼前的高利润也颇具诱惑力。

对于上两种威胁,客户需要研究进入壁垒的难易的条件因素,如钢铁业、造船业、汽车工业、规模经济是进入壁垒的重要条件,此外还有产品的差异条件,如化妆品及保健品业产品的差异条件是进入壁垒的主要条件之一。

4. 替代品的威胁

替代品是指那些与客户产品具有相同功能的或类似功能的产品。例如,糖精从功能上可以替代糖,飞机远距离运输可能被火车替代等,那么生产替代品的企业本身就给客户甚

至行业带来威胁,替代竞争的压力越大,对客户的威胁越大,决定替代品压力大小的因素主要有:

①替代品的盈利能力。

②替代品生产企业的经营策略。

③购买者的转换成本。

行业中的每一个企业或多或少都必须应付以上各种力量构成的威胁,而且客户必须面对行业中的每一个竞争者的举动。除非认为正面交锋有必要而且有益处(如要求得到很大的市场份额),否则客户可以通过设置进入壁垒,通过差异化和转换成本来保护自己。

当一个客户确定了其优势和劣势时,客户必须进行定位,以便因势利导,而不是被预料到的环境因素变化所损害,如产品生命周期、行业增长速度等,然后保护自己并做好准备,以有效地对其他企业的举动做出反应。

5. 同行业竞争者的竞争程度

大部分行业中的企业相互之间的利益都是紧密联系在一起的,作为企业整体战略一部分,共同目标都在于使得自己的企业获得相对的优势,所以,在实施中就必然会产生冲突与对抗现象,这些冲突与对抗就构成了现有企业之间的竞争。现有企业之间的竞争经常表现在价格、产品介绍等方面,其竞争强度与许多因素有关。

一般来说,出现下述情况将意味着行业中现有企业之间竞争的加剧:行业进入障碍较低,势均力敌竞争对手较多,竞争参与者范围广泛;市场趋于成熟,产品增长缓慢;竞争者企图采用降价等手段;竞争者提供几乎相同的产品或用户转换成本很低;一个战略行动如果取得成功,其收入相当可观;行业外部实力强大的公司在接收了行业中实力较弱的企业后,发起进攻性行动,结果使得刚被接收的企业成为市场的主要竞争者;退出成本较高,即退出竞争要比继续参与竞争代价更高。在这里,退出障碍主要受战略、感情,以及社会政治关系等方面考虑的影响,具体包括:退出的、战略上的相互牵制、情绪上的难以接受、政府和社会的各种限制等。

行业中的每一个企业都必须应付以上各种力量构成的威胁,而且企业需要面对行业中的每一个竞争者的举动。除非认为正面交锋有必要而且有益处(如要求得到很大的市场份额),否则需要保护自己。当一个企业确定了其优势和劣势时,企业必须保护自己并做好准备,以便有效地对其他企业的举动做出反应。

根据上面对于五种竞争力量的讨论,企业可以尽可能地采取将自身的与竞争力量隔绝开,努力从自身利益需要出发影响行业竞争规则,先占领有利的市场地位再发起进攻性竞争行动等手段来对付这五种竞争力量,以增强自己的市场地位与竞争实力。

11.2.2 理论争议

实际上,关于五力分析模型的实践运用一直存在许多争论。目前较为一致的看法是:该模型更多的是一种理论思考工具,而非可以实际操作的战略工具。

该模型的理论是建立在以下三个假定基础之上的:

①制定战略者需要了解整个行业,显然现实中是难于做到的。

②同行业之间只有竞争关系，没有合作关系，但现实中企业之间存在多种合作关系，不一定是竞争关系。

③行业的规模是固定的，因此，只有通过夺取对手的份额来占有更大的资源和市场。但现实中企业之间往往不是通过吃掉对手，而是与对手共同做大行业的蛋糕来获取更大的资源和市场。同时，市场可以通过不断的开发来增大容量。

因此，要将波特的竞争力模型有效地用于实践操作，以上在现实中并不存在的三项假设就会使操作者束手无策。

相关案例

我国光伏行业竞争态势与发展前景五力模型分析

1. 供应商的议价能力

从供应商角度看，光伏产业发展的核心因素是多晶硅的生产。由于国外的技术封锁，中国没能掌握提纯多晶硅的核心技术。前几年，国际光伏行业发展迅速，欧洲市场对多晶硅的需求增长，我国上马了多个多晶硅项目，投资超过 3 000 亿元人民币。但随着金融危机、欧债危机的影响，国际市场对多晶硅的需求不断下降，使得国内多晶硅价格跌破生产成本，多数企业处境艰难，有些已处在破产边缘。2016 年我国硅片产量超过 63 GW，同比增长 31% 以上，产品差异化发展明显，P 型单晶、N 型单晶出货量显著增大。

2. 购买者的议价能力

中国光伏产品对外依存度很高，由于近几年一系列危机的出现，导致国际市场对光伏产品的需求萎缩，光伏行业转为买方市场，购买商要求越来越高，相应的认证也变得更苛刻。

3. 新进入者的威胁

对目前的国内光伏企业来讲，潜在进入者包括行业内潜在进入者和行业外潜在进入者。行业内潜在进入者是指光伏产业链上某个节点的企业，行业外潜在进入者指通过购买设备和技术进入光伏行业的企业。

4. 替代品的威胁

传统能源如煤、石油、天然气等可替代太阳能光伏产品。从目前的状况来看，太阳能光伏产品的成本仍高于传统能源，但长久看来，太阳能光伏产品更胜一筹。新能源除了太阳能外，还有风能、水能、生物资源、地热能等，都有其各自的优势，这些都可能成为太阳能光伏产品的替代品。其中，以非晶硅薄膜太阳能电池为代表的替代产品迅速发展，在短时期内依靠成本优势迅速扩大市场份额。此外，还有许多诸如太阳能冷技术、第三代聚光 PVC 等高新技术产品也是现在产品的很大威胁。多晶硅产品市场是全球化的市场，国外企业利用其规模大、成本低、价格低廉的优势，吸引国内下游厂家，并通过长期合同和高额违约金捆绑下游企业规避风险。就国内市场来看，国内多晶硅的实际产量仍然远小于需求量，但是大量进口产品激增挤压国内市场，尤其是韩美等多晶硅大厂不断加大低价产品向中国市场的倾销力度。

5. 同业竞争者的竞争程度

光伏企业在产业链中下游的竞争较上游竞争激烈，国内光伏企业大都处于产业链中下游，竞争异常激烈。此外，我国光伏企业没有掌握核心技术，比如多晶硅提纯和泥浆的生产工艺，这无疑降低了企业的竞争力。

我国多晶硅行业还存在一些技术和市场性难题，一是技术上虽突破了海外封锁，但正遭到来自美国、韩国和欧盟企业低价倾销的冲击，2015 年有 11.6 万吨国外多晶硅进入中国市场；二是总产能相对过剩，但优质产能不足。成本低于25 美元/千克的多晶硅优质产能不足，在进口多晶硅的低价冲击下出现了全行业亏损的状况；三是在多晶硅电池设备方面，国内还不能实现完全自主配套。例如，硅片金刚线切割设备、多晶硅电池的制绒、湿法腐蚀设备和自动插片机设备等，主要依赖进口。

（资料来源：根据网络资源整理）

11.3 国际竞争战略

11.3.1 经济全球化推动着国际竞争的发展

1. 经济全球化内容的深刻化和广泛化推动着国际竞争的发展

（1）生产领域

各国国内由高科技引起的高生产率、生产组织形式及管理形式的变化扩展到国际市场，从而使国内竞争延伸到全球范围的竞争。

（2）销售领域

各国国内市场对商品的需求向多层次化发展的特点也延伸到国际市场的竞争。

（3）金融领域

经济全球化使高新技术应用于金融业，建立起资金转移的全球网络和国际标准化的信息网络，使金融业的国际竞争更加激烈。

2. 各经济领域的全球化出现合流趋势使国际竞争更加复杂

（1）生产与贸易合流趋势和生产与金融合流趋势使国际竞争更加复杂

一方面是直接投资绕过关税和非关税壁垒，替代原来的商品输出以保护和扩大市场，使生产与贸易出现合流；另一方面是出现了保值性的对外投资，即把大量资金投入国外证券市场，购买国外效益好、信誉高公司的各种证券，使生产与金融在国际范围内融合起来。

（2）贸易合作问题与金融问题在国际范围结合起来使国际竞争更加复杂

越来越多地受金融信贷条件的影响，发达国家的进出口银行或非银行的金融机构在双边贸易中作用日益显著；金融信贷条件在国际经济合作项目中如投标、招标、租赁、易货贸易等项目中的作用与日俱增。

3. 新技术革命推动经济全球化从而推动国际竞争的发展

①高新技术的应用、普及速度及效率空前提高对国际竞争格局产生直接的影响。例如，以计算机为物质基础的互联网络使各国经济与贸易紧密地连接在一起，使国际竞争突破时空的限制。

②高技术的发展使产品生产周期大大缩短，从而加剧了国际市场竞争。例如，微计算机和家用电器的更新换代速度惊人，使企业为开发新产品及占领国际市场的竞争更加激烈。

11.3.2　国际竞争的特点

1. 国际竞争具有一般竞争规律的特点

竞争使企业必须努力降低自己商品的价值，为此推动企业必须采取新技术、新工艺、新的生产和管理方法；竞争迫使企业时时关注市场发展动态，抓住技术加以效仿，以免在市场角逐中被淘汰；竞争使部门内的产品价值平均化为社会价值，使部门间的产品利润平均化为一般利润率，从而推动企业改进技术，提高劳动生产率，降低成本，以获取超额利润。

2. 国际竞争的自身特点

(1)国际竞争不同于自由竞争

国际竞争不同于自由竞争的基本前提是世界经济中存在着各个国家主权政府，只要国家政府存在，他们必然以各种方式干预国际竞争格局，可见国际竞争不同于遵循优胜劣汰的自由竞争，而是一种有保护的竞争。

(2)国际竞争不同于垄断竞争

国际竞争不同于垄断竞争的基本前提在于，国际竞争的主体包含了世界市场上各种经济实体，诸如关心本国经济利益胜于关心他国经济利益的国家政府，以实现国家经济利益为目标的国有企业，以本集团经济为首要目标的跨国公司，在全球市场广泛存在和发展的众多大、中、小私人企业。可见国际竞争比垄断竞争范围更大，它包括垄断竞争在内的强化竞争，是在保护下的强化竞争，而不同于排斥或消灭竞争的垄断竞争。

11.3.3　低成本战略

1. 低成本战略的重要意义

低成本战略是指通过有效途径，实现成本降低，以建立一种不败的竞争优势。这种战略要求企业努力取得规模经济，以经验曲线为基础，严格控制生产成本和间接费用，以使企业的产品总成本降低到最低水平。处于成本地位的战略经营单位能够防御竞争对手的进攻，因为较低的成本可使其通过削价与对手进行激烈竞争后，仍然能够获得盈利，从而在市场竞争中站住脚跟。

2. 低成本战略的形式

企业及其所属事业部可以通过各种方式实施低成本战略。例如，简化产品、改进设计、节约原材料、降低工资费用、实行生产革新和自动化、降低管理费用等。

3. 低成本战略的适用条件及其风险

低成本战略是一种重要的竞争战略，但是，它也有一定的适用范围。当具备下列条件时，采用低成本战略会更有效力。

①市场需求具有价格弹性。

②所处行业的企业都生产标准化产品，从而使价格竞争决定企业的市场地位。

③实现产品差异化的途径很少。

④多数客户以相同的方式使用产品。

⑤用户购物从一个销售商改变为别一个销售商时，不会发生转换成本，因而特别倾向于购买价格最优惠的产品。采用低成本战略也会带来一定的风险。例如，技术变革和技术进步会使以往的投资和效率变得无效；竞争对手通过模仿或向高技术装备进行投资，也可以做到低成本；只注意到生产成本的降低，而忽略了服务、技术开发、市场营销等方面的成本，以及忽略产品或市场的变化等。因此，运用低成本战略，一定要考虑技术革新和技术进步的影响，注意竞争对手的战略反应和产品、市场的变化。

11.3.4 差异化战略

所谓差异化战略，是指为使企业产品、服务、企业形象等与竞争对手有明显的区别，以获得竞争优势而采取的战略。这种战略的重点是创造被全行业和顾客都视为是独特的产品和服务。实现差异化战略，可以培养用户对品牌的忠诚。因此，差异化战略是使企业获得高于同行业平均水平利润的一种有效的竞争战略。

1. 差异化战略的形式与内容

差异化战略包括多种形式，其中最常用的产品差异化战略包括产品质量的差异化战略、产品可靠性的差异化战略、产品创新的差异化战略、产品特性的差异化战略、产品名称的差异化战略、服务的差异化战略和形象的差异化战略。不同的事业部和不同产品，可以同时采用两种或两种以上的差异化战略。但须注意，要对市场进行细分化，根据不同的细分市场选用不同的差异化战略。

2. 差异化战略的适用条件及其风险

差异化战略适用于下列情况：

①有多种使产品或服务差异化的途径，而且这些差异化是被某些用户视为有价值的。

②用户对产品的使用和需求是不同的。

③奉行差异化战略的竞争对手不多。

差异化战略面临的风险：

①可能丧失部分客户。如果采用低成本战略的竞争对手压低产品价格，使其与实行差异化战略的厂家的产品价格差距拉得很大，在这种情况下，用户为了大量节省费用，只得放弃取得差异的厂家所拥有的产品特征、服务或形象，转而选择物美价廉的产品。

②用户所需的产品差异的因素下降。当用户变得越来越成熟时，对产品的特征和差别体会不明显时，就可能发生忽略差异的情况。

③大量的模仿缩小了感觉得到的差异。特别是当产品发展到成熟期时，拥有技术实力的厂家很容易通过逼真的模仿，减少产品之间的差异。

11.3.5 重点集中战略

重点集中战略是指企业或事业部将经营重点集中在市场或产品的某一部分。这种战略的重点是瞄准某个特定的用户群体，某种细分的产品线或某个细分市场。由于企业资源有一定限度，很难在其产品市场展开全面的竞争，因而需要瞄准一定的重点，以期产生巨大有效的市场力量。此外，一个企业或事业部所具备的竞争优势，也只能在产品市场的一定范围内发挥作用。因此，采用重点集中战略，能够使企业或事业部专心地为较窄的战略目标提供更好的服务,充分发挥自己的优势,取得比竞争对手更高的效率和效益。

1. 重点集中战略的形式与内容

重点集中战略一般有两种形式,一种是成本重点集中,另一种是差异的重点集中。重点集中战略可以分为产品线重点集中战略,用户重点集中战略、地区重点集中战略。

产品线重点集中战略是对于产品开发和工艺装备成本偏高的行业,通常以产品线的某一部分作为经营重点的战略,例如汽车工业和飞机制造业。

用户重点集中战略是将经营重点放在不同需求的顾客群上,是用户重点集中战略的主要特点。

地区重点集中战略是指某一种产品能够按照特定地区的需要实行重点集中,以获得竞争优势的战略。

2. 重点集中战略的适用条件及其风险

具备下列四种条件,采用重点集中战略是适宜的:

①具有完全不同的用户群,这些用户或有不同的需求,或以不同的方式使用产品。

②在相同的目标细分市场中,其他竞争对手不打算实行重点集中战略。

③企业的资源不允许其追求广泛的细分市场。

④行业中各细分部门在规模、成长率、获利能力等方面存在很大差异,致使某些细分部门比其他部门更有吸引力。重点集中战略也包含一些风险,如众多的竞争者可能找到更有效的方式,在服务于狭窄的目标市场方面,超过实施重点集中战略的企业;用户的需求和偏好从重点集中企业的特定产品转移到一般产品等。这些会导致重点集中战略丧失效力。

11.3.6　处于不同产业及不同市场地位企业的竞争战略

企业采用何种经营竞争战略,取决于两方面的因素,即企业所处的产业竞争环境和这种环境下企业地位和状况。产业竞争环境和企业状况不同,选择的战略也不同。

1. 产业领先地位企业的竞争战略

处于产业领先地位企业一般拥有很强的竞争能力,并且闻名遐迩。这些企业面临的主要竞争战略问题不仅是保持已有的领先地位和经营业绩,更主要的是保持在产业中的竞争地位。为此,产业领先企业可采用两种不同的竞争战略:持续进攻战略和固守战略。

2. 处于新兴产业企业的竞争战略

随着技术和市场的发展,一些新兴产业不断产生和发展。处于新兴产业的企业通常面临两个关键问题:一是如何获得支持企业快速成长的资源条件,二是在市场竞争激烈条件下,企业准备进入哪个细分市场。解决这两个问题,可以采取下列方针:

①主动承担风险。

②努力提高产品质量,开发有吸引力的产品特性和功能。

③抓住机会增加产品种类,改变产品款式,尽早开发技术,保证原材料供应,运用经验曲线和新的分销渠道。

④寻找新的顾客群,进入新地区,满足消费者的新需求。

⑤将广告重点逐渐从培养产品知名度转到增加产品使用频率和创名牌,培养用户忠诚上来。

⑥对新技术做出快捷反应，并力图成为“主导技术设计”的先锋。

⑦利用降价，吸引对价格敏感的消费者进入市场。

3. 向成熟产业过渡企业的竞争战略

当某个产业向成熟过渡时，产业竞争环境会发生根本变化。例如，消费需求增长缓慢造成市场份额的竞争；顾客变得更加老练；要求降低成本，提高服务质量；产业利润下降；产业竞争加剧，一些公司退出产业或被兼并。这些特点要求企业重新检查经营战略，实现战略转移。具体内容包括以下几方面：

①减少产品线。

②注重工艺创新。

③注重成本降低。

④增加对现有顾客的销售。

4. 处于衰退产业企业的竞争战略

在衰退产业中，企业除了采取收获战略、清偿战略外，还可以考虑采取以下三种途径获得战略优势。

①通过确定、创造和拓展产业中成长的细分市场，推行重点集中战略。

②重视提高质量和实行产品创新。强化产品质量和实行创新，吸引客户，促进市场需求复苏，有利企业建立独特的竞争优势。

③不断提高生产和销售效率。

地区或市场的发展程度不一样，其产品的生命周期也不一样。德国大众汽车公司正是利用了这一原理和战略，将其本身将要淘汰的产品转移到中国生产和销售，从而延缓了该产品衰退的时间。

5. 危机企业的扭亏为盈战略

当企业因经营不善陷入危机，发生亏损时，可以采用扭亏为盈的战略。这种战略目的是尽快扭转企业竞争和财务方面的不利状况。扭亏的首要任务是分析亏损的原因。为了成功地实现扭亏为盈，企业可以采用下面的具体的战略。

①改进现有战略。当企业亏损是由于战略不佳所造成时，重新评估原有战略，并考虑采取下列替代战略方案：采取新的竞争战略，重新建立公司的市场地位；对公司内部经营活动及职能战略进行彻底检查，使之为企业总成本战略提供支持；与产业中实力强的公司实行合并，追随其基本战略；集中力量生产拳头产品，发挥公司的优势。

②收入增加战略。这种战略的目的是促进销售收入的增长，以达到或超过损益平衡点。

③成本降低战略。当亏损企业的成本结构富有弹性，亏损的原因又主要是成本过高时，成本降低战略能产生良好的效果。

6. 打开封闭国际市场的大营销竞争战略

随着营销实践的发展，营销者发现，近年来，在国际市场营销中，企业面临着许多国家贸易保护主义的威胁，形成了许多壁垒竞争的市场，即受到保护的市场或封闭市场的制约。面临这种封闭市场企业怎么办？传统的做法是依赖四大营销组合策略。但实践证明，这些策略已不足以打开封闭的市场，必须采取一些特殊技巧去积极地影响，甚至改变国际市场营销环境。这些技巧即广义市场营销的技巧，它不仅包括产品、价格、分销及促销四大营销策略，还包括政治权力和公共关系。所谓大市场营销（或广义市场营销），是指为了成功地进入特定市场，并在那里从事经营活动，在策略上协调地使用经济的、心理的、政治的和公共关系等手段，以获得外国各有关方面（如外国经销商、供应商、消费者、市场营销研究机构、有关政府人员、各利益集团及宣传媒介等）的合作和支持。

11.3.7　波特五力分析模型与一般战略的关系

波特五力分析模型与一般战略的关系如表 11－1 所示。

表 11－1　波特五力分析模型与一般战略的关系

行业内的五种力量	一般战略		
	低成本战略	产品差异化战略	重点集中战略
进入障碍	具备杀价能力以阻止潜在对手的进入	培育顾客忠诚度以挫伤潜在进入者的信心	通过集中战略建立核心能力以阻止潜在对手的进入
买方砍价能力	具备向大买家出更低价格的能力	因为选择范围小而削弱了大买家的谈判能力	因为没有选择范围使大买家丧失谈判能力
供方砍价能力	更好地抑制大卖家的砍价能力	更好地将供方的涨价部分转嫁给顾客方	进货量低供方的砍价能力就高，但集中差异化的公司能更好地将供方的涨价部分转嫁出去
替代品的威胁	能够利用低价抵御替代品	顾客习惯于一种独特的产品或服务因而降低了替代品的威胁	特殊的产品和核心能力能够防止替代品的威胁
行业内对手的竞争	能更好地进行价格竞争	品牌忠诚度能使顾客不理睬你的竞争对手	竞争对手无法满足集中差异化顾客的需求

11.4　国际战略联盟

11.4.1　国际战略联盟的定义

国际战略联盟又称跨国战略联盟或战略经营同盟，关于国际战略联盟，存在几种不同的定义：

①国际战略联盟是企业为推动实现共同目标而制定的双边或多边合作协议。

②有共同目标、共担风险和合作要求及长期协定。

③对于那些需要跨国经营而又需要投入大量资本、技术和其他资源的产品开发、生产和市场营销而签订的企业之间的协议。

④国际战略联盟是合作伙伴之间为保持长期合作关系而进行的具体转换。

⑤企业之间的竞争变为团结合作、合力创造价值的方法。通过合作经营使企业取得前所未有的获利与竞争能力，这种企业新关系称为"伙伴关系"，或称为"战略联盟"。

本书引用美国 DEC 公司总裁简·霍普兰德和管理学家罗杰·奈格的定义:国际战略联盟是指两个或两个以上的跨国公司,出于对整个世界市场的预期目标和企业各自总体经营目标的需要,而采取的一种联合的经营方式。

在这种行为过程中,联合是自发的、非强制的,联合各方仍旧保持着本公司经营管理的独立性和完全自主的经营权,彼此之间通过达成各种各样的协议,结合成一个松散的联合体。战略联盟的主要本质就是"合作竞争",企业通过这种松散的组织形式可以实现协同优势和合力作用,也就是要取得 1 +1 >2 的效果。

11.4.2 国际战略联盟的产生

第二次世界大战后随着世界新政治与经济秩序迅速发展、高科技产业与信息产业的迅速发展、经济全球化与经济区域化的发展,全球竞争更加激烈。主要表现为:

①全球竞争范围扩大,全方位地开展全球竞争,从劳动密集型领域拓展到资金、技术密集型领域;从传统产业向高科技和服务业发展;从有形产品产业向无形产品领域发展。开发新技术的难度越来越大,所需费用越来越多,单个企业难以筹措到如此巨额资金。

②全球竞争内容发生巨大变化。从争夺市场扩展到争夺技术和人才及战略伙伴的竞争。营销策略的竞争则从价格竞争扩展到营销整合策略及服务策略的竞争。

③全球竞争主体发生巨变。从原来主要是单个企业到企业集团、跨国公司间的竞争。

④全球竞争形式发生根本性变化,从竞争变成既合作又竞争的双赢战略。例如,一些发达国家从 20 世纪 80 年代中后期开始,对企业间的联合、并购行为的放宽限制,以及美国联邦贸易委员会及国会对反托拉斯的放宽等,为美国大企业、超型企业间的合并提供了法律依据。加之,美国司法部门对于企业间购并采取不干预的态度,从而有力地促进了美国企业合并浪潮,而美国的企业合并浪潮又推进了全球战略联盟或战略伙伴的形成。

当今国际战略联盟已从制造业拓展到服务业;从传统产业发展到高新技术产业。诸如戴姆勒 - 奔驰汽车公司同美国克莱斯勒汽车公司组成的越洋公司;美国国民银行公司与美洲银行公司合并成为美国最大的商业银行;日本与美国两大金融机构即日兴证券与美国旅行者公司进行资本重组;美国 AT&T 和日本 NEC 建立了战略联盟;英特尔公司与微软公司结成了战略联盟,等等。总之,未来国际市场的竞争不再是企业与企业的竞争,而是战略联盟之间的竞争。

11.4.3 国际战略联盟的特点

1. 主要是规模巨大的垄断企业间的相互兼并

积极参与这次企业合并浪潮的多为同产业中的超大型企业或大公司,有的还有大型的跨国公司。例如,波音公司 1996 年世界排名第 43 位,麦道公司在世界排名第 80 位,两家合并远远超过了欧洲最大的航空公司——空中客车公司。

2. 主要集中在高技术产业和金融服务为主的第三产业

由于新兴产业和高技术产业激烈的全球性竞争,世界各国第三产业市场的逐步放开,使多数企业合并案集中在电子信息、金融服务、航空航天、生物医药、国防工业等领域内。这与前几次企业合并浪潮主要集中于传统工业部门(如重化工等产业)形成了较为鲜明的对比。

3. 企业合并通过股票市场进行

近几年企业间合并活动多是通过股票市场完成的。例如，雷神收购休斯的方法是购买后者 48 亿美元的股票（占收购金额的 50% 以上）；摩根・史泰利于丁・维特发现公司的合并就是通过股票市场进行相互间股权交易实现的。组织关系是水平的而不是垂直的。它们之间是技术共享、资源合作及经营规范。

11.4.4　国际战略联盟的分类

国际战略联盟与合营企业的不同之处就在于它偏重“战略”，即它并不以追求短期利润最大化为首要目的，也不是一种为摆脱企业目前困境的权宜之计，而是与企业长期计划相一致的战略活动。

1. 根据合作参与国的不同发展程度和区域划分

（1）互补型联盟

这种联盟大多是在西欧、北美和日本这类发达市场经济国家的企业之间结成的。他们为了应付全球性的竞争而在设计技术、加工过程和市场营销服务方面进行技术、资金和人员等方面的相互补充与配合，他们的主要动机一是分摊产品开发与生产投资的成本；二是迅速、有效地进入目标市场国的市场营销与分销网络。

（2）授受型联盟

这种联盟按经济体制的不同和经济发展水平的不同，还可以进一步细分为东西方联盟和南北方联盟。其特点是发达国家的合伙者向相对欠发达国家的合伙者转让各种技术和操作方法，相对欠发达国家的合伙者则向对方开放国内的某一部分市场，或支付技术转让、人员培训等方面的费用。

2. 根据战略联盟的组成方式划分

（1）股权性联盟

这种联盟在形式上更像是合资经营，即由加盟各方通过相互购买并持有彼此的少量股份或单方持股，来达到建立起一种长期的相互合作关系。这种投资的目的主要在于维系一种良好的合作关系。然而，这种联盟可能会因为投资各方希望加快投资回报而滋生追求短期报酬率、多分利润和减少投资等短期行为。

（2）非股权性联盟

如技术转让协议和生产许可证协议这类联盟，它们仅涉及加盟各方产品制造、工艺技术、操作技能与诀窍，以及支付等诸方面的交换与转让，而无须为了股权去追求短期财务业绩。

3. 根据联盟各方所从事的活动的性质划分

（1）横向联盟

横向联盟是指联盟双方在相同的价值链活动方面进行连接。横向联盟的目的在于改善公司在一项价值创造活动中的联合地位，而不是将它们各自从事的活动分出去，让合作伙伴去做。联合的力量可使公司获得规模经济、减少多余的能力、转移知识或降低风险。

（2）纵向联盟

价值链活动按价值创造流向可以分为上游活动和下游活动。纵向联盟是企业间不同价值链活动的连接，包括与供应商建立联盟、与分销商建立联盟、与生产商建立联盟等几种形式。纵向联盟各方可能签约，也可能不签约。联盟使各方得到比一般的市场交易更紧密的协调，但双方又继续保持自己的独立性。结成纵向联盟之前，公司首先需要确认自己在哪些活动上有优势，然后集中力量从事该活动，同时通过联盟让外部有优势的公司从事自己不能有效从事的活动。

11.4.5 国际战略联盟的优势

1. 创造规模经济

小企业因为远未达到规模经济，与大企业比较，其生产成本就会高些。这些未达到规模经济的小企业通过兼并联合，扩大规模，就能产生协同效应，即“1 + 1 > 2”效应，提高企业的效率，降低成本，增加盈利。当然，像波音、麦道这类大公司的合作，其目的已不是追求规模经济，他们追求的是企业的长远发展。

2. 实现企业优势互补，形成综合优势

企业各有所长，有的资金上有优势，有的技术上有优势，有的产品品牌上有优势，有的管理上有经验，等等。这些企业如果通过兼并联合，结成同盟可以把分散的优势组合起来，形成综合优势，也就可以在各方面各部分之间取长补短，实现互补效应。

3. 可以有效地占领新市场

企业进入新的产业要克服产业壁垒，企业进入新市场也同样要越过壁垒。通过企业间的联盟合作进入新市场，就可以有效地克服这种壁垒。例如，在 20 世纪 80 年代，摩托罗拉开始进入日本的移动电话市场时，由于日本市场存在大量正式、非正式的贸易壁垒，使得摩托罗拉公司举步维艰。到 1987 年，它与东芝结盟制造微处理器，并由东芝提供市场营销帮助，最终成功地克服了日本市场的进入壁垒，进入了日本移动电话市场。

4. 能够快速有效地实现主导产品的转移

每一个产品都有其创新期、成长期、成熟期与衰退期。企业一方面可以不断开发新产品以适应产品生命周期；另一方面可以与别的企业兼并联合，运用联盟，进行产品转移，以适应产业升级和产业政策的变化以及新的贸易格局。

5. 有利于处理专业化和多样化的生产关系

企业通过纵向联合的合作竞争，有利于组织专业化的协作和稳定供给。例如，丰田公司只负责主要部件的生产和整车的组装，减少了许多交易的中间环节，节约了交易费用，提高了经济效益。而通过兼并实行联盟战略，从事多样化经营，则有利于企业寻求成长机会，避免经营风险。

11.4.6 国际战略联盟的建立

战略联盟完善的企业业绩远胜于未联盟企业。因此，如何建立有效的适合企业特色的战略联盟，成为企业在实施战略联盟时的思考重点。

1. 要选择好合作伙伴

这是建立战略联盟的关键因素。适当的合作伙伴必须是能够有助于企业实现其战略目标；双方对结盟的动机是一致的；选择有良好声誉的企业。

2. 建立战略联盟必须遵守三条原则

对于企业熟悉的核心事业,宜采用并购策略,成功率较高;非熟悉的业务则采取战略联盟;进入新市场宜采用战略联盟。战略联盟的作用在于弥补不足,因此要寻求彼此在开发、制造、营销渠道上的互补性或者分担经营成本;并购则适用于扩展既有事业的规模。

3. 制定明确的目标

建立战略联盟应在明确联盟动因的基础上制定明确的目标,制定一致性的战略联盟规划、管理与终止点,并在此基础上选择合适的作用对象。研究认为双方均为优等业绩的企业,或一方优等,一方中上的企业组成的联盟成功率较高。因此,合作对象应选择门当户对的,且业务范围相辅相成的企业。同时,要在企业内部创造“易于合作”的文化。由于战略联盟中最难调整与改变的是文化冲突,合作伙伴必须是彼此相容或企业文化相契合的对象。

4. 战略联盟的方式

战略联盟的方式包括供应或购买协定、市场或销售协定、提供技术服务协定、管理合同、专有技术、设计或专利许可证、特许经营、合资企业等。无论采用何种方式,都必须根据企业的战略目标,根据企业利润产业的源头,规划符合企业内在发展规律的联盟机构。联盟机构必须强有力且独立。例如,GE(美国通用电气)公司与 Snecma 公司合资中,GE 对重要组件,以整套组装完成的方式交货,成功地控制了其引擎方面的核心技术。这一点尤应引起注意和重视。因而合作前,要根据企业自己所拥有的谈判筹码,来决定合作方式,在权衡利弊时应全方位地考虑,一味地牺牲或争权夺利,都不合适。

一般来说,大多数的战略联盟终止后,都有一方会被并购,因此最好在事前策划好,决定自己将成为并购方还是被并购方。若是并购方,开始时应避免被并购价格“套牢”,因为对方的筹码会随时间而增加,同时应该控制对联盟机构的管理权或财权,对合作事业要贡献大,合作对象应比自身企业小。作为被并购方,应以协议赢得并购溢价,同时勿使母公司的其他事业及人事介入合作事业中,使出售简单化。

战略联盟成功与否,在于合作伙伴之间能否实现协同和能否建立彼此单独无法实现的可持续竞争优势。合作伙伴虽然保持各自的独立特性,但在联盟的所有活动中又必须相互协作。若一方变得过分依赖另一方,或者认为联盟只对一方有利,联盟的稳定性就会受到威胁。成功的联盟是由信任、承诺、互相学习、灵活性联合起来的更有力量的团体。

11.4.7　国际战略联盟的控制与管理

战略联盟管理是指不仅要对联盟双方借以缔结合约的核心要素(如经济利益、风险划定)等进行管理,也要对其外在要素(如组织结构、知识产权、企业文化)等各方面进行综合协调和控制。战略联盟全过程管理则是对战略联盟的形成、运作,以及信息反馈全过程所实施的组织、计划、监督和调节。具体而言,全方位、全过程的战略联盟管理应集中在如下几点:

①战略联盟必须基于双方的需要。

②建立合适的组织机构。从成功的国际战略联盟看,组织结构具有两个特征:

- 新的组织结构必须对市场总需求和竞争条件的变化做出迅速而灵活的反应。

• 新的组织结构必须具备广泛、健全的信息反馈网络。

③保护联盟各方的技术资产。

④对国际战略联盟进行有效的协调管理。

⑤沟通文化间的差异，创造新的企业文化。新的企业文化至少应包括三方面内容：

• 根据各方的实力和意向，确定联盟的长期目标。

• 联盟各方的关系应以求得在产品开发、生产和营销等领域各方贡献基本平衡为目标，为此，合作各方需要树立相互学习、相互依存的观念。

• 国际战略联盟在把战略目标集中于共同开发、共同生产某种产品或共同进入市场的整个过程中，加盟各方应协调一致。

⑥发展多方位的联盟合作关系。多边联盟的形式能最大限度地减少任意两方联盟解体带来的危机，能比单一联盟更广泛地、更好地运用多国企业的综合优势，从而优化技术水平，开拓国际市场。

11.4.8 国际战略联盟与国际合作、合资经营的差异

1. 形式上的灵活性

国际合资、合作经营协议对合资、合作各方具有法律意义上的约束力，特别是合资经营要求各方在协议的基础上成立经营实体，确立组织和管理机构。协议一旦确立，各参与方都不能随意脱离约束，否则将承担法律上的责任。而战略联盟只是某种意义上的无限制的"意向备忘录"，协议本身仅说明各方进行合作的目的。此外，参与国际战略联盟的各方不组成经营实体，也不确立任何形式的组织管理，具有很大的灵活性。

2. 合伙关系松散，自主经营性强

①在合资、合作经营的合伙人关系上，存在着地位上的主次之分，贡献较大的一方占据主导地位。而在国际战略联盟中，合伙人之间的关系是平等的。战略联盟通过平等的合作，把各方的决策都纳入自身利益与共同利益相一致的轨道上。

②国际合资经营对合资各方在资金、劳务、技术、融资来源和市场渠道等方面的贡献都要做出严格的规定，而跨国战略联盟对资源与能力的贡献不做任何规定，完全由合伙人自主决策。

③在战略实施上，合资经营对既定经营在实施中的每一个环节，都要有健全的管理体系，而战略联盟因不设统一的管理体系，所以对战略实施过程中的每一个环节的控制基本上是通过市场力量来进行的。

3. 风险性小

在政治风险上，合资、合作经营的外国合伙人要单独承担来源于东道国的政治风险，而对战略联盟来说，基本上不存在政治风险。此外，在经营风险上，合资经营的战略目标产品是通过内部附加值生产链的不断加值后，再在市场上统一实现其价值，全体合伙人的利益都将维系在战略产品这一层的销售情况，即价值实现情况上，这将导致经营风险加大。国际战略联盟的战略产品是通过合伙人之间外联型的、相互衔接的附加值生产网络而逐步增值的，战略产品的销售情况只对终端企业的利益有直接的影响。

4. 利润分配的主动性

国际合作经营的合伙人是根据各自的投资比率来确定详尽的利润分配方案的。而国际战略联盟的合伙人都从自己所从事的那一环节上的经营活动获取利润。

案例与思考

德勤升级与腾讯云战略联盟，欲将大中型企业带上腾讯云

2017年3月23日，在腾讯云解决方案推介会合作伙伴专场北京站上，腾讯云与德勤管理咨询签署战略合作协议，双方宣布继2014年宣布共建博思(BaaS)平台之后，缔结更高层次的战略合作伙伴关系。

未来，双方将持续加大资源投入，进行优势互补和技术协同，共同向跨国企业和国内大中型企业，提供基于腾讯云优质计算能力和数据服务能力的业务咨询和系统实施解决方案，全面服务政企行业云计算转型。

1. 技术互补，打造更强云服务能力

当前，以云计算为代表的信息技术已成为推动经济发展的先导性技术。而随着“互联网+”以及“中国制造2025”的国家战略的深入推行，云计算与各行业结合愈加紧密，成为产业转型升级不可或缺的基础设施要素。

作为全球领先的管理咨询公司，德勤有着丰富的行业经验和云技术应用能力，致力于通过德勤管理咨询先进技术与业务战略能力，帮助客户解决其所面临的业务挑战，为企业创造新的价值。而腾讯云依托于腾讯在QQ、微信、QQ空间、腾讯游戏等业务的互联网服务能力和互联网基因，已为超过百万的企业和开发者提供安全、稳定、高速的云计算服务，帮助用户解决游戏、视频、移动、微信、“互联网+”等行业的架构难题。

此次合作，双方议定以云计算、“互联网+”和大数据作为切入点，为客户提供最专业的业务咨询和系统实施解决方案。腾讯云将重点负责云平台技术架构和安全架构，为大型企业输出专有云和混合云。德勤则凭借其企业级客户领域的资源优势，帮助腾讯云公司开发行业云，以及为企业定制云，同时丰富腾讯云公司垂直行业解决方案，并提供企业所需的信息安全解决方案。

2. 资源共享，让更多大中型企业使用腾讯云

除了技术层面，德勤还将借助其在全球网络和客户资源，引导跨国企业和大中型企业使用上腾讯云。腾讯云将定期向德勤咨询及德勤咨询客户介绍腾讯云SaaS解决方案、PaaS云平台化产品和信息安全解决方案，以及黑石混合云、数智方略大数据、万象优图图像处理、云安全、微信生态上云解决方案等。

此外，为帮助德勤客户群更便捷地借助腾讯云的技术支持寻找创新的商业模式，双方还将共同举办面向在华跨国企业、传统大中型企业的宣传活动，如圆桌会议、CIO沙龙等，增强腾讯云的影响力，并共同挖掘云业务合作机会。

作为腾讯连接战略和开放战略的重要承载，不断把腾讯基因输出给合作伙伴是腾讯云的重要使命。德勤作为在云计算领域唯一一家具有项目落地实施经验的外企咨询公司，双方的合作升级已经成为打造共赢云端生态之中的重要一环。

（资料来源：根据网络资源整理）

思考：

战略联盟给双方带来哪些优势？

分析与提示：

战略合作能充分整合合作各方的资源，带来巨大的商业效益。品牌传播乃至企业其他层面上的战略合作将是未来很长一段时间内的发展趋势。企业应该在这方面进行积极的探索与实践，谁掌握了先机谁就离成功更近。

职业技能训练

1987 年，肯德基在中国的首家餐厅开在了北京，它主营的炸鸡和汽水创下了开业首日营业额数十万的业绩，两年后，肯德基扩大产品线推出了第一款汉堡，就此，肯德基的产品组合升级为炸鸡、汉堡和汽水。

1990 年国庆长假结束的第一天，踩着肯德基推出汉堡的步伐，麦当劳定点深圳东门，开业之初，麦当劳就和肯德基形成了“南北对立”的品牌文化。

然而比起在中国拥有近 6 000 家门店的肯德基，麦当劳至今在国内的门店总数仍然没有超过 3 000 家，表面上，好像麦肯相争肯德基稳稳领跑，但另一方面麦肯两家作为全球化品牌，在全球战场上，麦当劳总数 30 000 多家门店比起肯德基的 10 000 多家门店也算是扳回了一局。

品牌态度的本质区别所在：要不要为迎合本土市场做出改变。

20 世纪 90 年代以来，中国经济全球化进程提速。在这个人口世界第一、最具潜力的餐饮市场，全球快餐两大巨头麦当劳与肯德基，均在中国市场博弈中获得了让全球其他市场汗颜的骄人业绩，中国市场成为带动这两家全球业务开展的“发动机”。

作为全球快餐第一品牌的绝对老大，麦当劳在中国市场的业绩远远落后于同样出自美国本土市场的肯德基，两者之间的规模和体量相去甚远，导致这一局面的形成，产品战略的差异化占了绝大部分比例。

（1）肯德基推行差异化战略，知道自己的顾客群体是谁并为他们服务

肯德基在中国市场开业初期一炮而红不但震惊了《纽约时报》，也震惊了当时的交警叔叔。据说，当时去肯德基消费还得在交警的指挥下进店，那时的肯德基俨然成了网红界的最强鼻祖。不过肯德基从北京首家店的销售情况，就已经知道了自身要服务的对象是谁，另一方面随着大众消费能力的缓缓上升，肯德基慢慢丢掉奢侈品的标签，再加上那时的商业环境并未处于当今强烈过剩的局面，最终肯德基也慢慢开始布局更大的中国市场。

2004 年，肯德基喊出“立足中国，融入生活”，而这一口号到了 2008 年，又升级为“打造新快餐，为中国而改变”。除了用口号表明立场外，肯德基在产品上，又陆续推出国人熟悉的油条、豆浆、老北京鸡卷、蔬菜汤、饭类产品等。

到如今，曾经的肯德基和我们现在看到的肯德基，其产品和文化自身都贯彻了为中国而改变的差异化策略。用接地气的模式服务中国消费者，肯德基付出了相当大的心力和决心，理所当然的，其收获的战绩也是辉煌的。

（2）一套标准打天下，麦当劳推行的是“有法可依”“有法必依”

1990 年，麦当劳进入中国市场前其在全球的门店数量上就已突破了 10 000 家，那时，麦当劳的运营体系早就在国际市场中被打磨成型。麦当劳也知道品牌路只有一开始更聪明，未来才能更省心。

所以，麦当劳在中国市场无论是面临嗜好重口味的北方女神，还是小清新的南方婉约妹子，或者是辣都重庆，甚至以甜食为天的魔都，麦当劳都能做到口味大一统，并且绝不为迎合消费者做改变。

除了在产品口味体现了自身的绝对标准化外，麦当劳曾经做过一个研究，顾客点单后掏钱的最佳位置是离地面 92 厘米，汉堡面包直径 17 厘米时顾客吃起来最舒适，可乐在 4 摄氏度口感最佳，就连营销手册中也告知服务员给消费者推荐新品时不得超过 1 款。

也就是说，麦当劳进入中国市场时并不是从 0 开始，麦当劳之父早已给中国麦当劳在品牌前面加了个 1（品牌定型的标准化），麦当劳在中国是从 1 开始，它根本不需要太大的改革。而肯德基表面上也是有一个 1，不过这个 1 并不成型，导致肯德基最终还是得从 0.5 开始，在不断的市场摸索中建立自己的中国管理体系。

全球市场 VS 中国市场，谁才是品牌最大化战略的智者？

中国是公认的人口大国，更是世界消费大国，如今，肯德基在中国近 6 000 家门店占了它在全球市场接近 20 000 家门店的三分之一，然而麦当劳在中国的 2 000 多家门店仅占了它全球市场极小的比例。之所以肯德基能在中国市场的门店数量多于麦当劳，其差异化策略功不可没。

（1）肯德基的差异化“取之于中国，用之于中国”VS 麦当劳的让全球可控

与肯德基中国差异化策略不同的是，麦当劳的标准化似乎更适用于全球市场的扩张和管控，所以一开始，麦当劳的目光并未重点关注中国，中国市场对于麦当劳总部来说不过是全球战略的“一小部分”。

麦肯在对中国市场的重视程度上，两家的态度也是花开两朵各表一枝，肯德基于 1993 年开始尝试在中国开展特许经营，经过一段时间沉默之后，自 2001 年起，肯德基在中国特许经营只采取“不从零开始”的一种形式，“特许经营”给了肯德基深挖中国市场出了很大的力。

但反观麦当劳，它比起肯德基就落后了好多，2014 年 2 月 13 日，麦当劳才将目光聚焦中国，并开始在华开放一线城市对个人的特许经营。另一方面，为了更好地推行全球化管理，麦当劳在中国区高管的任命上更趋于“空降”式管理。但肯德基在人才战略上采用的是“取之于中国，用之于中国”的管理方式，几乎每一个餐厅经理和高管都是从一线提拔，肯德基就是这样从本土战略出发，以国人为中心，打造了有中国味道的美式快餐，并区分于同出一源的老对手麦当劳。

（2）营销上，麦当劳的“全球一统”属性依然是和肯德基最大的差异化

20 多年前，麦肯在中国市场的定位都是儿童和亲子消费。20 多年后，在消费者看来，肯德基依旧是儿童炸鸡、汉堡的消费层次，而麦当劳已经将主力客群定位成年轻人，无论是品牌装修风格转入更浓烈的红黑色彩，还是星厨汉堡和超值工作餐，麦当劳目前已经完成了一次改变。

这一差别的主要原因还是因为两家品牌有着不同的战略思想，麦当劳的业态升级是围绕着自身品牌为主体的开发，比如麦当劳的甜品站、咖啡屋、得来速等，而肯德基背后的百胜中国旗下除了有肯德基外，还有必胜客和塔可钟等品牌，更别说主打年轻人消费的KPro轻食餐厅，在汉堡和年轻人市场一手抓的体验上，肯德基还是和麦当劳不同的。

在营销推广这方面，麦肯也有着很大的不同，肯德基在这方面用了各种明星代言，比如曾经的广告语“李小鹏最爱吃香辣鸡翅”，而麦当劳的广告多以打温情牌和顾客之间的人文关怀为主，如曾经的“吃汉堡”互动广告，过去10年，麦当劳在中国一直多是采用直营店模式，在全球各国也执行相对统一的经营、营销策略，创造统一性较强的用餐体验。受制于之前的直营模式，麦当劳在中国明星代言上的反应速度较慢。

在中国明星代言方面，麦当劳到2017年才和吴亦凡达成合作。在此之前，麦当劳已经多年没有签约中国代言人了。但对比肯德基，在近几年它就和很多“流量明星”合作过，从张艺兴、鹿晗、李宇春、权志龙，到近期王一博的产品代言广告，包括一次次在地铁广告屏和各种网络传播介质上刷屏，这一动作也确实让肯德基中国的业绩出现回暖。

用明星代言，挖掘国人喜好，确实肯德基做得比较到位，而麦当劳从各方面都以品牌大一统的方针为主。这两相对比，在产品打造、广告营销、用人体系和实际的门店运营中，麦肯都是各有所长，要说到底谁更深入民心，谁的策略更符合品牌未来，还远远不能断定。

（资料来源：根据网络资源整理）

结语

麦当劳主打年轻汉堡快时尚，肯德基主打亲子炸鸡、汉堡快体验，表面上大有不同，其实同出一源，在消费者眼里，它们都被归为一类，两者都是美式快餐的霸主。在全球市场的攻城略地上，麦当劳遥遥领先，而在全球一统的策略不太奏效的中国市场，麦当劳也有自己的逻辑，是要适当放下标准化还是主打全球把控，两条路是完全不同的。

结合现实情况谈一谈你认为麦当劳和肯德基的两种战略哪个更适合中国？

本章知识自测

一、关键概念

五力模型　国家钻石模型　低成本战略　产品差异化战略　重点集中战略　国际战略联盟

二、单选题

1. 企业要制定正确的竞争战略和策略，就应深入地了解（　　）。

A. 技术创新　　B. 消费需求

C. 竞争者　　D. 自己的特长

2. “五力分析”构成“横向”竞争的三种力量是（　　）。

A. 供应商讨价还价的能力、现有竞争对手之间的竞争能力、客户讨价还价的能力

B. 供应商讨价还价的能力、现有竞争对手之间的竞争能力、替代品的威胁

C. 新的进入者的威胁、替代品的威胁、客户讨价还价的能力

D. 新的进入者的威胁、现有竞争对手之间的竞争能力、替代品的威胁

3. 下列关于波特的五力模型的表述错误的是(　　)。
   A. 该分析模型基本上是动态的
   B. 该模型能够确定行业的盈利能力,但是对于非营利机构,有关活力能力的假设可能是错误的
   C. 该模型低估了企业与供应商、客户或分销商、合资企业之间可能建立长期合作关系以消除替代产品的威胁的可能性
   D. 该模型假设战略制定者可以了解整个行业的信息,但这一假设在现实中并不存在
4. 企业把目标集中在一个或少数几个子市场的战略,称为(　　)。
   A. 产品差异化战略　　B. 成本集中战略
   C. 重点集中战略　　D. 市场竞争战略
5. 企业制定国际竞争战略的着眼点主要包括(　　)。
   A. 区位优势、规模经济、学习经济
   B. 规模经济、区位优势、政策适应、市场适应
   C. 市场适应、区位优势
   D. 区位优势、规模经济、学习经济、政策适应、市场适应

三、判断题

1. 如果某个行业具有高的利润吸引力,其他企业会设法进入。(　　)
2. 行业竞争结构不会随时间的推移而变化。(　　)
3. 企业最直接的竞争者是那些同一行业、同一战略群体的企业。(　　)
4. 某些基本的市场竞争战略是不会随时间、地点和竞争者改变的。(　　)

四、简答题

1. 国际市场竞争的一般战略包括哪些?
2. 企业为什么要实行战略联盟?我国企业是否具备实行战略联盟的条件?
3. 战略联盟有哪些形式?它们之间的关系是什么?

第 12 章 国际市场网络营销

学习目标

通过本章的学习与技能训练，要求学生：

- 了解我国企业利用网络进入国际市场的主要途径。
- 掌握利用国内第三方跨境电子商务平台开拓国际市场的方法。
- 了解利用国外第三方电子商务平台开拓国际市场的方法。

案例导读

Google 的出口网络营销

面对全球经济低迷，出口订单减少，成本压力增大，网络营销被推至一个更凸显的位置。另一方面，从贸易行为趋势来看，买家大量通过网络询盘、采购，这也迫使国内出口企业必须加大网络推广的力度，积累海外网络营销在卖产品和做品牌方面的双重经验。所有的这一切让网络营销在中国出口企业面前如同箭在弦上，不得不发。

目前，很多国内企业的思路尚停留在通过一些国内知名 B2B 网站做展示，这显然是不够的。在 Google 看来，这种营销方式过于被动。或许这在早期那些网站用户数量不多的时候效果还可以，但随着用户的大量涌入，这种标准化服务模式必将产生投入产出严重不对称的结果。由于对 B2B 展示平台同质化服务模式的不满，部分外贸企业开始转向搜索引擎服务，搜索引擎有更强的自主性，企业可以通过各种技术上的优化，来提升自己的排名和效率。这一切差不多是目前国内出口企业所能做到的极致了，但这些与 Google 基于数据分析而形成的主动性营销思路显然还有着巨大差距。

Google 理想中的营销路径是这样的：假设有一家中国的服装厂商，想要进军美国市场，它首先会用 GoogleTrends（谷歌趋势）这样的工具分析潜在市场的需求，比较特定区域、类别、时间范围，以及搜索资源之间的差别，发现每年 7 月份开始，搜索量逐渐上升，到 10 月底万圣节前达到顶峰，这就是万圣节相关服饰的黄金营销期。从区域分布上来看，除了欧美，大洋洲市场以外，东南亚的菲律宾和马来西亚等国家也有一定的搜索量，这可能意味着在这些地区也存在市场潜力。紧接着要把相关服饰“上架”，用 Google 提供的各种网站测试和优化工具包装自己的网站。之后根据 Google Analytics（谷歌分析）提供的网站流量数据分析，实时地制定出具体的投放计划，看需要在关键字广告上投多少，要不要在转化率高的媒体上投放展示广告。

网络营销推广的创新能力让品牌营销更具优势。关键字搜索广告在以产品销售为目的同时也可以有效提升品牌知名度，而展示和视频广告更是像为品牌推广量身打造的一样，再配合移动广告，实现品牌全方位营销。技术不断创新和发展推动着广告发展，可口可乐案例就是很好的例证。早在 40 多年前，可口可乐推出了一则非常火的“山顶”广告，在这个广告中，来自世界各地的年轻人手捧着一瓶可口可乐站在山顶上放声歌唱。40 年后，通过重新构思数字化时代的“山顶”系列广告，用技术真正帮助可口可乐实现了“请全世界喝可乐”。想象一下，当你在纽约经过一台自动售货机时，发现东京的一个陌生人竟然送了自己一瓶免费的可乐，那该是一件多么奇妙的事。通过将在线广告实时连接到现实世界中，比如自动售货机，会让这一切成为可能。

（资料来源：根据网络资源整理）

思考：

当前中国企业做出口网络营销需要做什么准备？

分析与提示：

①对互联网营销的准入和认知；②企业对具体网络营销工具需要有熟悉过程；③出口企业需要和网络营销平台共同设定市场拓展的目标和速度，通过数据分析建立数字营销出口战略。

12.1　出口网络营销概述

出口网络营销是以互联网为基础，利用数字化的信息和网络媒体的交互性来辅助营销目标实现的一种新型的市场营销方式。可以简单地理解为利用互联网作为一种营销渠道、资源库和交流工具以开展出口营销活动和国际贸易的方式，是出口企业开展电子商务的前期准备和重要环节。

12.1.1　互联网在出口贸易营销中的作用

1. 互联网作为出口营销渠道的作用

传统出口贸易经营主要通过展会、传统媒体、甚至人脉关系作为销售渠道，产品销售也一般通过电话、传真、实地考察、面对面谈判等方式完成。当互联网兴起之后，这个全球普及的应用以较低的接入使用成本、24/7 全天候在线、全球无国界限制，以及实时、互动的沟通功能等特征，顺理成章地很快成为外贸销售的新渠道，大受国际市场营销人员的欢迎。目前，通过互联网获得新客户成为一种理想的外贸渠道，不仅深受新兴外贸企业的青睐，也是传统外贸企业探寻新的增长点的机会所在，因此对网络通路的占领，成为出口企业对未来海外市场拓展和提升竞争性的战略考虑。

2. 互联网作为出口贸易营销工具的作用

互联网应用是伴随着一系列网络技术产品的推出而实现的，如当前应用频率最高的聊天工具、搜索引擎和E-mail,本质上都是一种基于互联网的技术产品,当它们运用于企业经营活动时,就成为一种高效的营销工具。以搜索引擎来说,出口外贸企业通过搜索引擎检索可以实现对潜在客户的查找、市场调研、外贸资源搜集等一系列活动,而E-mail和商务聊天工具也是外贸营销人员必不可少的客户沟通和信息反馈工具。此外,还有大量针对企业级应用的网络营销工具,以及一些新型的网络应用技术,对这些技术性产品的合理应用,有助于提升网络营销人员的工作绩效和专业水平。

3. 互联网作为出口贸易营销资源库

互联网是一个免费的庞大资源库,这个资源库的第一入口就是搜索引擎。只要掌握了搜索的基本技巧,几乎无所不至,最终获得想要的资料。实施出口贸易网络营销所需要的各种资源,包括海外市场资料、竞争情报、产品资料、进出口政策法规、推广平台、网络营销工具等,尽在互联网络,堪称最佳免费资源库。一个资深的外贸网络营销人员,通常也非常善于利用互联网这个营销资源库,深谙目标市场各种营销资源,能够为海外推广打好坚实的基础。

12.1.2 出口网络营销的作用

出口网络营销的作用如下:

①网络媒介具有传播范围广、速度快、无时间地域限制、无时间版面约束、内容详尽、多媒体传送、形象生动、双向交流、反馈迅速等特点,有利于提高企业营销信息传播的效率,增强企业营销信息传播的效果,降低企业营销信息传播的成本,且便于实现产品直销,能帮助企业减轻库存压力,降低经营成本。

②互联网覆盖全球市场,通过它,企业可方便快捷地进入任何一国市场。尤其是世贸组织第二次部长会议决定在下次部长会议之前不对网络贸易征收关税,网络营销更为企业架起了一座通向国际市场的绿色通道。

③在网上,任何企业都不受自身规模的绝对限制,都能平等地获取世界各地的信息及平等地展示自己,这为中小企业创造一个极好的发展空间。利用互联网,中小企业只需花极小的成本,就可以迅速建立起自己的全球信息网和贸易网,将产品信息迅速传递到以前,只有财力雄厚的大公司才能接触到市场中,平等地与大型企业进行竞争。从这个角度看,网络营销为刚刚起步且面临强大竞争对手的中小企业提供了一个强有力的竞争武器。

④网络营销能使消费者拥有比传统营销更大的选择自由。消费者可以根据自己的特点和需求在全球范围内不受地域、时间限制,快速寻找满足品,并进行充分比较,有利于节省消费者的交易时间与交易成本。此外,互联网还可以帮助企业实现与消费者的一对一沟通,便于企业针对消费者的个别需要,提供一对一的个性化服务。

12.1.3 出口网络营销的成功要素

1. 市场分析是成功的前提

市场分析主要包括目标市场分析和用户行为分析。市场分析要弄清楚:①WHO,客户是谁,哪些人会上你的网站;②WHERE,客户分布在哪里,主要面对哪些国家和地区;③WHY,为什么要选择你的产品;④WHAT,推广的是什么样的东西,提供产品还是提供服务;⑤HOW,如何购买和支付安全有效。用户行为分析主要包括:①国外的编码跟国内不同,应该采用国际通用编码字符;②国外很多国家用的浏览器是火狐,因此要仔细研究自己的外贸网站是否在火狐下显示正常;③分析自己的目标客户所在的国家上网的习惯是什么,喜欢在哪个时段上网,每个国家或者地区都有自己的一些主流的搜索引擎、交易平台、BBS 和网址导航。

2. 网站建设是成功的基础

作为一个在海外展示的网站,跟国内的网站略有不同,比如主要做美国市场,可以购买美国服务器,这样网站的访问速度将会更快并且更加稳定。此外,外贸网站特别需要体现网站的信用度,海外市场相隔十万八千里,要获取别人的信任,就需要用心研究如何通过网站的内容提高专业性和信任度。可以在网站上增加更多的联系方式、公司信息、工厂图片,不要全部放一些无效信息。比如,再多的荣誉证书,外国人也是看不懂的。

3. 海外推广资源越多越好

外贸网络营销一个很大的困难就是资源不足问题。一方面地区生疏,另一方面是语言不通,再加上交流甚少,因此可以利用的资源少之又少。所以说,外贸网络营销在一定程度上拼的就是资源的多少。这里所说的资源多主要指可以轻易地换取国外优质的外部链接,有许多商务贸易平台的账号,熟悉各个国家的 B2B 网站、国外黄页、贸易论坛、搜索引擎、分类目录等。这些资源一是靠互联网收集,二是靠自己在外贸网络营销的实践中不断积累和总结。资源就像滚雪球,会越来越大。

4. 熟练运用网络营销工具

做好网络营销必须熟练掌握网络营销工具的使用。这些工具主要包括:搜索引擎营销、E-mail 营销、论坛营销、SNS 营销、RSS 营销、ASK 社区营销、分类目录登录、黄页登录、网址导航、B2B 平台营销等。除了要会用这些工具之外,还要熟练网络营销效果检测工具的运用。分析广告效果、流量统计、电子商务转化率等。

5. 专业的外贸网络营销人才

主要有两种网络营销方案:一是公司自己配备外贸网络营销人才,要求具备较强的外贸知识、网络营销知识,一般来讲投入比较大,且效果没有保障;二是外包给专业的外贸网络营销公司,这种方式是目前大多数中小企业正在采用的。两者各有自己的优缺点,企业可以根据自己的预算和规模进行选择。总之,专业的出口网络营销实施人才是出口网络营销成功的保障。

12.2　外贸三方平台营销

12.2.1　第三方电子商务平台概念

第三方电子商务平台,也可以称为第三方电子商务企业。泛指独立于指定产品或服务的提供者和需求者,通过网络服务平台,按照特定的交易与服务规范,为买卖双方提供服务。

12.2.2　外贸第三方电子商务平台的基本分类

1. 按照行业划分

①专业性:其业务只专注于某一行业,或者与该行业相关性比较强的若干行业。

②综合性:涉及行业比较广泛,不拘泥于某个固定行业,有规模效应。

2. 按地域划分

①地方性:一般以一个国家或地区,或者更小的范围,特别是以省份为主。根据在一个范围内,需求或者供应的特殊行业开设的平台,其中以省份为单位的平台多是以政府为主。

②全球性:与地方性的主要区别就是涉及多个国家和地区。

3. 按商业模式(交易主体类型)分类

①B2B 模式:指一国企业通过利用互联网和电子信息技术向国外企业提供商品和服务的商业活动。代表网站有阿里巴巴国际站、中国制造网等。

②B2C 模式:主要参与者是一国企业与另一国个体消费者。应用模式有百货商店式、综合商场式和垂直商店式三种类型。

③C2C 模式:指的是不同国家之间个体消费者间在互联网上进行的自由买卖。拍卖就是最为常见的 C2C 交易方式。

12.2.3 第三方电子商务平台的特点

第三方电子商务平台具有以下特点:

①独立性:不是买家也不是卖家,而是作为交易的平台,像实体买卖中的交易市场。

②依托网络:第三方电子商务平台是随着电子商务的发展而出现的,和电子商务一样,它必须依托于网络才能发挥其作用。

③专业化:作为服务平台,第三方电子商务平台需要更加专业的技术,包括对订单管理、支付安全、物流管理等,能够为买卖双方提供安全便捷的服务。

12.2.4 第三方电子商务平台的盈利方式

第三方电子商务平台的盈利方式如下:

①会员费:企业通过第三方电子商务平台参与电子商务交易,必须注册为 B2B 网站会员,每年要缴纳一定的会员费,才能享受服务。

②广告费:网络广告是门户网站的主要盈利来源,根据其在首页位置及广告类型来收费。

③竞价排名:通过 B2B 网站的信息搜索将自己的排名靠前。

④增值服务:提供一些增值服务,包括企业认证、独立域名、提供行业数据分析报告、搜索引擎等。

⑤线下服务:主要包括展会、期刊、研讨会等。

⑥商务合作:包括广告联盟、政府、行业协会合作,传统媒体的合作等。

⑦按效果付费:供应商用户可自愿依据公司为其推广带来的效果,支付服务费的一种增值服务。

12.2.5 出口速卖通平台营销

全球速卖通是阿里巴巴旗下的面向国际市场打造的跨境电商平台,被广大卖家称为“国际版淘宝”。全球速卖通面向海外买家客户,通过支付宝国际账户进行担保交易,并使用国际物流渠道运输发货，是全球第三大英文在线购物网站。

1. 限时折扣

限时折扣主要是由卖家自主选择活动商品和活动时间，设置促销折扣及库存量的店铺营销工具。利用不同的折扣力度推新品、造爆品、清库存。它的优点就是可以在商品主图显示折扣标识，在买家搜索页面额外曝光，并能在买家购物车和收藏夹显示折扣提醒。

需要填写的内容有活动名称、活动开始时间、活动结束时间。促销时间建议持续一周，商品数量 20 个左右。

2. 全店满立减

满立减是卖家在产品本身单价的基础上，设置订单满多少元，系统自动减多少元的促销规则，可刺激买家消费更多的金额。而商家可以在每款商品的下面，搭配一些关联产品，这样在买家想凑足满减金额时，可以起到推荐的便利作用。搜索页面可显示满立减标志，店铺首页也具有明显标识，吸引和刺激买家下单。

这个活动可以刺激买家更多地购买产品，也是免费使用的，每月 3 个活动，总时长 720 小时。可创建 24 小时后开始活动，从创建活动到活动开始前 12 小时，这段时间为"未开始"状态，此时是可以对商品进行编辑、退出和下架的；活动开始前 12 小时就是"等待展示"阶段了，这 12 个小时直到活动结束，都是不能编辑和下架的。

3. 店铺优惠券

优惠券是卖家自己设置优惠金额和使用条件，买家领取后在有效期内使用的优惠券，可以刺激新买家下单和老买家回头购买，提升购买率及客单价。同一时间段可设置多个店铺优惠券活动，满足不同购买力买家的需求，从而获得更多订单，平台邮件可直接推荐给买家。

免费使用，每月 5 个活动，能够刺激买家购买，提升客单价。创建活动到活动开始前 24 小时，这段时间为"未开始"状态，此时是可以对商品进行编辑、退出和下架的。活动开始前 24 小时就是"等待展示"阶段，这 24 小时直到活动结束，都是不能编辑和下架的。

全店铺满立减和店铺优惠券活动可同时进行，且跟任一折扣活动都可以同时进行，折扣商品以折后价（包括运费）计入满立减、店铺优惠券订单中，产生叠加优惠，更易刺激买家下单。在进行活动时要注意填写活动名称、活动开始和结束时间、面额、发送总量、使用条件和有效期。

4. 全店铺打折

全店铺打折可根据商品分组对全店商品批量设置不同折扣，可帮助卖家短时间内快速提升流量和销量。可根据不同分组的利润率设置不同的折扣力度，还能在买家购物车和收藏夹有折扣提醒，让商品更易出单。

一键打折，全店商品打折，需要填写的内容是活动名称、活动开始时间、活动结束时间和各组的折扣。这是个免费使用的活动，每月 20 个活动，总时长 720 小时。可创建 24 小时后开始活动，从创建活动到活动开始前 12 小时，这段时间为"未开始"状态，此时是可以对商品进行编辑、退出和下架的；活动开始前 12 小时就是"等待展示"阶段，这 12 个小时直到活动结束，都是不能编辑和下架的。限时限量折扣和平台活动的优先级是高于全店铺打折活动的，若有商品同时参加这些活动，则以限时限量折扣或平台活动为准，两者的折扣不会叠加。

在进行全店铺打折活动时要注意把控利润,把相同利润的商品放在一组,打折时针对分组打折。例如将一些商品放入5% Discount 组,全店铺打折时,这个组的产品最高只能设置9.5折。

5. 联盟营销

联盟营销作为引流营销,对店铺初期的流量贡献很大,新手卖家要开通此渠道。开通后,卖家可以把主要的产品放在主推计划中进行推广。等产品的运营数据,同时结合联盟营销出单情况,再从中选择几款到爆品计划里。这样可以最小化避免选品推广犯错的可能性。

12.2.6 阿里巴巴国际站出口营销

阿里巴巴国际站是帮助中小企业拓展国际贸易的出口营销推广服务,它基于全球领先的企业间电子商务网站阿里巴巴国际站贸易平台,通过向海外买家展示、推广供应商的企业和产品,进而获得贸易商机和订单,是出口企业拓展国际贸易的首选网络平台之一。作为全球最大的B2B跨境电商平台,阿里巴巴国际站物流已覆盖全球200多个国家地区,阿里巴巴国际站提供一站式的店铺装修、产品展示、营销推广、生意洽谈及店铺管理等全系列线上服务和工具,帮助企业降低成本、高效率地开拓外贸大市场。

1. 产品内容营销

产品内容营销,指的是产品展示页面的内容。产品展示页是把产品展示给客户,需要考虑:目标客户是谁?(男士、女士还是孩童)他们关心哪些问题?应该如何体现/展示和解决这些问题?每个产品都有自己独特的受众群体,找到产品的定位,制作切合受众需求的产品页面。

(1)产品首图

产品首图是最直观的,能带来点击量。首图的设计应该是产品整体的展示,不能残缺,图片美观整洁。另外,产品细节优势可以在首图体现出来,例如,重力车载手机支架,可以在主图中体现重力的使用方式。需要注意的是,产品首图最好不要出现除了品牌LOGO之外的文字,这样会显得杂乱,不美观。应该想办法把文字想表达的内容用图片形式展示。

(2)产品副图

产品副图是除首图之外的其他主图,以阿里巴巴国际站为例,产品主图是由一张首图和五张副图组成。副图是对首图的补充说明,所以副图可以展示产品的多面和优势,产品图片可以多层面展示,多角度地拍摄。副图可以适当增加文字说明,主要围绕着展示产品的优势和功能两方面进行。

(3)产品视频

产品视频即介绍产品性能或者产品使用教程。视频比图片能更加生动地展示产品性能和作用,是解决客户群体疑惑的最佳方式。所以,想制作一个抓眼球的视频,首先需要知道客户群体关心的问题是什么,然后体现在视频中。

(4)产品详情介绍

产品详情介绍可以放很多内容,比如产品外观的全方位展示、产品的细节展示、功能展示、用途展示、尺寸展示、配件展示、包装展示等。还可以有工厂展示、公司展示、认证证书展示、公司人员展示、公司参展活动展示、公司荣誉展示等。需要注意的是,图片需要真实拍摄,且框架统一,图文风格一致,美观整洁。

(5)关联拓展介绍

关联拓展介绍,即在以上四点都做得周到的情况下,可以增加与其关联的内容。比如,羽毛球拍的产品介绍页面增加羽毛球的产品介绍;又如,上衣的产品介绍页面可以增加裤子的介绍。

2. 品牌营销

促进外贸出口还需要品牌效应,所以要提高品牌意识,进行品牌营销。

(1)品牌营销需要品牌故事

品牌故事能让品牌更加立体和真实,让传播更加深远。例如,肯德基老爷爷的故事,哈兰·山德士在65岁时才创立了肯德基快餐品牌。

(2)品牌营销需要产品支持

产品质量和公司服务是塑造品牌的基本要素。例如,肯德基的竞争者麦当劳。1974年美国的一家杂志研究公司出版了一份75页的分析报告,其中是麦当劳的成功与前途。这篇报告指出,麦当劳虽然食谱上的东西不多,但是它注重质量,而且就餐环境清洁、优雅,令人愉快;价格低,产品好,这使麦当劳赢得了美国人的信赖。

(3)无时无刻的品牌意识

从公司建立、产品制造和营销推广,无时无刻都要具有品牌意识。公司建议初期的品牌定位、产品制造过程如何建立独一无二的竞争优势,以及产品宣传、品牌名气的打造。

3. 广告营销

酒香也怕巷子深,付费广告是打造店铺的重要方式。对于使用平台的营销人员,使用平台付费广告是最常用的营销推广方式。如果没有投入足够的精力或资源将产品和品牌展示在受众面前,多么优秀的产品也难以被发现。尤其是新产品的推广,广告是必须投入的项目之一。

12.2.7　中国制造网平台出口营销

中国制造网国内综合B2B电子商务平台,覆盖全行业品类:工业品、原材料、家居百货和商务服务等。为供应商提供免费搭建企业展厅、免费发布产品、移动营销及深度推广服务。

1. 如何寻找买方——需要广开思路

①通过中国制造网的商情版(Offer Board)来寻找:经常会有买家主动发布求购信息,寻找合作伙伴。买家的时间是很宝贵的,买家都肯花十分钟的时间注册账号并发布求购信息,卖家为什么不能花一分钟时间去给他发封E-mail呢?

(2)通过展览会、黄页、信息名录、行业协会、搜索引擎等方式来寻找。

常用的搜索引擎:Google、Fast/AllTheWeb、AltaVista、Inktomi、Teoma、WizeNut、DMOZ、LookSmart、About等。

常用的国际搜索引擎:通常以Page/Search+国家域名为后缀。例如:

- 卢森堡搜索引擎:www.search.lu。
- 挪威搜索引擎:www.sol.no。

- 丹麦搜索引擎:www. jubii. dk。
- 英国搜索引擎:www. searchuk. com。
- 德国搜索引擎:www. suchen. com。
- 英国电子商务平台:www. applegate. co. uk。

③可以通过贸易伙伴或者朋友来寻找买家:注意拥有很多销售渠道网的买家;注意共同的目标客户。

2. 如何辨别买家询盘

看询价的内容:

①详细写清产品的规格、需要的数量,这样的询价可信程度会比较高,这类客户要重点对待,报价、交货期都要仔细回复清楚。

②只是泛泛的询问所有产品的价格,这种可能是买家群发随便问问,这类客户怎么办?对于这些,可以先及时礼貌地回复做一些基本回答。如果客户回复他所需要的具体产品情况,就可以继续和客户详谈;如果对方再没有消息,合作的机会就不大了。当然,如果是欧美的买家,也可以适当地给个价格范围以吸引对方。

③诈骗类:这部分客户大多来自非洲或中东地区,他们谎称有一笔现金,要求代为偷渡出境/接受转移款项,并允诺将支付高额佣金,只要联络他们即有可能掉落骗人的陷阱;还有一些客户会以参观考察公司为名骗取邀请函。

④广告类:大多是一些国际货运公司发过来的公司介绍,有些可以参考;如果觉得没有参考价值就舍弃。

3. 如何回复买家询盘

①回复买家询盘应及时:第一时间回复,体现尊重和效率;如果对客户的查询回复太迟,不仅会失去商机,而且会使对方对你的效率及能力产生怀疑。

②回复内容应准确、专业,给买家留下好印象:

- 提前进行准备,将各产品的名称、性能、规格和报价做成一张标准的表格,有买家查询时,立即将表格作为电子邮件的附件发送,保证了及时和专业的特点。
- 同时充分利用电子邮件传递图片的优势,这样更能说明问题,同时也可以降低成本。
- 发出邮件之前,要仔细检查一下,有无拼写或语法错误,尽量把可能给别人的不良印象减到最小;在电子邮件的后面,一定要附上详细的联系方式,包括姓名、职位、公司名、电话、传真、E-mail 地址、网址和公司地址等信息内容,给对方一个很正规的印象。

③回复内容注意全面,不放弃任何一次商机:尽可能地展示、介绍公司的产品、优势、整体情况等。

④不能忽略这一类询盘:客人提出买你目录册里没有的产品(在电邮中附上自己要求的图样,提出品质、颜色、款式、规格等特殊要求),询问你是否可以提供。

4. 如何尽快让询盘转化成订单

①突破买家不信任障碍:展示产品图片、企业概况、荣誉、各种证书(AS 认证)等。

②突破产品无差别障碍:制造卖点。

③突破其他竞争对手障碍:优惠政策、免费午餐、备用供应商等。

④突破买家不急需障碍:了解其真实意图,强调优势卖点,找出买家的竞争对手。

12.3　外贸营销型网站建设

作为外贸企业网络营销战略的基本平台和基本出发点,外贸企业的网站建设在外贸网络营销中扮演着重要的角色。外贸公司的业务定位决定网站的定位、受众和风格。

12.3.1　公司的业务定位决定网站的定位

企业的发展战略决定其业务定位。过去利用供需信息和政策资源的不对称,牟取差价的外贸方式已经逐渐成为历史。现在外贸公司的发展趋势更多的是利用其人才优势、经验优势、业务优势,联合工厂合作伙伴,通过自身优质、独特的质量、设计、品牌和服务,吸引客户,留住客户,发展客户。

对应以上定位,现有外贸公司网站的定位也更多地在展示形象、树立品牌、吸引客户、提供服务等方面发挥作用。在网站的建设过程中,要始终围绕这个定位展开策划、建设。至于公司网站在市场营销、客户销售等方面所发挥的作用,只能说是作为一种外贸工具在个别交易中发挥了作用,但并不能成为外贸公司网站的主要职能。

12.3.2　公司的客户决定网站的受众和设计风格

外贸公司的市场营销,其实质上是一种一对一的客户营销。其客户主体范围狭小,集中在分布于特定市场区域、经营特定产品种类的专业外国商人。与一般大众营销方法不同,任何一个潜在外贸客户的跟进、开发,都需要业务员认真、细致、及时地跟进,在建立起基本的信任和沟通渠道后,才有可能下单成为公司的现实客户。此外,外贸领域是一个特殊的贸易领域,不仅涉及长期以来约定俗成的国际贸易惯例、国际公认的国际贸易标准,而且涉及两个国家的贸易政策、民族的风俗等。当然,还有基本的商业准则和商业道德。因此在分析市场、揣摩客户的过程中,需要考虑以上因素。在设计、建设网站的过程中,也要体现以上原则。

①网站受众:从公司的角度,可确定为潜在客户和现有客户。针对潜在客户和现有客户网站应当制定不同的宣传重点和功能模块。

②网站设计风格:英文网站的建设是重点,根据外国人对互联网的使用、浏览习惯,针对企业、产品的关注重点,设计网站内容的展现方式和设计风格。总的目的只有一个,让外国潜在客户、现有客户喜欢、习惯公司的网站,并在日常工作中方便、有效地将网站作为与公司沟通的有效渠道。外贸网站是外贸市场营销渠道,而不是销售的工具。

1. 新工具对外贸方式的变革

国际贸易存在的前提是时空的阻隔,由此造成信息、物流等方面交换的需求。任何有助于改善沟通、改进通信的方式,都可能引起外贸方式的变革。从 20 世纪 70 年代前的电报、电话,到 80 年代的传真机、90 年代的电子邮件和网站,到现在网络电话等,降低成本、提高效率的新通信工具的应用,无不引起外贸方式的转变,进而影响外贸思维的变革。外贸网站作为一种克服时空限制、图文并茂的展示方式,方便、高效、形象、生动,毫无疑问是一种外贸工具。但它更是一种外贸营销渠道，承担着展示企业形象、品牌、服务等其他外贸工具所不具备的功能。

2. 现有的外贸市场拓展渠道

由于人力、成本、效果等方面的考虑，现有外贸公司市场拓展渠道如下：派人出国携带样品参加国际专业展会；参加广交会、华交会等国内综合、专业的展会；加入主流 B2B 平台；在专业行业杂志上刊登广告；直接电子邮件客户开发(DM)；自建网站进行网络营销等。以上模式中，通过参加国内外专业展会结识专业买家，参与主流 B2B 平台使用其提供的自助网站、刊物、光盘等一体化推广方案，是目前外贸公司拓展市场的有效手段。外贸公司的网站，从某种意义上讲是以上主流市场拓展渠道的补充，尚不能成为主要市场营销的手段。

3. 网站是一种市场拓展渠道补充

有效的市场拓展渠道必定是双向的、互动的。现有外贸公司的网站，更多的是作为一种广告、标志牌，被动地等待潜在或现有客户的访问，缺乏主动出击、主动沟通的思维和手段。很大程度上导致投入和收益不成正比。当然，网站的操作者、使用者是否具备主动出击的思想和意识也是重要原因。网站作为一个承载展示企业信息、产品信息的平台，其上的信息内容可以根据企业需要自由确定，产品信息可以随时更新，因此网站平台注定可以成为像展会、B2B 会员、刊物市场拓展方式的后续补充，并且可以克服其他拓展方式在时间和空间上的局限，成为与客户保持长期、有效沟通的补充渠道。

4. 网站是一个与客户保持互动的窗口

现有的外贸网站，很多是静态的文字和图片，建设完成后便会好几年都没有更新，也无专人管理。就像是一块树立在路口的公司广告牌，如果客户看到是几年以前的过时信息，那么对公司的印象会大打折扣。如果网站有专人管理、资料随时更新、新产品不断发布。无论是新客户还是老客户都可以从网站上了解到其感兴趣的内容和服务。并且，通过一些网站功能，实现与客户的互动沟通，不仅可以增加网站的黏度，而且可以降低与客户远程沟通的成本。

5. 网站还是一种内部工作流程的外部信息接口

对于拥有规范、完善内部工作流程和业务管理系统的外贸企业，外贸网站还是内部 OA 系统的外部信息接口，是内部信息管理系统接收外部客户数据、客户反馈等重要资料的界面。外国客户可以通过注册会员，通过身份验证后登录网站、提交询盘、管理还盘、发布需求、提交订单、跟进订单履行等动作，直接参与到外贸企业的内部工作流程的运转中。

12.3.3 外贸企业网站应具备的功能

1. 企业形象、实力、文化展示

这部分功能面向公司潜在客户，重点宣传公司的形象、品牌、文化、组织、合作伙伴、经验、研发能力、生产能力、认证资格等。目的是让潜在客户了解、接收公司品牌，认识公司的实力，并在潜意识上不抗拒与公司的合作。应重点突出品牌、研发实力、生产能力、认证资格、企业文化、社会责任、创业历史等方面的内容。如果可能，可以把合作工厂的生产设备、场地仓库、质检流程等图片也展示出来。按照跨国采购商筛选合格供应商的要求，有选择性地按照采购商关心的内容和标准，在网站上展示企业的相关资料，将能迅速提升潜在客户对公司的认知和认可程度。

2. 产品展示功能

网站的产品展示是网站的核心内容，也是吸引客户的重点。产品展示功能，应当成为客户打开公司网站后，最突出、最吸引客户注意力的部分。可以分为以下几方面：

①针对潜在客户：重点介绍公司所能提供的产品种类、产品系列、产品风格、材料等。目的是让客户了解我们能提供什么，能研发什么。这部分的产品展示，追求种类齐全、介绍详尽，采用公共展示的方法，可以每隔半年、一年更换一次。

②针对现有客户：重点介绍公司新研发的产品、最新流行的产品、新改进的产品等。目的是让客户了解我们对流行趋势的判断、对系列产品的开发进展等。这部分产品是吸引老客户访问、下单的重要法宝，需要防止竞争对手抄袭。要求全方位详尽展示，最好采用密码陈列室的方式由公司业务员通过电子邮件告知客户新产品资讯和登录密码，吸引客户登录网站查看。这些产品要求一个月或一个季度更换一次，同时定期更改访问密码，并告知老客户。

③其他辅助产品展示方法：可采用三维立体展示技术，将公司的产品陈列室现场实景搬到网站上，让客户了解公司的实力。也可三维立体展示公司新开发的产品，促进感兴趣老客户通过网站便可充分了解新产品，增加下单概率的同时，减少邮寄样品的成本。

3. 客户在线反馈互动功能

网站是一个与客户沟通的渠道。在与客户保持电子邮件往来的同时，鼓励客户多访问公司网站，了解公司各方面的发展，浏览新发布的产品，甚至通过网站与客户进行互动，是维系客户关系、发掘客户潜在需求的好渠道。网站可以考虑增加以下互动功能：

①会员注册：让潜在客户通过注册程序，留下联系方式。会员需事后审核、验证，删除、杜绝无效会员。

②网站留言板：客户登录网站，可以提交需求、留言反馈，公司及时做出答复。

③客户调研：让客户参加特定系列的产品的调研问卷，必要时可以设置奖品提高参加率，以便听取意见，发现新市场需求，改进公司产品。

④在线沟通：客户在浏览密码陈列室产品或者三维产品时，可增加在线聊天室模块，可及时答复客户咨询，介绍产品卖点，提高购买意向。

⑤访问统计：网站应当具备会员登录次数、浏览时间、访问产品等方面的信息收集、统计功能，以便从其中发现意向客户，主动跟进。

12.3.4　外贸企业网站的建设原则

1. 以浏览者的习惯为中心

网站的受众为外国客商，因此必须认真、详细研究外国人浏览互联网站的习惯、爱好。网站的内容、色调、风格，应当参考欧美网站的风格和内容组织形式，而不是简单地以中国人的习惯和看法，来组织面向外国客商的网站内容。外国客商一旦感觉网站不好用或者浏览不方便，下次再让其访问就会变得困难。可以考虑在网站初步建设完成后，请几个联系密切的客商，访问、点击公司网站，提出改进意见，并加以完善。

2. 以产品展示为中心

客户访问公司网站的目的,就是为了看产品,对产品感兴趣,才会继续看公司的其他背景资料。因此,整个网站的内容组织和首页排版,都需要从客户的角度,以产品吸引客户,以产品留住客户。产品目录的组织方式和产品的展示方式,也要按照外国客户的浏览习惯和喜好进行,并根据公司的业务进展,实现定期或者不定期更新。另外,产品图片的拍摄、处理也非常重要,要从图片效果、网页效果上吸引客户点击。再好的产品,如果照片没有处理好,也是达不到效果。

3. 以方便、快捷为指导

一个内容简单、浏览快速的网站,是很受欢迎的。因此,除了考虑外国客商的浏览习惯外,如何提高网站的搜索、导航、栏目设置、网页编码、主机设置等方面提高网站访问的便利性,也是重点考虑的内容。总的一个原则是,让客户能够迅速找到其感兴趣的内容;让客户能够迅速打开页面内容;让网站能兼容外国客户常见的各种浏览器版本而不出现乱码。另外,考虑租用国外的虚拟主机,让客户就近访问,也是一个不错的选择。

4. 专人管理、及时更新

应当指派专人,负责网站的日常维护和产品资料的定期更新。一个没有人维护、产品资料没有及时更新的网站,是没有生命力的,更谈不上对客户的吸引力。当然,应当根据公司营销策略和市场开发的最新需要,指导网站的维护和更新动作。

5. 重视网站的网络营销

网站建好以后,除了日常维护更新,还应当重视网站的推销,即网络营销工作。做好外贸网站的网络营销、推广,可以成为公司外贸市场营销战略的重要补充。可在以下几方面做好网站的网络营销工作。网页针对英文搜索引擎中的关键词优化。在网页代码中添加合适的英文关键词,增加公司网站被国外著名搜索引擎(如 Yahoo、Google 等)收集的概率。客户搜索产品或者供应商,经常是从这些搜索引擎开始的。适当情况下,可以考虑投资购买这些引擎的产品关键字排名,提高网站的访问率。参加 B2B 网站,使用自助网站登录公司产品,并链接到本公司网站地址。

综上所述,外贸公司的网站,是公司现有市场营销拓展的补充;是双向的客户沟通渠道;是重要的客户服务平台,应当从客户的角度和使用习惯出发,建设好、维护好、推广好,才能为公司的业务拓展发挥助力。

12.4 外贸搜索引擎营销

12.4.1 搜索引擎营销的概念

搜索引擎营销就是根据用户使用搜索引擎的方式,利用用户检索信息的机会尽可能将营销信息传递给目标用户。利用人们对搜索引擎的依赖和使用习惯,在人们搜索信息的时候将营销信息传递给目标客户,起到带来流量和提升品牌的作用。

如今外贸企业开拓海外市场,最常用的几种网络推广渠道有许可电子邮件、外贸 B2B

平台及搜索引擎。对于外贸企业来说，这几种推广渠道任何一个都不可或缺，每一个都在“网络营销”这个大系统之中占据着举足轻重的作用。而当下，搜索引擎则是这几个推广渠道中，企业最便于自主应用进行网络营销的手段。

12.4.2　搜索引擎营销的原理

搜索引擎的原理，可以看作三步：

1. 从互联网上抓取网页

利用能够从互联网上自动收集网页的 Spider 系统程序，自动访问互联网，并沿着任何网页中的所有 URL 爬到其他网页，重复这过程，并把爬过的所有网页收集回来。

2. 建立索引数据库

由分析索引系统程序对收集回来的网页进行分析，提取相关网页信息（包括网页所在 URL、编码类型、页面内容包含的关键词、关键词位置、生成时间、大小、与其他网页的链接关系等），根据一定的相关度算法进行大量复杂计算，得到每一个网页针对页面内容中及超链中每一个关键词的相关度（或重要性），然后用这些相关信息建立网页索引数据库。

3. 在索引数据库中搜索排序

当用户输入关键词搜索后，由搜索系统程序从网页索引数据库中找到符合该关键词的所有相关网页。因为所有相关网页针对该关键词的相关度早已算好，所以只需按照现成的相关度数值排序，相关度越高，排名越靠前。

最后，由页面生成系统将搜索结果的链接地址和页面内容摘要等内容组织起来返回给用户。

搜索引擎的 Spider 一般要定期重新访问所有网页（各搜索引擎的周期不同，可能是几天、几周或几月，也可能对不同重要性的网页有不同的更新频率），更新网页索引数据库，以反映出网页内容的更新情况，增加新的网页信息，去除死链接，并根据网页内容和链接关系的变化重新排序。这样，网页的具体内容和变化情况就会反映到用户查询的结果中。

从搜索引擎营销的信息传递过程和实现搜索引擎营销的基本项目，可以进一步推论，在不同的发展阶段，搜索引擎营销具有不同的目标，最终的目标在于将浏览者转化为真正的顾客，从而实现销售收入的增加。

12.4.3　搜索引擎营销的层次

第一层是搜索引擎营销的存在层，其目标是在主要的搜索引擎/分类目录中获得被收录的机会，这是搜索引擎营销的基础，为增加网页的搜索引擎可见性。

第二层的目标则是在被搜索引擎收录的基础上尽可能获得好的排名，因为用户关心的只是搜索结果中靠前的少量内容，如果利用主要的关键词检索时网站在搜索结果中的排名靠后，那么还有必要利用关键词广告、竞价广告等形式作为补充手段来实现这一目标。

第三层是直接表现为网站访问量指标方面，只有受到用户关注，经过用户选择后的信息才可能被点击，因此可称为关注层。仅做到在搜索引擎的排名中靠前是不够的，还要实现访问量增加的目标，运用搜索引擎的关键词广告等专业服务。

第四层是通过访问量的增加转化为企业最终实现收益的提高，可称为转化层。转化层是前面三个目标层次的进一步提升，是各种搜索引擎方法所实现效果的集中体现，但并不是搜索引擎营销的直接效果。第四个目标在搜索引擎营销中属于战略层次的目标。

12.4.4 搜索引擎的四种服务

1. 竞价排名

竞价排名，顾名思义就是网站付费后才能出现在搜索结果页面，付费越高者排名越靠前；竞价排名服务，是由客户为自己的网页购买关键字排名，按点击计费的一种服务。客户可以通过调整每次点击付费价格，控制自己在特定关键字搜索结果中的排名；并可以通过设定不同的关键词捕捉到不同类型的目标访问者。

2. 购买关键词广告

购买关键词广告，即在搜索结果页面显示广告内容，实现高级定位投放，用户可以根据需要更换关键词，相当于在不同页面轮换投放广告。

3. 搜索引擎优化

搜索引擎优化(SEO)，就是通过对网站优化设计，使得网站在搜索结果中靠前。搜索引擎优化还包括网站内容优化、关键词优化、外部链接优化、内部链接优化、代码优化、图片优化、搜索引擎登录等。

4. 按照有效通话收费

按照有效通话收费(Pay Per call，PPC)，比如，"TMTW 来电付费"，就是根据有效电话的数量进行收费，购买竞价广告也被称作 PPC。

12.4.5 关键词的研究分析

关键词的选择应该在网站设计开始之前就着手。如果关键词选择不当，后果可能是灾难性的。如果选择的关键词很少有人去搜索，排名再高，流量也不会大。关键词选错可能会影响整个网站的写作内容，要想更正不是一件轻松的事情。

1. 关键词不要太宽泛

太过宽泛的关键词竞争太激烈，要想在这种单词像房地产(Real Estate)等行业排到前十名或前二十名，所要花费的恐怕不是几万几十万，而是上百万上千万美元。

就算排到前面，搜索这类词的用户的目的很不明确。搜索房地产的，目的是想买房子吗？所以这种词带来的流量是目标性很差的，转化为订单的可能性也很低。所以，这类太宽泛的关键词都是效率比较低的，所选择的关键词应该比较具体，有针对性。

2. 主打关键词也不适于太长太特殊

主页当然应该瞄准这个行业中比较热门的关键词。为了吸引最大可能的最多的潜在用户，网站要瞄准的最主要关键词涵盖度也不宜过小。不要以公司名做主要关键词，没人会搜索公司名。

3. 站在用户角度思考

网站经营者设计者由于过于熟悉自己的行业和自己的产品，在选择关键词时，容易想当然地觉得某些关键词是用户会搜索的(如技术专用词)，但真正的用户思考方式和商家不一定一样，所以在选择关键词时，应该做一下调查，比如问问公司之外的亲戚朋友，如果要搜索这类产品,他们会用什么词来搜索。

4. 选择被搜索次数最多,竞争最小的关键词

最有效率的关键词就是那些竞争网页最少,同时被用户搜索次数最多的词。有的关键词很可能竞争的网页非常多,使得效益成本很低,要花很多钱很多精力才能排到前面,但实际在搜索这个词的人并不是很多。

12.4.6　搜索引擎的优化

1. 搜索引擎优化的概念

搜索引擎优化是针对搜索引擎对网页的检索特点,让网站建设各项基本要素适合搜索引擎的检索原则,从而使搜索引擎收录尽可能多的网页,并在搜索引擎自然检索结果中排名靠前,最终达到网站推广的目的。

2. 搜索引擎优化的目的

①随着网络的发展,网站的数量已经数以亿计,互联网上的信息量呈爆炸性增长,加大了人们寻找目标信息的难度,而搜索引擎的出现给人们寻找信息带来极大的便利,已经成为不可或缺的上网工具。

②根据人们的使用习惯和心理,在搜索引擎中排名越靠前的网站,被点击的概率就越大,相反,排名越靠后,得到的搜索流量就越少。据统计,全球 500 强的公司中,有 90% 以上的公司在公司网站中导入了搜索引擎优化技术。

③一般的网络公司因缺乏专业的营销知识和理念,仅从技术的角度出发为用户建造网站,美工只管将用户的网站设计漂亮,程序员只管实现用户要求的功能模块,这样做出来的网站是有缺陷的,不符合搜索引擎的收录要求,所以必须对网站进行全面的针对性优化。

3. 搜索引擎优化要素

(1)网站内优化

网站内优化的工作包括所有网站上可以控制的因素,如网站大小、网站结构、内部导航、标题标签、关键词标签、文件大小等。

(2)网站外优化

网站外优化主要指外部链接的情况,如外部链接数目和质量、来自哪种域名、链接文字是否有关键词、交叉链接和交换链接等。

(3)域名及信任度

与域名和整个网站的信任度有关的因素如下:

①域名年龄、域名注册时间。

②域名所有人和历史记录的变化。

③域名和网站与其他网站的相关性。

④由很多未知因素所组成的域名信任度。

(4)用户行为模式

衡量用户是否喜欢你的网站,主要因素如下:

①网页在搜索结果中的点击率。

②用户浏览网站的页数、时间。

③是否加入书签。

④是否有其他社会性搜索的标签、网摘、书签。

⑤用户是否多次返回网站。

⑥搜索引擎编辑人工调整等。

4. 搜索引擎优化的步骤

(1)关键词的研究并选择

首先要把需要做的关键词都列举出来,尤其是要分析用户习惯的关键词。在对客户的网站、搜索引擎占有率和市场目标进行分析后,SEO 工作室需要与客户共同建立关键词列表,用户将通过这些词来搜索客户公司的产品或服务。同样,客户也会提出在搜索引擎需要获得的关键词排名。

(2)全面的客户网站诊断和建议

在建立了全面的关键词列表后,需要对客户网站进行全面诊断,目的是让客户网站的每个页面都在搜索引擎获得更高的排名。全面的诊断和建议包括搜索引擎的快照时间、收录速度、每个网页的具体内容,使客户网站更符合搜索引擎的排名要求。SEO 工作室需要不断地探索搜索引擎新算法,来保证客户网站的排名。

(3)搜索引擎和目录的提交

一旦客户网站的建议被应用上,就需要把客户网站系统性地提交到目录和搜索引擎中。选择高质量的目录是最关键的,如 DMOZ、hao123、8684 网址大全等。

(4)月搜索引擎排名报告和总结

衡量搜索引擎优化是否成功,可以通过搜索引擎检查先前制定的关键词。做得比较好的 SEO 工作室,一般都会提供一个基线排名报告,报告会根据每一个关键词在每一个搜索引擎中显示客户网站的排名位置。如果客户的网站以关键词来排名,那么这个基线排名报告将显示具体的页码、位置,以及关键词排名的搜索引擎。此外,好的 SEO 工作室还会提供一篇每月摘要,显示客户网站总的搜索引擎优化的进展,商讨具体的排名计划。

(5)季度网站更新

往往关键词的提升和期望值会有所差距,因此最初的高排名只是成功的一半,搜索引擎是不断改变算法的。自然的搜索引擎优化和营销目标,都是通过每个季度客户网站的更新,而不断改变搜索引擎的显示。这些更新通过结合搜索引擎的算法,将附加的产品关键字推广出去。搜索引擎优化不只是一个结果,而是一个持续不断的过程。

5. 搜索引擎优化的写作技巧和窍门

①确保对行业有一定的研究,文章内容有一定的深度,建立起网站的权威性。

②文字始终紧紧围绕关键字,围绕网站主题。

③使用的语句,要使大部分人都能读懂。

④避免内容重复。

⑤多提供一些有价值性的资料给用户,提高信任度。

6. 内部链接的优化

①建立网站地图。

②网页离首页最多点击 4 次。对于中小型的网站来说,要确保从首页出发 4 次点击之

内就达到任何一个网页。

③尽量使用文字导航。SEO 效果做好的还是文字链接,即使搜索引擎可以顺利抓取,也通过链接文字突出栏目页的具体内容。

④链接文字。链接文字中有关键词。

⑤整站的链接权重传递和流动。一般来说,整个网站的链接权重是平衡的,首页最高,栏目页次之,内容页再次之,但有时可以通过链接影响链接权重的传递,使某些页的权重升高,这几页就是重点要推的网页。

⑥网页的互相链接。

相关案例

奥巴马的搜索引擎战

2008 年美国总统大选揭晓结果,老谋深算的麦凯恩怎么也没有料想到最终被一位出生在美国夏威夷火奴鲁鲁岛、几乎没有从政经验的具有黑人血统的候选者打败。这位谱写了美国总统大选中不同篇章的第 44 届美国总统就是奥巴马。奥巴马对于搜索引擎的合理应用也成为其能够打败其他竞选对手的法宝之一。

在总统竞选过程中,奥巴马没有忽视搜索引擎的作用,他购买了谷歌关键词的广告,当选民在谷歌搜索中输入 Barack Obama 时,搜索结果页面的右侧就会出现奥巴马的竞选广告、视频等。除了将名字设置为关键词外,还购买了一些热门话题,如“金融危机”“伊拉克战争”等,当网民或者选民在网上搜索这些热门词汇时,就会看到奥巴马对于这些热门话题的讨论,自然将他与这些话题联系到一起,奥巴马精准地打赢了网络搜索引擎的第一战。

奥巴马的竞选团队通过 SEO,使得最后通过关键词的搜索,网民们很容易看到许多关于奥巴马的正面评论,关于奥巴马的信息在选举期间充满了整个网络,影响力大幅提高。显然比不知道如何上网的麦凯恩更能够“网”络民。

奥巴马在搜索引擎上花费了 300 万美元,相比美国大选中将近 30 亿美元的广告费用,这只是非常小的数字,而且网络中搜索引擎广告形式的覆盖率更高,而且更加精准。可以说,奥巴马成功借助于网络的力量登上了总统的宝座。

(资料来源:根据网络资源整理)

12.5　外贸电子邮件营销

12.5.1　电子邮件营销的概念

E-mail 营销是在用户事先许可的前提下,通过电子邮件的方式向目标用户传递价值信息的一种网络营销手段。

E-mail 营销有三个基本因素:用户许可、电子邮件传递信息、信息对用户有价值。三个因素缺少一个,都不能称为有效的 E-mail 营销。电子邮件营销(邮件营销)是利用电子邮件与受众客户进行商业交流的一种直销方式,同时也广泛地应用于网络营销领域。电子邮件营销是网络营销手法中最古老的一种,可以说电子邮件营销比绝大部分网站推广和网络营销手法都要老。邮件营销是一个广泛的定义,凡是给潜在客户或者客户发送电子邮件都可以看作是电子邮件营销。然而电子邮件营销这个术语也通常涉及以下几方面:

①以加强与商人和现在客户的合作关系为目的发送邮件,从而鼓励客户忠实于他或者重复交易。

②以获得新客户和使老客户立即重复购买为目的发送邮件。

③在发送给自己客户的邮件中添加其他公司或者本公司的广告。

④通过互联网发送电子邮件。

12.5.2 电子邮件营销的特点

1. 范围广

随着互联网的迅猛发展,截至 2018 年,全世界总人口达到 76 亿,全世界的网民总数已经超过了 40 亿(约为 40.21 亿)。面对如此巨大的用户群,作为现代广告宣传手段的 E-mail 营销正日益受到人们的重视。只要拥有足够多的 E-mail 地址,就可以在很短的时间内向数千万目标用户发布广告信息,营销范围可以是中国全境乃至全球。

2. 操作简单效率高

使用的专业邮件群发软件,单机可实现每天数百万封的发信速度。操作不需要懂得高深的计算机知识,不需要烦琐的制作及发送过程,发送上亿封的广告邮件一般几个工作日内便可完成。

3. 成本低廉

E-mail 营销是一种低成本的营销方式,所有的费用支出就是上网费,成本比传统广告形式要低得多。

4. 应用范围广

广告的内容不受限制,适合各行各业。因为广告的载体就是电子邮件,所以具有信息量大、保存期长的特点。具有长期的宣传效果,而且收藏和传阅非常简单方便。

5. 针对性强反馈率高

12.5.3 电子邮件营销的利与弊

电子邮件本身具有定向性,可以针对某一特定的人群发送特定的广告邮件,可以根据需要按行业或地域等进行分类,然后针对目标客户进行广告邮件群发,使宣传一步到位,这样做可使行销目标明确,效果非常好。

1. 优势

(1)连续推销的机会

首先想象一个场景。一个浏览者,也就是潜在客户,通过搜索引擎来到公司的网站,这个用户正在寻找某种商品,而公司的网站正好提供这个商品。用户浏览了网站首页和产品页,很感兴趣,但并不很肯定要在公司的网站购买。用户需要货比三家,这在什么时候都非常正常。用户想再看看其他网站,所以又回到了搜索引擎。十分可惜的是,普通用户很可能不记得自己是通过搜索什么关键词,点击了哪个链接,来到哪个网站。浏览者一旦离开特定网站,再次进入的概率很低,除非公司的网站已经是业内有名的品牌,四处有公司网站的消息和链接。一般电子商务网站的转化率在 1% 是正常的,也就是说一般情况下,99% 的潜在客户来到你的网站,没买东西就离开,以后再也不会回来了。这对前期所有网站推广的成效实在是一个浪费。

再想象另外一个场景。一个浏览者来到公司的网站,他想买某种商品或有个问题要解决,公司的网站刚好能满足他的要求。不过毕竟是第一次来,用户虽然感兴趣,但 99% 的用户可能性是并不会马上购买。如果刚好公司的网站提供一个电子杂志,并且注册电子杂志的用户可以得到十元优惠券,外加免费电子书。电子书讨论的话题正是这个潜在用户想解决的问题。用户填上名字及邮件地址,得到优惠券及电子书。作为网站运营者,拿到潜在客户的电子邮件地址,也就拿到后续沟通的方式,不断提醒潜在用户存在的权利。用户通过公司发给他的电子书,以及电子杂志中的小窍门、行业新闻、节日问候等,更加信任公司和公司的网站。并且,由于这些重复的提醒,潜在客户记住了网站。当他决定要买这个商品时,公司的网站就在其备选网站的最前面。如果网站设计及电子杂志策划得当,注册电子杂志的转化率达到 20% 左右也是常见的。相对于 1% 的销售转化率,通过电子邮件营销将极大地提高最终销售转化率。

(2)几乎完美的营销渠道

电子邮件营销之所以效果出众,甚至造成垃圾邮件横行,最重要的原因之一是成本十分低廉。只要有邮件服务器,联系 10 个用户与联系成千上万个用户,成本几乎没什么区别。当然如果要发上百万封邮件,情况就不同了,因为需要专用的服务器及非常大的带宽。相比其他网络营销手法,电子邮件营销也十分快速。搜索引擎优化需要几个月,甚至几年的努力,才能充分发挥效果。社会化网络营销需要花时间参与社区活动,建立广泛关系网。而电子邮件营销只要有邮件数据库在手,发送邮件后几小时之内就会看到效果,产生订单。许可式电子邮件营销的对象是最精准、最有可能转化为付费客户的一群人。其他网络营销手法获得的用户大多是以随意浏览的心态进入公司的网站,并不是非常主动的。而许可式电子邮件则不同,凡进入邮件数据库的都是主动填写表格,主动要求公司发送相关信息给他们的一群人。在经过几封邮件的联系后,只要发送的信息对用户有帮助,他们将变成一群忠诚的订阅者。还有什么比这样的一群潜在客户更可贵的呢?

(3)电子邮件营销还使网站营销人员能长期与订户保持联系

订阅者连续几年看同一份电子杂志是很常见的。互联网上信息令人眼花缭乱,多不胜数。能数年保持与同一个订户的固定联系,在当今的互联网上是十分难能可贵的财富。以这种方式建立的强烈信任和品牌价值是很少有其他网络营销方式能够达到的。网站有任何新产品,或有打折促销活动,都能及时传达给这批长期订户,把时间、精力投入到网络营销中。如果用户来到公司的网站,营销人员也没有获得持续联系的机会,浪费不可说不大。许可式电子邮件营销就是抓住潜在用户,获得后续联系机会的最佳方式。

2. 劣势

①用户一般称为“垃圾邮件”,提供的邮件内容对用户不感兴趣。

②不尊重用户权力的情况下强制用户接收邮件。

③反感邮件发送方,从而降低品牌美誉度,如果产品或服务在用户心中留有较好的印

像,则通过垃圾邮件营销则会起到反效果。

12.5.4 电子邮件营销的过程

电子邮件营销的过程如下:

①邮件地址的选择。要针对产品来选择 E-mail 的用户,比如一家公司是做儿童用品的,那么选择什么样的 E-mail 用户群呢? 母亲是最关心自己的孩子的,所以要锁定女性 E-mail 用户群,而一般有宝宝的女性年龄大约在 25 ~ 35 之间。最终锁定在年龄是 25 ~ 35 之间的女性 E-mail 用户。所以,要根据自己公司的产品来定位 E-mail 用户群,以便于宣传率达到最高。

②最重要的也是最关键的,就是 E-mail 的内容。标题是最重要的,如果主题不够吸引人,那么目标客户群可能不去看邮件,有可能会把邮件删除。所以,标题内容要让客户群知道这是他关心的内容,要有引人注目的卖点。

③要有夸大的精神。写内容的时候要尽量去夸大产品,但是不要太过分。

④要确保邮件的内容准确。在发邮件之前一定要把写的内容审核一下,要营销团队的人集体审核确保无误。

⑤电子邮件的发送。发送电子邮件一定要注意不要将附件作为邮件内容的一部分,而应该使用链接的形式使他们进入公司看到网页的内容。

12.5.5 电子邮件营销的模式

1. 独特的个性化内容

利用电子邮件进行营销与一般的营销方式最大的区别是:电子邮件是一对一的沟通,让用户感觉到尊重,让用户感觉到这是为他所建立并且是他所独享的沟通方式。当然,在各种条件的制约下,往往很难彻底实现一对一沟通。但是,个性化的需求,营销者必须通过技术手段,让用户感觉这个电子邮件是专门给他发的,而不是群发的。这个要求是对电子邮件营销的一个挑战。

2. 引起用户关注的内容

什么是用户所关注的,这也往往是用户在购买过程中,最重要的环节之一,客户在收集支持他做决策所需信息的环节,同样也是营销者传播信息最重要的实现实际销售的环节。如果能够把握住用户关注的信息,对于营销者将潜在销售机会转化为实际销售成果具有关键性的影响和作用。

比如,一个通信产品销售企业的营销人员,如果能够获悉某一个用户近期几乎每天都在浏览几款手机的评测、报价信息,那么营销人员就可以做出一个最基本的判断,这个用户近期极有可能购买这几款手机的意向。在这个判断基础上,营销者将该用户分类到相应的数据类别,通过数据库营销系统为该用户生成电子邮件,包括这几款手机产品详细的评测资料、评价资料、产品对比资料及促销信息。用户看到了他正希望看到的信息,与营销人员建立了一个循环型的互动关系,对于销售机会的转化有着十分重要的作用。

3. 掌握用户嗜好的内容

用户喜欢的内容对于吸引用户的注意力有着非常重要的作用,有时用户的喜好与企业的产品重叠度非常高,发现并利用用户喜好的资料对企业的销售有着直接的影响作用。有时候用户的喜好和企业的产品重合度相对比较低,但是通过用户喜好的内容吸引了用户的目光,之后再辅以相应的营销措施也是一个不错的选择。

比如,某品牌的汽车制造商组织了一个车友会,目的在于与用户建立一种长期的、互动的关系,培养用户的忠诚度。该车友会每周都举办活动,通过长期的数据积累并结合用户的基本资料,打算准备一次汽车驾驶技巧挑战赛。驾驶技巧比赛,对于那些喜欢驾驶的客户来讲是一件好事,将这些内容制作成电子邮件发送给喜好的客户,得到这些用户的热烈反馈,这次营销活动取得了圆满的成功。总之,个性化的、值得关注的、针对嗜好的内容都是用户友好的内容,在坚持用户友好的前提下传播企业信息是电子邮件营销实施中一个重要的原则,只有这样企业才能与客户建立长久的良性的互动关系,建立客户忠诚度,为企业创造永续的利润来源。

12.5.6　电子邮件营销禁忌

1. 滥发邮件

对于未经许可的电子邮件,有两条恒定的规则:不要发送;使用电子邮件营销工具,只能发给那些事先经过许可的人(如何取得收件人的许可,有许多方法,如会员制、邮件列表、新闻邮件等)。

2. 邮件没有主题或主题不明确

电子邮件的主题是收件人最早可以看到的信息,邮件内容是否能引人注意,主题起到相当重要的作用。邮件主题应言简意赅,以便收件人决定是否继续阅读邮件内容。有的公司自作聪明地认为,别出心裁的主题更能引人注意,采用和内容毫不相干的主题,甚至故弄玄虚。

3. 隐藏发件人姓名

这种邮件给人的感觉是发件人在做什么见不得人的事情,否则,正常的商务活动为什么害怕露出自己的真面目呢?这样的邮件,其内容的可信度有多高呢?还有一些邮件,把发件人写成“美国总统”“你的朋友”“漂亮女孩”等,不一而足。其实,无论怎样伪装,发件地址还是会被方便地查出来。开展网上营销活动,还是以诚信为本。

4. 邮件内容繁杂

电子邮件宣传不同于报纸、杂志等印刷品广告,篇幅越大越能显示出企业的实力和气魄。电子邮件应力求内容简洁,用最简单的内容表达出诉求点,如果必要,可以给出一个关于详细内容的链接(URL),收件人如果有兴趣,会主动点击链接的内容,否则,内容再多也没有价值,只能引起收件人的反感。而且,对于那些免费邮箱的用户来说,因为有空间容量限制,太大的邮件肯定是被删除的首选对象。

5. 邮件内容采用附件形式

有些发件人为图省事,将一个甚至多个不同格式的文件作为附件插入邮件内容,自己省事了,却给收件人带来很大麻烦。由于每个人所用的操作系统、应用软件会有所不同,附件内容未必可以被收件人打开,而且,即使有同样的应用软件,有过使用经验的人都了解,打开附件毕竟是件麻烦的事,尤其对于自己不甚感兴趣的邮件,打开的概率太低。所以,最好采用纯文本格式的文档，把内容尽量安排在邮件的正文部分，除非插入图片、声音等资料。

6. 发送频率过于频繁

研究表明，同样内容的邮件，每个月发送 2 ~ 3 次为宜。不要错误地认为，发送频率越高，收件人的印象就越深。过于频繁的邮件“轰炸”，只会让人厌烦，如果一周重复发送几封同样的邮件，肯定会被列入“黑名单”，这样，便永远失去了那些潜在客户，E-mail 营销计划只能是失败的。

7. 没有目标定位

也许公司的邮件地址是从网上收集的，也许是从他人手中买来的，或者是根据某种“规律”推断出来的，总之，得到这些“资源”后，也不管（实际上也无法知道）是不是自己公司产品的目标受众，只管不加区分地发送垃圾邮件，这样的“营销”很难有效。

8. 邮件格式混乱

虽然说电子邮件没有统一的格式，但作为一封商业函件，至少应该参考普通商务信件的格式，包括对收件人的称呼、邮件正文、发件人签名等因素。时常可以见到这样的电子邮件：

我公司是生产 × × ×的企业，质量上乘，价格优惠，欢迎选购。

这样的邮件，至少可以理解为对收件人不够尊重，如果收到这样的邮件，目标客户难以接受。

9. 不及时回复邮件

评价 E-mail 营销成效的标志之一是顾客反应率，有客户回应，当然是件好事，理应及时回复发件人。然而并非每个公司都能做到这一点。可以想象，一个潜在客户给你发出了一封关于产品的询问，一定在急切地等待回音，如果等了两天还没有结果，他一定不会再有耐心等待下去，说不定早就成了你的竞争对手的客户。

10. 对主动来信的顾客抬高价格

打开收件箱，发现有一封顾客主动发来的订购函，如果认为顾客选定了你的产品，可以对其索要高价，那就错了。因为在互联网这个开放的大市场里，同类产品的供应者总是很多，一般来说，顾客会同时向多个厂家发出同样的询问信件，他会对比各家产品的性能和价格，如果公司的报价偏高，难以争取到这个客户。

案例与思考

优衣库电子邮件营销案例分析

优衣库（Uniqlo）是日本零售业排名首位和世界服装零售业名列前茅的跨国服装。2002 年优衣库进驻中国，2007 年优衣库中国区销售额同比翻了一倍。2009 年，优衣库中国门店迅速扩展至 34 家。

随着国内网民规模急剧扩大，网络购物正逐步成为年轻一代的购物主流。为了加强对国内二、三线城市的覆盖，2009 年 4 月 23 日，优衣库淘宝旗舰店正式上线。优衣库进驻淘宝网的当天，销售额即突破 30 万元；11 月 2 日，优衣库的单日网络销售额更达到了惊人的 114 万元。短短的半年，优衣库迅速成为服装企业网络销售的领头羊。

在全球经济危机的浪潮中,消费环境萎靡不振,优衣库独树一帜,网络销售额持续增长,除了其令人信服的品质和适宜的价格外,优衣库还采用了高效的网络营销方式——EDM 营销。

EDM 营销,即电子邮件营销,是一种精准高效、低成本的市场推广手段,是互联网最重要的营销方式之一。

2009 年,优衣库在中国的市场推广工作全面委托给大宇宙咨询(上海)有限公司。大宇宙经过专业的分析和比较后,选择了上海亿业网络科技发展有限公司为优衣库量身订制电子邮件营销的解决方案,将电子邮件打造成优衣库重要的营销渠道。上海亿业网络科技发展有限公司 2004 年正式成立于美国加州,是中国领先的许可邮件营销服务提供商。

通过发送电子邮件邀请函,将对优衣库感兴趣的淘宝会员,转化为优衣库的活跃用户。定期向新老会员发送电邮杂志,开展 EDM 营销,定期向客户推荐新产品,提高客户的品牌忠诚度。经过半年的 EDM 运营,优衣库的活跃用户增长近 70%,电子邮件营销渠道产生了约 20% 的销售额,电子邮件已成为优衣库重要的网络营销渠道。

(资料来源:根据网络资源整理)

思考:

通过上述案例,你认为使用电子邮件外贸营销应该注意哪些问题?

职业技能训练

近些年,全球互联网普及率大幅提升,支付环境和物流、运输等基础建设不断完善,电商进一步挤压了线下销售渠道,成为越来越多消费者的首要购物选择。

跨境出口电商作为中国外贸出口新的增长点,以互联网为纽带进行全球范围的信息传递、商品交易,不仅可以有效拓展市场,降低交易成本,差异化的商品流动更是可以促进全球卖家与消费者的互惠互利,有望成为全球贸易的主要形式。

商务部数据显示,2019 年,我国跨境电商零售进出口额达到了 1862.1 亿元人民币,是 2015 年的 5 倍,年均增速 49.5%。海关总署公布的最新数据中,2020 上半年,我国跨境电商进出口增长 26.2%,其中出口增长 28.7%;自 4 月起,出口连续 3 个月实现正增长,增长 6.2%,外贸整体表现好于预期。

作为实体经济和互联网经济的一个特殊交点,跨境电商行业有着与传统行业类似盘根错节的底层系统,同样也有着互联网行业由下而上的强延展性。

现状:整体环境存在不稳定性,外贸整体表现好于预期,掌握了一部分自成体系的供应链。而对于广大基层的中小卖家来说,行业的规则和玩法,也允许他们在没有雄厚资本的状况下,用出色的运营手段和敏锐的洞察撬动市场。

1. 消费模式改变,消费习惯养成

对于海外消费者,线下门店受限关闭,线上商城成为疫情期间的唯一购物渠道,这无异于加速了消费者日常购物从线下往线上转移的习惯养成,进一步提升了线上消费的频率与黏性。

Global Web Index 数据显示,疫情期间海外用户对于电商的需求爆发式增长,28% 的美国消费者在疫情期间网购的次数变得更频繁。线上购物突破时间和空间的限制，提升了购物效率，海外消费者正在由尝试转向依赖。三成以上消费者表示，即使疫情结束，仍将频繁地用线上取代线下购物。

2. 平台是否依然屹立

现今，跨境出口电商平台流量红利期已大幅衰退，同类型卖家聚集，缺少品牌形象使得中国商品并没有获得用户黏性，产品在同质化竞争的过程中容易被复制和超越，甚至会形成恶性竞争，只靠薄利多销的营销模式已难以获得消费者的关注。同时，消费者从平台购买商品时，极大概率只把注意力放在商品本身，而忽略了商家信息，难以实现二次复购；且卖家缺乏消费者的一手数据，无法加强与已购人群的联系，难以展开再销售。

目前，跨境出口电商主要有两种运营形式：一种是常见的第三方平台，卖家通过入驻平台来搭建自己的店铺，如亚马逊、速卖通等；另一种是近几年较为火爆的独立站模式，卖家独立搭建自身官网，独立完成设计和运营。

第三方平台是为跨境出口电商企业及卖家自主交易信息流、资金流和物流服务的中间平台，按交易主体的不同，主要分为 B2B、B2C、C2C 三种模式。

3. 平台与自建站的优劣势对比

平台优势：

①入门简单：第三方平台具备自身成熟的运营模式，卖家只需简单了解开店的模式和程序，就可直接上手使用。

②自带流量：第三方平台一般已经形成了自身固定的消费群体，卖家可利用平台自带的品牌效应实现流量引入。

③节约成本：卖家入驻第三方平台不需要进行网站维护和网站推广，且平台自身具备支付和物流功能，对于初期团队来说相对节省了人力和时间成本。

平台劣势：

①同质化竞争激烈：第三方平台的大流量在给卖家带来机遇的同时也导致了同类型卖家的激烈竞争。尤其对于品牌化弱、产品特性不足的中小卖家来说，产品很容易淹没在海量的产品中，难以得到消费者的关注。

②营销方式受限：第三方平台都有自身的规则约束，卖家在营销方式的选择上会受到一定程度的限制，较难实现差异化营销。

③无法获取一手数据：平台的消费者只属于平台，卖家可以通过平台获取大量公域流量，但是无法获得这些消费者的详细数据和联系信息，无法转换为私域流量，很难建立二次销售。

自建站优势：

①打造私域流量：独立站相当于卖家的私域流量，可以将数据 100% 留存在自己手里，实现数据的二次开发提高复购率，源源不断地挖掘数据价值。

②塑造品牌形象：卖家建立自身的独立站，可以完全控制并不断累积自己的品牌，并且可以采取灵活的方式进行营销活动的设计和宣传。

③运营方式灵活：卖家自建独立站可以不受第三方平台的规则约束，自主权高，营销活动的选择也更加灵活多样。

自建站劣势：

①流量成本高，转换率低：不同于亚马逊等第三方平台自带流量的优势，独立站的流量只能依靠自主引流。而近几年，跨境电商本身的竞争越来越激烈，媒体资源几乎被几大巨头垄断，另外出海工具类也存在一定相似的受众，导致流量成本不断地增长。流量成本持续支出正是导致很多独立站无法生存的原因。除成本外，投资回报率（ROI）也是决定流量价值的一大因素，如果ROI高，那么流量成本就相对下降，反之亦然。

②运营难度大：独立站从建站到运营维护，再到产品交付，整个过程都需要卖家自己设计和决策，要面向的消费群体、平台的属性、用户的购物体验等，等于企业既要运营平台还要运营商品，这对企业的运营提出非常高的要求。

（资料来源：根据网络资源整理）

结合以上内容谈一谈在外贸出口中，自建网络平台和利用第三方平台营销方面有什么差异。

本章知识自测

一、关键概念

网络营销　征收　B2B　B2C　电子邮件营销　搜索引擎营销

二、单选题

1. 使用电子邮件发布商务信息应注意的主要问题是（　　）。
   A. 频繁发送　　B. 准确定位
   C. 主动收集　　D. 发送面广
2. 以下商品中最适合网上销售的是（　　）。
   A. 珠宝　　B. 手机　　C. 图书　　D. 黄金
3. 为了鼓励消费者淡季购买或经销商淡季进货，企业经常采用（　　）策略。
   A. 数量折扣　　B. 现金折扣
   C. 季节折扣　　D. 交易折扣
4. 网上商店能每天24小时，每周7天随时随地地提供全球性营销服务，这是由于网络营销具有（　　）特点。
   A. 超前性　　B. 拟人性
   C. 跨时空性　　D. 整合性
5. 下列表述网络市场调研特点错误的是（　　）。
   A. 网络信息的及时性和共享性
   B. 网络调研的便捷性与低费用
   C. 网络调研结果的可靠性和客观性
   D. 网络调研有时间和地域限制

三、判断题

1. 有了网络顾客并不意味网络营销的成功，网络营销实施的不可少的基础是内部支持系统，即企业内部网。（　　）

2. 浏览者点击进入一个网站,然后进行的一系列点击即是访客量。 ( )

3. 网上商店成功的关键是商品丰富。 ( )

4. 与传统营销管理一样,网络营销计划同样要先明确其营销目标。 ( )

5. 网络营销的价值,就在于可以使从消费者到生产者的价值交换更便利、更充分、更有效率。 ( )

四、简答题

1. 外贸网络直销的优点是什么?

2. 网络营销的主要内容有哪些?

3. 网站设计时应注意哪些内容?

第 13 章 国际市场营销操作案例分析

学习目标

通过本章的学习与技能训练,要求学生:

- 了解海外客户的产品需求。
- 明确产品出口面临的环境。
- 熟悉产品出口前的准备工作。
- 掌握展览营销的重点。

案例导读

收购失败案例

2010 年 5 月,某公司斥资 200 万美元收购了 3Leaf System(三叶系统)公司资产,但事后该交易被美国外国投资委员会(CFIUS)以国家安全为由建议双方终止交易。

3Leaf 公司是一家位于美国旧金山湾区的创业企业,成立于 2004 年,2007 年才推出首款针对 x86 服务器 I/O 虚拟化解决方案 V-8000。因此,在 3Leaf 因收购案而被人关注之前,业内人士谈起 3Leaf,通常就称之为"做 I/O 虚拟化的。"

不过,业界目前专门做 I/O 虚拟化的厂商并不多,貌似只有 3Leaf 和另一家名叫 Xsigo Systems 的公司,它们采用的均是 InfiniBand 技术。另外,思科和 Brocade 也推出了相关产品,但是采用的是 10 Gbit/s 以太网的链路技术,其 I/O 虚拟化技术目前尚不成熟。

实际上,3Leaf 不仅仅是 I/O 虚拟化厂商,国际知名高性能计算网站 HPCWire 对 3Leaf 的评价是"HPC 领域的一个玩家"。因为 3leaf 的解决方案除了对以太网和光纤通道架构进行虚拟化以外,3Leaf 的解决方案也提供了"多虚一"的能力,能够将一些低成本的 x86 服务器虚拟成一个强大的对称多处理系统。"多虚一"具有巨大的市场价值,尤其在云计算和高性能计算方面都将有广阔的应用前景。

但显然,美国也认为这 3Leaf 是个巨大的潜力股,而且中国近年来在 HPC 领域一飞冲天,"天河一号"新登 HPC TOP500 强榜首已经让美国感到了一丝危机。因此,这种核心技术自然不想旁落他人。对于某公司的空手而归,我们也只能表示深深的遗憾。

(资料来源:企业级 IT 信息服务平台 - 网界网 - CNW. com. cn)

思考：

某公司收购失败的主要原因是什么？

分析与提示：

某公司在美收购案的失败，显然是该公司没有充分考虑政治环境因素。政治因素与海外投资受阻有很大关系，国际市场营销应当充分考虑国际政治环境与风险，将国家主权与安全纳入考虑。

13.1 明确出口产品、分析竞争

案例 1

华为的国际市场营销

1. 华为国际市场营销战略分析

(1) 华为公司简介

华为技术有限公司是一家总部位于中国广东深圳市的生产销售电信设备的员工持股的民营科技公司，于 1988 年成立于中国深圳，是电信网络解决方案供应商。华为的主要营业范围是交换、传输、无线和数据通信类电信产品，在电信领域为世界各地的客户提供网络设备、服务和解决方案。目前，华为的产品和解决方案已应用于全球 140 多个国家，服务全球运营商 50 强中的 45 家及全球 1/3 的人口。

(2) 华为公司国际市场营销环境分析

从华为的产品性质来看，在国际市场上影响最大的应该是政治环境和文化环境。

①政治环境分析：作为一种跨国界的经济与贸易行为，国际市场营销脱离不了各国的政治法律环境的制约。世界各国由于不同的政治制度。不同的政治局势，具有不同法律效力的条约、公约及协定等，使得企业在不同的国家开展营销时，面临不同的情况，也使得企业在进行经营决策时缩影考虑的因素差异较大。鉴于此，华为在从事国际市场营销时，在全面了解各国的政治和法律环境后，采取了以下措施：

- 寻求当地的合作者，利用当地合作者在东道国的关系和影响，增进企业对东道国社会各方面的了解，从而减少政治风险。
- 政府搭台，跟着外交路线走。
- 借助融资伙伴的力量。

②文化环境分析：文化在国际市场营销中具有重要的地位，已渗透于营销活动的各个方面，文化环境正逐渐成为影响国际市场营销的核心因素。华为主要通过以下几方面进行跨文化管理：

- 实施本土化策略。
- 文化规避策略。
- 借助第三方文化策略。

(3)华为国际化战略的路径选择

华为国际化采取的是务实的“先易后难”的战略。华为的国内市场也是通过先做县城再做城市的战略创建起来的。

华为“先易后难”的发展道路具有两层含义:在国内,华为通过先做县城再做城市的发展道路创建了企业的国内市场;在国外,华为避免与欧美跨国公司争夺欧美市场,迂回侧翼地把非洲和亚洲的一些第三世界国家作为企业国际化的起点。

1996 年华为启动了拓展国际市场的漫长之旅,起点就是非洲、中东、亚太,以及拉美等第三世界国家。在经过长达 10 年的发展中国家市场的磨砺和考验后,华为的产品、技术、团队、服务等已日趋成熟,完全具备了与世界上最发达国家竞争的强大实力。华为才陆续登陆欧洲、日本、美国市场,“先易后难”的战略取得了阶段性的胜利。

(4)华为国际市场营销策略

①市场细分:华为在进入国际市场时,根据地理状况和经济发展状况,将目标市场分为俄罗斯市场、拉美市场、非洲市场、欧美市场。

②选择目标市场和市场定位:根据华为对市场的细分,在综合考虑了企业的资源条件、产品市场的性质,选择首先将俄罗斯和拉美作为目标市场,制定一套营销方案,集中力量争取在这些目标市场上占有较高份额。同时,华为的市场定位是“业界最佳设备供应商”。

③产品差异化策略:华为在市场细分的基础上,实施产品差异化策略,以满足世界不同地方的顾客的个性化需求。

2. 华为国际市场营销带来的启发

华为目前所取得的成绩,是中国企业去海外发展的宝贵经验。华为的国际化发展战略,对很多希望走出去的中国企业而言,有着一定程度的示范及借鉴意义,也给人们带来许多启示。

(1)要有准确的市场定位,不断强化“市场需求为导向”的创新策略

华为准确的目标市场选择和市场定位是华为进入海外市场的关键。华为的市场细分为目标市场的选择打下了基础。华为以“华为的市场定位是业界最佳设备供应商”为目标,以渐进式的国际化模式,首先成为国内通信设备的领头企业,然后进军俄罗斯、拉美市场,最后打入欧美市场,并最终完成了华为的国际市场布局。

(2)重视技术和人才

华为在技术上的投入和成功是世界公认的。即使在低谷时期,华为也保持销售收入 10% 以上的研发投入,随着知识产权时代的到来,其专利申请突破 1 000 件,成为中国申请专利最多的企业。华为的成功告诉我们形成核心技术产品靠的绝不是单纯地引进能够解决的,而是坚定的、持续的高投入、重视对研发人才的投入。

(3)国际化的发展需要国际化规范的管理体系

“华为取得既往成功的关键因素,除了技术、人才、资本,更有管理与服务”,任正非曾这样总结华为的管理经验。在创新管理方面,华为从自己摸爬滚打、到引进消化外来经验的“削足适履”,再到优化、固化,现在已经形成了一套非常规范化的创新管理流程。“以流程型和实效型为主导”的国际先进企业管理体系使得其对多变的国际市场具有快速的反应和决策能力。产品开发管理控制产品开发流程,提升产品开发质量;ISC 集成供应链保证在实行供应链的过程中提高客户的满意度,降低供应链的总成本。全球化的地区结构化重组,

在美国、缅甸、印度和俄罗斯等地设立研究和几乎遍及主要国家的分支机构，建立全球化的研发、营销和服务体系。

（4）企业国际化的关键是要形成企业的核心竞争力

华为在进入国际市场时，坚持把“最好的产品拿出去”，大力支持自主研发技术和技术创新，并最终形成先进成熟的技术体系，从而依靠这种核心技术优势强势进入国际市场。

（5）重视跨国文化管理

文化在国际市场营销中具有重要的地位，各国不同的文化环境造成的文化差异将影响着跨国企业的营销策略。所以，跨国企业定要重视跨国文化，应做到一是要对国外文化进行分析研究，加深对不同文化价值观念和行为准则的理解、培育兼容与吸收不同文化。

（6）合理的定价策略

企业在国际市场上销售产品，由于目标市场距离原产地远近不同而带来了成本费的差异，因而企业需要对销售不同地区的产品制定出差异价格。华为的产品实行分区定价的策略，将销售市场划分成各个不同的区域，对于不同区域的顾客分别制定不同的区域价格，这样有利于企业在同一个大的市场区域内保持价格的一致，同时在不同的大区域之间体现价格差别。

（7）有效地分销渠道

国际分销渠道分为直接渠道和间接渠道。华为采取了两种方式相结合的方式，在南美之外的发展中国家自建营销网络，直接与电信运营商洽谈。而在欧美发达国家一是加大投入，采取类似海尔开拓北美市场的方式，设立办事处和研发中心，实现制造与研发的本地化；二是积极寻找合作伙伴、建立合资公司，利用他们的营销网络，在国际市场上打开一条通路。

（资料来源：根据网络资源整理）

思考：

华为国际市场营销带来什么启发？

分析与提示：

①市场需求为导向。②重视技术和人才。③规范的管理体系。④形成企业的核心竞争力。⑤重视跨国文化管理。⑥合理的定价策略。⑦有效地分销渠道。

案例 2

起底福耀玻璃的全球布局　征战海外并非一帆风顺

福耀玻璃工业集团股份有限公司是一家专注汽车玻璃生产的大型跨国集团。从制造水表玻璃的乡镇小厂到现在的大型跨国集团，从低附加值的汽车玻璃产业链底端到汽车配件产业链上游，其商标更是目前中国汽车玻璃行业的驰名商标。福耀集团从 1987 年的乡镇小厂走向全球市场，其“走出去”的过程颇具当时所处时代的特征，其国际化战略也是我国制造业发展的一面旗帜。

近年来，福耀玻璃的海外布局逐步加快。从 2008 年开始剥离建筑级玻璃业务开始，公司越来越重视海外业务，国外收入占比随之开始逐步上升，2018 年福耀玻璃的国外收入已占到 41.8%，2019 年上半年则进一步上升至 48.26%。

福耀玻璃的国际化主要战略：

1. 国际市场拓展战略：当好“配角”，积极尝试

改革开放后中国汽车行业蓬勃发展，福耀玻璃借改革开放春风，从一家生产水表玻璃的乡镇小厂到 A 股上市公司，继而顺势走上了国际化之路。1993 年，福耀玻璃在 A 股市场上市，是行业内第一个上市公司，标志着它奠定了行业龙头地位。但与此同时，国内汽车市场已经告别了爆发增长期，汽车玻璃的市场也趋于饱和，福耀的规模已然触及了发展的隐形天花板。于是“走出去”拓展海外市场，是摆在福耀面前的必选之路。

通过低价打开国际市场当然是自然而然的行为，但福耀还是有自己独特的见解。“福耀来到新的国家，应该学会做好‘配角’”福耀集团董事长曹德旺一语道破福耀在开拓国际市场时的核心理念。2002 年，福耀连同一大批国内汽车玻璃制造商被控制着北美汽车玻璃市场的制造商 PPG 等三家企业以“倾销”为名上诉至美国商务部，随后不久 PPG 加拿大公司又将福耀集团上诉至加拿大国际贸易法庭，福耀集团几乎在同一时间遭到美国和加拿大的反倾销调查。虽然在经过艰难的角逐后，福耀在官司中胜诉，但是曹德旺还是从中体悟到了在陌生的国家进行市场拓展时，短时间内获得过大的市场份额和显露出占领市场的野心会让合作的国家产生危机感，就像中国人需要“一片自己的玻璃”，美国人、德国人都需要属于自己的玻璃，这样符合当地人民的长远利益，因此要想在国际市场寻求发展，首先必须学会低调，学会当好“配角”。

另一方面，福耀通过不断地尝试，在海外多国逐渐建立起了多个研产销中心。1995 年，福耀在美国南卡罗来纳州建立了自己的第一座海外工厂，正式开启了国际化的长征。这一次的尝试让福耀铩羽而归，在工厂建立后，福耀发现员工工资实在太高，而每小时的产量又太低，生产成本让福耀无法承受；此后，福耀将工厂改造成仓库，将国内生产的玻璃在那里储藏、更换包装，但是仍因成本问题难以为继；福耀将仓库出售，把公司进一步压缩，只做销售。失败不但没有压垮福耀，反而使其更加强大。曹德旺利用美国的销售处不断积累着北美市场的信息，为日后重返美国做准备。同样，早在 1997 年曹德旺就访问过俄罗斯，当年由于俄罗斯刚刚开始转型，很多人的观念还停留在计划经济模式，福耀选择在俄罗斯设立办事处，加强对当地市场的了解，在 14 年之后才在俄罗斯设立了工厂。通过实践和近距离的接触，福耀在走向国际化的路上虽然坎坷不断，但是随着近两年俄罗斯和美国的工厂逐渐扭亏为盈，福耀摸着石头过河的国际化道路也逐渐走上了正轨。

2. 国际人才使用战略：人才国际化和本土人才化并重

2017 年，第四届全球华人汽车精英联合年会暨“中国拥抱世界”汽车产业创新论坛上，福耀创始人曹德旺谈到，他“希望能够‘武装’一批干部去海外发展，并吸纳当地人才来缓解福耀玻璃巨大的人才需求”。可以说，这句话道出了福耀的国际人才观，既要注重对本土人才的“武装”，促进国内人才的“国际化”，同时也十分重视将原本在中国的人力资源管理战略与当地的实际情况相结合，发挥外籍人才的重要作用，发挥人才企业全球化中的重要作用。

此外，无论是在美国还是俄罗斯，福耀都坚持招募当地的人才，实现本土化管理以克服语言和文化导致的交流问题。“虽然曹德旺不会讲英语，但他是在谈判时先意识到雇佣当地员工能带来巨大潜在利益的人”，美国俄亥俄州莫瑞恩市的一位负责人说。福耀深知本土化是企业国际化的长久之计，因此还制订了为期三年的“国产化计划”，即用三年时间，让更多的美国员工走上管理和技术骨干岗位,如已经实施师带徒计划,三个月为一期,让中国技术骨干带美国徒弟。

3. 技术驱动国际化战略:通过引进、合作、自主研发逐步推进国际化发展

曹德旺强调,“改变中国制造的形象,必须从提高质量入手。”福耀的国际化很大程度上是由其对技术的追求所驱动。通过引进技术,制造出物美价廉的产品作为进入外国市场的资本,在通过与国际巨头合作达到世界一流水平后自力更生、力求创新、实现超越。可以说,正是有对技术不断的追求才有了福耀今天的国际化发展。

在福耀实力还很薄弱的时候,技术的进步依靠引进外国的先进设备。20 世纪 90 年代初,福耀进军加拿大汽修市场,但不久后却因质量达不到加拿大国内销售的标准,所有产品被全部退货。这次惨痛的经历让福耀明白,自己闭门造车的产品与国际标准相差甚远。在国内占据半壁江山的福耀玻璃与国际汽车工业的标准还有相当大的差距。为了解决这一难题,福耀立刻从芬兰引进了先进的钢化炉,按芬兰的生产标准建立新厂,升级生产方式,优化产品质量,生产符合国际产品质量标准的汽车玻璃。

(资料来源:根据网络资源整理)

思考:

福耀玻璃在国际化过程中有什么启示?

分析与提示:

①要在外国市场中摆正位置;②重视国际化人才的运用和培养;③时刻不放松对技术的追求和创新。

案例 3

奢侈品营销:LV

1. LV 品牌简介

LV 全称 Louis Vuitton,中文名称路易·威登,创立于 1854 年,现隶属于法国专产高级奢华用品的 Moet Hennessy Louis Vuitton 集团。创始人路易·威登的第一份职业是为名流贵族出游时收拾行李。他见证了蒸汽火车的发明,目睹了汽船运输的发展,发明创造是烙在心底里的冲动。路易·威登在收拾行李中,深深体会到当时收叠起圆顶皮箱的困难,于是,他革命性地创制了平顶皮衣箱,并在巴黎开了第一间店铺。就像今天 LV 产品的境遇一样,他的设计很快便被抄袭,平顶方形衣箱成为潮流,路易·威登的皮箱最先是以灰色帆布镶面。1896 年,路易·威登的儿子乔治用父亲姓名中的简写 L 及 V 配合花朵图案,设计出到今天仍蜚声国际的交织字母印上粗帆布(Monogram Canvas)的样式。第一次世界大战时,路易·威登为适应当时的需求,改为制作军用皮箱,即可折叠的担架。战后,他又专心制作旅行箱,并获得不少名人的垂青,订单源源不绝。到路易·威登的孙子加斯腾(Gaston)时代,产品已推至豪华的巅峰,创制出一款款具有特别用途的箱子,有的配上玳瑁和象牙的梳刷及镜子,有的缀以纯银的水晶香水瓶。

路易·威登公司还会应个别顾客的要求,为他们量身定造各式各样的产品。整整一个世纪过去了,印有 LV 标志这一独特图案的交织字母帆布包,伴随着丰富的传奇色彩和典雅的设计而成为时尚的经典。100 年来,世界经历了很多变化,人们的追求和审美观念也随之而改变，但路易·威登不但声誉卓然，而今仍然保持着无与伦比的魅力。

2. LV 奢侈品营销策略

路易·威登向来是品牌经营的典范，在奢侈品品牌营销策略上，有许多值得学习之处。

(1)将奢侈做成艺术和经典

对于奢侈品品牌来说，之所以奢侈，一个很重要的原因就是其具有稀缺性：生产得少，买得起的人少，能经常买的人更少。既要让大家知道尊贵和奢侈，又不能用太大众的方式，于是没有什么比建立一个奢侈精致而又有创意的旗舰店更有效果了。路易·威登绝对是做有创意的旗舰店的高手。

2004 年，为庆祝 LV 创立 150 周年，路易·威登将香榭丽舍大道的旗舰店规模扩增两倍。出人意料的是，路易·威登特地制作两个超大的招牌旅行箱，架在旗舰店的大楼外面，赚足了过往行人的眼球。这里不仅展出有 LV 历史上 28 件珍贵的古董行李箱，而且位于旗舰店七层的 LV 美术馆，也首次选用了一群尖端艺术家的作品，在店内做永久性的陈列。LV 的许多竞争对手主要是为了满足购买者的虚荣心而设置旗舰店，而路易·威登旗舰店更像当代艺术馆。在路易·威登旗舰店的漫步长廊，展示有美国艺术家 JAMES 的灯饰雕塑，以及丹麦概念艺术家 OLAFUR 专门为路易·威登设计的作品。这样的效果正是 LV 所追求的，LV 的这个店面每天有三五千人前来膜拜，据称在巴黎是排在埃菲尔铁塔和巴黎圣母院之后最有人气的旅游胜地。LV 将自己的旗舰店塑造成了一个城市的地标性的建筑，其尊贵地位，奢华姿态，不著一字，尽得风流。顾客在这样的一间旗舰店里徜徉，用参观艺术馆般的态度来参观 LV 的精致皮具，其中甚至有了某种朝拜的意味。试想，人们不能把罗浮宫里的《蒙娜丽莎的微笑》买下来，天天背在身上在繁华的都市中漫步，但 LV 的包却可以满足人们的这个奢侈体验。

(2)重视研究消费者的消费心理

从路易·威登官方网站的几次细微改变能看出其在中国市场的上升态势。1997 年，路易·威登首次开设正式官方网站时，设置了最初的中文网页，这时是 LV 进入中国内地的第五个年头。四年后，路易·威登又设立了英语、法语、日语版本的新网站。同年 7 月，路易·威登中文版的网页中增添了"焦点"栏目，主要涵盖 LV 在中国的动向。路易·威登中国董事总经理施安德先生承认说："这的确是因为 Louis Vuitton 的中国消费者，尤其是中国内地消费者数量增长而设立的。"LV 开设简体中文版网站和增加更贴近内地市场的网站内容，这个进军中国奢侈品行业的豪华品牌放下架子去聆听客户的心声，去感受这个新兴市场的时代脉动。

贝恩咨询公司(Bain)在 2005 年奢侈品报告中表示："过去，在奢侈品业取得成功的黄金法则是高贵优雅、始终如一和积极有效。不要问客户他们想要什么，而要告诉他们应该拥有什么。"如今，面对一个陌生的市场，以自我为中心的方法将不再奏效。必须了解客户，深入把握他们的高端价值主张。"不仅仅是让你的客户知道你，而是要努力了解他们。"路易·威登在中国取得令人瞩目的成功证明，只有理解推动奢侈品购买行为的原因，奢侈品公司才能获得建设品牌方面的新想法，触摸到目标市场的情感需求，卖出更多产品。

对中国消费者的研究发现：全新的奢侈品文化已登陆中国；中国奢侈品消费者的平均年龄在 40 岁以下；奢侈品不仅属于上流社会，人人有权拥有奢侈品；年轻的中国消费者喜欢将奢侈品与街头时尚品牌混搭。于是，在对中国消费者的研究基础上，路易·威登已开始向中国客户提供创新服务。

①由于当季商品的数量及范围不断增加,每一季奢侈品的货架期都相应缩短了。LV在华奢侈品品牌推出时尚商品的频率越来越高,数量也越来越多。

②路易·威登在中国提供较小商品的策略。奢侈品品牌LV在中国做出的低姿态不仅没有损害其尊贵的形象,反而因此抓住了中国消费者的特性,了解了他们购买的动因和能够承受的范围,占据了中国奢侈品消费的大部分。

(3)跨国的CRM管理

一个完整有效的客户关系管理数据系统(CRM)帮助路易·威登充分地理解市场,与客户建立紧密的联系,实现"多一点科学分析,少一点道听途说"。路易·威登公司跨国的CRM管理能够使其跨越时空,整合不同市场的客户信息,从而实现对特定客户群的深度了解。通过深入挖掘过去的销售数据,路易·威登能够掌握客户的偏好并评估潜在需求。今天购买小件商品的客户,明天就可能购买其他更高价值的商品。在巴黎的商店购买单件商品的中国游客可能在上海的其他商店购买多件同样品牌的商品。

无论中国消费者在全世界的哪家商店购物,数据的深入挖掘都能使路易·威登了解他们的偏好。通过对在海外购物的中国人的密切观察,即使尚未在某个城市开设门店,路易·威登也能较好地把握该市场的运作。路易·威登相信:一个有效的客户关系管理系统能够帮助市场营销直接面向对此做出反应的客户,并回报给客户他们最想要的产品和服务。

跨国的CRM管理方式在中国市场上可能会遭遇客户详细的数据资料搜集困难的瓶颈,但在东方国家其他市场的推广经验可以被移植过来,化解在中国市场上推广的相关问题。例如,关于品牌大众化带来的困扰,可以参考路易·威登在日本市场的做法而得到有效解决。LV的手袋在日本十分畅销,几乎每位女士都有一只,高端消费者对此产生了不满,日本路易·威登及时发行了制作精致的VIP会员卡,提供VIP独有的特色服务、创新服务、增值服务,路易·威登VIP会员又一次成为时尚先锋,VIP会员俱乐部的成功运作使路易·威登的高端消费者品牌忠诚度大大提高,同时又再一次地刺激了原本的消费人群继续购买以获取尊贵的VIP会员的资格。

(资料来源:根据网络资源整理)

思考:

LV的销售在中国取得了成功,试分析面对不断变化的市场环境,未来LV的国际市场营销策略应注重哪些方面?

分析与提示:

LV销售的数字化发展,一方面必须面对互联网的便利性、普及性,一方面要保持奢侈品的排他性、专一性。

案例4

"宜家"透明营销美丽生活

1. 让顾客明白得越多越好

一段时期,一部分生产者及销售商往往不能或不愿向顾客提供关于产品的全部真实信息，或弄虚作假，把关于本产品的真实信息掩藏起来，却提供一些精心编造的虚假信息来糊弄，坑骗消费者；或避重就轻，避实就虚，隐瞒产品的重大缺陷，也不讲产品有限的实际功能，却大肆宣扬消费者无法检验，难以验证的“特殊功能”；再不就是概而括之，大而化之，几句话敷衍了事。如此一来，顾客购物只好完全凭自己的感觉、经验和运气辨别选择，无形中损害了潜在市场的培育工作。

现在是信息社会，是市场经济迅猛发展及“消费过剩”的时期。生产厂家和商家要想稳固地立足市场，并得到长远的可持续发展，其经营思想就必须跟以上几种作法反过来，即应尽量向消费者提供关于产品、价格、功能等方面的全部真实信息，丰富而透明，以使顾客在充分掌握这些信息的前提下，做出完全自主的购物选择。在这方面，在全国所有的大小商场，包括所有进入中国的国际零售集团中，“宜家家居”堪称典范。

2. 宜家家居

宜家家居，瑞典家居用品零售集团，已有56年历史，在全世界29个国家的各大城市（如纽约、巴黎、悉尼、斯德哥尔摩等）拥有150家商场。如今，宜家已成为世界上最大的家居用品公司，商品品种多达11 000种。

宜家的所有产品都在瑞典开发、设计，以美观、优质、实用而闻名于世。宜家组织生产已设计好的产品时，会首先考虑一个合理的价格，然后选用优质原材料，并且在全球范围挑选技术熟练的供应商与宜家设计师合作，按照这个价格或低于这个价格组织生产。这种“价廉物美”的思想和方法包括在宜家商场的每件家具和产品设计之中。宜家总是大批量采购，因此享受到优惠的采购价格，从而降低销售价格。宜家的产品采用平板式包装，节省了运输空间，大大降低了开支，同时又不影响商品质量。

在宜家购物，可以通过自己动手来省钱——自己选购、自己运送回家和自己组装家具。也可以预约宜家的室内装饰建筑师和设计师、非常棒的厨房设计人员等，请他们帮助设计新房，或提出改造旧居的建议。

轻松、自在的购物氛围是全球150家宜家商场的共同特征。宜家鼓励顾客在卖场“拉开抽屉，打开柜门，在地毯上走走，或者试一试床和沙发是否坚固。这样，就会发现在宜家沙发上休息有多么舒服”。如果需要帮助，可以向店员说一声。但除非你要求店员帮助，否则宜家店员不会打扰你，以便让你静心浏览，轻松、自在地逛商场和做出购物决定。

3. 如果你是内行，请相信我是最好的

宜家很少有孤零零的商品展示。在北京的宜家家居商场二楼的烹饪用品区，会看到一张餐桌、几把竹椅，餐桌上摆放着高脚玻璃杯、咖啡壶、闪闪发亮的刀叉、精美的瓷盘，以及鲜花和果蔬。当然，在三楼展示餐桌和餐椅的地方，同样能看到以上餐具的装点。另外，床上物品区的被子、床单、枕头和抱枕总是在各式大床上展示它们的效果；而三楼展示卧床的地方，也少不了床上用品的铺陈。厨房、书房、客厅、卧室、浴室和“家居办公室”的示范室，往往集中了宜家家居所贩卖的大部分商品品种，摆放像一个真“家”那样实施齐全，风情万种。

商品的交叉展示，既是宜家卖场的展示风格，又是宜家家居的经营风格。目前在国内，除了大型的百货公司和购物中心，家具一般只在家具店卖，而锅碗瓢盆、玩具灯具等往往是超级市场货架上的商品。

在宜家家居,几乎可以买到所有的家居用品。其实细想一想,它们本来就都是配合使用、不可或缺的,干吗要把它们人为地分开呢?

在宜家,用于对商品检测的测试器总是非常引人注目。在厨房用品区,宜家出售的橱柜从摆进卖场的第一天就开始接受测试器的测试,橱柜的柜门和抽屉不停地开关,数码计数器显示了门及抽屉可承受开关的次数:即使它经过35年、26万次的开和关,橱柜门仍像今天一样地正常工作。

跟国内家具店动辄在沙发、席梦思床上标出"样品勿坐"的警告相反,在宜家,所有能坐的商品,顾客无一不可坐上去试试感觉。周末客流量大的时候,宜家沙发上几乎坐满了人(有一次,我还看见一个外国人坐在沙发上睡着了)。宜家出售的"桑德伯"沙发,"高利可斯达"餐椅的展示处还特意提示顾客:"请坐上去!感觉一下它是多么舒服!"

在沙发区,一架沙发测试器正不停地向被测试的沙发施加压力,以测试沙发承受压力的次数。那些向顾客发出"样品勿坐"警告的家具店,除了对顾客惯有的冷漠之外,是否还有一种对自己的产品缺乏信心的心态在作祟?

4. 如果你是外行,告诉你怎样做内行

宜家总是提醒顾客"多看一眼标签:在标签上会看到购买指南、保养方法和价格"。例如,宜家出售的"四季被"的标签上,就这样写着:

"四季被,三被合一,一层是温凉舒适的夏季被,一层是中暖度的春秋被,也可以把两层放在一起,那就是温暖的冬季被。被芯填料:65%鸭绒、35%鸭毛,被芯外套为100%棉。四季被可在60 ℃温水中清洗,也可以用干衣机甩干。"

你知道为什么要选择和使用节能灯泡吗?北京宜家家居二楼的厅柱上写着这个答案:

一只节能灯泡的寿命相当于8只普通灯泡;您可以少换几次灯泡;节能灯泡可为一个家庭一年节省400元;11瓦节能灯泡相当于60瓦普通灯泡的亮度;节能灯泡是环境的保护者。

这则说明的下面安装了两排闪闪发亮的灯泡,一排是6只11瓦的节能灯泡,另一排是6只60瓦普通灯泡。两排灯泡对应着两个电表,电表的启动时间是1999年5月7日9:30,到2000年的8月25日,6只11瓦的节能灯泡共用电420度;6只60瓦的普通灯泡已用了2 237.5度,而且有一只灯已经不亮了。

一个箭头指着两只电表:"请看这两只灯泡巨大的差别。""事实胜于雄辩"!

一般人购买家具前都会有忐忑不安的心理,毕竟是大件商品,而且要长期在家中使用。买了,用了一段时期小毛病不断,大毛病也犯。扔了吧可惜,继续用着又堵心,要求退货更没把握能如愿以偿……因此,买一件能使人放心的好家具,是每位消费者由衷的心愿。

为什么要买宜家的沙发?因为"大部分宜家沙发具有如下特征:①可拆换沙发套(为了一个崭新的面貌);②便于清洗;③可以延长沙发的寿命;④孩子们可以在周围尽情地玩耍;⑤表面经过防污渍处理;⑥经过褪色测试(当然,还是应该避免阳光直射)。"

此外,宜家沙发都拥有结实的框架,都经过每日耐磨度测试,而且不管是扶手椅、两座沙发、三座沙发,还是沙发床均有多种尺寸可供选择,因此适合各种体形。

看了以上介绍,再坐上去亲身感受一番,你还会担心自己购买后上当吗?可能你仍不放心,但那也不要紧,宜家的《商场指南》里写着:"请放心,您有14天的时间可以考虑是否退换。”14 天以内，如果你对已购货品不满意，还可以到宜家办理更换等值货品或退款手续。

如果你不懂怎样挑选地毯，宜家会用漫画的形式告诉你：“有这样简单的方法来挑选我们的地毯：一是把地毯翻开看它的背面；二是把地毯展开看它的里面；三是把地毯折起来看它鼓起来的样子；四是把地毯卷起看它团起来的样子。”

每个顾客在做出购买决定以前，如果对所购商品的特性一无所知，那么他肯定会感到手足无措。反之，顾客所掌握的商品信息越全面、越真实，他就越容易做出购买决定。宜家的做法，与戴尔公司可谓异曲同工。戴尔将触角直接伸到了计算机最终用户那里，使用户能根据自己的需求配置自己的计算机，然后直接从厂家订货，因此它出售的几乎都是定做的、完全符合用户要求的产品。而宜家所谓的“宜家做一部分（大批量采购以降低价格，平板式包装以降低开支），你自己做一部分（自己选购，自己运送回家和自己组装家具）”的购物方式，也能使顾客找到自己需要的一切，布置一个真正属于自己的舒适雅致的家。

“宜家”告诉你，如果你是最好的，就不要害怕让顾客知道。顾客知道得越多，就只会更加信赖你和喜爱你。但如果你做得还不够好，那么你仍有两条路可以走：一是努力做得更好，并让顾客知道这一点；二是从顾客面前消失，或者坐等顾客全部从你面前消失。

（资料来源：根据网络资源整理）

思考：

“宜家”都使用了哪些营销策略？

分析与提示：

①精准的产品市场定位；②先进的设计理念；③商品销售上物美价廉，人性化关怀，以人为本；④“娱乐购物”的家居文化。

13.2　出口营销准备

案例 1

金龙客车走向海外

为出口国城市量身打造公共交通解决方案，金龙客车在玻利维亚可谓取得硕果，是海外极具推广价值的“金龙式”都市公交系统。双方自开启合作，到如今深入实施定制化公交解决方案，如果说拉巴斯的出口营销模式是其海外市场的精彩一笔，那么 2016 上半年金龙客车则以出口销量行业第一完成了一幅绚丽“中国造”的出海图。

1. 握住机会从没有捷径，每单用心“定制”服务

回首 2014 年 1 月，拉巴斯首次开通金龙客车公交运行线路，民众欢歌热舞庆祝新的交通出行方式到来。而今，伴随第四条线路仪式的开通，再度引发当地民众的狂欢。

为从容应对拉巴斯高海拔、路况不佳的行车环境，金龙客车技术团队对车辆进行了针对性升级，大幅提高车辆行驶通过性能和运营稳定性。而在车身图案定制方面，使用的玻利维亚图腾——蛇身豹头，对涂装工艺提出了更高要求。最终，金龙匠心之作和定制化服务得到玻方工程师的称赞，“每个小细节都超出预想”。如今，首批运行的 61 辆车行驶里程均已超过30万公里，运营表现出色。

说到金龙客车每单的定制化服务，不得不提已累计出口达2 000辆的泰国市场。在以旅游业作为经济重要支撑的国度，泰国旅游大巴市场用车要求向来严苛，不仅要考虑车辆行驶在高坡度、常年炎热的路况，车子动力性、稳定性和通过性必须进行专项提升，还要充分满足赴泰游客乘坐的舒适需求。

为此，金龙客车先后安排技术工程师赴泰国实地勘察，举行大大小小专项会议，研发最适合用户的“泰式”高端旅游客车。自2012开展对泰业务后，金龙客车出口量连年攀升，2016年上半年更是取得行业出口占比64%的佳绩。

2. 出口销量行业第一，超越自我再创新高

从无到有，从提供车辆到出口解决方案，金龙客车在玻利维亚的成功案例只是其海外营销业绩一个缩影。2016年上半年，全球经济局势在政治、货币、竞争等方面都存在影响整车出口的因素，在此低迷形势下，行业客车出口整体下滑。面对诸多困难，金龙客车海外营销体系迎难而上，外销业绩实现了逆势增长。2016年1月~6月，金龙客车大中客及轻客出口近5 000辆，出口量位列行业第一！

2019年上半年，金龙客车再次谱写沙特市场的华丽篇章，截至2019年6月，累计出口870辆，而且全部为高端豪华大巴。

（资料来源：https://www.chinabuses.com/buses/2016/0815/article_73184.html）

思考：

金龙客车海外营销的成功，有哪些经验可以给其他企业借鉴？

分析与提示：

①选择目标市场；②开发适配当地的产品，对于海外的技术法规、使用环境、使用习惯，在接到项目订单之初需要非常深入的研究；③服务问题，满足当地配件供应需求。

案例2

丰田汽车的营销策略

提起丰田汽车人们很容易想起“皇冠”牌小汽车和“车到山前必有路，有路就有丰田车”的广告用语。这些都是因为丰田公司如今已享有很高的知名度。然而，谁能想到30年前，当丰田首次向美国出口小汽车时，仅销售出228辆。

丰田首次向美国推出的产品起名叫“丰田宝贝”，它的外形像个方盒子，整个产品存在着严重缺陷，发动机开起来像卡车一样响，内部装修既粗糙又不舒服，灯光也非常暗。“丰田宝贝”失败后，丰田对美国市场进行大量的调查和研究，主要研究了美国经销商和消费者需要什么，不需要什么等问题。

丰田发现美国人把汽车作为地位和性别象征的传统倾向在减弱，其态度正变得实用化，汽车在很大程度上被看作是一种交通工具。美国人喜欢腿部活动空间大，容易驾驶且行驶平稳的美国车，但又希望能大幅度地减少拥有汽车的花费。例如，最初的购置费少、耗油少、耐用和维修方便等。丰田还发现消费者也认识到交通拥挤状况的日益恶化，因此希望能有停靠方便和转弯灵活的小型车。丰田还发现大众的成功，在很大程度上是由于该公司建立了一套卓越的服务系统。例如，提供维修服务，就成功地打消了顾客担心外国车买得起，用不起，需要时很难弄到零部件等顾虑。

通过研究分析，丰田制定了一整套打入美国市场的营销战略。其中，丰田的产品战略是生产小型的，经过改装的“底特律式”小汽车。这种美国化的做法在于增加产品的可接受性，新推出的“皇冠”牌小汽车满足了各方面的要求，比其他主要竞争对手大众公司的甲壳虫在发动机功率和性能上都提高了一倍，并且容易操纵、省油，且具备了小型车的各种便利。此种车外部造型优美，内部装备了所有美国人都渴望的装修，如柔软舒适的座椅、柔色的玻璃，侧壁有白圈的轮胎等，这种车仅仅作为一种交通工具出口，从这个意义上说，它几乎完美无缺，就连扶手的长度和腿部活动空间的大小都是按美国人的身材设计的。丰田公司甚至对一些不太引人注目的细节也给予充分的重视，质量、可靠性和可维护性等，无论是在打入美国市场之前还是之后，丰田都在不断进行市场调查和研究，力图使各种问题在没有变得十分严重之前就妥善解决。这样丰田的“皇冠”很快就建立了质量信誉，每销售 100 辆，顾客不满意的车数从 1969 年的 4.5 辆，下降到 1973 年的 1.3 辆。

丰田车在美国市场站稳脚以后，就转而采取市场扩张战略。丰田汽车北美公司在 2019 年投资 7.49 亿美元，在北美五大洲工厂增加 600 个就业岗位，作为其美国制造基地扩张计划的一部分。预计到 2022 年，该公司对美国工厂的投资总额将达 130 亿美元。

丰田将质量理解为“适合顾客需要”，产品改革从顾客的角度出发而不是将其看作是产品自身的要求。在广泛的调查研究和收集顾客反馈意见的基础上，丰田综合顾客的要求，尽可能提供与之相适应的产品。丰田将提高产品质量的努力集中在对生产过程质量的控制上，采取了各种质量控制方法。例如，通过“无缺陷”概念来寻找不合格产品的原因，通过 QC 小组鼓励雇员为改进产品和生产过程献计献策，等等。此外，丰田还在高度的相互信任和尊敬的基础上，培养了与其零部件供应商之间强有力的协作关系，从而把住了协作公司零部件质量关。

由产品策略牵头，再配合其他定价、分销、促销策略，丰田占领美国市场的策略取得巨大成功。时至 2019 年，丰田在美国年销售量已愈 200 万辆，超过了它的竞争对手大众汽车公司，在美国进口商中居领先地位，成为当今世界上最大汽车制造商之一。

（资料来源：根据网络资源整理）

思考：

丰田的产品策略给我们什么启示？

分析与提示：

丰田的产品策略给我们的启示是：从事国际市场营销的企业，应根据国际市场的需求变化情况和企业自身的主客观条件，确定出口产品的品种和质量，对产品的外观质量应给予高度重视，发展有国际市场潜力的现有产品，开发适销对路的新产品，果断地淘汰过时的老产品，以提高企业在国际市场上的应变能力和竞争能力。

案例 3

OPPO 手机海外开拓之路

自 2017 年起，国产手机厂商开始纷纷把眼光投向海外市场，希望通过两条腿走路实现持续增长。于是，东南亚、南亚、中东非洲等市场，都出现了国产厂商的身影。

1. 十年磨砺、循序渐进的海外市场开拓之路

说起 OPPO 手机，多数用户对其在国内市场强悍表现印象深刻，却往往不了解其海外市场的作为。其实，在国产厂商当中 OPPO 算是开拓海外市场比较早的一家，从它 2009 年进军泰国至今，OPPO 从没有忽视海外市场的重要性。

OPPO 的海外市场之路，大体上可以分为三个阶段：

第一阶段：2009—2012 年为试探阶段，主要目的是为了摸索、学习出海经验。东南亚成了 OPPO 开拓海外市场的头一站，这些国家不仅在地理上距离中国很近，更重要的是当地的文化传统和消费者习性与国内也非常相近，有利于减少阻力。2009 年进入泰国市场，首次出海的 OPPO 耐心十足，花了 8 年时间的耕耘终于在当地市场站稳脚跟，IDC 2017 数据显示 OPPO 在泰国市场份额排名第二。OPPO 在首站泰国市场积累了宝贵的实操经验，为后来的出海计划奠定了基础。

第二阶段：2012 年—2015 年为验证阶段，目的在于检验其在泰国市场的经验，并复制运用到其他发展中国家市场。在经验和实力有所提升后，OPPO 从 2012 年起进入越南市场，一年后 OPPO 正式进入印尼市场，并在 2014 年开设了其首个海外组装工厂。2014 年，OPPO 选择进入菲律宾、巴基斯坦、澳大利亚市场，以及我国台湾地区。不同的是，初入澳洲市场的 OPPO 选择通过自营电商方式进入，在 2015 年对符合标准的产品正式规划以后才选择进入公开及运营商渠道。而 OPPO 在台湾市场的表现更是一鸣惊人，根据台湾媒体当年的数据显示，OPPO 在 2017 年 7 月正式发售 R11，而在次月，R11 更是力压群雄获得台湾地区市场当月销售冠军，而其旗下 A57 和 A77 两款同样出现在榜单之上，分列榜单第四和第九。在过去对于任何一家国产厂商而言，可谓不可思议。

第三阶段：2015 年以后为拓展阶段。在技术积累和产品质量性能进一步提高之后，OPPO各系列机型在市场表现有所增长，根据 IDC 数据显示，OPPO 在 2015 年全球市场占比达到 8.1%，仅次于苹果位列第四，相较 2014 年增长高达 36.2%。而此时其海外市场经验日益成熟，OPPO 在同年进入埃及市场，并为本地化营销工作在首都开罗开设了中东非洲营销中心。此后，在 2017 年 OPPO 进入了俄罗斯，在 2018 年进入日本市场，并同时在当地设立研究所，将爆款产品 OPPO R11s 带入当地。

正如 CEO 陈明永在谈及海外市场策略时说的那样："饭要一口一口吃，每个市场都要深耕，OPPO 要在现有市场做得不错的情况下再顺理成章延伸至下一个市场。"翻开海外市场发展过程，就不难看出 OPPO 的确是一步步稳打稳扎地走下来的。

由于本着循序渐进、稳扎稳打的指导思想，OPPO 在海外市场走得比较稳健，基本上保持着稳步上升的势头。据 OPPO 官方消息，目前其手机业务已经覆盖了中国、东南亚、南亚、中东、非洲和大洋洲等共计 31 个国家和地区的市场，取得了不俗的成绩。

来自 IDC 和 GFK 等国际第三方权威机构的数据显示，2017 年 OPPO 在泰国、越南、印尼、菲律宾、巴基斯坦等国的市场份额排名第二，甚至在新加坡这个发达国家市场排名也攀升到了第三。不同国家市场的成功，充分验证了 OPPO 针对海外市场的现有策略的正确性。例如，针对印度市场，OPPO 主打体育营销，众所周知板球是印度的国球运动，OPPO 为更加顺利打开当地市场，对印度板球国家队进行了赞助。正是通过这样在海外市场本地化营销，令 OPPO 在海外的品牌同认知度迅速提升。

2. 坚持统一产品线策略，有效提升出海成功率

除了遵循循序渐进不冒进的原则外，OPPO能够在海外市场扩张中取得较好成绩，还有另一个容易被外界所忽视的因素。那就是其产品策略非常类似于苹果，并不针对个别市场开发特定产品，而是研发面向全球市场的硬件产品，并同时配以本地化营销的方式打开市场。这与一些厂商积极倡导的产品本土化策略正好相反，用CEO陈明永的话来说就是："OPPO的市场策略中不存在严格的海外和中国市场之分，好的产品是全球共同的语言。"

OPPO之所以采用这样的产品策略，与当前智能手机市场的现状相关：首先，更薄、更轻、更大屏占比成为行业共识，因此智能手机的外形设计越来越趋同，几乎都是在圆角矩形的基础上作细小变化，而各国消费者也已默认了这一现实。其次，智能手机早就不局限于通信工具而成为个人移动生活助手，越来越多的功能由APP来承载，而应用生态体系非常成熟，足以满足用户的多样化需求。这种情况下，硬件产品本土化的必要性也就不复存在了。

当然，不是全球统一产品线之后就OPPO不需要本土化了，在海外市场针对本地需求对产品进行了相应的调整，从而满足当地市场用户的习惯。例如，OPPO将梦境版R15带入日本市场时，对于日本消费市场有着深刻的认识。因此，将防水功能加入到了这款终端中，看似无常的功能其实是对于当地市场用户本地化习惯的最好体现，要知道日本市场本身对于防水功能是有很高的需求。

3. 与众不同，OPPO为何如此重视欧洲市场

近年来多数国产厂商出海，重点瞄准印度、印尼等主要新兴市场国家。那里的市场成长率很高，而且市场准入门槛较低，有望获得较快的成长。相对来说，OPPO的策略有所不同，它在2015年之前也以新兴市场国家为主，但近年来重点却转向发达国家市场。从2015年试水澳大利亚到今年年初进军日本，再到这次暗示即将登陆欧洲市场，对外界发出明确的信号。它这么做是基于什么样的策略考虑呢？

(1)在全球范围内树立起高端产品和品牌形象

欧盟是全球准入标准和管理最严格、规范的市场，在生产标准、环保要求、知识产权和用户信息保护等方面往往走在世界前列。企业的产品如果能获得欧盟市场的入场券，本身就具有重大的含义，代表着其产品和品牌形象的提升，在国际市场上更有公信力。

(2)欧洲市场虽然饱和但却有着较大的市场价值

欧盟手机市场虽然先于中国进入饱和状态，但由于拥有数亿中高收入用户，出货以中高端产品为主，因此市场价值仍然非常巨大。同时在东欧国家需求增长比较旺盛，也存在着增长机会。欧盟不但是三星和苹果近年来的重要区域市场，而且是它们的主要利润来源之一。

(3)有助于今后在其他市场进行品牌推广

由于历史原因，欧洲国家在全球其他国家有着较强的传统影响力，比如英国对于英联邦国家，西班牙和葡萄牙对于南美国家，法国对于北非等。在欧洲国家成功的品牌，往往非常容易受到这些国家消费者的认可，从而较顺利地进入市场。目前这些国家中的大多数，OPPO暂时还没有进入，如能率先在欧洲国家确立市场地位，将有助于今后在这些新兴市场进行品牌推广，在受欧洲国家影响较大的市场上甚至有望达到事半功倍的效果。

4. 进军欧洲非巧合，而是发力海外市场的开始

之前在2015年进入澳大利亚，此后登陆日本，而这次是欧盟，OPPO进军发达国家市场的节奏明显在加速。若不出意外，下一步其海外市场计划重点应该是以美国为主的北美市场。而一旦在欧洲和北美市场站稳脚跟，则将是OPPO大规模拓展海外市场的阶段。换言之，OPPO登陆欧洲只是它发力海外市场的新开始。

（资料来源：根据网络资源整理）

思考：

阅读以上文字，试分析OPPO开拓海外市场和其他的品牌手机企业有何不同。

分析与提示：

①循序渐进开发海外市场；②统一产品线战略；③重视发达国家市场。

案例4

腾讯开发游戏海外销售

2017年8月17日，《浴血长空》在海外发布，并同步登陆英国、北欧及澳洲等60多个海外国家，游戏自上线起，仅用一天时间便冲上美国iOS总榜前十名，更是获得App Store和Google Play全球几乎所有国家的横幅广告推荐位，总推荐数达30 000多次，说明了两大平台编辑对游戏品质和发行的看好。很显然，这款中国本土研发的游戏在海外市场找到了适合自己的位置，这背后又有什么打造与营销的故事呢？

1. 国内出海游戏的新高度

由动鱼数研发、腾讯游戏国际运营中心（GPC）与Miniclip共同发行的4V4即时对战的3D空战手游《浴血长空》，可以说创造了有史以来中国此类游戏产品出海取得的最好成绩。根据数据显示，游戏自上线起，仅用两天时间就登上总榜第一的宝座，可见海外玩家对于《浴血长空》的喜爱度。

2. 一款戳中海外玩家痛点的游戏

《浴血长空》是一款以二战时期为背景的空战游戏。最简单的2个词可以概括出它的特点：3D、实时PVP。作为军事题材的模拟飞行射击联网手游，写实不仅是一个加分点，同时也是必须要配备到的一个点。游戏对历史战机、地形地貌、战斗火力等进行真实还原，从而模拟二战空战时的激烈情境，而也只有这样才能满足“挑剔”的军迷们。

关于题材的选择，众所皆知，军事题材在国内的受众面并不十分之广，这也与中国玩家在其他各个平台上接触到的游戏以军事题材为蓝本的本来就不多有关系。但是在海外，有一些经历过战争的国家，特别是有二战历史的地区，对于这类游戏会更加敏感，而且他们的用户习惯已经被培养起来了。所以作为一款出海游戏，不搞中世纪，不搞地牢，也没有丧尸，而且将游戏放在了二战背景，《浴血长空》做出了一个大胆的选择，而且现在看来，他们非常成功。

3. 原来巨头是这样出海的

（1）新的领域，新的起跑线

腾讯在国内有着长期以来建立的优势，庞大的用户基数能让他们的产品得到极大的曝光度。但是在国外，一款腾讯制造的游戏可能对于玩家来说并没有什么吸引力。但这跟其他公司的起跑线差距不会像在国内那么大。这次的《浴血长空》的发行，腾讯便与其在2015

投资的瑞士在线游戏公司 Miniclip 一起合作，目的就是为了打开缺口，接入新用户。Miniclip 作为老牌的小游戏开发商，在国外游戏界有着非常不错的声望，而他们此前也有过二战题材的游戏，这也在用户获取上多多少少有一些优势。

"让更懂行的来"，这是最直接有效的方法，但是这也是腾讯之前一系列海外投资动作埋下的种子。Miniclip 的发行不仅能吸引到范围更多的用户，在游戏的本地化、海外发行的打法上也给腾讯提了很多建议。在国外的论坛上，看到有玩家间互相推荐也是："你们有没有玩过这个 Miniclip 的新游戏？"对于国内出海厂商来说，有个国外的发行资源是个即插即用的接口，也是个学习新模式的好机会。

(2)满足七成用户已是成功，细节是本地化关键

游戏的背后说到底还是一个文化的存在，有新的文化，也有在现有基础上二次创造的文化，一个区域的玩家就是一个庞大的文化圈，而且其中的凝结程度有所不同，比如韩国手游市场就是一个相对固化的市场。所以作为一款出海游戏，在满足目标用户的喜好之外，将本地化的细节把控好，可以让游戏在更大的范围内收获到意想之外的成功。

要做到能吃透每一个市场，满足到 100%的用户并不容易，如果可以满足 70%、80%的用户，那已经是成功了。《浴血长空》作为一款中度游戏，在游戏体积上虽不笨重，但也称不上十分小巧。《浴血长空》除了在目标区域取得了不错的成绩意外，还在一些没有主力发行的海外地区拿到了好成绩，而这得归功于游戏在本地化上的细节打造。无论是美术风格、操作习惯，还是在宣发的一些区域化修改上，《浴血长空》都是得到很多好的建议与经过长期验证的。

4. 更适合海外市场方式的营销方式

将产品内容做好了，要走出去提高曝光率，也需要用另一种思维来做营销。Miniclip 在这一点上也给到了腾讯不小的帮助。第一个是跟上面提到的一样，这个品牌在海外的形象建立依旧，它将入门门槛放低，吸引到更多的受众；第二个是 Miniclip 本身的用户盘子。由于他们本身就是在做网页游戏的，所以对于用户活跃度有自己的研究。腾讯这次跟 Miniclip 的合作可以说是比较深度。Miniclip 有许多热门游戏，通过游戏内部的交叉营销，将《浴血长空》的品牌做了一个密集的展示，由于盘子足够大，这样海量式的曝光起到了很好的作用，吸引到了很多西方玩家。而且作为当地的发行商，可以将资源更好地精细化使用，同时这个资源的价格比起国内大家所认为正常的幅度还要低。

另外，腾讯也和善于在欧美制定营销策略的 NEWCODE 合作，通过一系列的话题营销让《浴血长空》取得更大的用户覆盖。这个《浴血长空》的营销视频，总共在海外获得超 1 700万的观看数，13.5 万的点赞，5.3 万的分享，以及 4 000 多的评论。分析这些分享视频的 YouTube 红人，以及一些说唱歌手，这包括在 Facebook 上拥有 5 000 万粉丝的知名说唱歌手 Lil Wayne，他们的粉丝群体以男性居多，这自然更加符合《浴血长空》的目标人群。腾讯在做任何广告投放决策之前，会分析数据，找出自己的玩家肖像，哪些群体、哪些媒体、哪些热点重合度会比较高，然后去往这个方向思考素材怎么做怎么投放。所以综合来说，腾讯的采办成本，靠着品牌和数据分析，以及投放的策略和优化，会有很强的竞争力。

（资料来源：根据网络资源整理）

思考：

试分析腾讯开发游戏海外销售成功的经验是什么。

13.3 接触海外客户

案例1

创维的国际化征程

作为最早一批出海的家电企业,创维二十多年前就极具前瞻性地开始布局全球,从承接 OEM 业务开始,到逐步经营自有品牌;从单一品牌运营,到打造多品牌;近年来,创维更积极地沿着“一带一路”国家拓展市场,实践从“异乡客”转型“本地人”的全球化之路,为众多中国企业累积了大量宝贵的海外市场发展经验。

在漫长的国际化征程中,创维经历了“走出去”“走进去”“全球化与本土化”三个阶段。早期,创维通过 OEM、ODM 的出口业务迈出了走进国际舞台的第一步,为集团出海蕴蓄了良好的渠道基础和生产经验沉淀。

从 2010 年开始,集团为了更好地实现“走进去”,让“SKYWORTH 创维”的品牌走上“环球征程”,开始在菲律宾、泰国、印度尼西亚等东南亚地区着手成立海外分公司。在 2015 年,创维成功收购了印尼东芝 TJP 工厂,成立东南亚制造基地,搭建起了完整的供应链体系。对于新兴市场的布局,创维的眼光远不止于东南亚。为了率先占领彩电市场处于起步阶段的南亚,创维在 2019 年再下一城,在印度构建了供应链和代工基地。

除了东南亚制造基地,创维还积极进入欧美等成熟市场:于 2015 年,创维收购德国高端电视机品牌美兹 Metz,以此谱写了从全球化走向本土化的出海新篇章。通过收购 Metz,创维将其在欧洲的研发、生产、销售体系收入麾下,突破创维在欧洲外销业务的供应链瓶颈,并从德国制造工艺、本土经营等方面得到了更多的助力。创维还让 Metz“焕彩重生”,不仅在柏林电子展 IFA 上接连斩获产品大奖,Metz OLED 电视更成了德国政府的“外交礼品”。2018 年 IFA 展前夕,旗下新品牌 METZ Blue 正式发布,现已登陆欧洲、印度等市场。可以说,创维在德国市场开疆辟土的经验,对中国企业深入了解发达国家企业和市场运作模式具有借鉴意义。

面对“一带一路”倡议的新一轮机遇与挑战,创维的出海经验证明了实现本土化经营才是制胜关键。只有聚焦产品、运营与人才三大体系打造本土化经营,才能真正做到品牌从“异乡客”转型“本地人”的实质转变。

在产品方面,创维不断提升从技术到产品的快速转化能力,与当地市场渠道合作共赢。以欧美国家为例,当地消费者对高科技含量的产品消费力更强,将新材料、新技术、新应用等快速转化为商品,市场的接受度也更高。因此,OLED、8K 电视等高尖科技产品的导入,成了打开欧美本土市场至关重要的一步。

在运营方面,创维也不是一套模式走天下,而是根据不同海外市场的特色,灵活选择是采用自主品牌,还是代理销售或者代工模式进行突围。以印度为例,虽然目前印度的消费水平尚且不高,一年彩电销量仅 1 200 ~ 1 300 万台,相当于中国 20 世纪 90 年代的规模。但印度有 13 亿人口,随着其改革开放程度越来越高,印度市场的潜力是巨大的。因此,创维将印度作为国际化的重要发展站点之一，在当地部署了彩电、冰空洗、机顶盒全品类的制造基地，迎合未来的消费趋势。

一个全球化的品牌需要大量的国际化人才。为此，创维一直坚持本土化的人才战略：其一，面对地缘政治、关税壁垒及知识产权等挑战，创维通过打造熟悉本地规则和市场的团队，进行持续有效的运营。如今，创维全球 4 000 多名海外员工当中，超过 90% 都是本土人才。其二，创维继续加强校招力度，引入优秀大学毕业生，规模化地自主培养国际化团队和优秀人才，为全球发展提供技术创新的新鲜血液的同时，保证海外经营、生产技术与品牌发展的协同。

（资料来源：根据网络资源整理）

思考：

阅读以上文字，试分析“创维”电子成功地运用了哪些国际市场营销策略？

分析与提示：

①以市场为导向，以服务顾客为中心，注重产品开发。

②以国际竞争为第一目标，追求效益最大化。

③以销定产，快速生产适销对路产品，并建立快速反应机制，从开发、生产到销售严格遵循市场法则，以适应瞬息万变的市场。

④注重成本控制，充分利用各国的优势（发达国家的开发优势、东南亚的生产优势）。

⑤采取适当的分销策略，注重渠道管理。

案例 2

A 公司和 B 公司的互补合作

A 公司是中国最大的儿童用品设计、制造和销售企业，生产的童车是中国儿童用品市场最畅销的产品。在国内市场产品热销的同时，该企业把目光盯准了美国这个世界上最大的童车市场。

A 公司在美国找到一家理想的合作伙伴——B 公司。B 公司是美国一家有上百年历史的老牌儿童用品企业。A 公司登陆美国时，正值 B 公司在激烈的市场竞争中刚刚丢失了童车市场。双方几经磋商，结成了战略联盟关系，共同开拓美国市场。根据协议，合作的初期 A 公司把自己设计生产的童车运往美国，由 B 公司总代理；市场初现规模后，以双方联名的品牌在美国市场销售。

A 公司新颖的款式、优异的质量与 B 公司的良好商誉实现了互补式的“联姻”，该联名品牌童车迅速打开了美国市场。值得说明的是：A 公司初进美国市场时，为了占据市场份额，对美国中间商的报价几乎就是成本价，但是，美国的中间商更看重质量和新颖性并重的产品。对此，A 公司潜心研发新产品，一个来自摇篮的创意，使他们另辟蹊径地开发出了在美国市场红极一时的“爸爸摇妈妈摇”童车。开发的新产品功能完善，外观采用了弧形的新造型以满足美国人对造型的需求，并在美国申报了外观设计专利和发明专利。正是由于这款童车极具创意，美国 B 公司决定与 A 公司展开全面合作。

思考：

①A 公司在美国市场的合作伙伴属于国外市场中间人中的哪一种类型？

②A 公司与美国中间商的矛盾主要是什么？A 公司是如何解决矛盾的？

分析与提示：

①A 公司在美国市场的合作伙伴在初进美国市场时属于国外市场中间人中的国外代理商，全面合作伙伴已转变为国外经销商。

②A 公司与 B 公司在刚开始合作时产生的矛盾主要是：A 公司关注价格的低廉，B 公司更看重质量和新颖性并重的产品。A 公司改变策略：潜心研发新产品，开发出了具有新颖造型的“爸爸摇妈妈摇”童车。

案例 3

海尔的国际化

1. 海尔集团概况

海尔集团创立于1984年，是在引进德国利勃海尔冰箱生产技术成立的青岛冰箱总厂基础上发展起来的产品多元化、经营规模化、市场国际化的国家特大型企业。1984年，海尔年销售额3 483万元，亏损147万元，2016年海尔实现全球营业额2 016亿元左右，已发展成为国内外享有较高声誉的跨国企业。

2. 海尔品牌国际化进程

第一阶段：名牌战略(1984—1991)

1984年青岛电冰箱厂濒于倒闭，为摆脱困境，该厂引进世界最先进的电冰箱生产技术，1985年9月25日，该厂从利勃海尔工程有限公司引进利勃海尔冰箱生产技术，生产琴岛－利勃海尔电冰箱。

这一阶段，该厂狠抓质量管理，力争创中国名牌，致力于专业化生产世界一流的电冰箱。1998年，海尔获得了中国电冰箱行业历史上第一枚国家级质量金牌，标志着国家名牌战略初步取得成功。1992年4月，海尔获得ISO9001质量体系认证，成为中国家电行业第一个通过此项认证的企业。

第二阶段：夯实品牌基础(1991—1998)

1991年12月，青岛电冰箱总厂在合并青岛电冰柜总厂和空调厂的基础上成立琴岛海尔集团，经营范围随之由电冰箱扩大到电冰柜和空调器。

1993年9月，琴岛海尔集团正式改名为海尔集团。海尔集团采取“吃休克鱼”的办法，先后实施了一系列收购。在多元化发展战略中，海尔以“东方亮了再亮西方”的策略，做好一个产品，再做好一个产品，稳健地发展为主营家电产品，兼营房地产、信息产品、金融投资、生物工程的多元化的企业集团。在家电领域，海尔拥有包括白色家电、黑色家电在内的86大门类13 000多个规格品种的产品群，成为中国家电行业产品范围最广、销售收入最多的企业。在此阶段，海尔国际化的经营活动主要是建立海外市场网络，初步尝试海外建厂，实现产品设计的国际化。

①建立海外市场网络。产品出口是海尔国际市场营销的第一步，取得一系列国际公认的产品质量认证是海尔产品走向世界市场的通行证。海尔产品出口以创世界名牌为首要目标。海尔向澳大利亚出口第一批冰箱时，经销商要求以贴牌生产方式打上澳大利亚的品牌，但海尔坚持只打自己的品牌，3年后这7 000台冰箱以100%的合格率和优质服务使经销商心悦诚服，主动要求以海尔品牌订货。此后，海尔品牌产品进入美国、德国、法国、日本

等发达国家市场。海尔集团已形成了有效的海外营销网络，在世界上 10 个主要区域性组织中一半以上的国家建立售前宣传、售中安装、售后服务的全方位营销体系。在 128 个国家和地区注册了 516 个海尔商标，为海外建厂打下了良好基础。

②海外建厂。1996 年 12 月，海尔在印度尼西亚投资建厂，成立海尔莎保罗有限公司，首次实现跨国生产。1997 年 6 月，菲律宾海尔 LKG 电器有限公司成立。1997 年 8 月，马来西亚海尔有限公司成立。1997 年 2 月，南斯拉夫海尔生产厂成立。

③产品设计国际化。1994 年，海尔在日本成立了首家海外设计分部，此后在美国洛杉矶和硅谷、荷兰阿姆斯特丹、加拿大蒙特利尔、日本东京成立了 6 个海外产品设计分部，在韩国首尔、奥地利维也纳、加拿大蒙特利尔等地设立了 10 个信息中心。

第三阶段：国际化战略（1999—2004）

1998 年 12 月，海尔集团明确提出了“从海尔的国际化到国际化的海尔”这一战略目标。在这一阶段，海尔的国际化战略表现在质量国际化、科技国际化、市场国际化上，即国际化发展的“三三战略”。

①质量国际化。质量保证体系认证、产品国际认证、检测水平的国际认可是海尔集团使其产品的质量水平全方位与国际接轨的重要内容。海尔集团拥有冰箱、冷柜、空调、洗衣机、微波炉、热水器六大产品通过 ISO 9001 认证，是国内通过该项认证产品最多的企业。在国际上，海尔的产品获得德国 VDE、GS、EMC、TUV，美国 UL、ETL、DOE，加拿大 CSA、EEV，美洲 NRTL/C，澳大利亚 SAA，日本 S－MARK，欧盟 CE，沙特阿拉伯 SASO，俄罗斯 GOST，南非 SABS，菲律宾 PBS，韩国安全认证等共 18 类产品认证。同时，海尔的检测水平也进入国际先进行列，是国内同行业首家获得加拿大 EEV、CSA“分享认证”、CSA“安全认证”和美国 UL 用户测试数据认可的企业。

②科技国际化。海尔的科技国际化走过了“引进消化、吸收模仿、引智创新、技术输出”四个步骤。1984 年海尔从德国的利勃海尔引进了当时世界上最先进的冰箱生产技术，13 年后海尔向印度尼西亚输出了有知识产权的全套冰箱生产技术，并先后向菲律宾、马来西亚、伊朗输出了洗衣机生产技术，向西班牙输出了空调技术。科技国际化离不开科技开发的国际合作。1998 年底，海尔中央研究院正式成立，它是海尔联合美国、日本、德国等 28 个国家和地区的一流公司，通过技术合作建成的综合性科研基地，该院利用科技优势在国内外建立了 48 个科研开发实体，主要开发超前 5～10 年的技术及新领域技术。

③市场国际化。在市场国际化上，海尔基本上实现了“3 个 1/3”战略，即国内生产国内销售 1/3、国内生产国外销售 1/3、海外生产海外销售 1/3。1998 年，海尔集团出口创汇 5 600万美元，出口产品占总产量的 20%。在这一阶段，海尔在海外发展了 49 个经销商，销售网络 18 000 多个，产品出口 87 个国家和地区。海尔产品出口走的是创名牌、扩名牌的路线，即先进入发达国家市场建立信誉、创出品牌，然后再迅速占领发展中国家，坚持国际市场布局的多元化。

第四阶段：全球化战略（2005 年至今）

从 2005 年开始，海尔进入全球化品牌战略阶段。全球化和国际化的不同在于其核心是本土化，这和贴牌生产不同，也和日韩企业派驻本国员工到全球各地不同，海尔是创立自主品牌，在海外建立本土化设计、本土化制造、本土化营销的“三位一体”中心，员工都是当地人,更了解当地用户的个性化需求。现在海尔已经在全球建立10个研发中心、21个工业园、66个营销中心,全球员工总数达到7.3万人。

海尔在这个阶段的标志事件是:2012年,海尔收购三洋电机在日本、东南亚的洗衣机、冰箱等多项业务,成功实现了跨文化融合;之后,海尔还成功并购新西兰高端家电品牌斐雪派克(Fisher&Paykel);2016年1月15日,海尔全球化进程又开启了历史性的一页——海尔与GE签署战略合作备忘录,整合通用电气家电业务,不仅树立了中美大企业合作的新典范,而且形成大企业之间超越价格交易的新联盟模式,《华尔街日报》形容海尔创造了"中国惊喜"。海尔在国际市场真正"走上去",成为全球大型家用电器的第一品牌。

(资料来源:根据网络资源整理)

思考:

海尔当年是亏损企业,如今产品大量出口欧美国家,给我们带来怎样的启示?

分析与提示:

①做强主业,打造品牌是企业发展壮大的必由之路。

②树立正确的国际化战略目标。

③企业竞争最终反映在人才竞争上,人才是企业最宝贵的财富,用好这一笔财富关键在于有一个好的用人机制。

13.4 展览营销

案例1

上海方邦软件昆明展示会展纪实

距离昆明46届中国教学仪器展示会还有7天,上海方邦软件在本届展示会的展位才确定下来。可是,当方邦老总段卫东拿到展位图时,还是难免"傻了眼"!展位位置太差,由于申请参展距离展示会开幕只有9天,方邦对展位位置不佳早有心理准备,但差到这样,是他们没有料到的。46届中国教学仪器展示会在昆明国贸会展中心举行,一楼在重要展位基本被国内教学仪器设备的大腕包揽,如北大方正、TCL等。其展位布置的豪华程度令其余参展商垂涎。

与此形成强烈反差的上海方邦软件的展位位于国贸会展中心最高一层——三楼,不但楼层是最差的,展位也是最差的一个死角。环顾四周,相邻的展位基本都是做一些简单的教学设备的小企业。从产品特性,展位布置等方面和北大方正以及TCL这样的企业相比较,绝对是十足的"乡镇企业"特色。

再看看自身的展位,3米×3米的"小家伙",两张简陋的会谈桌,四张简单的折叠椅,靠墙一溜宽30厘米的展示架,其他什么都没有了。展位面积狭窄,装饰展位受到很大限制;周围的展位同样不佳,难以借周围展位的人气;展位位置处于死角,人流量小。方邦清楚,如何将死角展位做活,是本次参展成功与否的关键。

做活展位主要由三环节组成:

①聚集人气(好的展会位置、好的展位装饰,好的现场氛围)。

②留住观看者(新颖的产品,良好的演示效果)。

③记住产品(差异化产品,产品软包装到位)。对于上海方邦,要在昆明展示会达到展示产品、促进销售的目的,也要无例外地做好三个环节。

1. 巧聚人气

如何将人聚集到方邦的展位显得十分关键,如果不能聚集人气,展示和推介产品都将是一句空话。方邦没有好的展位,也不可能将展位布置得很大气,怎么办?

第一,要让参会者知道方邦的展位;第二,要让参会者知道方邦的展位,且会来此参观;第三,要让参观的人在方邦的展位有足够的逗留时间。在硬件条件不具备的情况下,只有通过巧办法来解决问题。

“旱冰小姐,就是不一样”——通过发放广告,让参会者知道方邦软件的展位。通过发放广告让参会者知道展位,这是很多企业的做法。但是,由于参会者接到的广告非常多,很多参会者或许没有看一眼广告就将其扔进垃圾堆的很多。方邦启用“旱冰小姐”发放广告,效果很不同,不但提高了广告发放的效率,更重要的是这种略带另类的发放方式,会引起参会者的关注。

“小礼物,倾注方邦关怀”——“旱冰小姐”发放的广告上,有张小小的礼品卡,凭借礼品卡,可以到上海方邦的展位领取礼品一件。对于礼品的设计,也费了方邦一番苦心,最终选择的是最为简单的棒球帽。由于昆明阳光直射厉害,在礼品卡上写明:由于昆明阳光直射厉害,我们特为您准备了一份关怀。这样的设计加强了方邦的关怀理念和企业品牌理念挂接。

小礼物镶嵌其中,不但参会者会仔细看广告,更是将参会者聚集到上海方邦展位的主要手段。接到棒球帽的参会者,由于帽子放在包中容易压变形,很多人索性将帽子戴在了头上。整个会场,四处都能看见头戴方邦棒球帽的参会者,起到了一定宣传效果。

“专业演示,让参会者久久逗留意”——虽然上海方邦的展位很小,但还是请了两位旗袍礼仪小姐,增加现场氛围。在产品演示上,方邦没有采用很多企业的“花瓶”式演示方法——选择漂亮促销小姐进行演示,演示都是公司销售工程师现场进行。经过反复训练的演示过程,他们熟练自如地演示和解说,让参会者渐渐被他们的演示所吸引。

有了以上三个小策略,上海方邦的展位成为会展上最热的展位,很多装饰豪华的展位在人气上也远远不如。

2. 磨刀不误砍柴工

解决了聚集人气的关键环节,如何让到了展位的参会者有耐心停留在方邦的展位前,就必须依赖于专业的演示效果。为了将展示效果做到位,原计划在会展上播放产品演示文件,由专业模特演示和专业广告制作。但是,专业广告公司因时间紧张,制作出了问题,最终只有通过人员的演示来进行替代。为了达到效果,在距离开展仅仅剩下 3 天的时间内,公司 10 余位销售工程师进行了严格的突击训练,并在其中选择 2 位最优秀者赶赴昆明进行演示。为此,公司还专门设计了演示模板,会展开幕前还在酒店的客房里反复练习。

反复的突击练习取得了奇效,方邦演示人员在展示会上的专业表现,给参会者留下了深刻的印象。专业的展示,保证了上海方邦会展上的成功。

整个展示会的 2 天半时间,上海方邦的展位前可谓门庭若市,签下合作意向的经销商也不少。上海方邦展位一直火热和历届展示会到第二天就人员稀少形成很大对比,上海方邦展位的火爆,也引起一些参展商关注,甚至很多参展商到处打听参展的设计方案。

3. 抢眼球,从细节看

商贾如云的展示会上,任何一个参展商都期望抢尽眼球,但是参展商都将眼球寄托于大展位和会展豪华装饰上,这难免是一个误区。有能力获得大展位,有实力将展位做得五星级自然好,但毕竟大展位有限,很多企业受到实力的限制,也不可能在硬件上达到五星级。他们要在展示会上脱颖而出,关键要做好细节。

同样,有了好的展位和豪华的展位装饰,那仅仅只能引起关注,最终,还是要在具体的产品推介中达到让参会者了解产品和认可产品的目的。巧妙地利用好细节,往往会收到意外的效果。例如,方邦会展中的礼品环节设计和发放礼品的细节操作。

4. 产品,关键中的关键

对一个好的产品进行包装到位,是展示会成功最关键的要素。参会者来寻找的是产品,只有一个有强大产品力的产品才能真正打动参会者。特别是专业性的会展,产品高度同质化,如何将产品的差异性展示得淋漓尽致就很重要。上海方邦在参展前下大力气对产品进行充分软包装,对产品介绍实行模板化设计,并对推介人员进行严格的训练,都是为了将产品的特点充分展现出来。因此,有一个好产品,还要有一个好的包装、专业的推介。

5. 利用好"人"这个最活跃的因素

会展中,人才是最活跃的因素。很多企业用已经录制好的文件进行产品展示,不愧是一个节省人力的办法,但是,这种展示方式灵活性差,不能随机地解决很多参会者的疑问,也会让产品推介人员对其产生依赖,也缺乏很好的训练和推荐积极性。人员的一对一沟通很好地解决了这个问题,并且在推荐过程中很好地运用了语气、肢体等辅助手段,让沟通更有针对性和更人性化。

(资料来源:根据网络资源整理)

思考:

总结上海方邦软件反败为胜的经验及启示。

案例2

突破传统营销模式　中国(福州)国际渔业博览会"云展会"启动

2020年受"互联网+"背景下的新零售模式启发,以及线下展会延期至9月4日—6日举办带来的展会及商贸需求,中国(福州)国际渔业博览会转型开发线上会展,利用"互联网+"思维,融入新零售模式、AI大数据算法等前沿技术手段,以"突破传统,新零售赋能"为核心主题,并建设水产直播基地,孵化更多利于企业营销的新零售模型,打破"3天参展",实现"全年服务",推动水产行业颠覆传统、转变营销模式,助力当下水产企业破局转型。

福州渔博会线上平台邀约入驻展商达到300家,目前拥有精准客户群体达到10 000人,针对B2B及B2C群体设置展商/展品专区、团购商城专区等,实现线上+线下双线结合,将为我国传统水产产业转型升级、产业拉动,以及促进消费提供有力的帮助。

1. 双线展会,首次尝试突破传统营销模式

福州渔博会线上展会主要功能分为"云展示""云对接""云交易""云赋能"四大板块,

涵盖线上商贸对接、系统智能匹配、数据精准收录等“互联网+”前沿技术，为企业提供多维展示、智能商贸对接、数据更新触达等更高效、更便捷、更安全的线上展会全方位功能。

不同于一般线上展会的平台功能，福州渔博会云展会致力于为企业提供综合营销解决方案。在“3 天参展”的基础之外，为企业提供全年、全方位、全渠道、全链条的综合营销问题解决方案，弥补在线下展会之外的服务空档。通过云展会平台实时实现与企业的交流咨询，提供产品内容的长期运营服务及精准投放曝光服务，为企业实现引流—吸客—咨询—留客—成单的交易闭环。通过福州云展会的统一部署与整体运营，降低线上品牌推广费用，将宣传效果最大限度转化，同时获得新零售渠道的各类创新与助力。

2. 人工智能、AI 算法实现线上精准对接

基于“云展会”平台功能，采购商可随时向企业发起洽谈咨询，通过平台搭载的服务号技术，直接触及企业微信端端口，实时实现贸易沟通。云展会平台设置供需广场、活动专区等商贸功能区域，企业/采购商可自主、自由、自行发布相关采购或招商信息，搭载福州渔博会官方微信服务号直接触达供采双方，实现实时精准对接。

引入人工智能 AI 精准算法，根据采购商喜好及用户画像描绘进行数据精确筛选，云展会平台系统自动智能匹配出对应的企业或展品，通过互联网技术更好地推动商贸成交。

云展会平台结合时下消费环境特点，关注水产品销售模式，在新零售的模式上进行探索与结合，推出团购商城，开发拼单、团购等模式，裂变传播覆盖更多消费群体。着眼于福州本土优质渔企，甄选多款水产品不定时推出特惠活动，助力产业新零售发展，同时激发大众消费热情，释放消费潜能。

3. 突破传统，水产品直播基地落地福州

全民直播时代来临，面对人工智能开启的互联网新秩序，水产行业面临新的营销挑战。福州渔博会开拓线上云展会的同时开设线下水产直播基地，解决企业如何进入和启动各类电商直播平台的根本问题，提供全面、细致的营销解决方案。结合双线会展的营销场景概念，直播基地的建设将辐射福州本土乃至福建地区，为水产行业注入新的活力，开拓新的渠道，成为线下会展、线上平台、实体门店之后的又一新型营销场所，多点开花促进企业实现多元营销。

水产品直播基地落地福州软件园，特邀中国电商之都——杭州电商行业知名企业入驻指导并达成战略合作，带来电商运营、企业电商战略布局等新的思维指导与培训，为企业提供新零售营销综合解决方案。通过直播基地集红人 IP 塑造营、红人商学院、设计师众创空间、超级供应链、新媒体矩阵、商城联盟、联合办公空间等多版块于一体，发挥企业资源、平台资源、品牌资源，以及强劲的传播力、影响力、公信力优势，依托福州得天独厚的地理区位优势、政通惠民的政策扶持优势，以及快人一步的科技创新、数字经济先发优势，加快提升基地的社会知名度、行业集聚度。将通过“政府引导、社会运营、平台参与、一站服务”，努力培育以数字技术为核心的全链路、全息型现代经济新业态、新生态。

与此同时，为了更好地配合水产行业及其相关产业不断创新，进步与发展，直播基地同样提供了云展会/云对接策划运营、电商海外精准选品、跨境电商精准匹配、品牌营销渠道全面升级、县域经济落地方案解决、新零售营销服务培训、产业直播基地联盟运营七大项目的升级服务。

（资料来源：根据网络资源整理）

思考：

国际渔业博览会的"云展会"形式与传统线下展会比较有什么优势？

分析与提示：

①给参展的人带来更多有趣的互动体验；②打破了时空的限制，可以做到全天候展览；③推广渠道更广泛，能够吸引到众多受众；④数据和内容便于日后跟踪。

案例 3

中国走出去的第一品牌波司登的国际视野

锦绣江南，福地常熟，第十六届中国江苏（常熟）服装服饰服博会暨 2015 江南时装周精彩落幕。常熟设计，江南织造在文化与设计的碰撞中彰显实力筑梦前行。目不暇接中最令人期待的品牌当属流淌着江南基因的中国服装行业领军品牌波司登。

回望波司登品牌的国际化步伐：香港上市，伦敦开店，牵手世界 500 强伊藤忠、中信集团，米兰发布，世博会亮相，剑指德国、意大利、法国、西班牙等欧洲多个国家市场……波司登国际化战略的轨迹清晰，蓝图宏伟。

1. 牵手世界 500 强

2015 年 5 月 26 日，波司登的国际化步伐再添新举措，与来自两家世界 500 强企业的战略投资者签订合作协议，分别是全球领先的贸易公司伊藤忠集团、大型跨国企业中信集团旗下的中信证券。

波司登作为全球最大的羽绒服生产商，品牌优势和渠道优势显著，良好的发展前景深受投资者认可。伊藤忠业务遍及全球 65 个国家和地区，在品牌业务拓展方面经验丰富，与波司登已深度合作多年。中信证券总资产超过 2 200 亿元人民币，发展规模和竞争力均居行业前列。

2. 米兰世博会王者风范世界期待

2015 年米兰世界博览会于 2015 年 5 月 1 日开幕，意大利米兰世博会展期共 184 天，本届世博会主题"滋养地球，生命之源"。波司登所在的中国企业联合馆占地面积 1 270 平方米，场馆共三层，建筑面积 2 045 平方米，中国企业联合馆优选中国各行各业最具代表、最能体现中国形象的民族品牌，让参观者能够全方面地了解中国的品牌和市场。

作为中国服装行业领军品牌，去年 5 月，波司登正式签约成为米兰世博会中国企业联合馆时尚平台合作伙伴。展会期间，波司登在米兰世博会中国企业联合馆迎接全球参观者，还在米兰中央车站前的奥斯达公爵广场同步进行品牌推广。同时，波司登还在地铁站、机场、商业中心、交通枢纽等人流密集区域进行品牌宣传，展示中国服装品牌形象。

此次参展 2015 米兰世博会，对波司登来说是国际化征途上的又一重要举措。米兰世博会是一个双向交流的平台，能够和国际时尚界增进交流，促进东西方服装文化理念的融合，能够让更多的消费者了解波司登、了解中国的服装品牌。

（资料来源：根据网络资源整理）

思考：

总结波司登的经验。

分析与提示：

①寻找战略投资者；②进军世界知名展会。

案例4

比亚迪的展览营销

在如今移动碎片化、生活节奏快的时代，新款车型上市，采取何种营销策略、整合哪些渠道去争夺市场，赢取消费者注意力，是每个新款汽车产品都要考虑的问题。2019年9月2日新上市的比亚迪e2，通过一系列营销活动向我们展示了它对此的考量。

如今消费者、媒介、品牌已重新构造了新的营销环境，整个汽车行业都在寻找更优化、更精准的营销模式。众品牌们各显身手，通过互动式体验、情感营销、品牌升级、价值观输出等策略，来争夺自己的地位。

比亚迪基于强大的品牌背书和资金支持，曾经做过几场拍案叫绝的营销案例。例如，2016年12月选用联合国"和平大使"、奥斯卡奖得主莱昂纳多·迪卡普里奥，为品牌中国区新能源车代言人。莱昂纳多一直致力于环境保护事业，与比亚迪新能源汽车的发展理念——"致力于打造'零排放能源生态系统'，推动环保事业的发展"高度统一，双方的合作，有着一起提升公众对气候变化认知的意义，并合力促进新能源汽车的发展和推广，该场代言人营销已成为业界代言人的案例；又如，比亚迪唐100上市时，在零下20℃的冰天雪地中举办冰雪试驾会，邀请70多位来自全国各地的主流媒体、迪粉和网友共同见证，通过在恶劣冰雪路面的测试，来反映汽车的性能与表现，以此打消消费者对新能源汽车的稳定性、安全性等的顾虑，此次试驾营销活动，为唐100产品力提供了有力的背书，当时在业界引起了小波澜。

在比亚迪e2整段上市的营销活动中，围绕主题"Yes，年轻就该电动"进行，该主题与其年轻消费者的市场地位十分吻合，营销主打产品的时尚外形设计、超长续航的三点一芯技术，以及智趣高效便捷的DiLink 2.0智能网联生态系统，简洁的卖点让用户短时间内认知产品价值。

该款新车在4月16日就亮相2019年比亚迪上海国际车展，比亚迪为其打出了"初次见面比亚迪e2，请多关照"的营销活动，从第三方角度介绍产品灵动的外形、智能网联系统、三电技术等特点，让新车成功在品牌方大平台获得大曝光。新车在6月10日成功下线时，比亚迪发起系列线下海报为产品庆贺。8月8日，品牌发起新车全球预售，推出预售优惠政策，并借势热点活动营销，开展818超级品牌日活动，以此促进新车销量。

9月2日上市当天，是整段营销的爆点和高潮，比亚迪集合众多资源在该天集中发力。线下举办发布会，邀请各类汽车平台媒体人、KOL到场，并通过多平台全程直播发布会现场，覆盖圈层包含汽车圈、科技圈、网红粉丝圈等立体多维圈层，实现多层级的连环爆点矩阵传播，将发布会现场的声量广度扩散。与此同时，比亚迪官方线上联动线下，同步发布上市倒计时视频和比亚迪e2设计视频，并用新车系列情感海报助力产品发布，打动目标消费者。上市发布结束后，比亚迪还将比亚迪e2亮相成都车展，邀请权威汽车媒体人为其加乘实力派，延续产品热度。

比亚迪e2此次在短时间内将资源聚合在一起集中发力，对产品价值进行深度渗透，以保证流量的质量，此段营销向我们提供了新品在碎片化时代该如何营销的案例。同时，可以看出，比亚迪e2也希望通过更加优质的内容，与目标消费者深度沟通，另外，成功的品牌和消费者应当以朋友的关系进行沟通，达到互相理解互相懂得的效果。

一直以来，比亚迪持续领跑新能源行业趋势，树立行业新标杆。据统计，2019 年上半年比亚迪新能源汽车累计销售 14.57 万辆，同比增长 94.5%。

（资料来源：https://www.maiche.com/news/detail/1897536.html）

思考：

比亚迪营销成功的原因是什么？

分析与提示：

移动互联时代到来、年轻群体渐成购车大军，让比亚迪，开始走进年轻群体，拥抱营销新变革。无论是通过全新 CG 技术，打破传统线下发布会固定模式，还是网红经济之下的人物话题、互动相融合，网友对于“莱昂纳多”代言的围观、热议，都足以说明比亚迪营销新变革的成功。

职业技能训练

案例分析

展会集中式“爆发”　涂企求“变”若渴

2019 年开春之后，家居建材圈各类展会集中式“爆发”，包括郑州建博会（3 月 8 日—10 日）、中国（北京）国际建筑装饰及材料博览（3 月 8 日—11 日）、佛山（潭州）国际门窗·定制家居展（3 月 10 日—12 日）、第 18 届中国（北京）国际门业展（3 月 15 日—18 日）、龙江国际家具展览会（3 月 17 日—20 日）、中国（广州）国际家具博览会（3 月 18 日—21 日）、中国（广州）定制家居展（3 月 26 日—28 日）、中国（上海）建博会（3 月 26 日—28 日）、沈阳家博会春季展（3 月 30 日—4 月1 日）等知名展会。不少涂料企业相继亮相，推出自己的主打产品与涂装方案。

3 月 10 日—12 日，在潭州国际会展中心举行的第十届中国（佛山）门窗博览会上，嘉宝莉、汇龙涂料、华隆等多家涂料企业携新品亮相展会。

嘉宝莉紧扣“让家具更出彩”的主题，推出了多款家具漆新产品。其中珍金木蜡油系列新品挥发损耗极低，而且只需用棉布擦涂，施工快捷，工序简单，翻新简易，综合成本每平方米造价比高档油漆低约 20% ~30%，涂布率是 PU 清漆的 1 ~2 倍。

在汇龙涂料展厅上，印着“中国木门油改水专家，一站式环保涂装方案提供者”两行字，吸引众多参观者的眼球。值得一提的是，广东汇龙涂料有限公司和广东花王涂料有限公司成功斩获了“2018 年度金牌供应商”的称号，是仅有的两家上榜涂料企业，彰显了其在这一领域的强劲实力。

接下来的广州家博会、上海建博会也将吸引大批涂料企业参展。涂料企业招商、品牌宣传、新品展示，除了在各平台打广告、开新品发布会之外，展会是涂料企业重要的展示平台。每年的家居建材展会都吸引着大量的行业人士、企业及经销商观展。随着展会数量逐年增多，其规模也越办越大，涵盖的类别也越来越细，上下游产业链也在打通……展会则被认为是涂料厂商“淘金”的一大宝地。

但另一方面，当前的经济环境下，涂料企业参展的压力也越来越大，投入的费用越来越高，而效益却越来越小。不得不说，展会之多，对于厂商而言，已经疲于应付。每年花费几十万上百万元资金砸进去，收获数量逐年下降的观众名片、无关痛痒的需求信息，到底是为什么？

（资料来源：根据网络资源整理）

思考：

涂料企业面对众多的展会，你认为应该怎么做？

分析与提示：

①重新定位参展目标和功能，改变传统思路和做法；②在营销工具组合中弱化展会权重，寻求新的营销手段。

本章知识自测

案例分析题

1. 耐力运动器材有限公司（以下简称“耐力公司”）是一家以生产、销售、出口运动健身器材为主营业务的中小公司，其主要产品是折叠式家用健身器材，可以帮助都市人摆脱时间紧张、居室狭小、预算不足等诸多约束，实现随时在家中进行健身运动，以达到健康、健美、长寿和精神放松的目的。随着互联网的飞速发展，耐力公司的经营决策者意识到互联网蕴藏着无穷的商机，投资建立了公司网站并运用搜索引擎、BBS 论坛等网络营销工具开展网络营销，以拓展产品的市场影响力和市场覆盖范围。但公司的网站访问量甚微，甚至有客户反应难以通过搜索引擎找到公司网站，公司对此非常不解。此外，耐力公司在多年经营过程中已经积累了大量客户资源。这些客户使用的产品许多到了更新换代的年限。公司为了更好地服务新老顾客，策划了“以旧换新”“买二赠一”等活动。如何把这些信息准确及时地送达给相应的客户也成为困扰公司的一大难题。请结合案例，完成以下三项工作任务：

（1）公司可以选择哪些搜索引擎关键词以提高网站访问率？

（2）公司如何运用邮件列表开展营销活动？

（3）公司如何不断吸引新客户加入邮件列表？

2. AAA 公司是一家经营中国传统中药的百年老店。为了打开海外市场，在市场调研的基础上，公司选择了北美和西欧为目标市场，并以崇尚自然、受中国文化影响、喜欢中药的消费者为目标顾客。针对西方消费者的服药习惯，公司对产品形式做了较大的改变即“中药西做”，以西方消费者习惯的片剂、粒剂和水剂的形式销售。由于采取了正确的营销战略和策略，该公司很快打开了海外市场。

请分析该公司采取了什么标准细分世界中药市场？该公司在海外市场的目标营销策略属于哪种类型？并简要解释其含义，同时说明企业选择目标市场营销策略需考虑的因素。

参考文献

[1] 甘碧群. 市场营销学[M]. 3 版. 武汉:武汉大学出版社,2010.

[2] 闫国庆. 国际市场营销学[M]. 2 版. 北京:清华大学出版社,2011.

[3] 王晓东. 国际市场营销[M]. 2 版. 北京:中国人民大学出版社,2010.

[4] 李威,王大超. 国际市场营销学[M]. 北京:机械工业出版社,2008.

[5] 王涛生,黄志红. 国际市场营销学[M]. 长沙:国防科技大学出版社,2005.

[6] 庞鸿藻. 国际市场营销[M]. 北京:对外经济贸易大学出版社,2006.

[7] 朱金生,张梅霞. 国际市场营销学[M]. 武汉:华中科技大学出版社,2008.

[8] 俞红阳,刘升开. 国际市场营销学[M]. 北京:清华大学出版社,2012.

[9] 吕化周. 市场营销学[M]. 武汉:武汉理工大学出版社,2006.

[10] 张静中,曾峰,高杰. 国际市场营销学[M]. 北京:清华大学出版社,2012.

[11] 孙克俭. 绿色营销研究:内涵、现状与对策[J]. 对外经贸,2012(5):111-112.

[12] 郭明. 微博网络营销对国际贸易的影响及对策[J]. 对外经贸,2012(12):32-34.

[13] 廖卫红. 移动互联网环境下互动营销策略对消费者行为影响实证研究[J]. 企业经济,2013 (3):69-73.

[14] 科特勒,凯勒. 营销管理:第 14 版 · 全球版[M]. 王永贵,译. 北京:中国人民大学出版社,2012.

[15] 凯特奥拉,格雷厄姆. 国际市场营销学:第 12 版[M]. 周祖城,译. 北京:机械工业出版社,2009.

[16] 津科特,朗凯恩. 国际市场营销学:第 8 版[M]. 曾伏娥,译. 北京: 电子工业出版社,2007.

[17] 拉斯库. 国际市场营销学:第 3 版[M]. 马连福,译. 北京:机械工业出版社,2010.

[18] 希夫曼,卡纽克,维森布里特. 消费者行为学:第 10 版[M]. 江林,译. 北京:中国人民大学出版社,2011.